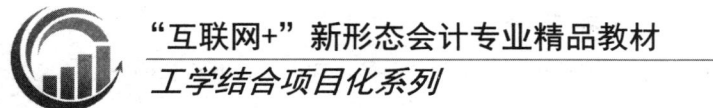

"互联网+"新形态会计专业精品教材

工学结合项目化系列

审计实务项目化教程
（第 2 版）

彭　溪　夏赛莲　主　编
胡爱萍　宁靖华　副主编
　　　　邹　敏　主　审

电子工业出版社
Publishing House of Electronics Industry
北京·BEIJING

内 容 简 介

本教材参照《中国注册会计师审计准则》，根据被审计单位的业务流程和内部控制设计的实际情况，设计了十个项目，具体如下：掌握审计基本知识、熟悉审计测试流程、审计人员职业道德、货币资金的审计、销售与收款循环的审计、采购与付款循环的审计、生产与存货循环的审计、完成审计工作、出具审计报告及企业内部控制与内部控制审计。本教材配有大量的案例、习题和模拟实训，具有较强的实用性和可操作性。

本教材既可作为高职高专院校会计类专业和管理类专业的教材，又可作为财经类院校教师及企业财会、审计人员的参考用书。

未经许可，不得以任何方式复制或抄袭本书之部分或全部内容。
版权所有，侵权必究。

图书在版编目（CIP）数据

审计实务项目化教程 / 彭溪，夏赛莲主编. —2 版. —北京：电子工业出版社，2021.4
ISBN 978-7-121-40932-5

Ⅰ．①审… Ⅱ．①彭… ②夏… Ⅲ．①审计学－高等职业教育－教材 Ⅳ．①F239.0

中国版本图书馆 CIP 数据核字（2021）第 059609 号

责任编辑：贾瑞敏
印　　刷：保定市中画美凯印刷有限公司
装　　订：保定市中画美凯印刷有限公司
出版发行：电子工业出版社
　　　　　北京市海淀区万寿路 173 信箱　　邮编：100036
开　　本：787×1 092　1/16　印张：18.75　字数：504 千字
版　　次：2015 年 6 月第 1 版
　　　　　2021 年 4 月第 2 版
印　　次：2021 年 4 月第 1 次印刷
定　　价：58.90 元

凡所购买电子工业出版社图书有缺损问题，请向购买书店调换。若书店售缺，请与本社发行部联系，联系及邮购电话：(010) 88254888，88258888。

质量投诉请发邮件至 zlts@phei.com.cn，盗版侵权举报请发邮件到 dbqq@phei.com.cn。

本书咨询联系方式：(010) 88254019，jrm@phei.com.cn。

前　言

伴随着改革开放和社会主义市场经济体制的建设，审计在服务国家建设及完善监督体制、规范市场经济秩序、提高资源配置效率、提升经济发展质量等方面都发挥了十分重要的作用。

本教材的编写以"理论知识适度、技术应用能力强"为目标，注重实践能力的培养，符合高职高专院校的人才培养要求。本教材在编写过程中参照了《中国注册会计师审计准则》，考虑到企业内部控制审计的重要性，还参照了《企业内部控制基本规范》、《企业内部控制应用指引》、《企业内部控制评价指引》和《企业内部控制审计指引》等，同时也参照了财务会计准则及税法相关内容，力求做到与相关准则更新同步。

本教材主要有以下特点。

（1）结构合理，工学结合。本教材分审计基本知识、职业道德、审计循环实务、审计报告及企业内部控制审计五个模块，共十个项目，采用项目任务式编写格式，尽可能做到简洁明了。

（2）内容新颖丰富。本教材按照基础理论——审计实务——审计报告的流程编写，同时，新增了信息技术在审计中的应用、审计职业道德，以及目前备受关注的内部控制审计等内容，使框架结构更完整。

（3）理论简化，注重实用。针对高职高专院校的人才培养要求，本教材尽量简化了理论部分，增加了实训内容，并尽可能将文字转换成图表、案例，以方便学生理解。

（4）全书以贝田会计师事务所的审计客户——恒润公司的审计业务事项为主线（会计师事务所及客户单位名称均为虚拟），将其作为项目导入，使内容具有整体性和连贯性。

本教材由湖南交通职业技术学院彭溪和夏赛莲老师担任主编，由湖南交通职业技术学院物流管理学院邹敏院长担任主审。编写工作分工如下：项目三、项目八和项目九由彭溪老师编写；项目四、项目五、项目六和项目七由夏赛莲老师编写；项目十由湖南交通职业技术学院的胡爱萍老师编写；项目一由湖南交通职业技术学院的宁靖华老师编写；项目二由湖南交通职业技术学院的黄欢老师编写。

在本教材编写过程中，我们参考了大量同类教材，走访了多家企业，得到了许多老师和企业的支持和帮助，在此一并表示感谢。由于编者水平有限，加之审计理论及方法处在不断发展和完善中，本教材难免存在疏漏之处，恳请广大读者批评指正。

编　者
2021 年 4 月

目　　录

模块一　审计基本知识

项目一　掌握审计基本知识 2
任务一　了解审计的含义及要素 3
　　一、审计的含义及保证程度 3
　　二、审计的要素 4
　　三、审计的分类 5
　　四、审计的过程 6
任务二　熟悉审计目标与审计风险 7
　　一、审计的总目标 7
　　二、被审计单位认定与具体审计目标 8
　　三、审计风险的内容 11
　　四、审计的固有限制 13
任务三　获取审计证据 14
　　一、审计证据的性质 14
　　二、审计证据的分类 16
　　三、获取审计证据的审计程序 18
任务四　编制审计工作底稿 21
　　一、审计工作底稿的概述 21
　　二、审计工作底稿的存在形式和内容 21
　　三、审计工作底稿的要素和格式 22
　　四、审计工作底稿的归档 23
任务五　进行审计抽样 26
　　一、审计抽样的含义 26
　　二、抽样风险和非抽样风险 27
　　三、统计抽样和非统计抽样 28
　　四、审计抽样的步骤 29

项目二　熟悉审计测试流程 43
任务一　制订审计计划 44
　　一、开展初步业务活动 44
　　二、签订审计业务约定书 45
　　三、制定总体审计策略 45
　　四、制订具体审计计划 48

任务二 确定审计重要性水平 49
 一、重要性的含义 49
 二、重要性水平的确定 50
 三、重要性水平与审计风险、审计证据的关系 53
任务三 评估风险 54
 一、风险评估程序 54
 二、了解被审计单位及其环境 55
 三、评估重大错报风险 61
任务四 应对风险 64
 一、总体应对措施 64
 二、针对认定层次重大错报风险的进一步审计程序 67
 三、控制测试 69
 四、实质性程序 72
任务五 信息技术在审计中的运用 75
 一、信息技术对审计过程的影响 75
 二、信息技术中的一般控制和应用控制 77
 三、计算机辅助审计技术和电子表格的运用 79
 四、数据分析 80

模块二 职业道德

项目三 审计人员职业道德 90

任务一 职业道德的基本要求 91
 一、诚信 91
 二、独立性 91
 三、客观和公正 91
 四、专业胜任能力和应有的关注 92
 五、保密 92
 六、良好的职业行为 93
任务二 审计业务对独立性的要求 93
 一、经济利益 93
 二、贷款或贷款担保及商业关系、家庭和私人关系 97
 三、与审计客户发生人员交流 100
 四、与审计客户长期存在业务关系 103
 五、向审计客户提供非鉴证服务 105
 六、收费 113
 七、影响独立性的其他事项 115

模块三 审计循环实务

项目四 货币资金的审计 125
任务一 货币资金的特点及相关内部控制 127
一、货币资金与各交易循环的关系 127
二、涉及的主要凭证和会计记录 128
三、涉及的主要业务活动 128
四、货币资金内部控制介绍 128
任务二 货币资金相关的重大错报风险 130
一、货币资金可能发生错报的环节 130
二、识别应对可能发生错报环节的内部控制 130
三、重大错报风险的情形 131
任务三 测试货币资金的内部控制 132
一、库存现金的控制测试 132
二、银行存款的控制测试 132
任务四 库存现金审计 134
一、库存现金的审计目标 134
二、库存现金审计的实质性程序 134
任务五 银行存款审计 137
一、银行存款的审计目标 137
二、银行存款审计的实质性程序 138

项目五 销售与收款循环的审计 149
任务一 销售与收款循环的特点及相关内部控制 150
一、不同行业类型的收入来源 150
二、涉及的主要凭证与主要业务活动 151
任务二 销售与收款循环的重大错报风险 153
一、销售与收款循环可能存在的重大错报风险 153
二、根据重大错报风险评估结果设计进一步审计程序 156
任务三 销售与收款循环的内部控制测试 156
一、以风险为起点的控制测试 156
二、关键内部控制的选择与测试 160
任务四 营业收入审计 164
一、营业收入的审计目标 164
二、营业收入——主营业务收入的实质性程序 165
任务五 应收账款与坏账准备审计 168
一、应收账款的审计目标 168
二、应收账款的实质性程序 169
三、坏账准备的实质性程序 174

项目六 采购与付款循环的审计 181
任务一 采购与付款循环的特点及相关内部控制 182
一、不同行业类型的采购和费用支出 182
二、涉及的主要凭证与主要业务活动 182
任务二 采购与付款循环的重大错报风险 185
一、采购与付款循环可能存在的重大错报风险 185
二、根据重大错报风险评估结果设计进一步审计程序 186
任务三 采购与付款循环的内部控制测试 186
一、以风险为起点的控制测试 186
二、固定资产的内部控制测试 190
任务四 应付账款审计 190
一、应付账款的审计目标 190
二、应付账款的实质性程序 192
任务五 固定资产审计 194
一、固定资产的审计目标 194
二、固定资产的实质性程序 195
三、累计折旧的实质性程序 197

项目七 生产与存货循环的审计 204
任务一 生产与存货循环的特点及相关内部控制 205
一、不同行业类型的存货性质 205
二、涉及的主要凭证与主要业务活动 206
任务二 生产与存货循环的重大错报风险 207
一、生产与存货循环可能存在的重大错报风险 207
二、根据重大错报风险评估结果设计进一步审计程序 207
任务三 生产与存货循环的内部控制测试 208
一、以风险为起点的控制测试 208
二、关键内部控制的选择和测试 211
任务四 存货审计 212
一、存货的审计目标 212
二、存货的实质性程序 213
任务五 营业成本审计 220
一、营业成本的审计目标 220
二、营业成本——主营业务成本的实质性程序 220
任务六 应付职工薪酬审计 222
一、应付职工薪酬的审计目标 222
二、应付职工薪酬的实质性程序 223

模块四　审计报告

项目八　完成审计工作 ... 234
任务一　评价审计过程中发现的错报 ... 235
　一、评价审计过程中的重大发现 ... 235
　二、错报的处理及未更正的影响 ... 235
　三、复核审计工作底稿和财务报表 ... 240
任务二　获取书面声明 ... 242
　一、针对管理层责任的书面声明 ... 242
　二、其他书面声明 ... 242
　三、书面声明的日期、涵盖期间及形式 ... 243
　四、对书面声明可靠性的疑虑及管理层不提供要求的书面声明 ... 243

项目九　出具审计报告 ... 252
任务一　熟悉审计报告的基本内容 ... 253
　一、审计报告的含义及作用 ... 253
　二、审计意见与审计报告 ... 254
　三、审计报告的基本内容 ... 254
任务二　确定非无保留意见类型并出具审计报告 ... 259
　一、非无保留意见的含义 ... 259
　二、非无保留意见类型的确定和内容 ... 260
任务三　在审计报告中增加强调事项段和其他事项段 ... 264
　一、强调事项段 ... 264
　二、其他事项段 ... 266

模块五　企业内部控制审计

项目十　企业内部控制与内部控制审计 ... 274
任务一　熟悉内部控制审计 ... 275
　一、内部控制审计的范围 ... 275
　二、内部控制审计基准日 ... 276
任务二　内部控制缺陷评价 ... 276
　一、内部控制缺陷的分类 ... 276
　二、评价内部控制缺陷的严重程度 ... 277
任务三　出具内部控制审计报告 ... 279
　一、形成审计意见 ... 279
　二、内部控制审计报告类型 ... 279
　三、带有强调事项段的内部控制审计报告 ... 284

参考文献 ... 290

模块一

审计基本知识

本模块包括：

- 项目一　掌握审计基本知识
- 项目二　熟悉审计测试流程

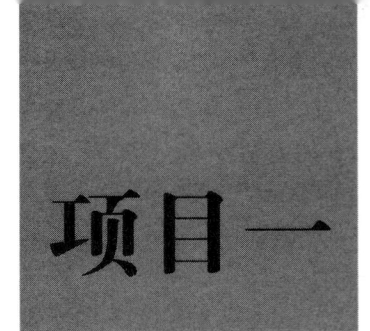

项目一

掌握审计基本知识

学习目标

知识目标

1. 掌握审计的含义、特征及审计的过程。
2. 掌握认定—目标—程序—证据的关系。
3. 掌握审计风险的内容及其之间的关系。
4. 掌握审计证据的含义及获取审计证据的审计程序。
5. 熟悉审计工作底稿的要素和格式,以及归档。
6. 熟悉审计抽样的含义和步骤。

技能目标

1. 能根据被审计单位认定确定审计目标,利用各种审计程序获取所需的审计证据。
2. 能通过各种抽样方法获取审计样本。

项目导入

恒润公司为筹措资金,决定向银行贷款。银行需要根据其经审计后的财务报表做出是否向其提供贷款的决定。恒润公司决定委托贝田会计师事务所进行审计,注册会计师李芳担任项目经理,她安排助理小张负责确认存货的价值。在盘点存货前,小张听到几个工人议论,得知存货中可能存在一些无法出售的变质产品。对此,小张对存货进行实地抽查,并比较了库存量与最近销量。抽查结果表明,存货数量合理,收发亦较为有序。由于该产品技术含量较高,小张无法鉴别出存货中是否有变质产品,于是他不得不询问该公司的存货部高级主管。高级主管的答复是该产品绝无质量问题。

小张在盘点工作结束后,开始编制审计工作底稿。在备注中,小张将可能有变质产品的事项填入其中,并建议在下阶段的存货审计程序中,特别注意是否存在变质产品。项目经理李芳在复核审计工作底稿时,再一次向小张详细了解了存货盘点的情况,特别是有关变质产品的情况,还特别对当时议论此事的工人进行询问,但这些工人矢口否认了此事。

于是,李芳与存货部高级主管商讨后,得出结论,认为"存货价值公允且均可出售"。复核完审计工作底稿后，李芳在备注栏填写了"变质产品问题经核实尚无证据，但下次审计时应加以考虑。"由于恒润公司总经理抱怨李芳前几次出具了保留意见的审计报告，使他们贷款遇到了不少麻烦。审计结束后，李芳对该年度的财务报表出具了无保留意见的审计报告。两个月后，恒润公司资金周转不灵，主要是因为存货中存在大量变质产品无法出售，导致到期的银行贷款无法偿还。

问题思考

1. 小张通过询问公司高级主管获取的审计证据是否有效？
2. 工人关于变质产品的议论是否应列入审计工作底稿？
3. 项目经理李芳是否遵守了审计准则？
4. 贝田会计师事务所是否应就恒润公司的债务问题承担法律责任？请说明理由。

任务一　了解审计的含义及要素

一、审计的含义及保证程度

（一）审计的含义

审计是由专职机构或人员接受委托或授权，以被审计单位的经济活动为对象，对被审计单位在一定时期内的全部或一部分经济活动的有关资料，按照一定的标准进行审核检查，收集和整理证据，以判断有关资料的合法性、公允性、一贯性和经济活动的合规性、效益性，并出具审计报告的监督、评价和鉴证活动。它是一项具有独立性的经济监督活动，目的在于确定或解除被审计单位的受托经济责任。

审计具有如下特征。
（1）审计的用户是财务报表的预期使用者。
（2）审计的目的是增强财务报表的预期使用者对财务报表的信赖程度。
（3）审计提供的保证程度是合理保证，而不是绝对保证。
（4）审计的基础是独立性和专业性。
（5）审计的最终产品是审计报告。

（二）审计的保证程度

审计业务分为鉴证业务和相关服务两类。鉴证业务包括审计、审阅和其他鉴证业务。相关服务包括税务代理、代编财务信息、对财务信息执行商定程序等。

鉴证业务的保证程度分为合理保证和有限保证。审计属于合理保证（高水平保证）的鉴证业务，审计人员将审计业务风险降至审计业务环境下可接受的低水平，以此作为以积极方式提出审计意见的基础。审阅属于有限保证（低于审计业务的保证水平）的鉴证业务，审计人员将审阅业务风险降至审阅业务环境下可接受的低水平，以此作为以消极方式提出审阅结论的基础。合理保证与有限保证的区别如表1-1所示。

表 1-1　合理保证与有限保证的区别

区别	业务类型	
	合理保证（财务报表审计）	有限保证（财务报表审阅）
目标	在可接受的低审计风险下，以积极方式对财务报表整体发表审计意见，提供高水平保证	在可接受的审阅风险下，以消极方式对财务报表整体发表审阅意见，提供有意义水平的保证，其保证水平低于审计业务的保证水平
证据收集程序	通过一个不断修正的、系统化的执业过程，获取充分、适当的证据，证据收集程序包括检查记录或文件、检查有形资产、观察、询问、函证、重新计算、重新执行、分析程序等	通过一个不断修正的、系统化的执业过程，获取充分、适当的证据，证据收集程序受到有意识地限制，主要采用询问和分析程序获取证据
所需证据数量	较多	较少
检查风险	较低	较高
财务报表的可信性	较高	较低
提出结论的方式	以积极方式提出结论。例如，"我们认为，ABC公司财务报表在所有重大方面均按照《企业会计准则》的规定编制，公允反映了 ABC 公司 202×年 12 月 31 日的财务状况及 202×年度的经营成果和现金流量"	以消极方式提出结论。例如，"根据我们的审阅，我们没有注意到任何事项使我们相信，ABC 公司财务报表没有按照《企业会计准则》的规定编制，未能在所有重大方面公允反映被审阅单位的财务状况、经营成果和现金流量"

二、审计的要素

审计的要素包括审计业务的三方关系、财务报表（鉴证对象）、财务报表编制基础（标准）、审计证据和审计报告。

1-1 审计业务的三方关系

（一）审计业务的三方关系

审计业务三方关系人是指被审计单位管理层（责任方）、审计机构和人员（CPA）、财务报表预期使用者。

（二）财务报表（鉴证对象）

在财务报表审计中，鉴证对象即财务报表，包括资产负债表、利润表、股东权益变动表和现金流量表，以及财务报表附注。

（三）财务报表编制基础（标准）

在财务报表审计中，财务报表编制基础即标准。一般是指旨在满足广大财务报表使用者共同的财务信息需求的财务报表编制基础，包括会计准则和会计制度。

（四）审计证据

审计证据是指审计人员为了得出审计结论和形成审计意见而使用的必要信息。在获取审计证据时要考虑审计证据的充分性和适当性。

（五）审计报告

审计人员应当针对财务报表（鉴证对象）在所有重大方面是否符合适当的财务报表编制

基础（标准），以书面报告的形式发表能够提供合理保证的意见，即出具审计报告。审计报告意见类型如图 1-1 所示。

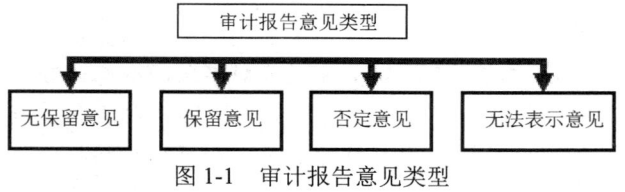

图 1-1　审计报告意见类型

三、审计的分类

（一）按审计主体分类

按审计主体，审计可分为政府审计、内部审计和社会审计。

1. 政府审计

政府审计又称国家审计，是指由国家审计机关依法实施的审计。国家审计机关对国家其他部门和国有企事业单位的财政财务收支及其有关经济活动的真实性、合规性和效益性进行审查。政府审计主要监督检查各级政府及其部门的财政收支及公共资金的收支、运用情况，是代表政府进行的审计。例如，审计署对国家行政机关的审计、审计厅对本省各市财政预算收支执行情况的审计、市或县审计局对本级行政区域内的国有企事业单位财务收支的审计都属于政府审计。政府审计的主要特点为政治性、法定性、独立性、宏观性和专业性。

2. 内部审计

内部审计是指由本部门和本单位内部专职的审计机构或人员所实施的审计，包括部门内部审计和单位内部审计两大类。这种专职的审计机构或人员，独立于财会部门之外，直接对本单位各部门的财务收支、经营管理活动及其经济效益进行内部审计监督。内部审计的主要目的是纠错防弊，改善经营管理，提高经济效益。内部审计的程序简单，审查工作及时，审计建议容易被采纳。其主要特点如下。

（1）内部审计以内向服务为其工作目的。

（2）内部审计的领域具有广泛性。

（3）内部审计独立于本单位的经营管理活动，但又受本单位的制约。

（4）内部审计的审计报告一般只在单位内部使用。

3. 社会审计

社会审计也称民间审计、注册会计师审计、独立审计，是经政府有关部门批准设立的会计师事务所依法接受委托或经授权所实施的审计。会计师事务所是指依法接受委托或经授权，承办审计和非审计服务业务并取得业务收入，实行自收自支、独立核算、依法纳税的专业性的社会中介组织。社会审计的授权人或者委托人通常是各类财产的所有人或主管人，包括政府审计机关、国家行政机关、企事业单位和个人等。会计师事务所接受他们的委托或经其授权，代表他们依法对被审计单位的经济活动进行审计。社会审计的主要特点为独立性、委托性和有偿性。

（二）按审计内容分类

按审计内容，审计可分为财政财务审计、绩效审计和合法合规审计。

1. 财政财务审计

（1）财政审计。财政审计是指由国家审计机关对本级政府财政预算的执行情况和下级政府财政预算的执行情况，以及其他财政收支情况的真实性、合法性所进行的审计。

（2）财务审计。财务审计是指由国家审计机关、内部审计机构和社会审计组织对各级政府部门、金融机构、企事业单位的财务收支及有关经济活动的真实性、合法性所进行的审计。

2. 绩效审计

绩效审计也称效益审计，是指对被审计单位（或项目）资源管理和使用的有效性进行检查和评价的活动。有效性包括经济性、效率性、效果性和合规性。具体内容如下：经济主体取得、保护和使用其资源（如人员和财产）时是否具备经济性和效率性；低效或不经济的原因；经济主体是否遵守法律、法规中关于经济和效率的规定。

3. 合法合规审计

合法合规审计是指审计机构及审计人员确定被审计单位在其财政财务收支及经营管理活动中是否遵循了特定的法律、法规、程序或规则，或者是否遵守了将影响经营管理或报告的合同的要求。例如，确定会计人员是否遵守了财务主管规定的手续，检查工薪率是否符合工薪法规定的最低限额，或者审查与银行签订的合同，以确定被审计单位是否遵守了法定要求。合法合规审计的结果通常报送给被审计单位管理层或外部特定使用者。

四、审计的过程

审计人员在审计过程中，以重大错报风险的识别、评估和应对作为工作主线。相应地，审计的过程大致可分为以下几个阶段。

（一）接受业务委托

会计师事务所应当按照执业准则的规定，谨慎决定是否接受业务委托或保持与某客户的关系。在接受业务委托前，会计师事务所应当执行一些程序，以获取如下信息：客户的诚信；确保自己具有执行业务所必要的素质、专业胜任能力、时间和资源；能够遵守相关职业道德要求。一旦决定接受业务委托，审计人员应当与客户就审计约定条款达成一致意见。

（二）计划审计工作

对于任何一项审计业务，审计人员在执行具体审计程序之前，都必须根据具体情况制订科学、合理的计划，使审计程序以有效的方式得到执行。一般来说，计划审计工作主要包括以下内容：在本期审计业务开始时开展的初步业务活动；制定总体审计策略；制订具体审计计划等。需要指出的是，计划审计工作不是审计业务的一个孤立阶段，而是一个持续的、不断修正的过程，贯穿于审计过程的始终。

（三）实施风险评估程序

风险评估程序是指审计人员为了解被审计单位及其环境，以识别和评估财务报表层次和认定（各类交易、账户余额和披露）层次的重大错报风险而实施的审计程序。实施风险评估程序的主要工作如下：了解被审计单位及其环境；识别和评估财务报表层次及认定层次的重大错报风险，包括确定需要特别考虑的重大错报风险及仅通过实施实质性程序无法应对的重大错报风险等。

（四）实施控制测试和实质性程序

审计人员实施风险评估程序后还应当实施进一步审计程序，包括控制测试和实质性程序。审计人员应当运用职业判断，针对评估的财务报表层次的重大错报风险确定总体应对措施，并针对评估的认定层次的重大错报风险设计和实施进一步审计程序，以将审计风险降至可接受的低水平。

（五）完成审计工作和编制审计报告

审计人员在完成财务报表进一步审计程序后，还应当做好审计完成阶段的工作，并根据所获取的各种证据，合理运用专业判断，形成适当的审计意见。本阶段的主要工作如下：考虑持续经营假设、或有事项和期后事项，获取管理层声明，汇总审计差异并提请被审计单位调整或披露，复核审计工作底稿和财务报表，与管理层和治理层沟通，形成审计意见，编制审计报告等。

任务二　熟悉审计目标与审计风险

一、审计的总目标

审计的总目标就是针对被审计单位财务报表的**公允性**和**合法性**发表意见，具体表现为以下两点。

（1）对财务报表整体是否不存在由舞弊或错误导致的**重大错报**获取合理保证，使审计人员能够对财务报表是否在所有**重大方面**按照适用的财务报表编制基础编制发表审计意见。

（2）按照审计准则的规定，根据审计结果对财务报表出具审计报告，并与管理层和治理层沟通。

（一）评价财务报表的合法性

在评价财务报表是否按照适用的编制基础编制时，审计人员应当考虑下列内容。

（1）选择和运用的会计政策是否符合适用的财务报表编制基础，并适合被审计单位的具体情况。

（2）管理层做出的会计估计是否合理。

（3）财务报表反映的信息是否具有相关性、可靠性、可比性和可理解性。

（4）财务报表是否进行了充分披露，使财务报表使用者能够理解重大交易和事项对被审计单位财务状况、经营成果和现金流量的影响。

（二）评价财务报表的公允性

在评价财务报表是否进行公允反映时，审计人员应当考虑下列内容。

（1）经管理层调整后的财务报表是否与审计人员对被审计单位及其环境的了解一致。
（2）财务报表的列报、结构和内容是否合理。
（3）财务报表是否真实地反映了交易和事项的经济实质。

（三）审计总目标与审计各环节的关系

审计总目标与审计各环节的关系如图1-2所示。

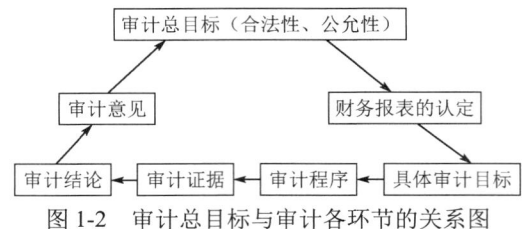

图1-2 审计总目标与审计各环节的关系图

审计人员根据财务报表得出结论和形成审计意见，大多数审计证据是说服性而非结论性的，因此，审计只能提供合理保证，不能提供绝对保证。

> **行家提示**：虽然财务报表使用者可以根据财务报表和审计意见对被审计单位未来生存能力或管理层的经营效率、经营效果做出某种判断，但审计意见本身并不是对被审计单位未来生存能力或管理层的经营效率、经营效果提供的保证。

二、被审计单位认定与具体审计目标

（一）被审计单位认定的含义

1-2 认定的含义

认定是指管理层在财务报表中进行的明确或隐含的表达，管理层在财务报表中的认定有些是明确表达的，有些则是隐含表达的。例如，管理层在资产负债表中列报固定资产及其金额，意味着做出下列明确的认定：记录的固定资产是存在的；固定资产以恰当的金额包括在财务报表中，与之相关的计价或分摊调整已恰当记录。同时，管理层也做出下列隐含的认定：所有应当记录的固定资产均已记录；记录的固定资产都由被审计单位拥有。管理层对财务报表各组成要素均做出了认定，审计人员的审计工作就是要确定管理层的认定是否恰当。被审计单位管理层的认定类型如表1-2所示。

表1-2 被审计单位管理层的认定类型

与各类交易和事项相关的认定	与期末账户余额相关的认定	与列报和披露相关的认定
（1）发生 （2）完整性 （3）准确性 （4）截止 （5）分类	（1）存在 （2）权利和义务 （3）完整性 （4）计价和分摊	（1）发生及权利和义务 （2）完整性 （3）分类和可理解性 （4）准确性和计价

1. 与各类交易和事项相关的认定

（1）发生：记录的交易和事项已发生，且与被审计单位有关。
（2）完整性：所有应当记录的交易和事项均已记录。

（3）准确性：与交易和事项有关的金额及其他数据已恰当记录。
（4）截止：交易和事项已记录于正确的会计期间。
（5）分类：交易和事项已记录于恰当的账户。

2．与期末账户余额相关的认定

（1）存在：记录的资产、负债和所有者权益是存在的。
（2）权利和义务：记录的资产由被审计单位拥有或控制，记录的负债是被审计单位应当履行的偿还义务。
（3）完整性：所有应当记录的资产、负债和所有者权益均已记录。
（4）计价和分摊：资产、负债和所有者权益以恰当的金额包括在财务报表中，与之相关的计价或分摊调整已恰当记录。

3．与列报和披露相关的认定

（1）发生及权利和义务：披露的交易和事项已发生，且与被审计单位有关。
（2）完整性：所有应当包括在财务报表中的披露均已包括。
（3）分类和可理解性：财务信息已被恰当地列报和披露，且披露内容表述清楚。
（4）准确性和计价：财务信息和其他信息已公允披露，且金额恰当。

（二）具体审计目标

审计人员根据被审计单位的认定来确定每个项目的具体审计目标，并以此作为评估重大错报风险及设计和实施进一步审计程序的基础。

1．与各类交易和事项相关的审计目标

（1）发生：由发生认定推导出的审计目标是确认已记录的交易是真实的。例如，如果没有发生销售交易，但在销售日记账中记录了一笔销售，则违反了该目标。

发生认定所要解决的问题是管理层是否把那些不曾发生的交易列入财务报表，它主要与财务报表组成要素的高估有关。

（2）完整性：由完整性认定推导出的审计目标是确认已发生的交易确实已经记录。例如，如果发生了销售交易，但没有在销售明细账和总账中记录，则违反了该目标。

完整性强调的是与发生相反的关注点。**发生目标针对潜在的高估，完整性目标则针对低估。**

（3）准确性：由准确性认定推导出的审计目标是确认已记录的交易是按正确金额记录的。例如，如果在销售交易中，发出商品的数量与账单上的数量不符，或是开账单时使用了错误的销售价格，或是在销售明细账中记录了错误的金额，则违反了该目标。

准确性目标与发生目标、完整性目标之间存在区别。例如，若已记录的销售交易是不应当记录的（如发出的商品是寄销商品），则即使发票金额是准确计算的，仍违反了发生目标。再如，若已入账的销售交易是对正确发出商品的记录，但**金额计算错误**，则违反了准确性目标。完整性目标与准确性目标之间也存在同样的关系。

（4）截止：由截止认定推导出的审计目标是确认接近资产负债表日的交易记录于恰当的会计期间。例如，如果将本期交易记录到下期，或将下期交易记录到本期，均违反了截止目标。

（5）分类：由分类认定推导出的审计目标是确认被审计单位记录的交易经过适当分类。

例如，将现销记录为赊销、将出售经营性固定资产所得的收入记录为营业收入，则违反了分类目标。

【例题1·单选题】审计人员审查A公司销售收入时发现，某笔交易的销售收入为1 000 000元，通过检查销货凭证，证实该笔交易的实际销售收入为100 000元。那么，审计人员应认为管理层对营业收入账户的（ ）认定存在问题。

A．发生　　　　B．完整性　　　　C．准确性　　　　D．权利和义务

正确答案：C

答案解析：记录的金额不正确，影响的是准确性认定。

2．与期末账户余额相关的审计目标

（1）存在：由存在认定推导出的审计目标是确认记录的金额确实存在。例如，如果将不存在的应收账款记录在应收账款明细账中，则违反了存在目标。

（2）权利和义务：由权利和义务认定推导出的审计目标是确认资产归属于被审计单位，负债属于被审计单位的义务。例如，将他人寄销商品列入被审计单位的存货中，违反了权利目标；将不属于被审计单位的债务记入账内，违反了义务目标。

（3）完整性：由完整性认定推导出的审计目标是确认已存在的金额均已记录。例如，如果存在某位顾客的应收账款，但应收账款明细表中却没有列入对该顾客的应收账款，则违反了完整性目标。

（4）计价和分摊：由计价和分摊认定推导出的审计目标是确认资产、负债和所有者权益以恰当的金额包括在财务报表中，与之相关的计价或分摊调整已恰当记录。

【例题2·多选题】下列有关具体审计目标的说法中，正确的有（ ）。

A．将他人寄销商品列入被审计单位的存货中，违反了权利和义务认定

B．如果不存在某位顾客的应收账款，但应收账款明细表中却列入了对该顾客的应收账款，则违反了存在认定

C．若已入账的销售交易是对正确发出商品的记录，但金额计算错误，则违反了完整性和发生认定

D．将已丧失使用功能的固定资产报废产生的收入记录为营业收入，违反了分类认定

正确答案：ABD

答案解析：准确性目标与发生目标、完整性目标之间存在区别，违反准确性认定的情况通常是金额计算错误导致的，而不是因为虚构或者漏记某一交易和事项。若已入账的销售交易是对正确发出商品的记录，但金额计算错误，则违反了准确性认定，但没有违反发生认定。完整性目标与准确性目标之间也存在同样的关系。

3．与列报和披露相关的审计目标

（1）发生及权利和义务：将没有发生的交易和事项，或与被审计单位无关的交易和事项包括在财务报表中，则违反了该目标。例如，复核董事会会议记录中是否记载了固定资产抵押等事项，应询问管理层固定资产是否被抵押，如果被审计单位拥有被抵押的固定资产，则需要在财务报表中列报，并说明与之相关的权利受到限制。

（2）完整性：如果应当披露的事项没有包括在财务报表中，则违反了该目标。例如，检查关联方交易，以验证其在财务报表中是否得到充分披露，即对列报的完整性认定的运用。

（3）分类和可理解性：财务信息已被恰当地列报和披露，且披露内容表述清楚。例如，检查

是否将一年内到期的长期负债列为流动负债,即对列报的分类和可理解性认定的运用。

(4)准确性和计价:财务信息和其他信息已公允披露,且金额恰当。例如,检查财务报表附注是否分别对原材料、在产品和产成品等存货成本核算方法进行了恰当说明,即对列报的准确性和计价认定的运用。

(三)认定与审计目标、审计程序的关系

通过上面介绍可知,认定是确定具体审计目标的基础,审计人员通常将认定转化为能够通过审计程序予以实现的审计目标。针对财务报表每一项目所表现出的各项认定,审计人员相应地确定一项或多项审计目标,然后通过执行一系列审计程序获取充分、适当的审计证据以实现审计目标。以存货审计为例,关于认定、审计目标和审计程序之间的关系如表1-3所示。

表1-3 存货认定、审计目标和审计程序之间的关系

存货认定	审计目标	审计程序
存在性	资产负债表列示的存货存在	实施存货监盘程序
完整性	销售收入包括了所有已发货的交易	检查发货单和销售发票的编号及销售明细账
准确性	应收账款反映的销售业务基于正确的价格和数量,计算正确	比较价格清单与发票上的价格、发货单与销售订购单上的数量是否一致,重新计算发票上的金额
截止	销售业务记录在恰当的会计期间	比较上一年度最后几天和下一年度最初几天的发货单日期与记账日期
权利和义务	资产负债表中的存货确实为公司拥有	查阅所有权证书、购货合同、结算单和保险单
计价和分摊	以净值记录存货	检查存货明细表,评估计提的存货跌价准备是否充足

三、审计风险的内容

审计风险是指财务报表存在重大错报时,审计人员发表不恰当审计意见的可能性。审计业务是一种保证程度较高的鉴证业务,可接受的审计风险应当足够低。审计风险取决于重大错报风险和检查风险,如图1-3所示。

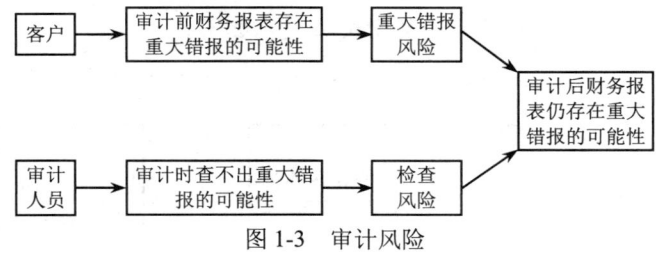

图1-3 审计风险

(一)重大错报风险

重大错报风险是指财务报表在审计前存在重大错报的可能性。在设计审计程序以确定财务报表整体是否存在重大错报时,审计人员应当从财务报表层次及各类交易、账户余额和披露(认定)层次考虑重大错报风险。

1. 财务报表层次的重大错报风险

财务报表层次的重大错报风险与财务报表整体存在广泛联系,可能影响多项认定。此类

风险通常与控制环境有关，但也可能与其他因素有关，如经济萧条等。此类风险难以界定于某类交易、账户余额和披露的具体认定。

2. 各类交易、账户余额和披露（认定）层次的重大错报风险

审计人员考虑认定层次的重大错报风险，有助于确定实施进一步审计程序的性质、时间和范围。审计人员在认定层次获取审计证据，是为了能够在审计工作完成时，以可接受的低审计风险水平对财务报表整体发表审计意见。

认定层次的重大错报风险又可以进一步细分为固有风险和控制风险。

固有风险是指在考虑相关的内部控制之前，某类交易、账户余额和披露的某一认定易于发生错报的可能性，无论该错报是单独考虑，还是连同其他错报构成重大错报。

控制风险是指某类交易、账户余额和披露的某一认定发生错报，该错报单独或连同其他错报是重大的，但没有被内部控制及时防止或发现并纠正的可能性。控制风险取决于与财务报表编制有关的内部控制的设计和运行的有效性。由于控制的固有局限性，某种程度的控制风险始终存在。

（二）检查风险

检查风险是指如果存在某一错报，该错报单独或连同其他错报可能是重大的，审计人员为将审计风险降至可接受的低水平而实施审计程序后却没有发现这种错报的风险。检查风险取决于审计程序设计的合理性和执行的有效性。

> **行家提示**：由于审计人员通常并不对所有的交易、账户余额和披露进行检查，以及审计人员可能选择了不恰当的审计程序、审计过程执行不当，或者错误解读了审计结论等，检查风险不可能降低为零。

（三）检查风险与重大错报风险的反向关系

在既定的审计风险水平下，可接受的检查风险水平与认定层次重大错报风险水平呈反向关系。评估的重大错报风险水平越高，可接受的检查风险水平越低；评估的重大错报风险水平越低，可接受的检查风险水平越高。这两种风险水平的关系可以用图 1-4 表示。检查风险水平与重大错报风险水平的反向关系用数学模型表示如下。

审计风险水平=重大错报风险水平×检查风险水平

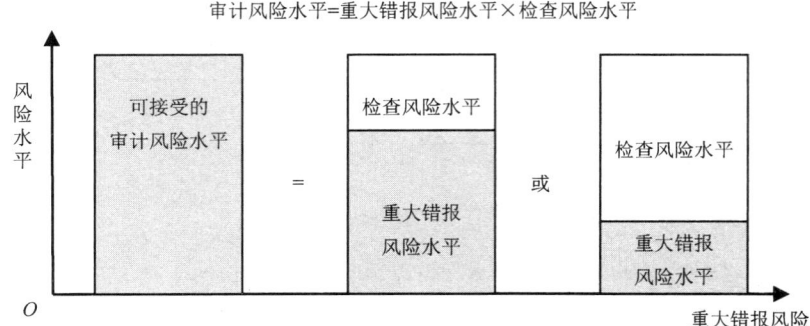

图 1-4　检查风险水平与重大错报风险水平的反向关系

假设针对某一认定，审计人员将可接受的审计风险水平设定为 5%，实施风险评估程序后将重大错报风险水平评估为 25%，则可接受的检查风险水平为 20%。在实务中，审计人员一般不用绝对数量表示风险水平，而是选用"高""中""低"等文字进行描述。

四、审计的固有限制

审计人员不能对财务报表不存在由舞弊或错误导致的重大错报提供绝对保证。这是由于审计存在固有限制，导致审计人员据以得出结论和形成审计意见的大多数审计证据是说服性的而非结论性的，因此审计人员只能提供合理保证，不能提供绝对保证。审计的固有限制源于以下几个方面。

（一）财务报表的性质

管理层编制财务报表需要根据被审计单位的事实和情况，运用合适的财务报表编制基础，并在这一过程中做出判断。此外，许多财务报表项目涉及主观决策、评估或一定程度的不确定性，并且可能存在一系列可接受的解释或判断。因此，某些财务报表项目的金额本身就存在一定的变动幅度，这种变动幅度不能通过实施追加的审计程序来消除。

（二）审计程序的性质

审计人员获取审计证据的能力受实务和法律的限制。例如，管理层或其他人员可能有意或无意地不提供与财务报表编制相关的或者审计人员要求的全部信息，因此即使实施了旨在保证获取所有相关信息的审计程序，审计人员也不能保证信息的完整性；舞弊可能涉及精心策划和蓄意实施，因此用以收集审计证据的审计程序可能无法发现这些行为；审计不是对涉嫌违法行为的官方调查。

（三）财务报表的及时性和成本效益的权衡

审计中的困难、时间或成本等事项本身，不能作为审计人员省略不可替代的审计程序或满足于说服力不足的审计证据的正当理由。制订适当的审计计划有助于保证执行审计工作需要的充分的时间和资源。另外，信息的相关性及其价值会随着时间的推移而降低，所以需要在信息的可靠性和成本之间进行权衡。为了在合理的时间内以合理的成本对财务报表形成审计意见，审计人员有必要进行以下工作：计划审计工作，以使审计工作以有效的方式得到执行；将审计资源投向最可能存在重大错报风险的领域，并相应地在其他领域减少审计资源；运用测试和其他方法检查总体中存在的错报。

【例题3·多选题】下列选项中，属于审计的固有限制的有（   ）。

A. 许多财务报表项目涉及主观决策、评估或一定程度的不确定性，并且可能存在一系列可接受的解释或判断

B. 被审计单位管理层可能拒绝提供审计人员要求的某些信息

C. 审计人员没有被授予调查被审计单位涉嫌违法行为所必要的特定法律权力

D. 审计人员将审计资源投向最可能存在重大错报风险的领域，并且应减少其他领域的审计资源

正确答案：ABCD

答案解析：审计的固有限制源于以下几个方面：财务报告的性质；审计程序的性质；财务报表的及时性和成本效益的权衡。选项A属于审计报告的性质，选项B、C属于审计程序的性质，选项D属于财务报表的及时性和成本效益的权衡。

任务三　获取审计证据

一、审计证据的性质

审计证据是指审计人员为了得出审计结论、形成审计意见而使用的所有信息，包括构成财务报表编制基础的会计记录所含有的信息和其他信息。

（一）会计记录所含有的信息

会计记录主要包括原始凭证、记账凭证、总账和明细账、未在记账凭证中反映的对财务报表的其他调整，以及支持成本分配、计算、调节和披露的手工计算表和电子数据表等。此外还可能包括（但不限于）以下几种。

（1）销售发运单及发票、客户对账单及客户的汇款通知单。

（2）附有验货单的订购单、购货发票和对账单。

（3）考勤卡和其他工时记录、工薪单、个别支付记录和人事档案。

（4）支票存根、电子转移支付记录、银行存款单和银行对账单。

（5）合同记录，如租赁合同和分期付款销售协议。

（6）记账凭证。

（7）分类账账户调节表。

（二）其他信息

会计记录中含有的信息本身并不足以提供充分的审计证据，以作为对财务报表发表审计意见的基础，审计人员还应当获取用作审计证据的其他信息。具体包括审计人员从被审计单位内部或外部获取的除会计记录以外的信息，如被审计单位的会议记录、内部控制手册；通过询问、观察和检查等审计程序获取的信息，如通过检查存货获取的证明存货存在的证据；自身编制或获取的可以通过合理推断得出结论的信息，如审计人员编制的各种计算表、分析表。

（三）审计证据的充分性和适当性

审计人员应当保持职业怀疑态度，运用职业判断，评价审计证据的充分性和适当性。审计证据的充分性是对审计证据数量的衡量，适当性是对审计证据质量的衡量。

1. 审计证据的充分性

审计证据的充分性主要与审计人员确定的样本量有关，是指审计证据的数量足以将与每个重要认定相关的审计风险限制在可接受的低水平。审计证据的充分性受到重大错报风险水平和审计证据质量的影响。评估的重大错报风险水平越高，需要的审计证据就越多；审计证据质量越高，则需要的审计证据就越少。

> **行家提示**：审计证据的数量不是越多越好。审计人员可以考虑获取审计证据的成本与所获取信息的有用性之间的关系，但不应以获取审计证据的困难和成本为由减少不可替代的审计程序。

【例题4·多选题】在确定审计证据的数量时，下列表述中错误的有（　　）。
A. 评估的错报风险越大，需要获取的审计证据越多
B. 审计证据质量越高，需要的审计证据就越少
C. 获取更多的审计证据可以弥补审计证据质量上的缺陷
D. 为降低审计风险，通过调高重要性水平，可以减少所需获取的审计证据的数量

正确答案：CD

答案解析：审计证据质量上的缺陷不能通过审计证据的数量来弥补；审计人员不能通过不合理地人为调高重要性水平，减少所需获取的审计证据的数量。

2. 审计证据的适当性

审计证据的适当性包括相关性和可靠性两方面。

（1）审计证据的相关性。

审计证据的相关性是指用作审计证据的信息与审计程序的目的和所考虑的相关认定之间的逻辑关系。在确定审计证据的相关性时，审计人员应当考虑以下几个方面。

① 特定的审计程序可能只为某些认定提供相关的审计证据，而与其他认定无关。
② 只与特定认定相关的审计证据并不能替代与其他认定相关的审计证据。
③ 针对同一项认定可以从不同来源获取审计证据或获取不同性质的审计证据。

（2）审计证据的可靠性。

审计证据的可靠性是指审计证据的证明力，可靠性受其来源和性质的影响。

① 从外部独立来源获取的审计证据比从其他来源获取的审计证据更可靠。
② 内部控制有效时内部生成的审计证据比内部控制薄弱时内部生成的审计证据更可靠。
③ 直接获取的审计证据比间接获取或推论得出的审计证据更可靠。
④ 以文件、记录形式（纸质、电子或其他介质）存在的审计证据比口头形式的审计证据更可靠。
⑤ 从原件获取的审计证据比从传真件或复印件获取的审计证据更可靠。

审计证据的性质如图 1-5 所示。

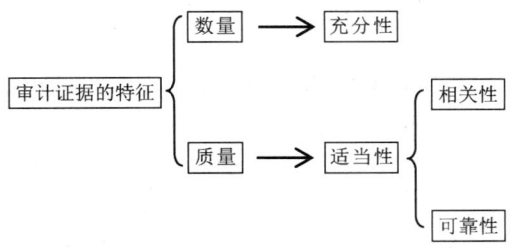

图 1-5　审计证据的性质

【例题5·单选题】审计人员为了验证甲公司"应收账款——A公司　3 000 000元"是否存在，获取了下列以文件形式记录的证据，其中证明力最强的是（　　）。
A. 销售发票　　　　　　　B. 甲公司提供的月末与A公司对账的回单
C. 产品出库单　　　　　　D. 对A公司应收账款函证的回函

正确答案：D

答案解析：从外部独立来源获取的审计证据比从其他来源获取的审计证据更可靠。选项C虽属于外部证据但经过被审计单位内部，证明力没有审计人员直接从外部获取的审计证据证明力强。

3．充分性和适当性之间的关系

充分性和适当性是审计证据的两个重要特征，两者缺一不可，只有充分且适当的审计证据才有证明力。审计人员需要获取的审计证据的数量受审计证据质量的影响。审计证据的质量越高，需要的审计证据的数量就越少。也就是说，审计证据的适当性会影响审计证据的充分性。

> **行家提示**：尽管审计证据的充分性和适当性相关，但如果审计证据的质量存在缺陷，那么审计人员仅靠获取更多的审计证据也无法弥补其质量上的缺陷。同样，如果审计人员获取的审计证据不可靠，那么审计证据数量再多也难以起到证明作用。

4．评价充分性和适当性时的特殊考虑

（1）对文件记录可靠性的考虑。

审计工作通常不涉及鉴定文件记录的真伪，但应当考虑用作审计证据的信息的可靠性，并考虑与这些信息生成和维护相关的内部控制的有效性。

如果在审计过程中识别出的情况使审计人员认为文件记录可能是伪造的，或文件记录中的某些条款已发生变动，则审计人员应当进行进一步调查，包括直接向第三方询证，或考虑利用专家的工作以确定文件记录的真伪。

（2）使用被审计单位生成信息时的考虑。

如果在实施审计程序时使用被审计单位生成的信息，则审计人员应当就这些信息的准确性和完整性获取审计证据。

（3）审计证据相互矛盾时的考虑。

如果针对某项认定，从不同来源获取的审计证据或获取的不同性质的审计证据能够相互印证，则与该项认定相关的审计证据具有更强的证明力。如果从不同来源获取的审计证据或获取的不同性质的审计证据相互矛盾，则表明某项审计证据可能不可靠，审计人员应当追加必要的审计程序。

（4）获取审计证据时对成本的考虑。

① 在满足充分性、适当性的前提下，审计人员可以考虑获取审计证据的成本与所获取信息的有用性之间的关系。

② 不应以获取审计证据的困难和成本为由减少不可替代的审计程序。

③ 如果确实无法获取必要的审计证据且无较好的替代程序，则应视为审计范围受到限制。

【例题6·单选题】下列有关审计证据的表述中，不正确的是（　　）。
A．被审计单位财务报表的重大错报风险越高，对审计证据的要求也越高
B．审计人员在获取审计证据时，必须考虑获取审计证据的成本
C．如果从不同来源获取的不同审计证据相互矛盾，则审计人员应当追加必要的审计程序
D．审计人员获取的审计证据质量越高，需要的审计证据数量可能越少

正确答案：B

答案解析：在获取审计证据时，只有在满足充分性、适当性的前提下，审计人员才会考虑获取审计证据的成本。因此，考虑获取审计证据的成本并不是必须的。

二、审计证据的分类

审计证据按照不同的标准，可以进行多种分类。

（一）按审计证据的表现形态分类

按审计证据的表现形态分类，可以分为实物证据、书面证据、口头证据和环境证据。

1．实物证据

实物证据是指以实物的外部特征和内含性能来证明实物存在的各种财产物资。实物证据主要用于查明实物存在的实在性、数量和计价的正确性，如现金、存货、固定资产、在建工程等。因为实物存在本身就具有很大的可靠性，所以实物证据具有较强的证明力。

2．书面证据

书面证据是指以文字记载的内容来证明被审计事项的各种书面资料，如有关被审计事项的会计凭证、会计账簿和财务报表，以及各种会议记录和合同等。审计过程中使用最多的就是书面证据。书面证据包括由被审计单位以外的单位或个人提供的外部证据，如银行询证函、银行对账单等，以及来源于被审计单位的内部证据，如工资发放表、被审计单位声明书等。

3．口头证据

口头证据是指以视听资料，证人证词，有关人员的陈述、意见、说明和答复等形式存在的审计证据。它以知情人陈述的事实来证明审计事项的真相。一般情况下，口头证据本身并不足以证明审计事项的真相，但审计人员往往通过口头证据发掘出一些重要线索，从而有利于对某些情况进行进一步的调查，以获取更为可靠的证据。

4．环境证据

环境证据是指对审计事项产生影响的各种环境事实。当审计人员获知被审计单位有着良好的内部控制系统，并且日常经营管理又一贯严格遵守各项规定时，就可以认为被审计单位的内部控制系统为财务报表项目的真实性提供了强有力的环境证据。环境证据不属于主要的审计证据，但它有助于审计人员了解被审计单位所处的环境，是进行判断所必须掌握的资料。

（二）按审计证据的相关程度分类

按审计证据的相关程度分类，可以分为直接证据和间接证据。

1．直接证据

直接证据是指对审计事项具有直接证明力，能单独、直接地证明审计事项真相的资料和事实。例如，审计人员亲自监督现金盘点的盘点记录，就是证明现金实存数的直接证据。审计人员有了直接证据，无须再收集其他证据，就能得出相关结论。

2．间接证据

间接证据又称旁证，是指对审计事项只起间接证明作用，需要与其他证据结合起来，经过分析、判断、核实才能证明审计事项真相的资料和事实。如果应证事项是财务报表的公允性，就凭证而言，虽然会计凭证是财务报表的基础资料，但两者并没有直接的关系，所以会计凭证是证明财务报表公允性的间接证据。

在审计工作中，单凭直接证据就能直接影响审计人员的意见和结论的情况并不多见。一般情况下，除直接证据以外，还需要一系列的间接证据，审计人员才能对审计事项得出完整的结论。

（三）按获取审计证据的来源分类

按获取审计证据的来源分类，可以分为自然证据和加工证据。

1. 自然证据

自然证据是指审计人员在审计过程中随时可以获得的不需要加工的资料和事实。自然证据既可以从被审计单位内部获得，如被审计单位的会计凭证、会计账簿、会计报表和记录等；又可以从被审计单位以外的单位或个人处获得，如询证函回函和购货发票等。

2. 加工证据

加工证据是指审计人员在审计过程中亲自对书面证据、实物证据等进行分析、整理、归类和制作所形成的较系统和明晰的资料，如审计差异调整表、内部控制调查表等。加工证据的可靠性和证明力比较强。但是，加工证据也不可避免地存在着人为的不确定性，其质量主要取决于审计人员的业务水平和判断能力。

（四）按审计证据的重要性分类

按审计证据的重要性分类，可以分为基本证据、辅助证据和矛盾证据。

1. 基本证据

基本证据是指对审计人员形成审计意见、得出审计结论具有直接影响的审计证据。例如，证明被审计单位的财务状况时，被审计单位的财务报表、会计账簿等就是基本证据。审计人员若离开了基本证据，就无法形成审计意见、得出审计结论。

2. 辅助证据

辅助证据是基本证据的一种必要补充。如果要证明账簿记录的真实性，各种记账凭证是基本证据；而附在记账凭证后面的各种原始凭证是编制记账凭证的依据，它们补充说明记账凭证，以证明账簿记录的真实性，因而它们是辅助证据。

3. 矛盾证据

矛盾证据是指证明的方向与基本证据相反，或证明的内容与基本证据不一致的证据。如果遇到矛盾证据，审计人员必须进一步收集审计证据，并加以深入分析和鉴定，以确定有用的证据。

三、获取审计证据的审计程序

审计程序是审计人员在审计过程中的某个时间，对将要获取的某类审计证据如何进行收集的详细指令。审计人员可单独或综合运用以下审计程序，以获取充分、适当的审计证据。

（一）检查

检查是指审计人员对被审计单位内部或外部生成的，以纸质、电子或其他介质形式存在的记录和文件进行检查，或对资产进行实物检查。在检查内部记录或文件时，其可靠性取决于生成该内部记录或文件的内部控制的有效性；检查有形资产可为其存在提供可靠的审计证据，但不一定能够为权利和义务或计价和分摊等认定提供可靠的审计证据。

（二）观察

观察是指审计人员观察相关人员正在从事的活动或实施的程序。例如，审计人员对被审计单位人员执行的存货盘点或控制活动进行观察。观察可以提供与执行过程或程序有关的审计证据，但观察所提供的审计证据仅限于观察发生的时点，而且被观察人员的行为可能因被观察而受到影响，这也会使观察提供的审计证据受到限制。

（三）询问

询问是指审计人员以书面或口头方式，从被审计单位内部或外部的知情人员处获取财务信息和非财务信息，并对答复进行评价的过程。作为其他审计程序的补充，询问广泛应用于整个审计过程中。针对某些事项，审计人员可能认为有必要向管理层获取书面声明，以证实对口头询问的答复。

（四）函证

函证是指审计人员直接从第三方获取书面答复以作为审计证据的过程，书面答复可以采用纸质、电子或其他介质等形式。函证有积极式函证和消极式函证两种方式。通过函证获取的证据可靠性较高，因此函证是受到高度重视并经常被使用的一种重要审计程序。

1. 函证的对象

（1）银行存款、借款及与金融机构往来的其他信息。

审计人员应当对银行存款（**包括零余额账户和在本期内注销的账户**）、借款及与金融机构往来的其他信息实施函证，除非有充分证据表明某一银行存款、借款及与金融机构往来的其他信息对财务报表不重要且与之相关的重大错报风险很低。如果不对这些项目实施函证，审计人员应当在审计工作底稿中说明理由。

（2）应收账款。

除非存在下列两种情形之一，否则审计人员应当对应收账款实施函证。

① 根据审计重要性原则，有充分证据表明应收账款对财务报表不重要。

② 审计人员认为函证很可能无效，这时审计人员应当实施替代审计程序，获取充分、适当的审计证据。如果不对应收账款进行函证，审计人员应当在审计工作底稿中说明理由。

2. 函证实施的范围

如果采用审计抽样的方式确定函证实施的范围，无论采用统计抽样方法，还是非统计抽样方法，选取的样本都应当足以代表总体。审计人员应从总体中选取特定项目进行测试，选取的特定项目可能包括以下几项：金额较大的项目；账龄较长的项目；交易频繁但期末余额较小的项目；重大关联方交易；重大或异常的交易；可能存在争议、舞弊或错误的交易。

3. 函证的时间

审计人员通常以<u>资产负债表日</u>为截止日，在资产负债表日后适当时间内实施函证。如果重大错报风险评估为低水平，则审计人员可选择资产负债表日前的适当日期为截止日实施函证，并对所函证项目自该截止日起至资产负债表日止发生的变动实施实质性程序。

1-3 函证的时间

4. 管理层要求不实施函证时的处理

当被审计单位管理层要求对拟函证的某些账户余额或其他信息不实施函证时，审计人员应当考虑该项要求是否合理，并获取审计证据予以支持。如果认为管理层的要求合理，则审计人员应当实施替代审计程序，以获取与这些账户余额或其他信息相关的充分、适当的审计证据。如果认为管理层的要求不合理，且被其阻挠而无法实施函证，则审计人员应当认为审计范围受到限制，并考虑对审计报告可能产生的影响。

【例题 7 · 多选题】下列各项因素中，通常影响审计人员决定是否实施函证的有（　　）。

A. 评估的认定层次重大错报风险
B. 被审计单位管理层的配合程度
C. 函证信息与特定认定的相关性
D. 被询证者的客观性

正确答案：ACD

答案解析：被审计单位管理层的配合程度并不影响审计人员做出是否进行函证的决策。

（五）重新计算

重新计算是指审计人员对记录或文件中的数据计算的准确性进行核对。重新计算可通过手工方式或电子方式进行。

（六）重新执行

重新执行是指审计人员独立执行原本作为被审计单位内部控制组成部分的程序或控制。

（七）分析程序

1-4 分析程序

分析程序是指审计人员通过分析不同财务数据之间及财务数据与非财务数据之间的内在关系，对财务信息做出评价。分析程序还包括在必要时对识别出的、与其他相关信息不一致的或与预期值差异重大的波动或关系进行调查。

例如，A 公司 2020 年销售 1500 万元定制产品，2019 年生产和销售 1000 万元定制产品。据了解，近年来生产工艺未发生变化，生产过程中电力消耗比重较大，2019 年用电量 1000 万度，2020 年用电量 800 万度，对于这种情况你是否会有疑惑呢？

分析程序可以用作风险评估程序，以了解被审计单位及其环境；当使用分析程序比细节测试能更有效地将认定层次的检查风险降至可接受的低水平时，分析程序可以用作实质性程序。

【例题 8 · 单选题】甲公司 2020 年的存货周转率与 2019 年相比有所下降。甲公司提供的以下理由中，不能解释存货周转率的变动趋势的是（　　）。

A. 由于主要原材料的价格比 2019 年的价格下降了 10%，甲公司从 2020 年 1 月开始将主要原材料的日常储备量增加了 20%
B. 甲公司的主要产品在 2020 年市场需求稳定且盈利，但平均销售价格与 2019 年相比有所下降，并且甲公司预期销售价格将继续下降
C. 甲公司在 2020 年第 4 季度接到了一笔巨额订单，订货数量相当于甲公司月产能的 120%，交货日期为 2021 年 1 月 1 日
D. 从 2020 年 6 月开始，甲公司针对主要销售客户，将部分产品的营销方式由买断模式改为代销模式

正确答案：B

答案解析：存货周转率=主营业务成本/平均存货。选项 B 不影响主营业务成本和平均存货，故不能解释存货周转率的变动趋势。

【例题 9·单选题】下列有关实质性分析程序的适用性的说法中，错误的是（　　）。

A. 实质性分析程序通常更适用于在一段时间内存在预期关系的大量交易

B. 实质性分析程序不适用于识别出特别风险的认定

C. 对特定实质性分析程序适用性的确定，受到认定的性质和审计人员对重大错报风险评估的影响

D. 审计人员无须在所有审计业务中运用实质性分析程序

正确答案：B

答案解析：实质性分析程序可以用于识别出特别风险的认定，选项 B 错误。

任务四　编制审计工作底稿

一、审计工作底稿的概述

（一）审计工作底稿的含义

审计工作底稿是指审计人员对制订的审计计划、实施的审计程序、获取的相关审计证据，以及得出的审计结论进行的记录。审计工作底稿是审计证据的载体，是审计人员在审计过程中形成的审计工作记录和获取的资料。它形成于审计过程，也反映了整个审计过程。

（二）审计工作底稿的编制目的

审计人员应当及时编制审计工作底稿，实现以下目的。

（1）提供充分、适当的记录，并作为审计报告的基础。

（2）提供证据，证明审计人员已经按照审计准则和相关法律、法规的规定计划和执行了审计程序。

（三）审计工作底稿的编制要求

审计人员编制的审计工作底稿，应当使未曾接触该项审计工作的有经验的专业人士清楚地了解以下内容。

（1）按照审计准则和相关法律、法规的规定实施的审计程序的性质、时间和范围。

（2）实施审计程序的结果和获取的审计证据。

（3）审计中遇到的重大事项和得出的结论，以及在得出结论时做出的重大职业判断。

二、审计工作底稿的存在形式和内容

（一）审计工作底稿的存在形式

审计工作底稿可以以纸质、电子或其他介质形式存在。电子或其他介质形式的审计工作底稿应通过打印等方式，转换成纸质形式的审计工作底稿，并与其他纸质形式的审计工作底

稿一并归档，同时单独保存这些以电子或其他介质形式存在的审计工作底稿。

（二）审计工作底稿的内容

审计工作底稿通常包括业务类工作底稿和管理类工作底稿。其中，业务类工作底稿主要包括总体审计策略、具体审计计划、分析表、问题备忘录、重大事项概要、询证函回函、管理层声明书、核对表、有关重大事项的往来函件（包括电子邮件），以及对被审计单位文件记录的摘要或复印件等。管理类工作底稿主要包括审计业务约定书、管理建议书、项目组内部或项目组与被审计单位举行的会议记录等。

（三）审计工作底稿不包括的内容

审计工作底稿通常<u>不包括</u>以下内容。
（1）已被取代的审计工作底稿的草稿或财务报表的草稿。
（2）反映不全面或初步思考的记录。
（3）因存在印刷错误或其他错误而作废的文本。
（4）重复的文件记录等。

【例题10·单选题】下列各项中，审计人员通常认为不必形成最终审计工作底稿的是（　　）。
A．审计人员与被审计单位管理层对重大事项进行讨论的结果
B．审计人员不能实现相关审计准则规定的目标的情形
C．审计人员识别出的信息与针对重大事项得出的最终结论不一致的情形
D．审计人员取得的已被取代的财务报表的草稿

正确答案：D
答案解析：审计工作底稿通常不包括已被取代的审计工作底稿的草稿或财务报表的草稿、反映不全面或初步思考的记录、因存在印刷错误或其他错误而作废的文本，以及重复的文件记录等。

三、审计工作底稿的要素和格式

（一）审计工作底稿的要素

通常，审计工作底稿包括以下全部或部分要素。
（1）审计工作底稿的标题。
（2）审计过程记录。
（3）审计结论。
（4）审计标识及其说明。
（5）索引号及编号。
（6）编制者姓名及编制日期。
（7）复核者姓名及复核日期。
（8）其他应说明的事项。

其中，审计标识被用于与已实施审计程序相关的审计工作底稿。审计工作底稿中可使用各种审计标识，但应说明其含义，并保持前后一致。审计人员经常会用到如下审计标识。

∧：纵加核对

＜：横加核对

B：与上年结转数核对一致

T：与原始凭证核对一致

G：与总账核对一致

S：与明细账核对一致

T/B：与试算平衡表核对一致

C：已发询证函

C\：已收回询证函

（二）审计工作底稿的格式

审计工作底稿的格式如表 1-4 所示。

表 1-4　审计工作底稿的格式

被审计单位：ABC 有限责任公司 项目：实收资本 编制：张三　　日期：2021.2.3				索引号：QA02　　页次：02 报表截止日/期间：2020.12.31 复核：李四　　日期：2021.2.5	
出　资　方	出　资　比　例	认缴出资额	实际出资额 2019.12.31	实际出资额 2020.12.31	备　注
甲公司	25%	500 000C	500 000 B	500 000 S	
乙公司	35%	700 000C	700 000 B	700 000 S	
丙公司	40%	800 000C	800 000 B	800 000 S	
合计	100%	2 000 000C ∧	2 000 000G ∧	2 000 000 ∧	

标识：

C，已审阅合同章程；

S，与明细账核对一致；

G，与总账核对一致；

B，与上年结转数核对一致；

∧，竖加核对。

说明：ABC 有限责任公司实收资本人民币 2 000 000 元，已经正信会计师事务所审验，并于 2019 年 7 月 2 日出具了"正信 2019Y018 号"验资报告

四、审计工作底稿的归档

（一）审计工作底稿归档工作的性质

在出具审计报告前，审计人员应完成所有必要的审计程序，取得充分、适当的审计证据，并得出适当的审计结论。由此，在审计报告日后将审计工作底稿归整为最终审计档案是一项事务性工作，不涉及实施新的审计程序或得出新的结论。

如果在归档期间对审计工作底稿做出的变动属于事务性的，则审计人员可以做出的变动主要如下。

（1）删除或废弃被取代的审计工作底稿。

(2) 对审计工作底稿进行分类、整理和交叉索引。
(3) 在审计工作底稿归档工作的完成核对表上签字确认。
(4) 记录在审计报告日前获取的、与项目组成员进行讨论并达成一致意见的审计证据。

(二) 审计档案的种类

针对各项具体审计业务，审计人员应当分别将审计工作底稿归整为审计档案。

在实务中，审计档案可以分为永久性档案和当期档案。这一分类主要是根据具体实务中对审计档案使用的时间而划分的。

1. 永久性档案

永久性档案是指那些记录内容相对稳定，具有长期使用价值，并对以后审计工作具有重要影响和直接作用的审计档案。永久性档案主要包括以下内容。

(1) 审计项目管理：审计业务约定书；各期审计档案清单。
(2) 被审计单位的背景资料：组织结构；管理层和财务人员、董事会成员清单；关联方资料；会计手册。
(3) 法律事项资料：公司章程、营业执照、历次董事会会议纪要；重要合同、协议等文件的复印件；有关土地、建筑物、厂房和设备等资产文件的复印件。

2. 当期档案

当期档案是指记录内容经常变化，主要供当期和下期审计使用的审计档案。当期档案的内容每年都会变动，主要包括以下内容。

(1) 沟通和报告的相关工作底稿：审计报告；与治理层、管理层的沟通和报告；管理建议书。
(2) 审计完成阶段的工作底稿：审计工作完成情况核对表；管理层声明书原件；重大事项概要；错报汇总表；被审计单位财务报表和试算平衡表；有关列报的工作底稿；财务报表所属期间的董事会会议纪要；总结会会议纪要。
(3) 审计计划阶段的工作底稿：总体审计策略和具体审计计划；被审计单位提交资料清单；主审审计人员的指示；预备会会议纪要。
(4) 特定项目审计程序表：舞弊；持续经营；对法律、法规的考虑；关联方。
(5) 进一步审计程序的工作底稿：进一步审计程序表；有关控制测试的工作底稿；有关实质性程序的工作底稿。

(三) 审计工作底稿的归档期限

审计工作底稿的归档期限为审计报告日后 60 天。如果审计人员未能完成审计业务，审计工作底稿的归档期限为审计业务中止后 60 天。

如果针对客户的同一财务信息执行不同的委托业务，出具不同的审计报告，则会计师事务所应当将其视为不同的业务，根据会计师事务所内部的政策和程序，在规定的归档期限内分别将审计工作底稿归档为最终审计档案。

【例题 11·单选题】下列关于审计工作底稿归档的表述中，正确的是（   ）。
A. 审计工作底稿的归档工作是业务性工作
B. 针对客户的同一财务信息执行不同的委托业务，可将其归档为一份审计档案

C. 审计工作完成后，应于审计报告日后 60 天内归档
D. 未完成审计工作的，应于审计业务中止后 90 天内归档

正确答案：C

答案解析：选项 A，审计工作底稿的归档工作属于事务性工作；选项 B，应归档为不同档案；选项 D，如果审计人员未能完成审计业务，审计工作底稿的归档期限为审计业务中止后 60 天。

（四）审计工作底稿归档后的变动

1. 需要变动审计工作底稿的情形

审计人员发现有必要修改现有审计工作底稿或增加新的审计工作底稿的情形主要有以下两种。

（1）审计人员已实施了必要的审计程序，取得了充分、适当的审计证据并得出了恰当的审计结论，但审计工作底稿的记录不够充分。

（2）审计报告日后发现例外情况，审计人员需要实施新的或追加审计程序，或导致审计人员得出新的结论。

2. 变动审计工作底稿时的记录要求

在完成审计工作底稿的归档工作后，如果发现有必要修改现有审计工作底稿或增加新的审计工作底稿，无论修改或增加的性质如何，审计人员均应当记录下列事项。

（1）修改或增加审计工作底稿的理由。

（2）修改或增加审计工作底稿的时间和人员，以及复核的时间和人员。

> 行家提示：修改现有审计工作底稿主要是指在保持原审计工作底稿中所记录的信息，即对原记录信息不予删除（包括涂改、覆盖等）的前提下，增加新的信息。

（五）审计工作底稿的保存期限

会计师事务所应当自审计报告日起，对审计工作底稿至少保存 10 年。如果审计人员未能完成审计业务，则会计师事务所应当自审计业务中止日起，对审计工作底稿至少保存 10 年。在完成归档工作后，审计人员不应在规定的保存期届满前删除或废弃任何性质的审计工作底稿。

> 行家提示：对于连续审计的情况，当期归整的永久性档案可能包括以前年度获取的资料，这些资料虽然是在以前年度获取的，但由于其作为本期档案的一部分，审计人员应将其视为当期取得的资料并保存 10 年。如果这些资料在某一个审计期间被替换，则被替换资料应当从被替换的年度起至少保存 10 年。

（六）审计工作底稿的复核

审计准则规定，由项目组内经验较多的人员（包括项目合伙人）复核经验较少人员的工作；审计人员在出具审计报告前，会计师事务所应当指定专门的机构或人员对审计项目组执行的审计实施项目质量控制复核。

任务五　进行审计抽样

企业规模的扩大和经营复杂程度的不断上升，使审计人员对每一笔交易进行检查日益变得既不可行，又十分没有必要。为了在合理的时间内能完成审计工作，审计抽样应运而生。审计抽样旨在帮助审计人员确定实施审计程序的范围，以获取充分、适当的审计证据，得出合理的结论，作为形成审计意见的基础。图1-6为审计抽样的基本模型。

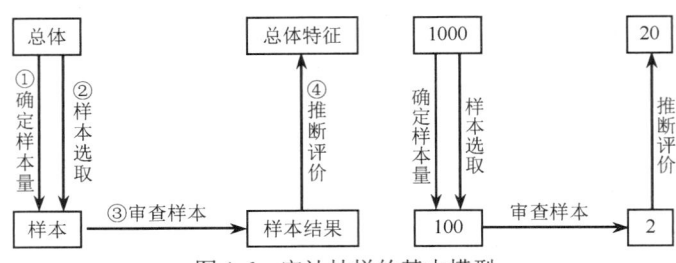

图1-6　审计抽样的基本模型

一、审计抽样的含义

审计抽样是指审计人员对具有审计相关性的总体中低于百分之百的项目实施审计程序，使所有抽样单元都有被选取的机会。总体是指审计人员从中选取样本并期望据此得出结论的整个数据集合。

（一）审计抽样的特征

审计抽样应当具备以下三个基本特征。
（1）对某类交易或账户余额中低于百分之百的项目实施审计程序。
（2）所有抽样单元都有被选取的机会。
（3）审计测试的目的是评价该交易类型或账户余额的某一特征。

（二）获取审计证据时对审计抽样的运用

审计程序对审计抽样的运用产生影响；审计抽样不影响审计程序的运用。

1．风险评估程序

风险评估程序通常不涉及审计抽样。

2．控制测试

（1）当内部控制的运行留下轨迹时，审计人员可以考虑采用审计抽样实施控制测试。
（2）对于未留下运行轨迹的内部控制，审计人员通常实施询问、观察等审计程序，以获取有关内部控制运行有效性的审计证据，此时不宜采用审计抽样。

3．实质性程序

（1）在实施细节测试时，审计人员可以采用审计抽样获取审计证据，以验证有关财务报表金额的一项或多项认定，或对某些金额做出独立估计。

（2）在实施实质性程序时，审计人员不宜采用审计抽样。

【例题 12·单选题】下列有关选取测试项目的说法中，正确的是（　　）。

A. 从某类交易中选取特定项目进行检查构成审计抽样
B. 从总体中选取特定项目进行测试时，应当使总体中每个项目都有被选取的机会
C. 对全部项目进行检查，通常更适用于细节测试
D. 审计抽样更适用于控制测试

正确答案：C

答案解析：选项 A，选取特定项目与审计抽样属于两种不同的选取测试项目的方法；选项 B，选取特定项目不能保证每个项目都有被选取的机会；选项 D，没有留下轨迹的内部控制不适宜采用审计抽样。

二、抽样风险和非抽样风险

在获取审计证据时，审计人员应当运用职业判断，评估重大错报风险，并设计进一步审计程序，以确保将审计风险降至可接受的低水平。在进行审计抽样时，审计风险既可能受到抽样风险的影响，又可能受到非抽样风险的影响。

（一）抽样风险

抽样风险是指审计人员根据样本得出的结论可能不同于对整个总体实施与样本相同的审计程序得出的结论的风险。

1-5 抽样风险

1. 抽样风险的类型

（1）控制测试中的抽样风险。审计人员在进行控制测试时，面临的抽样风险包括信赖过度风险和信赖不足风险。

① 信赖过度风险是指审计人员根据样本推断的控制有效性高于实际有效性，评估的重大错报风险水平低于实际水平，从而影响审计效果。

② 信赖不足风险是指审计人员根据样本推断的控制有效性低于实际有效性，评估的重大错报风险水平高于实际水平，从而影响审计效率。

（2）细节测试中的抽样风险。审计人员在进行细节测试时，面临的抽样风险包括误受风险和误拒风险。

① 误受风险是指审计人员推断某一重大错报不存在而实际上存在的风险，从而影响审计效果。

② 误拒风险是指审计人员推断某一重大错报存在而实际上不存在的风险，从而影响审计效率。

抽样风险对审计工作的影响如表 1-5 所示。

表 1-5　抽样风险对审计工作的影响

测 试 种 类	影响审计效率的风险	影响审计效果的风险
控制测试	信赖不足风险	信赖过度风险
细节测试	误拒风险	误受风险
风险类型	保守性风险	危险性风险

【例题13·多选题】下列各项风险中,对审计工作质量产生影响的有( )。
A. 信赖过度风险　　B. 信赖不足风险　　C. 误受风险　　D. 误拒风险
正确答案：AC
答案解析：信赖不足风险和误拒风险影响的是审计效率。

2. 抽样风险的控制

抽样风险是指抽出的样本不能完全代表总体的可能性。抽样风险与样本量呈反向关系,即样本量越大,抽样风险越低。只要运用抽样,就存在抽样风险,因此扩大样本规模是控制抽样风险的一种有效方法。

(二) 非抽样风险

非抽样风险是指审计人员由于任何与抽样风险无关的原因而得出错误结论的风险。审计人员即使对某类交易或账户余额的所有项目实施审计程序,也可能仍未能发现重大错报或控制失效。

1. 非抽样风险产生的原因

(1) 审计人员选择的总体与测试目标不匹配。例如,审计人员在测试销售收入完整性认定时将主营业务收入明细账界定为总体。

(2) 审计人员未能适当地定义误差,导致未能发现样本中存在的偏差或错报。例如,审计人员在测试现金支付授权控制的有效性时,将签字人未得到适当授权的情况界定为控制偏差。

(3) 审计人员选择了不适于实现特定目标的审计程序。例如,审计人员通过函证应收账款来揭露未入账的应收账款。

(4) 审计人员未能适当地评价审计发现的情况。审计人员对所发现的误差的重要性的判断有误,从而忽略了性质十分重要的误差,也可能导致得出不恰当的结论。

2. 非抽样风险的控制

非抽样风险是由人为错误造成的,因而可以降低、消除和防范。非抽样风险虽然不能量化,但是通过采取适当的质量控制政策和程序,对审计工作进行适当的指导、监督和复核,以及对审计人员实务的适当改进,可以将非抽样风险降至可接受的低水平。

三、统计抽样和非统计抽样

(一) 统计抽样的特征

统计抽样是指同时具备下列特征的抽样方法：随机选取样本；运用概率论评价样本结果,包括计量抽样风险。

不同时具备这两个特征的抽样方法为非统计抽样。

(二) 统计抽样的优缺点

统计抽样能够客观地计量抽样风险,并通过调整样本规模精确地控制风险,这是与非统计抽样最重要的区别,也是统计抽样的优点；统计抽样还有助于审计人员高效地设计样本,评价所获取证据的充分性。缺点是可能发生额外的成本。

（三）统计抽样与非统计抽样方法的选用

审计人员在选择统计抽样与非统计抽样方法时主要考虑成本效益。非统计抽样如果设计适当，也能提供与统计抽样同样有效的结果。审计人员采用非统计抽样时，必须考虑抽样风险并将其降至可接受的低水平，但不能精确地测定出抽样风险。

（四）统计抽样与非统计抽样的区别

统计抽样与非统计抽样的区别主要体现在两方面。

（1）在确定样本规模时，采用统计抽样，审计人员必须对影响样本规模的因素进行量化。在非统计抽样中，审计人员一般运用职业判断确定样本规模。

（2）在评价抽样结果时，统计抽样能够精确地量化抽样风险；非统计抽样只能确定抽样风险的存在但不能量化。

> **行家提示**：不管是统计抽样还是非统计抽样，两种方法都要求审计人员在设计、实施和评价样本时运用职业判断。另外，对选取的样本项目实施的审计程序通常与使用的抽样方法无关。

【例题 14·多选题】下列有关审计抽样的说法中，恰当的有（　　）。
A. 在审计抽样中，抽样风险是客观存在的
B. 审计人员在选择统计抽样与非统计抽样时主要考虑成本效益
C. 非抽样风险是由人为错误造成的，在审计中可以将其量化并加以控制
D. 审计抽样可以运用于所有审计程序

正确答案：AB

答案解析：非抽样风险是由人为错误造成的，不能量化，但可以通过仔细设计其审计程序来降低、消除和防范。有些审计程序不适宜抽样，如询问、观察、分析等。

四、审计抽样的步骤

审计抽样主要分为三个阶段，分别是样本设计阶段、样本选取阶段和样本结果评价阶段，具体如图 1-7 所示。

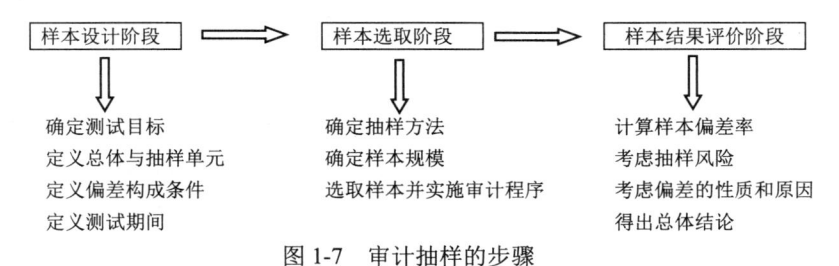

```
样本设计阶段  →  样本选取阶段  →  样本结果评价阶段
     ↓                ↓                  ↓
 确定测试目标      确定抽样方法        计算样本偏差率
 定义总体与抽样单元 确定样本规模        考虑抽样风险
 定义偏差构成条件   选取样本并实施审计程序 考虑偏差的性质和原因
 定义测试期间                         得出总体结论
```

图 1-7　审计抽样的步骤

（一）样本设计阶段

1. 确定测试目标

审计抽样必须紧紧围绕审计的测试目标展开，因此确定测试目标是样本设计阶段的第一项工作。一般而言，控制测试的目标是获取关于某项内部控制运行是否有效的证据；而细节

测试的目标是确定某类交易或账户余额的金额是否正确，获取与存在的错报有关的证据。

2．定义总体与抽样单元

（1）总体。在实施审计抽样前，审计人员要确定总体的范围，应当确保总体的适当性和完整性。总体可以是构成某类交易或账户余额的所有项目，也可以是某类交易或账户余额中的部分项目。例如，如果应收账款中没有单个重大项目，审计人员直接对应收账款账面余额进行抽样，则总体是构成应收账款期末余额的所有项目。

（2）抽样单元。抽样单元是指构成总体的个体项目。抽样单元可以是实物项目（如销售发票或应收账款余额），也可以是货币单元。在定义抽样单元时，审计人员应使其与审计的测试目标保持一致。审计人员在定义总体时通常都指明了适当的抽样单元。

（3）分层。如果总体项目存在重大的变异性，则审计人员可以考虑将总体分层。分层是指将总体划分为多个子总体的过程，每个子总体由一组具有相同特征（通常为货币金额）的抽样单元组成。分层可以降低每一层中项目的变异性，从而在抽样风险没有成比例增加的前提下减小样本规模，提高审计效率。

3．定义偏差构成条件

在控制测试中，偏差是指偏离对设定控制的预期执行。审计人员应根据对内部控制的了解，确定哪些特征能够显示被测试内部控制的运行情况，然后据此定义偏差构成条件。在评估内部控制运行的有效性时，审计人员应当考虑其认为必要的所有环节。在细节测试中，偏差是指错报，审计人员要确定哪些情况构成错报。审计人员定义偏差构成条件时要考虑审计程序的目标。清楚地了解偏差构成条件，对于确保在推断偏差时将且仅将所有与审计目标相关的条件包括在内至关重要。

4．定义测试期间

审计人员通常在期中实施控制测试。期中控制测试获取的证据只与控制截至期中测试时点的运行有关，因此审计人员需要确定如何获取与剩余期间相关的证据。

（1）将控制测试扩展至在剩余期间发生的交易，以获取证据。在对选取的交易进行期中测试时，审计人员发现的误差可能足以使其得出结论：即使在发生于期中控制测试以后的交易中未发现任何误差，控制测试也不能支持计划评估的重大错报风险水平。在这种情况下，审计人员可能决定不将样本扩展至期中控制测试以后发生的交易，而是相应地修正计划评估的重大错报风险水平和实质性程序。将整个被审计期间的所有交易包括在抽样总体中通常效率不高。

（2）不将控制测试扩展至在剩余期间发生的交易。审计人员将总体定义为从年初到期中测试日为止的交易，并在确定是否需要针对剩余期间获取额外证据及获取哪些证据时考虑下列因素：评估的认定层次的重大错报风险的重要程度；在期中控制测试的特定控制和测试结果，以及自期中控制测试后内部控制发生的重大变动；在期中对有关内部控制运行有效性获取的审计证据的程度；剩余期间的长度；在信赖控制测试的基础上拟缩小实质性程序的范围；控制环境。

（二）样本选取阶段

1．确定抽样方法

在选取样本项目时，审计人员应当使总体中的每个抽样单元都有被选取的机会。选取样本的基本方法包括使用随机数表或计算机辅助审计技术选样、系统选样和随意选样。

（1）使用随机数表或计算机辅助审计技术选样。

使用随机数表或计算机辅助审计技术选样又称随机数选样，其以总体中的每一项目都有不同的编号为前提。审计人员可以使用计算机生成的随机数，也可以使用随机数表获得所需的随机数。随机数是一组从长期来看出现概率相同的数码，且不会产生可识别的模式。随机数表也称乱数表，它是由随机生成的从 0 到 9 共 10 个数字所组成的数表，每个数字出现在表上的顺序是随机的。表 1-6 就是 5 位随机数表的一部分。

表 1-6　5 位随机数表的一部分

行	列									
	1	2	3	4	5	6	7	8	9	10
1	32044	69037	29655	92114	81034	40582	01584	77184	85762	46505
2	23821	96070	82592	81642	08971	07411	09037	81530	56195	98425
3	82383	94987	66441	28677	95961	78346	37916	09416	42438	48432
4	68310	21792	71635	86089	38157	95620	96718	79554	50209	17705
5	94856	76940	22165	01414	01433	37231	05509	37489	56459	52983
6	95000	61958	83430	98250	70030	05436	74814	45978	09277	13827
7	20764	64638	11359	32556	89822	02713	81293	52970	25080	33555
8	71401	17964	50940	95753	34905	93566	36318	79530	51105	26952
9	38464	75707	16750	61371	01523	69205	32122	03436	14489	02086
10	59442	59247	74955	82835	98378	83513	47870	20795	01352	89906

应用随机数表选样的步骤如下。

① 对总体项目进行编号，建立总体中的项目与表中数字的一一对应关系。一般情况下，编号可利用总体项目中原有的某些编号，如凭证号、支票号、发票号等。在没有事先编号的情况下，审计人员需按一定的方法进行编号。例如，对于由 50 页、每页 30 行组成的应收账款明细表，可采用 4 位数字编号，前两位由 01～50 的整数组成，表示该记录在明细表中的页数，后两位数字由 01～30 的整数组成，表示该记录的行次，编号 0526 表示第 5 页第 26 行的记录。所需使用的随机数的位数一般由总体项目数或编号位数决定，如前例中可采用 4 位随机数表，也可以使用 5 位随机数表的前 4 位数字或后 4 位数字。

② 确定连续选取随机数的方法，即从随机数表中选择一个随机起点和一条选号路线，随机起点和选号路线可以任意选择，但一经选定就不得改变。从随机数表中任何一行或任何一栏开始，按照一定的方向依次查找，符合要求的数字即为选中的号码，与此号码相对应的总体项目即为选取的样本项目，一直到选足所需的样本量为止。例如，从发票存根中编号为 0001～2 000 的记录中选择 10 个样本，则编号最大不能超过 2 000，假设从第二行第一列开始，使用前 4 位随机数，从左向右再从上向下查找，则选中样本的编号为 0897、0741、0903、0941、1770、0141、0143、0550、0927、1382。

随机数选样不仅可以使总体中每个抽样单元被选取的概率相等，而且可以使相同数量的抽样单元组成的每种组合被选取的概率也相等。这种方法在统计抽样和非统计抽样中均适用。

(2) 系统选样。

系统选样也称等距选样，是指按照相同的间隔从总体中等距离地选取样本的一种选样方法。采用系统选样，首先要计算选样间距，确定选样起点，然后再根据间距依次选取样本。选样间距的计算公式如下：

$$选样间距=总体规模÷样本规模$$

假设审计人员拟从编号为 001～100 的发票中抽取 10 张进行控制测试。若选取的第一张发票（起点 i）为 007 号，间距为 10（100/10），则审计人员所选的 10 张发票号码分别为 007、017、027、037、047、057、067、077、087、097。

系统选样的主要优点是使用方便，比其他选样方法节省时间，并可用于无限总体。此外，使用这种方法时，不需要对总体中的项目进行编号，审计人员只要简单数出每一个间距即可。但是，使用系统选样要求总体必须是随机排列的，否则容易产生较大的偏差，选出非随机的、不具代表性的样本。系统选样可以在非统计抽样中使用，总体随机分布时也适用于统计抽样。

(3) 随意选样。

在这种方法中，审计人员选取样本不采用结构化的方法。审计人员要避免任何有意识的偏向或可预见性（如回避难以找到的项目，或者总是选择或回避每页的第一个项目），从而试图保证总体中的所有项目都有被选中的机会。它属于非随机基础选样方法，因而不能在统计抽样中使用，只能在非统计抽样中使用。

2．确定样本规模

样本规模是指从总体中选取样本项目的数量。审计人员应当确定适当的样本规模，以将抽样风险降至可接受的低水平。

影响样本规模的因素主要包括以下几个。

（1）可接受的抽样风险，与样本规模呈反比。可接受的抽样风险越低，样本规模通常越大。

（2）可容忍误差，与样本规模呈反比。可容忍误差越小，为实现同样的保证程度所需的样本规模越大。

> **行家提示**：可容忍误差，在控制测试中是指审计人员能够接受的最大偏差数量；在细节测试中是指审计人员确定的认定层次的重要性水平。

（3）预计总体误差是指审计人员根据以前对被审计单位审计的经验或实施风险评估程序的结果而估计的总体中可能存在的误差。预计总体误差不应超过可容忍误差。在既定的可容忍误差下，预计总体误差越大，所需的样本规模越大。

（4）总体变异性是指总体的某一特征在各项目之间的差异程度。在控制测试中，审计人员在确定样本规模时一般不考虑总体变异性；在细节测试中，审计人员在确定样本规模时要考虑总体变异性。通常，总体变异性越低，样本规模越小。

（5）总体规模。除非总体规模非常小，一般而言，总体规模对样本规模的影响几乎为零。审计人员通常将抽样单元超过 5000 个的总体视为大规模总体。对于大规模总体而言，总体的实际容量对样本规模几乎没有影响。

各影响因素对样本规模的影响如表 1-7 所示。

表 1-7 影响样本规模的因素

影响因素	控制测试	细节测试	与样本规模的关系
可接受的抽样风险	可接受的信赖过度风险	可接受的误受风险	反向变动
可容忍误差	可容忍偏差率	可容忍错报	反向变动
预计总体误差	预计总体偏差率	预计总体错报	同向变动
总体变异性	—	总体变异性	同向变动
总体规模	总体规模	总体规模	影响很小

【例题 15·多选题】下列有关样本规模的说法正确的有（　　）。
A. 在控制测试中，审计人员确定的总体变异性越低，样本规模就越小
B. 对小规模总体而言，审计抽样比其他选择测试项目的方法效率低
C. 审计人员愿意接受的抽样风险越低，样本规模就越大
D. 预期控制所影响账户的可容忍错报越小，则控制测试的样本规模就越大

正确答案：BC

答案解析：在控制测试中，审计人员在确定样本规模时一般不考虑总体变异性；在细节测试中，总体变异性越低，样本规模就越小。

3. 选取样本并实施审计程序

审计人员应当针对选取的每个项目，实施适合于特定审计目标的审计程序。对选取的样本项目实施审计程序旨在发现并记录样本中存在的误差。

> 行家提示：审计人员通常对每一个样本项目实施适合于特定审计目标的审计程序。审计人员对未检查项目的处理取决于未检查项目对评价样本结果的影响。如果未检查项目可能存在的错报会导致该类交易或账户余额存在重大错报，则审计人员就要考虑实施替代程序，为形成结论提供充分的证据。例如，对应收账款的积极式函证没有收到回函时，审计人员可以审查期后的收款情况，以证实应收账款的余额。

（三）样本结果评价阶段

1. 计算样本偏差率

样本偏差率就是总体偏差率的最佳估计，因而在控制测试中无须另外推断总体偏差率，但注册会计师必须考虑抽样风险。如果在样本中发现偏差，注册会计师需要根据样本偏差率和产生偏差的原因，考虑其对审计工作的影响。

$$样本偏差率=偏差数量/样本规模$$

当实施控制测试时，审计人员应当根据样本偏差率推断总体偏差率，并考虑这一结果对特定审计目标及审计其他方面的影响。当实施细节测试时，审计人员应当根据在样本中发现的错报金额推断总体错报金额，并考虑这一结果对特定审计目标的影响。

2. 考虑抽样风险

在统计抽样中，审计人员通常使用公式、表格或计算机程序直接计算在确定的信赖过度风险水平下可能发生的总体偏差率上限。审计人员也可以使用样本结果评价表评价统计抽样的结果。

总体偏差率上限=风险系数/样本量

计算出估计的总体偏差率上限后,审计人员通常可以对总体进行如下判断:如果总体偏差率上限低于可容忍偏差率,则总体可以接受,样本结果支持计划评估的内部控制有效性;如果总体偏差率上限高于或等于可容忍偏差率,则总体不能接受,样本结果不支持计划评估的内部控制有效性,应修正评估的重大错报风险水平;如果总体偏差率上限低于但接近可容忍偏差率,则考虑总体是否接受,考虑是否需要扩大测试范围,以进一步证实计划评估的内部控制有效性和重大错报风险水平。

3. 考虑偏差的性质和原因

审计人员还应当调查识别出的所有偏差的性质和原因,并评价其对审计目标和审计其他方面可能产生的影响。即使样本的评价结果在可接受的范围内,审计人员也应对样本中的所有控制偏差进行定性分析。

(1)如果审计人员发现许多偏差具有相同的特征,如交易类型、地点或时期等,则应考虑该特征是不是引起偏差的原因,以及是否存在其他尚未发现的具有相同特征的偏差。此时,审计人员应将具有该共同特征的全部项目划分为一层,并对该层中的所有项目实施审计程序,以发现潜在的偏差。

(2)如果分析表明偏差的存在是因为被审计单位故意违背了既定的内部控制政策或程序,则审计人员应考虑存在重大舞弊的可能性。在这种情况下,审计人员应当确定实施的控制测试能否提供充分、适当的审计证据,是否需要增加控制测试,或是否需要实施实质性程序应对潜在的重大错报风险。

(3)审计人员有两种处理办法:一是扩大样本规模,以进一步收集审计证据;二是认为内部控制没有有效运行,样本结果不支持计划的内部控制运行有效性和重大错报风险水平,因而应提高重大错报风险水平,实施对相关账户的实质性程序。

(4)审计人员还要考虑已识别的偏差对财务报表的直接影响。偏差虽然增加了金额错报的风险,但并不一定导致财务报表中的金额错报。如果某项偏差较容易导致金额错报,则该项控制偏差就比较重要。

4. 得出总体结论

审计人员应当评价样本结果,以确定对总体相关特征的评估是否得到了证实或需要修正。

(1)统计抽样结果评价。在控制测试下,比较总体偏差率上限与可容忍偏差率;在细节测试下,比较总体错报上限与可容忍错报。具体方法如图 1-8 所示。

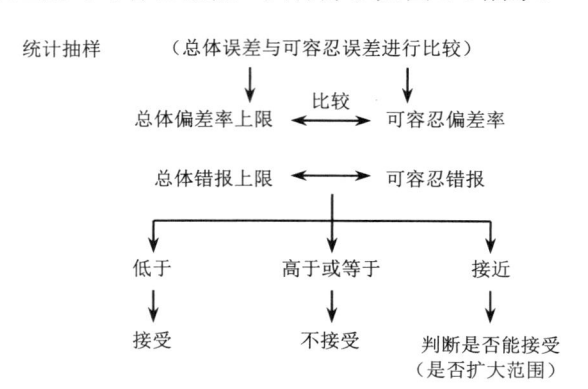

图 1-8 统计抽样结果评价

项目一 掌握审计基本知识

（2）非统计抽样结果评价。在控制测试下，比较样本偏差率与可容忍偏差率；在细节测试下，比较总体错报与可容忍错报。具体方法如图 1-9 所示。

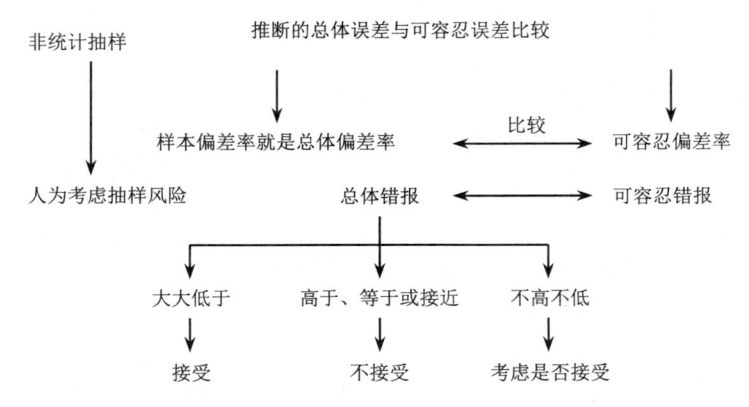

图 1-9 非统计抽样结果评价

综上所述，审计抽样流程可以用图 1-10 表示。

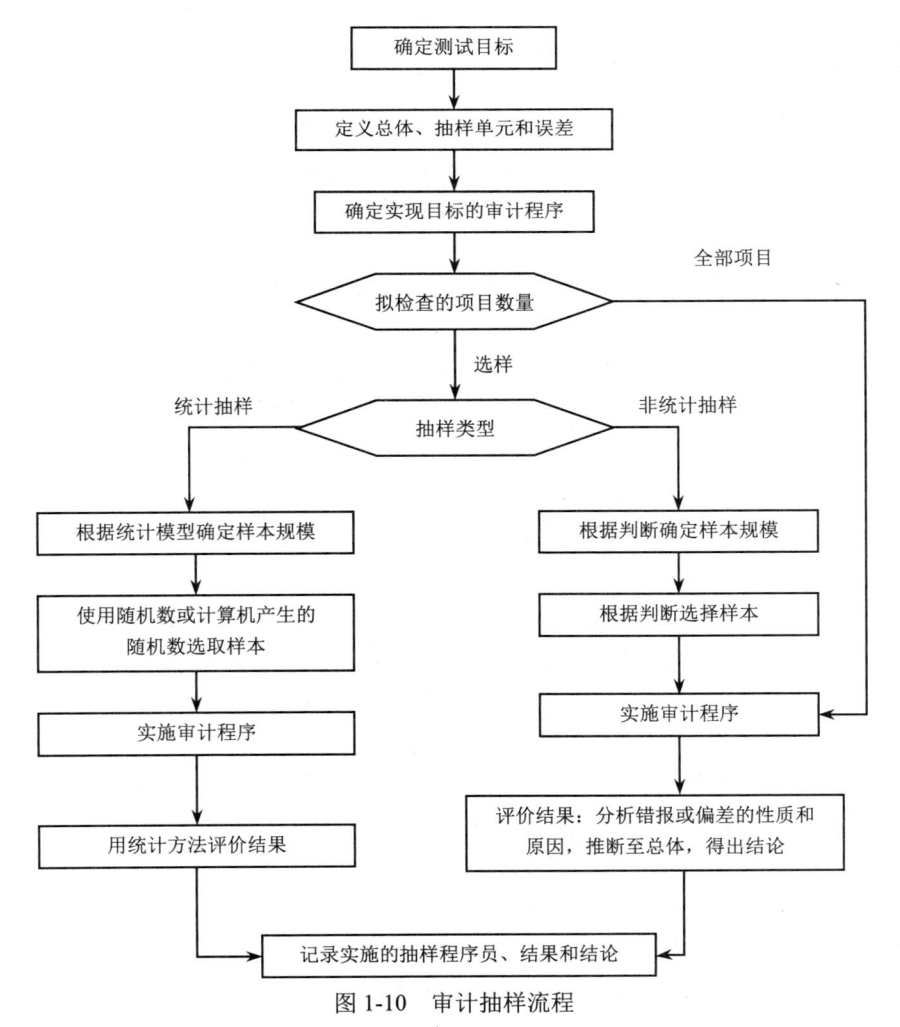

图 1-10 审计抽样流程

项目导入问题解答

1. 小张通过询问获取的口头证据不能作为主要证据证明存货质量,且询问对象是存货部负责人,不可能得到有效证据。

2. 工人的议论并不是有效证据,但提供了审计线索和范围。审计人员没有扩大审计范围而只是简单地询问公司主管显然是不够的。如果审计人员已对存货有明确结论,就不应再将上述不负责任的议论留在审计工作底稿中,更不应该将"下次审计时应加以考虑"的字眼留在审计工作底稿中。

3. 李芳没有遵守职业准则,其既没有通过专门的审计程序去追查、审核存货是否有变质问题,又没有在审计工作底稿中删除那些不负责任的字眼,以致混淆了审计工作底稿与审计结论之间的关系。

4. 审计程序虽然基本合理,但没有完全遵守审计准则,特别是审计证据缺乏专业判断。因此,尽管没有重大过失,但还是存在一般过失。如果事先知道该报告将用于向银行贷款,按照规则,则审计人员应当承担责任。

项目综合训练

一、单项选择题

1. 下列各项中,属于审计不能提供绝对保证的原因的是(   )。
   A. 审计存在固有限制　　　　　　B. 审计人员存在失误
   C. 审计中存在各种困难　　　　　D. 审计程序实施不当

2. 在审计甲公司的应收账款时,注册会计师获取的下列审计证据中可靠性最强的是(   )。
   A. 甲公司与购货方签订的合同　　B. 注册会计师向购货方函证的回函
   C. 甲公司产品销售的出库凭证　　D. 甲公司管理层提供的声明书

3. 下列关于注册会计师审计的说法中,正确的是(   )。
   A. 审计的三方关系人分别是注册会计师、被审计单位管理层、被审计单位治理层
   B. 社会审计与政府审计的目标和对象不同,但是审计标准相同
   C. 审计业务提供绝对保证,审阅业务提供合理保证
   D. 注册会计师的职业责任在很大程度上反映了财务报表使用者的期望,但存在差距

4. 关于可接受的检查风险水平与评估的认定层次重大错报风险水平之间的关系,下列说法中正确的是(   )。
   A. 在既定的审计风险水平下,两者存在反向变动关系
   B. 在既定的审计风险水平下,两者存在正向变动关系
   C. 在既定的审计风险水平下,两者之和等于100%
   D. 在既定的审计风险水平下,两者没有关系

5. 在确定函证时间时,下列所述情形中最不恰当的是(   )。
   A. 因被审计单位的固有风险和控制风险较低,在预审时应进行函证
   B. 注册会计师在审计年度终了后接受委托对被审计单位的年度财务报表进行审计,在项目小组进驻审计现场后立即进行函证

C．在年终对存货进行监盘的同时，对应收账款进行函证

D．为了减少函证差异，在执行其他审计程序后实施函证

6．关于审计证据，下列说法中不正确的是（　　）。

A．会计记录中含有的信息本身并不足以提供充分的审计证据，以作为对财务报表发表审计意见的基础

B．重大错报风险与审计证据的质量均会影响所需审计证据的数量

C．审计证据的可靠性受其来源和性质的影响，并取决于获取审计证据的具体环境

D．检查有形资产可以为其存在、权利和义务认定提供可靠的审计证据

7．下列审计程序中，通常不用作实质性程序的是（　　）。

A．重新计算　　　　B．函证　　　　C．分析程序　　　　D．重新执行

8．注册会计师实施的下列审计程序中，主要实现对相关项目的存在目标的是（　　）。

A．从与形成应收账款有关的订购单、发运凭证、销售发票等开始，追查至应收账款账簿记录

B．重新计算对固定资产计提的累计折旧

C．函证银行存款余额

D．检查年末存货的可变现净值

9．充分性和适当性是审计证据的两个重要特征，下列关于审计证据的充分性和适当性的说法，不正确的是（　　）。

A．充分性和适当性两者缺一不可，只有充分且适当的审计证据才有证明力

B．审计证据质量越高，需要的审计证据数量可能越少

C．如果审计证据的质量存在严重缺陷，则仅靠获取更多的审计证据可能无法弥补其质量上的缺陷

D．如果审计证据的质量存在严重缺陷，则注册会计师必须收集更多数量的审计证据，否则无法形成审计意见

10．如果不存在未能完成审计业务的情况，则审计工作底稿的归档期限应为审计报告日后的（　　）天。

A．30　　　　　　B．60　　　　　　C．90　　　　　　D．180

11．在审计报告日后，注册会计师准备将审计工作底稿归档，下列做法中错误的是（　　）。

A．在审计报告日后收到回函原件，注册会计师核对一致后，将原审计工作底稿中的传真件替换

B．发现以前审计工作底稿中有计算错误，注册会计师进行涂改修正，会影响原来所得出的结论

C．有一张审计工作底稿字迹潦草，可以重抄一份，将原底稿销毁

D．注册会计师A编制的审计工作底稿没有索引号，项目经理安排助理人员代编索引号

12．以下各项中，表述正确的是（　　）。

A．可容忍误差越小，需选取的样本量越小

B．预期误差越小，需选取的样本量越大

C．可信赖程度越高，需选取的样本量越大

D．在控制测试中，样本规模与总体变异性呈正向变动

13．注册会计师采用系统选样选取样本，销售发票的总体范围是752～3151，设定的样

本量是 125，注册会计师确定的随机起点是 761（假设随机起点不作为被选取的样本），则选取的第 3 个样本是（　　）。

A．781　　　　　　B．801　　　　　　C．821　　　　　　D．841

14．下列有关抽样风险的说法中，正确的是（　　）。

A．控制测试中的抽样风险包括误受风险和误拒风险

B．细节测试中的抽样风险包括信赖过度风险和信赖不足风险

C．非抽样风险影响审计效果和审计效率

D．注册会计师可以准确地计量和控制抽样风险

15．注册会计师在细节测试中运用统计抽样时，下列有关评价样本结果的说法中正确的是（　　）。

A．如果计算的总体错报上限等于可容忍错报，则总体可以接受

B．如果计算的总体错报上限低于但接近可容忍错报，则总体不能接受

C．如果计算的总体错报上限远远低于可容忍错报，则总体不可以接受

D．如果计算的总体错报上限高于或者等于可容忍错报，则总体不能接受，注册会计师对总体得出的结论是所测试的交易或账户余额存在重大错报

二、多项选择题

1．检查风险是指如果存在某一错报，该错报单独或连同其他错报可能是重大的，审计人员为将审计风险降至可接受的低水平而实施程序后却没有发现这种错报的风险。检查风险不可能降低为零的原因有（　　）。

A．注册会计师通常并不对所有的交易、账户余额和披露进行检查

B．注册会计师可能选择了不恰当的审计程序

C．注册会计师执行的审计程序不当

D．注册会计师错误地解读了审计结论

2．关于注册会计师执行财务报表审计工作的总体目标，下列说法中正确的有（　　）。

A．对财务报表整体是否不存在重大错报获取合理保证，使注册会计师能够对财务报表是否在所有重大方面均按照适用的财务报表编制基础编制发表审计意见

B．对被审计单位的持续经营能力提供合理保证

C．对被审计单位内部控制是否存在值得关注的缺陷提供合理保证

D．按照审计准则的规定，根据审计结果对财务报表出具审计报告，并与管理层和治理层沟通

3．下列关于分析程序的说法，正确的有（　　）。

A．分析程序的主要目的是确认是否有异常或意外的波动

B．当分析结果与期望值有较大差异时，注册会计师应认为相关数据不恰当

C．在对内部控制的了解中，注册会计师不会运用分析程序

D．对于存在异常变动的项目，注册会计师应考虑审计方法是否适当，是否应追加审计程序

4．为了获取合理保证，注册会计师应当获取充分、适当的审计证据，以将审计风险降至可接受的低水平，得出合理的结论，作为形成审计意见的基础。下列关于审计证据的相关说法中，正确的有（　　）。

A．从外部独立来源获取的审计证据比被审计单位内部生成的审计证据更相关

B. 审计证据包括支持和佐证认定的信息，也包括与这些认定相矛盾的信息
C. 会计师事务所接受客户委托时实施质量控制程序所获取的信息不属于审计证据
D. 在某些情况下，信息的缺乏本身也构成审计证据

5．下列关于相关性的说法中，不恰当的有（　　）。
A. 测试应付账款的高估，则应测试有关采购交易的原始凭证是相关的
B. 有关某一特定认定的审计证据可以替代与其他认定相关的证据，以此来减少审计成本
C. 不同来源的审计证据可能会证实同一认定
D. 设计实质性程序包括识别与测试目标相关的情况，这些情况构成相关认定的错报

6．根据审计工作底稿的性质，下列各项中不应当形成审计工作底稿的有（　　）。
A. 注册会计师对被审计单位重要性进行初步思考的记录
B. 被审计单位在按照审计建议进行重大调整之前的未审计财务报表
C. 项目组内部的会议记录
D. 注册会计师从被审计单位不同部门获取的多份同一文件

7．甲会计师事务所于2021年5月5日完成了A公司2020年度财务报表审计业务的所有审计工作底稿的归档。下列事项中，会导致注册会计师变动审计工作底稿的有（　　）。
A. 注册会计师对库存现金进行监盘，但归档后发现对盘点结果记录不充分
B. 注册会计师对应收账款进行了函证，但归档后发现对函证结果记录不充分
C. 注册会计师在审计报告日后获知法院在审计报告日前已对被审计单位的诉讼、索赔事项做出最终判决结果，但是出具审计报告时并不知道该事项
D. 2021年5月10日得知被审计单位于2021年2月15日销售的部分货物被退回

8．注册会计师在测试以下相关内部控制运行的情况时，不适宜采用抽样方法的有（　　）。
A. 验收材料时，验收人员是否认真核实所收材料的规格及数量，是否与购货发票写明的规格及数量核对一致，并在验证材料的品质符合规定后才填制验收单
B. 销售发票是否附有发货单和经批准的销售单
C. 仓库职员发出材料时是否核实在领料单上签字的领料人员姓名与实际持单领料的人员姓名的一致性
D. 请购单是否有专职审批人员的签字

9．下列关于审计抽样目标的表述，正确的有（　　）。
A. 注册会计师实施审计抽样的目标是为得出有关抽样总体的结论提供合理的依据
B. 样本设计阶段旨在根据测试的目标和抽样总体，制订计划并选取样本
C. 选取样本阶段旨在采用适当的方法对选取的样本实施检查，以确定是否存在误差
D. 评价样本结果阶段旨在根据对误差的性质和原因的分析，将样本结果推断至总体，形成对总体的结论

10．下列可能会产生非抽样风险的有（　　）。
A. 错误地定义控制偏差　　　　　　B. 运用了不恰当的程序
C. 错误解释样本结果　　　　　　　D. 选取的样本过少

三、判断题

1．政府审计是独立性最强的一种审计。（　　）
2．鉴证业务是指审计人员对鉴证对象信息提出结论，以增强除责任方之外的预期使用者

对鉴证对象信息信任程度的一种业务。（　　）

3．审计人员审计的总目标是对被审计单位财务报表的合法性和公允性负责。（　　）

4．在既定的审计风险水平下，可接受的检查风险水平与认定层次重大错报风险水平成同向关系。（　　）

5．风险评估程序本身并不足以为审计人员发表审计意见提供充分、适当的审计证据，审计人员还必须实施控制测试和实质性程序。（　　）

6．询问通常不足以测试内部控制运行的有效性，审计人员还应当实施其他审计程序以获取充分、适当的审计证据。（　　）

7．审计人员可以考虑获取审计证据的成本与所获取信息的有用性之间的关系。若获取审计证据很困难或成本很高，审计人员可以以此为由减少不可替代的审计程序。（　　）

8．检查有形资产可为资产的存在认定提供可靠的审计证据，但不一定能够为权利和义务或计价和分摊认定提供可靠的审计证据。（　　）

9．对于审计档案，会计师事务所应当从已审计财务报表年末日起至少保存10年。（　　）

10．会计师事务所安排审计人员在检查以前年度的审计工作底稿时，审计人员李华发现以前自己编制的工作底稿中有计算错误，因此涂改修正，但该错误不影响原来得出的审计结论。（　　）

11．非抽样风险是由人为错误造成的，因而可以降低和防范。（　　）

12．如果对总体中的所有项目都实施检查，就不存在抽样风险。（　　）

四、实训题

实训1：训练被审计单位认定、审计目标与审计程序的对应关系

审计人员通常依据各类交易、账户余额和披露相关的认定确定审计目标，根据审计目标设计审计程序。表1-8给出了固定资产的相关认定。

表1-8　固定资产的相关认定

固定资产的相关认定	审计目标	审计程序
存在		（1） （2）
权利和义务		（1） （2）
完整性		（1） （2）
计价和分摊		（1） （2）
与列报和披露相关的认定		（1） （2）

要求：请根据表中给出的固定资产的相关认定确定审计目标，并针对每一审计目标简要设计两项审计程序。

实训2：训练辨别审计证据的证明效力

审计人员在对红光科技公司进行审计时，发现该公司内部控制制度具有严重缺陷。请分别判断下列证据是否可以依赖，并简要说明理由。

（1）销售发票副本。
（2）存货监盘过程中获取的信息（不涉及与检查相关的所有权凭证）。
（3）律师提供的声明书。
（4）管理层声明书。
（5）会计记录。
（6）对行业成本变化趋势的分析。

实训3：训练审计工作底稿的编制与归档

贝田会计师事务所原负责审计档案管理的李浩调离岗位，档案管理员曾红自2017年2月起继任。注册会计师李芳负责中大公司2019年度财务报表审计，并于2020年3月1日完成了所有审计工作。中大公司也于同日签署了财务报表和管理层书面声明，审计报告完成于3月15日并提交给中大公司治理层。2020年5月10日，李芳整理审计工作底稿准备归档，档案管理员曾红协助其工作。

在整理审计工作底稿时，助理人员小杨将原形成财务报表试算平衡表的草稿丢弃；对有些底稿中编制人未签名的，李芳要求小杨补签；一份由助理小杨编制的有关销售收入的备忘录，由于字迹潦草，李芳要求其重新誊抄；李芳刚收到一张应收账款询证函回函原件，要求小杨更换同笔应收账款回函传真件，在更换之前，小杨核对了原件和传真件，未发现内容差异。

2020年6月10日，李芳发现对中大仓库存货监盘的审计工作底稿没有归档，她将其交给了档案管理员曾红，由曾红将其归入存货监盘的审计工作底稿中。2020年7月，由于中大公司涉及债权纠纷，而且涉及应收账款，在经事务所同意并办理了审计工作底稿借阅手续后，李芳将该函证的审计工作底稿交给了中大公司法律部门的人员。

2020年6月，档案管理员曾红在整理审计档案时发现，其所在会计师事务所从2011年起一直对中大公司连续审计，其中2011年2月归档的一批审计档案，包括审计报告书副本、已审计财务报表及相关审计测试工作底稿等。由于其档案保管期限超过了10年，曾红请示该批审计档案能否销毁。会计师事务所相关负责人指示，在经主任会计师批准，并按规定履行相关手续后可以全部销毁。

要求：请指出，贝田会计师事务所在审计工作底稿归档和档案保管期间存在哪些问题，并简要说明理由。

实训4：训练在控制测试中运用审计抽样——评价样本结果的运用

1. 注册会计师张强是恒润公司2020年度财务报表审计业务的项目合伙人。在应对评估的重大错报风险时，准备使用统计抽样方法来测试现金支付授权控制运行的有效性。恒润公司规定所有的付款项目均应有总经理的签字。注册会计师张强的相关做法如下。

（1）为发现未得到授权的现金支付，张强将所有已支付现金的项目作为总体，将现金支付单据上的每一行定义为抽样单元，将偏差定义为没有总经理签字的发票和验收报告等证明文件的现金支付。

（2）张强认为由于现金支付业务数量很大，未考虑总体规模对样本规模的影响。

（3）张强选取到的一笔电话费付款业务有授权人签字，但没有相应的验收报告，张强合理确信该交易不适用且不构成控制偏差，拟用另一笔交易替代该项目。

（4）张强选取到的一个已支付项目没有对应的现金支付单据，无法对其实施检查，拟用另一笔交易替代该项目。

（5）张强选取到的一个已支付项目没有总经理的签字，总经理解释其以为对1000元以上（含1000元）的付款申请进行审核即可，而对1000元以下的付款可委托财务总监负责审批，对此，张强扩大了样本规模，以进一步收集审计证据。

（6）张强认为已识别的偏差对财务报表有直接影响，所以直接将对样本检查中发现的支付项目对应的金额作为事实错报进行累积。

要求：针对上述第（1）项至第（6）项，逐项指出注册会计师张强的做法是否恰当。如不恰当，请简要说明理由。

实训5：练习审计抽样方法——随机数表法

假设某被审计单位应收账款的编号为0001至3500，审计人员拟选取其中350份进行函证，如利用随机数表（表1-9为该表的开始部分），从第2行第1个数字起，自左向右，自上向下，以后四位数为准，审计人员选择的最初5个样本的号码分别是哪些？

表1-9 随机数表的开始部分

行	列				
	1	2	3	4	5
1	04734	39426	91035	54939	76873
2	10417	19688	83404	42038	48226
3	07514	48374	35658	38971	53779
4	52305	86925	16223	25946	90222
5	96357	11486	30102	82679	57983
6	92870	05921	65698	27993	86406
7	00500	75924	38803	05286	10072
8	34826	93784	62709	15370	96727
9	25809	21860	36790	76883	20435
10	77487	38419	20631	48694	12638

项目二

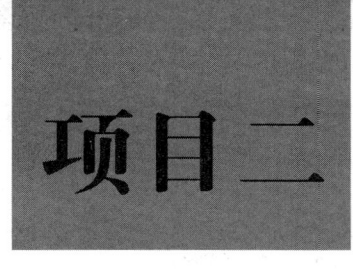

熟悉审计测试流程

学习目标

知识目标

1. 理解总体审计策略和具体审计计划。
2. 掌握审计重要性的含义及其运用。
3. 了解被审计单位环境及内部控制,掌握风险评估程序。
4. 掌握控制测试和实质性程序的性质、时间和范围。
5. 了解信息技术对审计过程的影响及信息技术中的一般控制和应用控制。

技能目标

1. 能根据被审计单位的具体情况判定重要性水平。
2. 能通过了解被审计单位及其环境掌握风险评估程序。
3. 能针对存在的重大错报风险确定风险应对方法。
4. 能在审计过程中运用计算机辅助审计技术和电子表格进行数据分析。

项目导入

恒润公司系贝田会计师事务所的审计客户。注册会计师李芳负责对恒润公司2020年度财务报表进行审计,但双方没有签订审计业务约定书,也没有商定审计收费。项目组没有制订审计计划,经初步了解,恒润公司2020年的经营形势、管理和经营机构与2019年比较未发生重大变化,且未发生重大重组行为。李芳获取的其他相关资料如下。

(1)考虑到营业收入可能存在重大不确定性,李芳估算的重要性水平为100万元。

(2)李芳获取的被审计单位的营业收入和营业成本的数据如表2-1、表2-2所示(单位:万元)。

表2-1 被审计单位的营业收入和营业成本

产品	营业收入 2019年	营业收入 2020年	营业成本 2019年	营业成本 2020年
A产品	5000	6000	4000	3500
B产品	2400	2500	1800	1850
合计	7400	8500	5800	5350

表 2-2　A、B 产品的营业收入情况

项　　目	1 季度	2 季度	3 季度	4 季度
A 产品	1450	1400	1400	1750
B 产品	600	550	580	770

问题思考

1. 贝田会计师事务所没有与客户签订审计业务约定书也没有制订审计计划的做法合适吗？
2. 李芳确定重要性水平的方法正确吗？
3. 运用分析程序指出恒润公司可能存在的重大错报风险。
4. 针对恒润公司存在的重大错报风险，李芳应如何应对？

任务一　制订审计计划

计划审计工作是一个持续的过程，审计人员通常在前一期审计工作结束后即开始计划本期的审计工作，直到本期审计工作结束为止。在计划审计工作时，审计人员需要开展初步业务活动、签订审计业务约定书、制定总体审计策略及制订具体审计计划。在此过程中，需要做出很多关键决策，包括确定可接受的审计风险水平和重要性水平、配置审计人员等。审计计划的流程如图 2-1 所示。

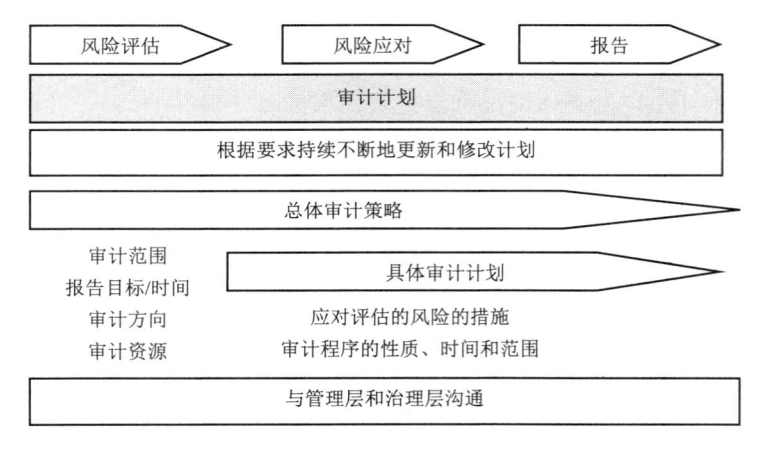

图 2-1　审计计划的流程

一、开展初步业务活动

（一）初步业务活动的目的

审计人员在计划审计工作前，需要开展初步业务活动，以实现以下三个主要目的：第一，具备执行业务所需的独立性和能力；第二，确定不存在因管理层诚信问题而可能影响审计人员保持该项业务的意愿的事项；第三，与被审计单位之间不存在对业务约定条款的差异理解。

（二）初步业务活动的内容

审计人员在本期审计业务开始时应当开展下列初步业务活动：一是针对保持客户关系和具体审计业务，实施相应的质量控制程序；二是评价被审计单位遵守相关职业道德要求的情况；三是就审计业务约定条款达成一致意见。

二、签订审计业务约定书

审计业务约定书是指会计师事务所与被审计单位签订的，用以记录和确认审计业务的委托与受托关系、审计目标和范围、双方的责任，以及审计报告的格式等事项的书面协议。会计师事务所承接任何审计业务，都应与被审计单位签订审计业务约定书。

> **行家提示**：审计业务约定书的具体内容和格式可能因被审计单位的不同而有所不同，但都应当包括以下主要内容：①财务报表审计的目标与范围；②审计人员的责任；③管理层的责任；④编制财务报表所适用的财务报表编制基础；⑤审计人员拟出具的审计报告的预期形式和内容，以及对在特定情况下出具的审计报告可能不同于预期形式和内容的说明。

三、制定总体审计策略

审计人员应当为审计工作制定总体审计策略。总体审计策略用以确定审计范围、时间安排和方向，并指导具体审计计划的制订。在制定总体审计策略时，应当考虑以下主要事项。

（一）审计范围

在确定审计范围时，审计人员需要考虑下列事项：①拟审计的财务信息所依据的财务报表编制基础；②特定行业的报告要求，如某些行业监管机构的报告要求；③预期审计工作涵盖的范围，包括应涵盖的组成部分的数量及所在地点；④拟审计的经营分部的性质，包括是否需要具备专门知识；⑤内部审计结果的可获得性及审计人员拟信赖内部审计工作的程度；⑥对利用在以前审计工作中获取的审计证据的预期；⑦信息技术对审计程序的影响；⑧协调审计工作与中期财务信息审阅的预期涵盖范围和时间；⑨与被审计单位人员的时间协调和相关数据的可获得性。

（二）报告目标、时间安排及所需沟通的性质

为计划报告目标、时间安排和所需沟通，审计人员需要考虑下列事项：①被审计单位对外报告的时间表，包括中间阶段和最终阶段；②与管理层和治理层举行会谈，讨论审计工作的性质、时间和范围；③与管理层和治理层讨论审计人员拟出具的审计报告的类型和时间安排，以及沟通的其他事项；④与管理层讨论预期在整个审计业务中对审计工作的进展进行的沟通；⑤项目组成员之间沟通的性质和时间，包括项目组会议的性质和时间，以及复核已执行工作的时间。

（三）审计方向

在确定审计方向时，审计人员需要考虑下列事项：①审计重要性，包括为计划目的和组

成部分确定重要性；②重大错报风险较高的审计领域；③评估的财务报表层次的重大错报风险对指导、监督及复核的影响；④项目组人员的选择和分工；⑤项目预算；⑥以往审计中对内部控制运行有效性评价的结果；⑦管理层重视设计和实施健全的内部控制制度的相关证据；⑧业务交易量规模，确定是否依赖内部控制；⑨对内部控制的重视程度；⑩影响被审计单位经营的重大发展变化；⑪重大的行业发展情况，如行业法规变化和新的规定；⑫会计准则及会计制度的变化等。

（四）审计资源

审计人员应当在总体审计策略中清楚地说明审计资源的规划和调配，包括确定执行审计业务所必需的审计资源的性质、时间和范围。具体如下：①向具体审计领域调配的资源；②向具体审计领域分配资源的多少；③何时调配这些资源，包括是在期中审计阶段还是在关键的截止日期调配资源等；④如何管理、指导、监督这些资源的利用，包括预期何时召开项目组预备会和总结会，是否需要实施项目质量控制复核等。总体审计策略的格式如参考格式 2-1 所示。

参考格式 2-1　总体审计策略

被审计单位：_____　　　　　　　索引号：_____
项目：_____　　　　　　　　　　财务报表截止日/期间：_____
编制：_____　　　　　　　　　　复核：_____
日期：_____　　　　　　　　　　日期：_____

一、审计范围

报告要求	
适用的会计准则或会计制度	
适用的审计准则	
与财务报告相关的行业特别规定	如监管机构发布的有关信息披露法规、特定行业主管部门发布的与财务报告相关的法规等
需审计的集团内组成部分的数量及所在地点	
需要阅读的含有已审计财务报表的文件中的其他信息	如上市公司年报等
制定总体审计策略需考虑的其他事项	如单独出具报告的子公司范围等

二、审计业务的时间安排

（一）对外报告的时间安排：_____
（二）执行审计程序的时间安排

执行的审计程序	时　　间
1. 期中审计	
（1）制定总体审计策略	
（2）制订具体审计计划	
……	
2. 期末审计	
（1）存货监盘	
……	

（三）沟通的时间安排

所需的沟通	时　　间
与管理层及治理层的会议	
项目组会议（包括预备会和总结会）	
与专家或有关人的沟通	
与前任审计人员沟通	
……	

三、影响审计业务的重要因素

（一）重要性水平

确定的重要性水平	索　引　号

（二）可能存在较高重大错报风险的领域

可能存在较高重大错报风险的领域	索　引　号

（三）重要的组成部分和账户余额

填写说明：

1. 记录所审计的集团内重要的组成部分；
2. 记录重要的账户余额，包括本身具有重要性的账户余额（如存货），以及评估出的存在重大错报风险的账户余额。

重要的组成部分和账户余额	索　引　号
1. 重要的组成部分	
…	
2. 重要的账户余额	
…	

四、人员安排

（一）项目组主要成员的责任

职　　位	姓　　名	主　要　职　责

注：在分配职责时可以根据被审计单位的不同情况按会计科目划分，或按交易类别划分。

（二）与项目质量控制复核人员的沟通（如适用）

复核的范围：_____

沟　通　内　容	负责沟通的项目组成员	计划沟通时间

五、对专家或有关人士工作的利用（如适用）

注：如果项目组计划利用专家或有关人士的工作，需要记录其工作的范围和涉及的主要会计科目等。另外，项目组还应按照相关审计准则的要求对专家或有关人士的能力、客观性及其工作等进行考虑及评估。

（一）对内部审计工作的利用

主要报表项目	拟利用的内部审计工作	索引号
存货	内部审计部门至少每半年盘点一次各仓库的存货，在中期审计时，项目组已经对内部审计部门的盘点步骤进行观察，对其结果表示满意，因此项目组将审阅其年底的盘点结果，并缩小存货监盘的范围	
……		

四、制订具体审计计划

总体审计策略是具体审计计划的指导，具体审计计划是总体审计策略的延伸。审计人员应当针对总体审计策略中所识别的不同事项，制订具体审计计划，并考虑通过有效利用审计资源以实现审计目标。具体审计计划比总体审计策略更加详细，其内容包括为获取充分、适当的审计证据以将审计风险降至可接受的低水平，项目组成员拟实施的审计程序的性质、时间和范围。可以说，为获取充分、适当的审计证据，而确定审计程序的性质、时间和范围的决策是具体审计计划的核心。具体审计计划应当包括计划实施的风险评估程序、计划实施的进一步审计程序和其他审计程序。

（一）计划实施的风险评估程序

具体审计计划应当包括按照《中国注册会计师审计准则第1211号——通过了解被审计单位及其环境并评估重大错报风险》的规定，为了足够识别和评估财务报表层次的重大错报风险，审计人员计划实施的风险评估程序的性质、时间和范围。

（二）计划实施的进一步审计程序

具体审计计划应当包括按照《中国注册会计师审计准则第1231号——针对评估的重大错报风险实施的程序》的规定，针对评估的认定层次的重大错报风险，审计人员计划实施的进一步审计程序的性质、时间和范围。进一步审计程序包括控制测试和实质性程序。

> **行家提示**：随着审计工作的推进，对审计程序的计划会一步步深入，并贯穿于整个审计过程。例如，风险评估程序的计划工作通常在审计开始阶段进行，进一步审计程序的计划工作则需要依据风险评估程序的结果进行。因此，为达到制订具体审计计划的要求，审计人员需要依据风险评估程序，识别和评估重大错报风险，并针对评估的认定层次的重大错报风险，计划实施的进一步审计程序的性质、时间和范围。

在实务中，审计人员通常单独制定一套包括具体审计程序的"进一步审计程序表"，待具体实施审计程序时，审计人员将基于所计划的具体审计程序，进一步记录所实施的审计程序及结果，并最终形成有关进一步审计程序的审计工作底稿。

（三）其他审计程序

具体审计计划应当包括根据审计准则的规定，审计人员针对审计业务需要实施的其他审计程序。其他审计程序可以包括上述进一步审计程序的计划中没有涵盖的、根据其他审计准则的要求审计人员应当执行的既定程序。

【例题1·多选题】在制订具体审计计划时，审计人员应考虑包括的内容有（   ）。
A. 了解仓库收发货物的内部控制程序的安排
B. 计划与治理层就管理层对会计处理的问题进行沟通的时间
C. 计划向高风险领域分派的项目组成员
D. 存货监盘的时间和人员分工

正确答案：AD
答案解析：A、D选项属于审计人员计划实施的进一步审计程序的性质、时间和范围。

计划审计工作并非审计业务的一个孤立阶段，而是一个持续的、不断修正的过程，贯穿于整个审计业务的始终。由于未预期事项、条件的变化或在实施审计过程中获取的审计证据等，审计人员应当在必要时对总体审计策略和具体审计计划做出更新和修改。例如，如果在制订审计计划时，审计人员基于对材料采购交易的相关内部控制的设计和执行获取的审计证据，认为相关内部控制设计合理并得到有效执行，因此未将其评价为高风险领域并且计划执行控制测试。但是，在执行控制测试时获取的审计证据与审计计划阶段获取的审计证据相矛盾，审计人员认为该类交易的内部控制没有得到有效执行，此时，审计人员可能需要修正对该类交易的风险评估，并基于此修改审计计划，如实施实质性程序。

任务二　确定审计重要性水平

重要性是审计学的一个基本概念，重要性概念的运用贯穿于整个审计过程。

一、重要性的含义

重要性取决于在具体环境下对<u>错报金额和性质</u>的判断。如果一项错报单独或连同其他错报可能影响财务报表使用者依据财务报表做出的决策，则该项错报是重大的。

为了更清楚地理解重要性的概念，需要注意把握以下几点。

（1）重要性概念中的错报包含漏报，财务报表错报包括财务报表金额的错报和财务报表披露的错报。

（2）重要性包括数量和性质两个方面。

（3）重要性是针对财务报表使用者的信息需求而言的。如果财务报表中的某项错报足以改变或影响财务报表使用者做出的相关决策，则该项错报就是重要的，否则就不重要。

（4）重要性的确定离不开具体环境，由于不同的被审计单位面临不同的环境，不同的财务报表使用者有着不同的信息需求，因此审计人员确定的重要性水平也不相同。

（5）对重要性的评估需要审计人员运用职业判断。

（6）重要性水平与需要的审计证据数量成反向关系。

> 📝 **行家提示：**
> 1. 由于不同财务报表使用者对财务信息的需求可能差异很大，因此不考虑错报对个别财务报表使用者可能产生的影响。

2. 审计中可能存在未被发现的错报和不重大错报汇总后就变成重大错报的情况。为此，审计人员应当制定一个比重要性水平更低的金额，以便评估风险水平和设计进一步审计程序。

【例题2·多选题】下列有关重要性的表述中，正确的有（　　）。
A. 重要性取决于在具体环境下对错报金额和性质的判断
B. 如果一项错报单独或连同其他错报可能影响财务报表使用者依据财务报表做出的决策，则该项错报是重大的
C. 判断一项错报对财务报表是否重大，应当考虑对个别财务报表使用者产生的影响
D. 注册会计师在制订具体审计计划时应确定重要性水平

正确答案：AB
答案解析：判断一项错报对财务报表是否重大，不考虑对个别财务报表使用者产生的影响。注册会计师在制定总体审计策略时应确定重要性水平。

二、重要性水平的确定

在计划审计工作时，审计人员应当确定一个可接受的重要性水平，以发现在金额上重大的错报。审计人员在确定重要性水平时应当考虑数量和性质两个方面。

（一）从数量方面考虑重要性水平

1. 财务报表层次的重要性水平

财务报表层次的重要性水平的确定一般采用经验法则。通常先选定一基准，再乘以某一百分比作为财务报表整体的重要性水平。重要性水平可选择基准如表2-3所示。

重要性水平=基准×百分比

表2-3　重要性水平可选择基准

被审计单位的情况	可能选择的基准
企业的盈利水平保持稳定	经常性业务的税前利润
企业近年来经营状况大幅度波动，盈利和亏损交替发生	过去3~5年经常性业务的税前利润/亏损绝对数的平均值
新设企业，处于开办期	总资产
新兴行业，目前侧重于抢占市场份额、扩大企业知名度和影响力	主营业务收入

2-1 基准的选择

（1）基准。
审计人员应站在财务报表使用者的角度，充分考虑被审计单位的性质、所处的生命周期阶段及所处的行业和经济环境，选用资产、负债、所有者权益、收入和费用等财务报表要素，或财务报表使用者特别关注的项目作为适当的基准。

选择基准应考虑的因素具体如下。
① 财务报表要素（如资产、负债、所有者权益、收入和费用）。
② 是否存在特定会计主体的财务报表使用者特别关注的项目。
③ 被审计单位的性质、所处的生命周期阶段及所处的行业和经济环境。

④ 被审计单位的所有权结构和融资方式。
⑤ 基准的相对波动性。

（2）百分比。

为选定的基准确定百分比需要运用职业判断。百分比和选定的基准之间存在一定的联系，如经常性业务的税前利润对应的百分比通常比营业收入对应的百分比要高。例如，对于以营利为目的的制造行业实体，审计人员可能认为经常性业务的税前利润的5%是适当的；而对非营利组织，审计人员可能认为收入或费用总额的1%是适当的。百分比无论是高一些还是低一些，只要符合具体情况，都是适当的，具体如表2-4所示。

表2-4 百分比选择举例

选择的基准	通常可能选择的百分比
经常性业务的税前利润	不超过10%
主营业务收入	不超过2%
总资产	不超过2%
非营利机构：收入或费用总额	不超过2%

行家提示：为确定重要性水平，审计人员在选择百分比时无须考虑与具体项目计量相关的固有不确定性。例如，财务报表含有高度不确定性的大额估计时，审计人员并不会因此而确定一个比不含有该估计的、更高或更低的百分比。

【例题3·单选题】为确定财务报表整体的重要性水平，审计人员在选择百分比时不需要考虑的是（　　）。

A. 百分比与基准的关系　　　　　　B. 被审计单位所处的生命周期阶段
C. 与具体项目计量相关的固有不确定性　　D. 财务报表使用者特别关注的项目

正确答案：C

答案解析：选择百分比应考虑百分比与基准的关系。而财务报表使用者特别关注的项目、被审计单位所处的生命周期阶段都是在选择基准时应考虑的因素。基准不同，百分比也不同。在选择百分比时，无须考虑与具体项目计量相关的固有不确定性。

2. 特定类别的交易、账户余额和披露的重要性水平

根据被审计单位的特定情况，下列因素可能表明存在一个或多个特定类别的交易、账户余额和披露，其发生的错报金额虽然低于财务报表整体的重要性水平，但预期将影响财务报表使用者依据财务报表做出的经济决策。

（1）法律、法规或适用的财务报表编制基础是否影响财务报表使用者对特定项目（如关联方交易、管理层和治理层的薪酬）计量或披露的预期。

（2）与被审计单位所处行业相关的关键性披露（如制药企业的研究与开发成本）。

（3）财务报表使用者是否特别关注财务报表中单独披露的业务的特定方面。

在根据被审计单位的特定情况考虑是否存在上述特定类别的交易、账户余额和披露时，审计人员会发现治理层和管理层的看法和预期是有一定作用的。

（二）从性质方面考虑重要性水平

在某些情况下，金额相对较少的错报可能会对财务报表产生重大影响。例如，如果一项

不重大的违法支付或行为导致一项重大的或有负债、资产损失或者收入损失，就应认为上述事项是重大的。注册会计师从性质方面考虑重要性水平，需要考虑的因素如下：①对财务报表使用者需求的感知；②获利能力趋势；③因没有遵守贷款契约、合同约定、法规条款和法定的或常规的报告要求而产生错报的影响；④计算管理层报酬（资金等）的依据；⑤由错误或舞弊导致的一些账户项目对损失的敏感性；⑥重大或有负债；⑦通过一个账户处理大量的、复杂的和相同性质的个别交易；⑧关联方交易；⑨可能的违法行为、违约和利益冲突；⑩财务报表项目的重要性、性质、复杂性和组成；⑪管理层的偏见；⑫管理层是否有动机将收益最大化或者最小化；⑬与账户相关联的核算与报告的复杂性。

（三）实际执行的重要性水平

实际执行的重要性水平是指审计人员确定的低于财务报表整体重要性水平的一个或多个金额，旨在将未更正和未发现错报的汇总数超过财务报表整体重要性水平的可能性降至适当的低水平。如果适用，实际执行的重要性水平还指审计人员确定的低于特定类别的交易、账户余额和披露的重要性水平的一个或多个金额。

1. 实际执行的重要性水平的确定

确定实际执行的重要性水平需要审计人员运用职业判断，并考虑下列因素的影响。

（1）对被审计单位的了解。

（2）前期审计工作中识别出的错报的性质和范围。

（3）根据前期识别出的错报对本期错报做出的预期。

通常而言，实际执行的重要性水平通常为财务报表整体重要性水平的 50%～75%。如果存在下列情况，审计人员可能考虑选择较低的百分比来确定实际执行的重要性水平。

（1）首次接受委托的审计项目。

（2）连续审计项目，以前年度审计调整较多。

（3）项目总体风险较高，如处于高风险行业、管理层能力欠缺、面临较大的市场竞争压力或业绩压力等。

（4）存在或预期存在值得关注的内部控制缺陷。

如果存在下列情况，审计人员可能考虑选择较高的百分比来确定实际执行的重要性水平。

（1）连续审计项目，以前年度审计调整较少。

（2）项目总体风险为低等到中等，如处于非高风险行业、管理层有足够能力、面临较低的市场竞争压力或业绩压力等。

（3）以前期间的审计经验表明内部控制运行有效。

2. 实际执行的重要性水平的运用

（1）审计人员在计划审计工作时通常要根据实际执行的重要性水平确定需要对哪些类型的交易、账户余额和披露执行审计程序。在制订审计计划时，审计人员通常会将金额超过实际执行的重要性水平的账户纳入审计范围，但这并不代表可以将所有低于实际执行的重要性水平的账户排除在审计范围外。

（2）审计人员可以运用实际执行的重要性水平确定进一步审计程序的性质、时间和范围。例如，在实施实质性程序时，审计人员确定的已记录金额与预期值之间的可接受差异额通常不超过实际执行的重要性水平；在运用审计抽样实施细节测试时，审计人员可以将可容忍错报的金额设定为等于或低于实际执行的重要性水平。

（四）审计过程中修改重要性水平

如果存在下列原因，审计人员可能需要修改财务报表整体的重要性水平和特定类别的交易、账户余额和披露的重要性水平（如适用）：①审计过程中情况发生重大变化（如决定处置被审计单位的一个重要组成部分）；②获取新信息；③通过实施进一步审计程序，审计人员对被审计单位及其经营状况的了解发生变化，如审计人员在审计过程中发现，实际财务成果与最初确定财务报表整体的重要性水平时使用的预期财务成果相比存在很大差异，则需要修改重要性水平。

【例题4·多选题】下列各项工作中，审计人员通常需要运用实际执行的重要性水平的有（　　）。

A. 确定需要对哪些类型的交易、账户余额和披露实施进一步审计程序
B. 运用实质性程序时，确定已记录金额与预期值之间的可接受差异额
C. 确定未更正错报对财务报表整体的影响是否重大
D. 运用审计抽样实施细节测试时，确定可容忍错报

正确答案：ABD
答案解析：选项C运用的是财务报表整体的重要性水平。

三、重要性水平与审计风险、审计证据的关系

（一）重要性水平与审计风险成反向变动关系

在制订审计计划时，审计人员应根据审计风险确定重要性水平。

审计风险越大，重要性水平就越低。如果通过初步分析，审计人员认为被审计单位财务报表中出现错报的可能性较大，其难以查出财务报表中重大错报的可能性也就越大，即存在的审计风险也越大，审计人员应采用较低的重要性水平，以获取充分的审计证据，将审计风险降至可接受的低水平。

（二）重要性水平与审计证据成反向变动关系

重要性水平是审计人员对财务报表能容忍的最大错报。如果重要性水平定得较低（金额较小），则表明审计对象较重要，意味着审计人员要把超过重要性水平的错报查出来，在审计过程中就必须执行较多的测试，获取较多的证据。可见，重要性水平与审计证据之间成反向变动关系。

> 行家提示：审计人员不能通过不合理地人为调高重要性水平来降低审计风险。因为重要性水平是依据重要性概念中所述的判断标准来确定的，而不是由主观期望的审计风险决定的。

任务三 评估风险

一、风险评估程序

审计人员了解被审计单位及其环境的目的是识别和评估财务报表层次的重大错报风险，为了解被审计单位及其环境而实施的程序则为风险评估程序。审计人员应当实施下列风险评估程序，以了解被审计单位及其环境：询问被审计单位管理层和内部其他人员；实施分析程序；实施观察和检查程序。

（一）询问被审计单位管理层和内部其他人员

被审计单位管理层和内部其他人员是审计人员了解被审计单位及其环境的一个重要信息来源。审计人员除询问被审计单位管理层和对财务报告负有责任的人员外，还应当考虑询问内部审计人员、采购人员、生产人员、销售人员等其他人员，并考虑询问不同级别的员工，以获取对识别重大错报风险有用的信息。询问程序可能获取的相关信息如表2-5所示。

表2-5 询问程序可能获取的相关信息

询 问 对 象	获 取 信 息
治理层	了解财务报表编制的环境
内部审计人员	了解其针对被审计单位内部控制设计和运行有效性而实施的工作，以及了解管理层对内部审计发现的问题是否采取了适当的措施
参与生成、处理或记录复杂或异常交易的员工	评估被审计单位选择和运用某项会计政策的适当性
内部法律顾问	了解有关法律、法规的遵循情况，产品保证和售后责任，与业务合作伙伴（如合营企业）的合作情况，合同条款的含义及诉讼情况等
营销或销售人员	了解被审计单位的营销策略及其变化、销售趋势及与客户的合作情况

（二）实施分析程序

分析程序是指审计人员通过研究不同财务数据之间及财务数据与非财务数据之间的内在关系，对财务信息做出评价。分析程序还包括调查识别出的、与其他相关信息不一致或与预期数据严重偏离的波动和关系。分析程序既可用于风险评估程序和实质性程序，又可用于对财务报表的总体复核。

（三）观察和检查程序

观察和检查程序可以印证对管理层和内部其他人员的询问结果，并可提供有关被审计单位及其环境的信息。观察和检查程序主要包括以下内容。

（1）观察被审计单位的生产经营活动。
（2）检查文件、记录和内部控制手册。
（3）阅读由管理层和治理层编制的报告。
（4）实地察看被审计单位的生产经营场所和设备。

（5）追踪交易在财务报告信息系统中的处理过程（穿行测试）。

> **行家提示**：审计人员在了解被审计单位及其环境的过程中，往往将上述程序结合在一起。审计人员并非在了解被审计单位及其环境的每个方面均实施所有风险评估程序。

二、了解被审计单位及其环境

（一）总体要求

审计人员应当从下列方面了解被审计单位及其环境：①相关行业状况、法律环境与监管环境及其他外部因素；②被审计单位的性质；③被审计单位对会计政策的选择和运用；④被审计单位的目标、战略及相关经营风险；⑤对被审计单位财务业绩的衡量和评价；⑥被审计单位的内部控制。

（二）相关行业状况、法律环境与监管环境及其他外部因素

1. 行业状况

了解行业状况有助于审计人员识别与被审计单位所处行业有关的重大错报风险。审计人员应当了解被审计单位的行业状况，主要包括以下几个方面。

（1）所处行业的市场与竞争状况，包括市场需求、生产能力和价格竞争。例如，如果钢铁行业的供求关系发生很大变化，则价格也会发生很大变化，进而可以判断该钢铁企业的报表是否合理（收入、存货、利润等）。

（2）生产经营的季节性和周期性。例如，冰激凌生产行业的生产经营状况有明显的季节性，夏季和冬季的生产经营状况会有明显的差异。

（3）与被审计单位产品相关的生产技术。例如，机械制造业的生产技术发生了变化，产品的加工能力大幅度提高，营业成本就会有所下降。

（4）能源供应。例如，如果企业所处城市供电能力不足，不能保证每周开工七天，就要关注生产量和销售量；但是如果企业有自备的发电机，审计人员就应调查发电机是否存在、是否正常运转。

（5）能源成本。例如，钢铁行业的矿石和焦炭供应情况对成本、利润的影响，以及毛利率是否合理。

（6）行业的关键指标和统计数据。例如，企业的净资产收益率、成本费用利润率、存货周转率、销售增长率等的变化是否与整个行业的变化趋同；主要产品的毛利率与整个行业的毛利率相比是否合理。

2. 法律环境与监管环境

审计人员应当了解被审计单位所处的法律环境与监管环境，主要包括以下几个方面。

（1）会计原则和行业特定惯例。

（2）受管制行业的法规框架。

（3）对被审计单位经营活动产生重大影响的法律、法规，包括直接的监管活动。

（4）税收政策（关于企业所得税和其他税种的政策）。

（5）对被审计单位开展经营活动产生影响的政府政策，如货币政策（包括外汇管制）、财政政策、财政刺激措施（如政府援助项目）、关税或贸易限制政策等。

（6）影响行业和被审计单位经营活动的环保要求。如果被审计单位属于汽车行业，则审计人员应调查被审计单位是否清楚环保要求。如果被审计单位生产的汽车达不到某些大城市的环保要求，就会影响收入、利润等。

3．其他外部因素

审计人员应当了解影响被审计单位经营的其他外部因素，主要包括以下几个方面。
（1）当前的宏观经济状况及未来的发展趋势。
（2）目前国内或本地区的经济状况（如增长率、失业率、利率等）是否会影响被审计单位的经营活动。
（3）被审计单位的经营活动受汇率波动或全球市场力量的影响情况。

（三）被审计单位的性质

1．所有权结构

对被审计单位所有权结构的了解有助于审计人员识别关联方关系，并了解被审计单位的决策过程。了解所有权结构，应考虑关联方关系是否已经得到识别，以及关联方交易是否得到恰当核算；了解其控股母公司（股东）与被审计单位在资产、业务、人员、机构、财务等方面是否分开，是否存在占用资金等情况。

2．治理结构

审计人员应当了解被审计单位的治理结构。例如，董事会的构成情况、董事会内部是否有独立董事；是否设有审计委员会或监事会及其运作情况。

3．组织结构

复杂的组织结构可能导致某些特定的重大错报风险。例如，被审计单位是单一公司还是集团公司；如果是集团公司，分公司或子公司的重要性如何，如何对分公司或子公司进行审计。

4．经营活动

了解被审计单位的经营活动有助于审计人员识别预期在财务报表中反映的主要交易类别、重要账户余额和披露。审计人员应当了解被审计单位的经营活动，如某工业企业开展了房地产业务，审计人员应注意企业是否有能够胜任的人员、业务开展的具体情况如何。

5．投资活动

了解被审计单位的投资活动有助于审计人员关注被审计单位在经营策略和方向上的重大变化。例如，企业在审计期间并购了一家新公司，审计人员应关注新公司在境内还是境外、新公司采用的会计准则、新公司所处的行业等。

6．筹资活动

了解被审计单位的筹资活动有助于审计人员评估被审计单位在融资方面的压力，并进一步考虑被审计单位在可预见未来的持续经营能力。例如，被审计单位是否存在违反借款条款的情况，如果违反了后果如何，对企业持续经营是否产生影响；企业是否存在为了达到某项条款而虚构财务报表的情况等。

7. 其他信息

审计人员需要了解会计政策和行业特定惯例、收入确认惯例、公允价值的会计核算、异常或复杂交易的会计处理等信息。

(四) 被审计单位对会计政策的选择和运用

审计人员需要了解被审计单位对会计政策的选择和运用相关的如下信息。

(1) 重大交易和异常交易的会计处理方法。

(2) 在缺乏权威性标准、有争议的或新兴领域，采用的重要会计政策产生的影响。

(3) 会计政策的变更。

(4) 新颁布的财务报告准则、法律、法规，以及被审计单位何时采用、如何采用。

(五) 被审计单位的目标、战略及相关经营风险

审计人员应当了解被审计单位是否存在与下列方面有关的目标和战略，并考虑相关经营风险。

(1) 行业发展。潜在的相关经营风险可能是被审计单位不具备足以应对行业变化的人力资源和业务能力。

(2) 开发新产品或提供新服务。潜在的相关经营风险可能是被审计单位产品责任的加重。

(3) 业务扩张。潜在的相关经营风险可能是被审计单位对市场需求的估计不准。

(4) 新的会计要求。潜在的相关经营风险可能是被审计单位执行不当或不完整，或会计处理成本增加。

(5) 监管要求。潜在的相关经营风险可能是被审计单位的法律责任加重。

(6) 本期及未来的融资条件。潜在的相关经营风险可能是被审计单位由于无法满足融资条件而失去融资机会。

(7) 信息技术的运用。潜在的相关经营风险可能是被审计单位的信息系统与业务流程难以融合。

(8) 实施战略的影响，特别是由此产生的需要运用新的会计要求的影响。潜在的相关经营风险可能是被审计单位执行不当或不完整。

> **行家提示**：审计人员了解被审计单位的经营风险有助于其识别财务报表层次的重大错报风险。并非所有的经营风险都与财务报表相关，审计人员没有责任识别或评估对财务报表没有影响的经营风险。

(六) 对被审计单位财务业绩的衡量和评价

在了解被审计单位财务业绩的衡量和评价情况时，审计人员应当关注下列信息。

(1) 关键业绩指标（财务的或非财务的）、关键比率、趋势和经营统计数据。

(2) 同期财务业绩比较分析。

(3) 预算、预测、差异分析，分部信息与分部、部门或其他不同层次的业绩报告。

(4) 员工业绩考核与激励性报酬政策。

(5) 被审计单位与竞争对手的业绩比较。

【例题5·综合题】W公司主要从事小型电子消费品的生产和销售，产品销售以W公司的仓库为交货地点。W公司日常交易采用自动化信息系统（以下简称系统）和手工控制相结

合的方式。系统自2019年以来没有发生变化。W公司的产品主要销售给国内各主要城市的电子消费品经销商。注册会计师A和B负责审计W公司2020年度财务报表。

资料一：注册会计师A和B在审计工作底稿中记录了所了解的W公司及其环境的情况，部分内容摘录如下。

（1）在2019年实现销售收入增长10%的基础上，W公司董事会确定的2020年销售收入的增长目标为20%。W公司管理层实行年薪制，总体薪酬水平根据上述目标的完成情况上下浮动。W公司所处行业2020年的平均销售增长率是12%。

（2）W公司的财务总监已为W公司工作超过6年，于2020年7月劳动合同到期后被W公司的竞争对手高薪聘请。由于工作压力大，W公司会计部门的人员流动频繁，除会计主管的服务期超过4年外，其余人员的平均服务期低于2年。

（3）W公司的产品面临更新换代较快的压力，市场竞争激烈。为巩固市场占有率，W公司于2020年4月将主要产品（C产品）的销售价格下调了8%至10%。另外，W公司在2020年8月推出了D产品（C产品的改良型号），市场表现良好，计划在2021年全面扩大产量，并在2021年1月停止生产C产品。为了加快资金流转，W公司于2021年1月针对C产品开始实施新一轮的降价促销，平均降价幅度达到10%。

（4）W公司销售的产品均由经客户认可的外部运输公司进行运输，运输费用由W公司承担，但运输途中的风险仍由客户自行承担。由于受能源价格上涨的影响，2020年的运输单价比2019年平均上升了15%，但运输商同意将运费结算周期从原来的30天延长至60天。

（5）2020年，W公司主要原材料的价格与2019年基本持平，供应商也没有大的变化，但由于技术要求发生变化，D产品所耗用的高档金属材料与C产品相比略有增加，使D产品的原材料成本与C产品相比上升了3%。

（6）除于2019年12月借入的2年期、年利率为6%的银行借款5000万元外，W公司没有其他借款。上述长期借款专门用于扩建现有的一条生产线，以满足D产品的生产需要。该生产线总投资为6500万元，于2019年12月开工，2020年7月完工投入使用（假设不考虑利息收入）。

资料二：注册会计师A和B在审计工作底稿中记录了所获取的W公司的财务数据，部分内容摘录如表2-6所示。

表2-6　W公司财务数据部分内容摘录

单位：万元

项目	2020 C产品	2020 D产品	2019 C产品	2019 D产品
产成品	2000	1800	2500	0
存货跌价准备	0	0	0	0
主营业务收入	18 500	8000	20 000	0
主营业务成本	17 000	5600	16 800	0
销售费用——运输费	1200		1150	
利息支出	300		25	
减：利息资本化	250		25	
净利息支出	50		0	

要求：针对资料一（1）至（6），结合资料二，假设不考虑其他条件，请逐项指出资料一所列事项是否可能表明存在重大错报风险。

答案分析如表2-7所示。

表2-7 答案分析

事项序号	是否可能表明存在重大错报风险	理　　由	重大错报风险属于财务报表层次还是认定层次	交易、账户名称和认定
（1）	是	W公司管理层为了达到治理层确定的高于行业平均增长率8%的销售增长率，且管理层的薪酬与销售增长目标挂钩，所以有可能会虚增收入	认定层次	① 营业收入/发生；② 应收账款/存在
（2）	是	W公司关键人员的变动，以及会计人员频繁变动，缺乏具有胜任能力的会计人员，均可能存在重大错报风险	财务报表层次	
（3）	是	C产品在2020年的毛利率为8.1%[（18 500-17 000）÷18 500×100%]，但是在2021年1月将价格下调了10%后，C产品的可变现净值将小于其成本，很有可能存在高估存货成本的风险	认定层次	① 存货/计价和分摊；② 资产减值损失/完整性
（4）	是	① 2020年的产品总销量大于2019年，并且运输单价平均上升了15%，但是运输费用只上升了4.3%[（1200-1 150）÷1150×100%]，可能存在低估2020年运输费用的风险；② 2020年运输费用没有较大的变化，可能表明销售量变化不大，存在高估销售收入的风险	认定层次	① 销售费用/完整性；② 应付账款/完整性；③ 营业收入/发生；④ 应收账款/存在
（5）	否			
（6）	是	工程2020年7月已经完工，但是资本化了10个月[250÷（300÷12）]的利息，很有可能高估了固定资产的成本、低估了2020年的财务费用	认定层次	① 固定资产/计价和分摊；② 财务费用/完整性

（七）被审计单位的内部控制

1. 内部控制的目标和要素

内部控制是被审计单位为了合理保证财务报表的可靠性、经营的效率和效果，以及对法律、法规的遵守，由治理层、管理层和其他人员设计与执行的政策及程序。

2-2 了解内部控制

（1）内部控制的目标。

内部控制的目标如下：合理保证财务报表的可靠性，这一目标与管理层履行财务报表编制的责任密切相关；合理保证经营的效率和效果，即经济有效地使用企业资源，以最优方式实现企业的目标；对法律、法规的遵守，即在法律、法规的框架下从事经营活动。

（2）内部控制的要素。

内部控制包括下列要素：控制环境；风险评估过程；与财务报表相关的信息系统；控制

活动;对控制的监督。

> **行家提示**:尽管要求审计人员在财务报表审计中考虑与财务报表编制相关的内部控制,但审计目的并不是对被审计单位内部控制的有效性发表意见。因此,审计人员需要了解和评价的内部控制只是与财务报表审计相关的内部控制,而并非被审计单位所有的内部控制。

2. 对内部控制了解的深度

对内部控制了解的深度是指审计人员在了解被审计单位及其环境时,对内部控制了解的程度,包括评价内部控制的设计,并确定其是否得到执行,但不包括对内部控制是否得到一贯执行的测试。内部控制与控制测试的关系如图 2-2 所示。

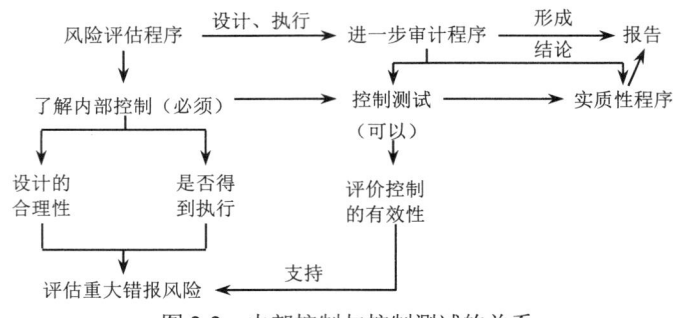

图 2-2 内部控制与控制测试的关系

(1)评价内部控制的设计和执行情况。

审计人员在了解内部控制时,应当评价内部控制的设计,并确定其是否得到执行。如果内部控制设计不当,则审计人员不需要再考虑内部控制是否得到执行。除非存在某些可以使内部控制得到一贯运行的自动化控制,审计人员对内部控制的了解并不能够代替对内部控制运行有效性的测试。

(2)获取内部控制设计和执行的审计证据。

审计人员通常实施下列风险评估程序,以获取有关内部控制设计和执行的审计证据。

① 询问被审计单位人员。
② 观察特定控制的运用。
③ 检查文件和报告。
④ 追踪交易在财务报告信息系统中的处理过程(穿行测试)。

> **行家提示**:询问本身并不足以评价内部控制的设计及确定其是否得到执行,审计人员应当将询问与其他风险评估程序结合使用。

(3)了解内部控制与测试内部控制运行有效性的关系。

除非存在某些可以使内部控制得到一贯运行的自动化控制,否则审计人员对内部控制的了解并不足以测试内部控制运行的有效性。例如,获取某一人工控制在某一时点得到执行的审计证据,并不能证明该控制在所审计期间内的其他时点也在有效运行。但是,信息技术可以使被审计单位持续一贯地对大量数据进行处理,提高了被审计单位监督内部控制活动运行情况的能力;信息技术还可以通过对应用软件、数据库、操作系统设置安全控制来实现有效的职责划分。由于信息技术处理流程的内在一贯性,实施审计程序确定某项自动控制是否得到执行,也可能实现对内部控制运行有效性测试的目标,这取决于审计人员对内部控制(如针对程序变更的控制）的评估和测试。

3. 内部控制活动

内部控制活动是指有助于确保管理层的指令得以执行的政策和程序，包括与授权、业绩评价、信息处理、实物控制和职责分离等相关的活动。

（1）授权。

审计人员应当了解与授权有关的控制活动，主要包括一般授权和特别授权。授权的目的在于保证交易在管理层的授权范围内进行。一般授权是指管理层制定的要求被审计单位内部遵守的普遍适用于某类交易或活动的政策。特别授权是指管理层针对特定类别的交易或活动逐一设置的授权，如重大资本支出和股票发行等。

（2）业绩评价。

审计人员应当了解与业绩评价有关的控制活动，主要包括被审计单位分析评价实际业绩与预算的差异，以及对发现的异常差异或关系进行必要的调查并采取纠正措施。

（3）信息处理。

审计人员应当了解与信息处理有关的控制活动，主要包括信息技术的一般控制和应用控制。被审计单位通过执行各种措施来检查各种类型信息处理环境下的交易的准确性、完整性和授权。

（4）实物控制。

审计人员应当了解与实物控制有关的控制活动，主要包括对资产和记录采取适当的安全保护措施，为访问计算机程序和数据文件设置授权，以及定期盘点并将盘点记录与会计记录相核对。实物控制的效果会影响资产的安全，从而对财务报表的可靠性及审计产生影响。

（5）职责分离。

审计人员应当了解与职责分离有关的控制活动，主要包括了解被审计单位如何将交易授权、交易记录及资产保管等职责分配给不同员工，以防止同一员工在履行多项职责时可能发生的舞弊或错误。当信息技术运用于信息系统时，职责分离可以通过设置安全控制来实现。

> **行家提示：** 内部控制无论如何有效，都只能为被审计单位实现财务报告的目标提供合理保证。内部控制实现财务报告目标的可能性受其固有限制的影响，具体如下。
> （1）在决策时人为判断可能出现错误或因人为失误而导致内部控制失效。
> （2）内部控制可能由于两个或更多的人员串通或者管理层不当地凌驾于内部控制之上而被规避。
> （3）被审计单位内部行使控制职能的人员的素质不适应岗位要求，也会影响内部控制的正常运行。

三、评估重大错报风险

（一）评估重大错报风险时考虑的因素

表2-8列示了评估重大错报风险时考虑的部分风险因素。

表 2-8　评估重大错报风险时考虑的部分风险因素

1. 已识别的风险是什么	
财务报表层次	源于薄弱的被审计单位整体层次的内部控制或信息技术的一般控制； 特别风险； 与管理层凌驾于内部控制之上和舞弊相关的风险因素； 管理层愿意接受的风险，如小企业因缺乏职责分离导致的风险
认定层次	与完整性、准确性、存在或计价和分摊相关的特定风险，如收入、费用和其他交易，账户余额，财务报表披露； 可能产生多重错报的风险
相关控制程序	特别风险； 用于预防、发现或减轻已识别风险的恰当设计并执行的内部控制程序； 仅通过执行控制测试应对的风险
2. 错报（金额影响）可能发生的规模有多大	
财务报表层次	考虑管理层凌驾于内部控制之上、舞弊、未预期事件，以及以往经验
认定层次	考虑交易、账户余额和披露的固有性质，日常和例外事件，以及以往经验
3. 事件（风险）发生的可能性多大	
财务报表层次	考虑来自高层的基调、管理层风险管理的方法、采用的政策和程序，以及以往经验
认定层次	考虑相关的内部控制活动及以往经验
相关控制程序	识别对于降低事件发生可能性非常关键的管理层风险应对要素

（二）评估财务报表层次和认定层次的重大错报风险

1. 评估重大错报风险的审计程序

在评估重大错报风险时，审计人员应当实施下列审计程序。

（1）在了解被审计单位及其环境的整个过程中，结合对财务报表中各类交易、账户余额和披露的考虑，以识别风险。

（2）结合对拟测试的相关内部控制的考虑，将识别出的风险与认定层次可能发生错报的领域相联系。

（3）评估识别出的风险，并评估其是否更广泛地与财务报表整体相关，进而潜在地影响多项认定。

（4）考虑发生错报的可能性（包括发生多项错报的可能性），以及潜在错报的重大程度是否足以导致重大错报。

2. 识别两个层次的重大错报风险

在对重大错报风险进行识别和评估后，审计人员应当确定该重大错报风险是与特定的某类交易、账户余额、披露的认定相关，还是与财务报表整体广泛相关，进而影响多项认定。

某些重大错报风险可能与特定的某类交易、账户余额和披露的认定相关。例如，被审计单位存在复杂的联营或合资，这一事项表明长期股权投资账户的认定可能存在重大错报风险。某些重大错报风险可能与财务报表整体广泛相关，进而影响多项认定。例如，管理层缺乏诚信或承受异常的压力可能引发舞弊风险，这种风险与财务报表整体广泛相关。

3. 考虑财务报表的可审计性

审计人员在了解被审计单位的内部控制后，可能对被审计单位财务报表的可审计性产生怀疑。如果通过对内部控制的了解发现下列情况，并对财务报表局部或整体的可审计性产生怀疑，审计人员应当考虑出具保留意见或无法表示意见的审计报告：被审计单位会计记录的状况和可靠性存在重大问题，不能获取充分、适当的审计证据以发表无保留意见；对管理层的诚信存在严重疑虑。必要时，审计人员应当考虑解除业务约定。

（三）需要特别考虑的重大错报风险

1. 需要特别考虑的重大错报风险的含义

作为风险评估的一部分，审计人员应当运用职业判断，确定识别的风险哪些是需要特别考虑的重大错报风险（以下简称特别风险）。

2. 应考虑的事项

在确定风险的性质时，审计人员应当考虑下列事项。

（1）风险是否属于舞弊风险。
（2）风险是否与近期的经济环境、会计处理方法或其他方面的重大变化相关。
（3）交易的复杂程度。
（4）风险是否涉及重大的关联方交易。
（5）财务信息计量的主观程度，特别是计量结果是否具有高度不确定性。
（6）风险是否涉及异常或超出正常经营范围的重大交易。

3. 考虑与特别风险相关的控制

对于特别风险，审计人员应当评价相关内部控制的设计情况，并确定其是否已经得到执行。

如果管理层未能实施内部控制以恰当应对特别风险，审计人员应当认为内部控制存在重大缺陷，并考虑其对风险评估的影响。在此情况下，审计人员应当就此类事项与治理层进行沟通。

> **行家提示：**
> （1）如果计划测试旨在减轻特别风险的内部控制运行的有效性，审计人员不应依赖以前审计获取的关于内部控制运行有效性的审计证据。
> （2）审计人员应当专门针对识别的特别风险实施实质性程序。

（四）对风险评估的修正

审计人员对认定层次重大错报风险的评估，可能随着在审计过程中不断获取审计证据而变化。评估重大错报风险与了解被审计单位及其环境一样，也是一个连续和动态地收集、更新与分析信息的过程，贯穿于整个审计过程的始终。

【例题6·综合题】甲公司主要从事小型电子消费品的生产和销售，注册会计师A负责审计甲公司2020年度财务报表。A了解到甲公司于2020年年初完成了部分主要产品的更新换代。由于利用现有主要产品（T产品）生产线生产的换代产品（S产品）的市场销售情况良好，甲公司自2020年2月起大幅降低了T产品的产量，并于2020年3月终止了T产品的生产和销售。S产品和T产品生产所需的原材料基本相同，原材料的平均价格相比2019年上涨了约2%。由于S产品的功能更加齐全且设计新颖，其平均售价比T产品高约10%。相关数据如表2-9所示。

表 2-9　甲公司产品销售的相关数据

项　目	未 审 数 2020 年			已 审 数 2019 年		
	S 产品	T 产品	其他产品	S 产品	T 产品	其他产品
营业收入	32 340	3000	20 440	0	28 500	18 000
营业成本	27 500	2920	19 800	0	27 200	15 300
账面余额	2340	180	4440	0	2030	4130
减：存货跌价准备	0	0	0	0	0	0
账面价值	2340	180	4440	0	2030	4130

要求：请通过分析程序判断甲公司 2020 年的相关数据是否存在风险，并与何种认定相关。

答案解析：

（1）比较：2019 年 T 产品的销售毛利率为 4.56%，2020 年 S 产品的销售毛利率为 14.97%，两者相比较，S 产品的销售毛利率比 T 产品的销售毛利率高 10.41%。

（2）分析：① 由于 S 产品与 T 产品的原材料基本相同，原材料价格上涨约 2%，同时 S 产品的销售价格比 T 产品高约 10%，所以 S 产品的毛利率高于 T 产品的毛利率不应超过 10%，可能存在高估收入或低估成本的重大错报风险。与营业收入、应收账款、营业成本的发生、存在、完整性、准确性、计价和分摊的认定相关。

② T 产品已经被 S 产品所替代，且甲公司已经停止生产 T 产品，而 2020 年年末还有库存，所以 T 产品已经发生了跌价，但甲公司未计提存货跌价准备，存在存货计价的重大错报风险。与存货的计价和分摊的认定相关。

任务四　应对风险

一、总体应对措施

（一）针对评估的财务报表层次重大错报风险的总体应对措施

审计人员应当针对评估的财务报表层次重大错报风险，确定下列总体应对措施。

（1）向项目组强调保持职业怀疑的必要性。

（2）指派更有经验或具有特殊技能的审计人员，或者利用专家的工作。

（3）提供更多的督导。对于财务报表层次重大错报风险较高的审计项目，项目组的高级别成员，要为其他成员提供更详细、更经常、更及时的指导和监督，并加强项目质量控制复核。

（4）在选择拟实施的进一步审计程序时融入更多的不可预见的因素。

（5）对拟实施审计程序的性质、时间和范围做出总体修改。

如果控制环境存在缺陷，审计人员在对拟实施审计程序的性质、时间和范围做出总体修改时应当考虑：①在期末而非期中实施更多的审计程序，控制环境的缺陷通常会削弱期中获得的审计证据的可信赖程度；②通过实施实质性程序获取更广泛的审计证据，良好的控制环境是其他控制要素发挥作用的基础，控制环境存在缺陷通常会削弱其他控制要素的作用，导致审计人员可能无法信赖内部控制，而主要依赖实施实质性程序获取审计证据；③增加拟纳入审计范围的经营地点的数量。

（二）提高审计程序不可预见性的方法

1. 提高审计程序不可预见性的思路

审计人员可以通过以下方式提高审计程序的不可预见性。

（1）范围：对某些以前未测试的低于设定的重要性水平或风险较小的账户余额和认定实施实质性程序。

（2）时间：调整实施审计程序的时间，使其超出被审计单位的预期。

（3）选样：采取不同的审计抽样方法，使抽取的测试样本与以前有所不同。

（4）地点：选取不同的地点实施审计程序，或预先不告知被审计单位所选定的测试地点。

2. 提高审计程序不可预见性的实施要点

（1）可与管理层沟通但不能告知具体内容。

审计人员需要与被审计单位的管理层事先沟通，要求实施具有不可预见性的审计程序，但不能告知其具体内容。审计人员可以在签订审计业务约定书时明确提出这一要求。

（2）可确定程序但无法量化。

虽然对不可预见性程序没有量化的规定，但审计人员可根据对风险的评估等确定具有不可预见性的审计程序。

（3）可实施程序但要避免陷入困境。

审计人员要有效地实施具有不可预见性的审计程序，但同时要避免陷入困境。

提高审计程序不可预见性的例子如表 2-10 所示。

表 2-10 增强审计程序不可预见性的例子

审计领域	一些可能适用的具有不可预见性的审计程序
存货	向以前审计过程中接触不多的被审计单位员工询问，如采购、销售、生产人员等
	在不事先通知被审计单位的情况下，选择一些以前未曾去过的盘点地点进行存货监盘
销售和应收账款	向以前审计过程中接触不多或未曾接触过的被审计单位员工询问，如负责处理大客户账户的销售部人员
	改变实施实质性程序的对象，如对收入按细类进行分析
	针对销售收入和销售退回延长截止测试期间
	实施以前未曾考虑过的审计程序，具体如下： ① 函证确认销售条款或者选定销售额较不重要或以前未曾关注的销售交易，如对出口销售实施实质性程序； ② 实施更细致的分析程序，如使用计算机辅助审计技术复核销售及客户账户； ③ 测试以前未曾函证过的账户余额，如金额为负或零的账户，或者余额低于以前设定的重要性水平的账户； ④ 改变函证日期，即把所函证账户的截止日期提前或者推迟； ⑤ 对关联公司的销售和相关账户余额，除进行函证外，再实施其他审计程序进行验证
采购和应付账款	如果以前未曾对应付账款余额普遍进行函证，可考虑直接向供应商函证确认余额；如果经常采用函证方式，可考虑改变函证的范围或者时间
	对于以前因为低于设定的重要性水平而未曾测试过的采购项目，进行细节测试
	使用计算机辅助审计技术审阅采购和付款账户，以发现一些特殊项目，如是否有不同的供应商使用相同的银行账户
现金和银行存款	多选几个月的银行存款余额调节表进行测试
	对有大量银行账户的被审计单位，考虑改变抽样方法

续表

审计领域	一些可能适用的具有不可预见性的审计程序
固定资产	对以前由于低于公共开支设定的重要性水平而未曾测试过的国有资产进行测试，如考虑实地盘查一些价值较低的固定资产，如汽车和其他设备等
	修改分支机构审计工作范围或者区域，如增加某些较次要分支机构的审计工作量，或实地去分支机构开展审计工作

【例题7·多选题】下列做法中，可以提高审计程序的不可预见性的有（　　）。

A. 针对销售收入和销售退回延长截止测试期间
B. 向以前没有询问过的被审计单位员工询问
C. 对以前通常不测试的金额较小的项目实施实质性程序
D. 对被审计单位银行存款年末余额实施函证

正确答案：ABC

答案解析：对被审计单位银行存款年末余额实施函证是审计人员通常应当执行的审计程序，该程序不具有不可预见性。

（三）总体应对措施对拟实施进一步审计程序的总体审计方案的影响

1. 拟实施进一步审计程序的总体审计方案

拟实施进一步审计程序的总体审计方案包括实质性方案和综合性方案。其中，实质性方案是指审计人员实施的进一步审计程序，以实质性程序为主；综合性方案是指审计人员在实施进一步审计程序时，将控制测试与实质性程序结合使用。进一步审计程序的总体审计方案如图2-3所示。

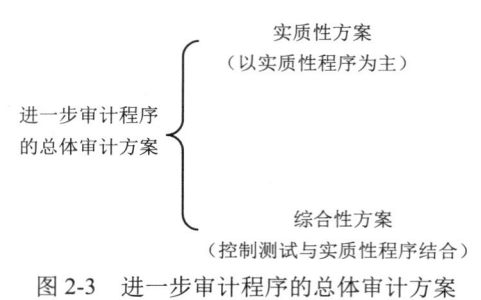

进一步审计程序的总体审计方案
- 实质性方案（以实质性程序为主）
- 综合性方案（控制测试与实质性程序结合）

图2-3　进一步审计程序的总体审计方案

2. 总体应对措施对总体审计方案的影响

当评估的财务报表层次重大错报风险属于高风险时，拟实施进一步审计程序的总体审计方案往往更倾向于实质性方案。

【例题8·多选题】下列有关采用总体审计方案的说法中，错误的有（　　）。

A. 审计人员可以针对不同认定采用不同的审计方案
B. 审计人员应当采用与前期审计一致的审计方案，除非评估的重大错报风险发生重大变化
C. 审计人员应当采用实质性方案应对特别风险
D. 审计人员可以采用综合性方案或实质性方案应对重大错报风险

正确答案：BC

答案解析：选项 B，审计人员依据对被审计单位评估的重大错报风险确定总体审计方案类型；选项 C，应对特别风险也可以采用综合性方案。

二、针对认定层次重大错报风险的进一步审计程序

（一）进一步审计程序的含义和要求

1. 进一步审计程序的含义

进一步审计程序相对于风险评估程序而言，是指审计人员针对评估的各类交易、账户余额和披露认定层次重大错报风险实施的审计程序，包括控制测试和实质性程序。审计人员设计和实施的进一步审计程序的性质、时间和范围，应当与评估的认定层次重大错报风险具备明确的对应关系。

2. 设计进一步审计程序的要求

在设计进一步审计程序时，审计人员应当考虑下列因素。

（1）风险的重要性。风险的重要性是指风险造成的后果的严重程度。风险造成的后果越严重，就越需要审计人员关注和重视，越需要精心设计有针对性的进一步审计程序。

（2）重大错报发生的可能性。

（3）涉及的各类交易、账户余额和披露的特征。不同的交易、账户余额和披露，产生的认定层次的重大错报风险也会存在差异，适用的审计程序也会有差异，需要审计人员区别对待，并设计有针对性的进一步审计程序。

（4）被审计单位内部控制的性质。

（5）审计人员是否拟获取审计证据，以确定内部控制在防止或发现并纠正重大错报风险方面的有效性。如果审计人员在风险评估时认为内部控制运行有效，随后拟实施的进一步审计程序就必须包括控制测试，且实质性程序自然会受到控制测试结果的影响。

> **行家提示**：审计人员出于成本效益的考虑可以采用综合性方案设计进一步审计程序，但无论选择何种方案，审计人员都应当对所有重大的各类交易、账户余额、披露设计和实施实质性程序。

【例题 9·单选题】下列有关针对重大账户余额实施审计程序的说法中，正确的是（　　）。
A. 审计人员应当实施实质性程序
B. 审计人员应当实施细节测试
C. 审计人员应当实施控制测试
D. 审计人员应当实施控制测试和实质性程序

正确答案：A

答案解析：无论选择何种方案，审计人员都应对所有重大的各类交易、账户余额和披露设计和实施实质性程序。

（二）进一步审计程序的性质

进一步审计程序的性质是指进一步审计程序的目的和类型。进一步审计程序的类型包括检查、观察、询问、函证、重新计算、重新执行和分析程序。不同的审计程序应对特定认定

错报风险的效力不同，对于与收入完整性认定相关的重大错报风险，控制测试通常更能有效应对；而对于与收入发生认定相关的重大错报风险，实质性程序通常更能有效应对。

> **行家提示**：审计人员在确定进一步审计程序的性质时，应考虑认定层次重大错报风险的评估结果和评估的认定层次重大错报风险产生的原因。如果在实施进一步审计程序时拟利用被审计单位信息系统生成的信息，审计人员应当就信息的准确性和完整性获取审计证据。

（三）进一步审计程序的时间

进一步审计程序的时间是指审计人员何时实施进一步审计程序，或者审计证据适用的期间或时点。审计人员可以在期中或期末实施控制测试或实质性程序。当重大错报风险较高时，审计人员应当考虑在期末或接近期末实施实质性程序，或采用不通知的方式，或在管理层不能预见的时间实施审计程序。如果在期中实施了进一步审计程序，审计人员还应当针对剩余期间获取审计证据。

（四）进一步审计程序的范围

进一步审计程序的范围是指实施进一步审计程序的数量，包括抽取的样本量、对某项控制活动的观察次数等。审计人员在确定进一步审计程序的范围时应考虑以下因素。

（1）确定的重要性水平。确定的重要性水平越低，审计人员实施进一步审计程序的范围就越大。

（2）评估的重大错报风险。评估的重大错报风险越高，对拟获取审计证据的相关性、可靠性的要求就越高，审计人员实施的进一步审计程序的范围也就越大。

（3）计划获取的保证程度。计划获取的保证程度是指审计人员计划通过所实施的审计程序对所获取的测试结果的可靠性的信心。计划获取的保证程度越高，对测试结果可靠性的要求就越高，审计人员实施的进一步审计程序的范围也就越大。

> **行家提示**：随着重大错报风险的增加，审计人员应当考虑扩大审计程序的范围。但只有当审计程序本身与特定风险相关时，扩大审计程序的范围才是有效的。审计人员使用恰当的抽样方法通常可能得出有效结论，但如果存在下列情形，审计人员依据样本得出的结论可能与对总体实施同样的审计程序得出的结论不同，出现不可接受的风险：从总体中选择的样本量过小；选择的抽样方法与特定目标不适应；未对发现的例外事项进行恰当的追查。

【例题10·多选题】下列有关审计人员设计进一步审计程序的说法中，恰当的有（　　）。
A. 风险造成的后果越严重，审计人员越需精心设计有针对性的进一步审计程序
B. 重大错报的可能性越大，进一步审计程序越简单
C. 具体交易、账户余额和披露的特征不同，设计的进一步审计程序也有所不同
D. 内部控制的性质不同，设计的进一步审计程序也有所不同

正确答案：ACD

答案解析：重大错报发生的可能性越大，审计人员越需精心设计有针对性的进一步审计程序。

三、控制测试

（一）控制测试的含义、内容和要求

1. 控制测试的含义

控制测试是指用于评价内部控制在防止或发现并纠正认定层次重大错报方面的运行有效性的审计程序。审计人员应当选择为相关认定提供证据的内部控制进行测试。

2. 控制测试的内容

控制测试的内容需要与了解内部控制进行区分。了解内部控制包括两层含义：一是评价内部控制的设计；二是确定内部控制是否得到执行。在测试内部控制运行的有效性时，审计人员应当从下列方面获取关于内部控制是否**有效运行**的审计证据。

（1）内部控制在所审计期间的相关时点是如何运行的。

（2）内部控制是否得到一贯执行。

（3）内部控制由谁或以何种方式执行。

因此，在了解内部控制是否得到执行时，审计人员只需抽取少量的交易进行检查或对某几个时点进行观察；但在测试内部控制运行的有效性时，审计人员需要抽取足够数量的交易进行检查或对多个不同时点进行观察。

图 2-4 列示了了解内部控制、控制测试及实质性程序的区别。

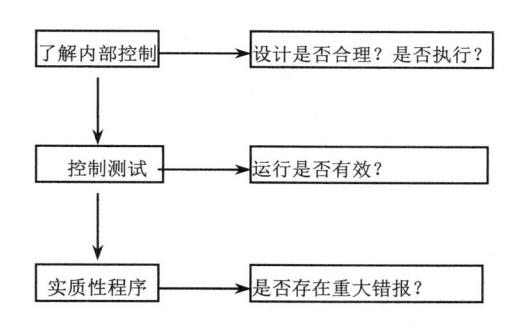

图 2-4　了解内部控制和控制测试、实质性程序的区别

【例题 11·多选题】在测试内部控制运行的有效性时，审计人员应当获取的审计证据有（　　）。

A. 内部控制是否得到执行
B. 内部控制是否得到一贯执行
C. 内部控制在所审计期间的不同时点是如何运行的
D. 内部控制以何种方式执行

正确答案：BCD

答案解析：控制测试的目的是测试内部控制运行的有效性，主要包括四个方面的含义，除题目 BCD 选项外，还包括内部控制由谁执行。选项 A 属于了解内部控制的目的，不是控制测试的目的。

3. 控制测试的要求

作为进一步审计程序的类型之一，控制测试并非在任何情况下都需要实施。当存在下列情形之一时，审计人员应当实施控制测试：①在评估认定层次重大错报风险时，预期内部控制的运行是有效的；②仅实施实质性程序并不能够提供认定层次充分、适当的审计证据。在认为仅通过实施实质性程序不能获取充分、适当的审计证据的情况下，审计人员必须实施控制测试,且已经不再是单纯出于成本效益的考虑,而是必须实施的审计程序。

【例题12·多选题】下列与控制测试有关的表述中,正确的有(   )。

A. 如果内部控制设计不合理,则不必实施控制测试

B. 如果在评估认定层次重大错报风险时预期内部控制的运行是有效的,则应当实施控制测试

C. 如果认为仅实施实质性程序不足以提供认定层次充分、适当的证据,则应当实施控制测试

D. 对于特别风险,即使拟信赖的相关内部控制没有发生变化,也应当在本次审计中实施控制测试

正确答案:ABCD

答案解析:如果内部控制设计合理但没有执行或内部控制设计不合理,就没有必要实施控制测试,但是了解内部控制是必须的。

(二)控制测试的性质

1. 控制测试的性质的含义

控制测试的性质是指控制测试所采用的审计程序的类型及其组合。控制测试采用的审计程序的类型包括询问、观察、检查、重新执行。

(1)询问。审计人员可以向被审计单位的相关员工询问,获取与内部控制运行情况相关的信息。

(2)观察。观察是测试不留下书面记录的内部控制(如职责分离)运行情况的有效方法。

(3)检查。检查是测试留下书面记录的内部控制运行情况的有效方法。

(4)重新执行。通常只有当询问、观察和检查程序结合在一起仍无法获得充分、适当的审计证据时,审计人员才考虑通过重新执行来测试内部控制是否有效运行。

> **行家提示:**
> (1)询问本身并不足以测试内部控制运行的有效性,审计人员应当将询问与其他审计程序结合使用,以获取有关内部控制运行有效性的审计证据。
> (2)观察提供的审计证据仅限于观察发生的时点,本身也不足以测试内部控制运行的有效性。
> (3)将询问与检查或重新执行结合使用,通常能够比仅实施询问和观察获取更高的保证。

2. 确定控制测试的性质时需要考虑的因素

在确定控制测试的性质时,审计人员需要考虑以下因素。

(1)考虑特定控制的性质。

(2)考虑测试与认定直接相关和间接相关的内部控制。

(3)考虑如何对一项自动化的内部控制实施控制测试。

3. 实施控制测试时对双重目的的实现

控制测试的目的是评价内部控制是否有效运行;细节测试的目的是发现认定层次的重大错报。尽管两者的目的不同,但审计人员可以考虑针对同一交易同时实施控制测试和细节测

试，以实现双重目的。例如，审计人员通过检查某笔交易的发票可以确定其是否经过适当的授权，也可以获取关于该交易的金额、发生时间等细节证据。当然，如果拟实施双重测试，审计人员应当仔细设计和评价测试程序。

（三）控制测试的时间

1．控制测试的时间的含义

控制测试的时间包含两层含义：一是何时实施控制测试；二是测试所针对的内部控制适用的时点或期间。审计人员应当根据控制测试的目的确定控制测试的时间，并确定拟信赖的相关内部控制的时点或期间。

2．如何考虑期中审计证据

审计人员在期中实施控制测试具有更积极的作用。但是，即使审计人员已获取有关内部控制在期中运行有效性的审计证据，仍然需要考虑如何能够将内部控制在期中运行有效性的审计证据合理延伸至期末。

如果已获取有关内部控制在期中运行有效性的审计证据，并拟利用该审计证据，审计人员应当实施下列审计程序。

（1）获取这些内部控制在剩余期间变化情况的审计证据。

（2）确定针对剩余期间还需要获取的补充审计证据。

3．如何考虑以前审计获取的审计证据

审计人员在本期审计时可以适当考虑利用以前审计获取的有关内部控制运行有效性的审计证据。但是，审计人员在利用以前审计获取的有关内部控制运行有效性的审计证据时需要格外慎重，充分考虑各种因素，具体流程如图2-5所示。

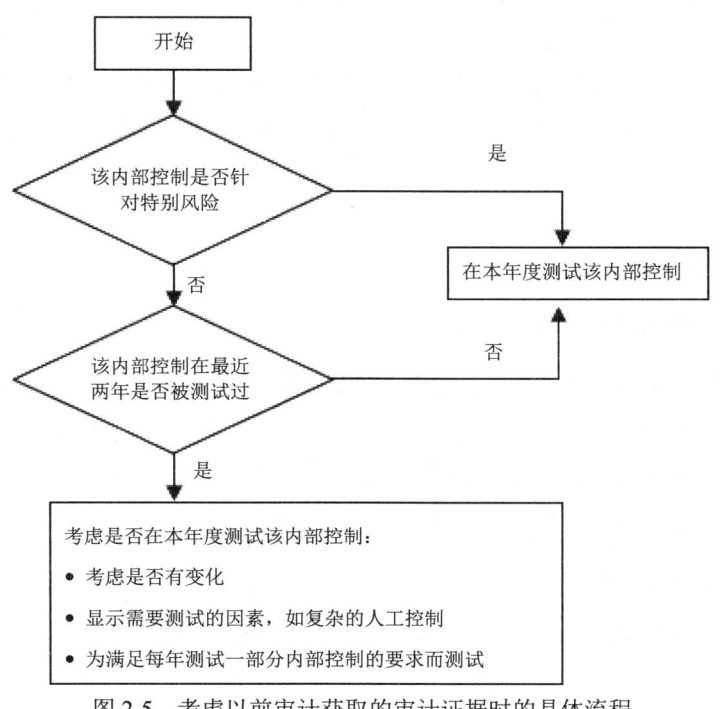

图2-5 考虑以前审计获取的审计证据时的具体流程

（四）控制测试的范围

控制测试的范围主要是指某项内部控制的测试次数。审计人员应当设计控制测试，以获取内部控制在整个拟信赖的期间有效运行的充分、适当的审计证据。

除考虑对内部控制的信赖程度外，确定控制测试的范围时还应考虑以下因素。

（1）被审计单位执行内部控制的频率。内部控制执行的频率越高，控制测试的范围越大。

（2）审计人员拟信赖内部控制运行有效性的时间长度。拟信赖的期间越长，控制测试的范围越大。

（3）拟获取的有关认定层次的内部控制运行有效性的审计证据的相关性和可靠性。对审计证据的相关性和可靠性要求越高，控制测试的范围越大。

（4）通过测试与认定相关的其他内部控制获取的审计证据的范围。针对同一认定，可能存在不同的内部控制。当针对其他内部控制获取的审计证据的充分性和适当性较高时，控制测试的范围可适当缩小。

（5）内部控制的预期偏差。预期偏差率越高，需要实施控制测试的范围越大。

> **行家提示**：对于一项自动化应用控制，一旦确定被审计单位正在执行该控制，审计人员通常无须扩大控制测试的范围。

【例题13·单选题】下列有关控制测试程序的说法中，正确的是（　　）。

A. 注册会计师应当将观察与其他审计程序结合使用
B. 将询问与检查或重新执行结合使用，可能比仅实施询问和观察获取更高水平的保证
C. 重新执行程序适用于所有控制测试
D. 检查程序适用于所有控制测试

正确答案：B

答案解析：选项A，观察程序不是控制测试中必须实施的审计程序；选项C，重新执行的质量最高但工作量最大，如果能通过询问、观察、检查完成控制测试，可以不采用重新执行程序；选项D，检查程序适用于留下书面记录的控制测试，如检查文件记录等。

四、实质性程序

（一）实质性程序的含义

实质性程序是指用以发现认定层次重大错报的审计程序。实质性程序包括对各类交易、账户余额和披露的细节测试及实质性分析程序。<u>无论评估的重大错报风险结果如何，审计人员都应当针对所有重大的各类交易、账户余额和披露实施实质性程序。</u>

（二）实质性程序的性质

1. 实质性程序的性质的含义

实质性程序的性质是指实质性程序的类型及其组合。实质性程序包括细节测试和实质性分析程序。

（1）细节测试是对各类交易、账户余额和披露的具体细节进行测试，目的在于直接识别

财务报表认定是否存在错报。细节测试可用于获取与某些认定相关的审计证据，如存在、准确性等。

（2）实质性分析程序主要是通过研究数据间的关系来评价信息，以识别各类交易、账户余额和披露及相关认定是否存在错报。实质性分析程序通常更适用于在一段时间内存在可预期关系的大量交易。

2. 细节测试和实质性分析程序的适用性

审计人员应当根据各类交易、账户余额和披露的性质选择实质性程序的类型。

（1）细节测试适用于对各类交易、账户余额和披露认定的测试，尤其是对存在、发生、认定的测试。

（2）对于在一段时期内存在可预期关系的大量交易，审计人员可以考虑实施实质性分析程序。

3. 细节测试的方向

审计人员需要根据评估的不同认定层次的重大错报风险设计有针对性的细节测试。例如，针对存在或发生认定的细节测试，选择财务报表项目追踪至原始凭证（逆查）；针对完整性认定的细节测试，选择获取原始凭证，以表明该业务包含在财务报表金额中（顺查）。

（三）实质性程序的时间

1. 如何考虑是否在期中实施实质性程序

审计人员可以考虑在期中实施实质性程序，但应当考虑以下因素。

（1）控制环境和其他相关的内部控制。控制环境和其他相关的内部控制越薄弱，审计人员越不宜在期中实施实质性程序。

（2）实施审计程序所需的信息在期中之后的可获得性。如果实施实质性程序所需的信息在期中之后并不难获取，则该因素不应成为审计人员在期中实施实质性程序的重要影响因素。

（3）实质性程序的目标。如果针对某项认定实施实质性程序的目标就包括获取该认定的期中审计证据（从而与期末比较），则审计人员应在期中实施实质性程序。

（4）评估的重大错报风险。审计人员评估的某项认定的重大错报风险越高，针对该认定所需获取的审计证据的相关性和可靠性要求也就越高，审计人员应当考虑将实质性程序集中于期末（或接近期末）实施。

（5）特定类别的交易或账户余额及相关认定的性质。例如，某些交易或账户余额及相关认定的特殊性质（如收入截止认定、未决诉讼）决定了审计人员必须在期末（或接近期末）实施实质性程序。

（6）能否通过实施实质性程序或将实质性程序与控制测试相结合，降低期末存在错报而未被发现的风险。

2. 如何考虑期中审计证据

如果在期中实施了实质性程序，审计人员应当针对剩余期间实施进一步的实质性程序，或将实质性程序与控制测试结合实施，以将期中测试得出的结论合理延伸至期末。

> **行家提示**：对于舞弊导致的重大错报风险，为将期中测试得出的结论延伸至期末而实施的审计程序通常是无效的，审计人员应当考虑在期末或者接近期末实施实质性程序。

3. 如何考虑以前审计获取的审计证据

在以前审计中实施实质性程序获取的审计证据，通常对本期只有很弱的证明效力或没有证明效力，不足以应对本期的重大错报风险。只有当以前获取的审计证据及相关事项未发生重大变动时，以前获取的审计证据才可能用作本期的有效审计证据。控制测试与实质性程序的时间比较如表2-11所示。

表2-11　控制测试与实质性程序的时间比较

问　题	控　制　测　试	实　质　性　程　序
期中是否可以执行	可以（更有意义）	可以
期中到期末是否要追加程序	可能	必须
以前获取的证据是否有效	可能（符合条件）	基本不可能

【例题14·单选题】下列有关实质性程序的时间的说法中，正确的是（　　）。

A．如果重大错报风险较高时，审计人员应当考虑在期中实施实质性程序

B．实质性程序的实施时间受被审计单位控制环境的影响

C．针对账户余额的实质性程序应当在资产负债表日实施

D．应对舞弊风险的实质性程序应当在资产负债表日后实施

正确答案：B

答案解析：选项A，当重大错报风险较高时，审计人员应当考虑在期末或接近期末时实施实质性程序；选项C，针对账户余额的实质性程序可以在资产负债表日前实施，也可以在资产负债表日后实施；选项D，应对舞弊风险的实质性程序应当在资产负债表日或接近资产负债表日实施。

（四）实质性程序的范围

在确定实质性程序的范围时，审计人员应当考虑评估的认定层次的重大错报风险和实施控制测试的结果。审计人员评估的认定层次的重大错报风险越高，需要实施实质性程序的范围就越大。如果对控制测试结果不满意，则审计人员应当考虑扩大实施实质性程序的范围。

【例题15·多选题】下列关于确定实质性程序的性质、时间和范围的表述中，不恰当的有（　　）。

A．如果控制测试的结果令审计人员非常满意，则审计人员可以不实施实质性程序

B．审计人员应在期末实施实质性程序，不应在期中实施

C．如果相关认定的重大错报风险很高，审计人员应将实质性程序更多地安排在期末来进行

D．审计人员在任何情况下均不应将以前获取的实质性程序的审计证据用作本期的有效证据

答案：ABD

答案解析：控制测试的结果令审计人员满意，可以缩小实质性程序的范围，但不可以不实施实质性程序，选项A不正确；如果控制测试的结果表明被审计单位的内部控制良好，可以在期中实施实质性程序，选项B不正确；当以前获取的审计证据及其相关事项未发生重大变动时，以前获取的审计证据才可能用作本期的有效审计证据，选项D不正确。

任务五　信息技术在审计中的运用

一、信息技术对审计过程的影响

（一）信息技术对审计各要素的影响

信息技术在企业中的应用并不能改变审计人员制定审计目标、进行风险评估和了解内部控制的原则性要求，审计准则和财务报告的审计目标在所有情况下都适用。审计人员必须更深入地了解企业信息技术的应用范围和性质，因为系统的设计和运行对审计风险的评估、业务流程和内部控制的了解、审计工作的执行及需要收集的审计证据的性质都有直接的影响。信息技术对审计各要素的影响主要体现在以下几个方面。

1. 对审计线索的影响

在信息技术环境下，从业务数据的具体处理过程到财务报表的输出都由计算机按照程序指令完成，数据均保存在磁性介质上，从而影响审计线索，如数据存储介质、存取方式及处理程序等。

2. 对审计技术手段的影响

过去审计人员的审计都是以手工方式进行的，随着信息技术的广泛应用，若仍以手工方式进行审计，显然已经难以满足工作的需要，难以达到审计的目的。因此，审计人员需要掌握相关的信息技术，把信息技术当作一种有力的审计工具。

3. 对内部控制的影响

在现代审计技术中，审计人员会对被审计单位的内部控制进行审查与评价，以此作为制定审计方案和决定抽样范围的依据。

4. 对审计内容的影响

在信息化条件下，审计内容发生了相应的变化。在信息化的会计系统中，各项会计事项都是由计算机按照程序进行自动处理的，信息系统的特点及固有风险决定了信息化环境下的审计内容，包括对信息化系统的处理和相关控制功能的审查。

5. 对审计人员的影响

信息技术在被审计单位的广泛应用要求审计人员一定要具备相关信息技术方面的知识。因此，审计人员要成为知识全面的复合型人才，他们不仅要有丰富的会计、审计、经济、法律、管理等方面的知识和技能，还要熟悉信息系统的应用技术、结构和运行原理，以对信息化环境下的内部控制做出适当的评价。

（二）信息技术审计范围的确定

审计人员应按信息技术的特点确定审计范围。如果审计人员计划依赖自动控制或自动信息系统生成的信息，那么他们就需要适当扩大信息技术的审计范围。审计人员在确定审计策略时，需要结合被审计单位的业务流程复杂度、信息系统复杂度、系统生成的交易数量和业务对系统的依赖程度、信息和复杂计算的数量、信息技术环境规模和复杂度五个方面，对信息技术审计范围进行适当考虑。

第一，在对被审计单位的业务流程、信息系统和相关风险进行充分了解之后，审计人员应当判断企业的信息技术是否包含关键风险，并且实质性程序是否无法完全控制该风险。如果符合上述情况，审计人员应将信息技术的审计内容纳入审计计划之中。

第二，在信息技术环境下，审计工作与对系统的依赖程度是直接关联的，审计人员需要全面考虑其关联关系，从而可以准确确定相关的信息技术审计范围。

了解内部控制有助于审计人员识别潜在错报的类型和影响重大错报风险的因素，以及设计进一步审计程序的性质、时间和范围。无论被审计单位运用信息技术的程度如何，审计人员均需了解与审计相关的信息技术一般控制和应用控制。

（三）信息技术一般控制对控制风险的影响

信息技术一般控制对应用控制的有效性具有普遍性影响。无效的一般控制增加了应用控制不能防止或发现并纠正认定层次重大错报的可能性。如果一般控制有效，则审计人员可以更多地信赖这些控制，测试这些控制的运行有效性，并将控制风险评估为低于"最高"水平。审计人员通常优先评估公司层面信息技术控制和信息技术一般控制的有效性。

（四）信息技术应用控制对控制风险和实质性程序的影响

在评估应用控制对控制风险和实质性程序的影响时，审计人员需要将控制与具体的审计目标相联系。对于一般控制而言，由于其影响广泛，审计人员通常不将控制与具体的审计目标相联系。如果针对某一具体审计目标，审计人员能够识别出有效的应用控制，在通过测试确定其运行有效后，则审计人员能够减少实质性程序。

（五）IT 环境下的审计

IT 环境下的审计如表 2-12 所示。

表 2-12　IT 环境下的审计

IT 环境	审计方式	审计特点
不太复杂的 IT 环境 （不对传统审计线索产生重大影响）	绕过计算机进行审计 （传统方式）	需要了解信息技术一般控制和应用控制； 不测试其运行有效性，不依赖其降低评估的控制风险水平； 依赖非信息技术类审计方法
较为复杂的 IT 环境	穿过计算机进行审计	更多运用计算机辅助审计技术等开展具体的审计工作

【例题 16·单选题】下列有关审计人员评估被审计单位信息系统的复杂度的说法中，错误的是（　　）。

A．信息技术环境复杂，意味着信息系统也是复杂的
B．评估信息系统的复杂度，需要考虑系统生成的交易数量
C．评估信息系统的复杂度，需要考虑系统中复杂计算的数量
D．对信息系统复杂度的评估，受被审计单位所使用的系统类型的影响

正确答案：A

答案解析：信息技术环境复杂并不一定意味着信息系统是复杂的，两者没有必然联系。

二、信息技术中的一般控制和应用控制

（一）信息技术一般控制

信息技术一般控制通常会对实现部分或全部财务报表认定做出间接贡献。有效的信息技术一般控制确保了应用系统控制和依赖计算机处理的自动会计程序得以持续有效地运行。

信息技术一般控制包括程序开发、程序变更、程序和数据访问及计算机运行四个方面，具体如表 2-13 所示。

表 2-13 信息技术一般控制

控制领域	目标
程序开发	确保系统的开发、配置和实施能够实现管理层的控制目标
程序变更	确保对程序和相关基础组件的变更是经过请求、授权、执行、测试和实施的，以达到管理层的控制目标
程序和数据访问	确保分配的访问程序和数据的权限是经过用户身份认证并经过授权的
计算机运行	确保业务系统根据管理层的控制目标完整准确地运行，确保运行问题被完整准确地识别并解决，以维护财务数据的完整性

> 行家提示：第一，当人工控制依赖系统生成的信息时，信息技术一般控制同样重要；第二，如果审计人员计划依赖自动应用控制、自动会计程序或依赖系统生成的信息，他们就需要对相关的信息技术一般控制进行测试。

（二）信息技术应用控制

信息技术应用控制是指主要在业务流程层次运行的，与用于生成、记录、处理、报告交易或其他财务数据的程序相关的自动化程序。和人工控制类似，信息技术应用控制关注的要素包括完整性、准确性、存在和发生等，具体如表 2-14 所示。

表 2-14 信息技术应用控制关注的要素

要素	含义	举例
完整性	系统处理数据的完整性	各系统之间数据传输的完整性、总账数据的完整性
准确性	系统运算逻辑的准确性	利息计提逻辑的准确性、成本运算逻辑的准确性、应收账款账龄的准确性等
存在和发生	相关的逻辑校验控制	限制检查、合理性检查、存在检查和格式检查等
	部分业务操作的授权管理	入账审批管理的权限设定和授予、物料成本逻辑规则修改权限的设定和授予

针对系统自动控制的信息技术应用控制审计，审计人员需要在理解业务流程的基础之上进行识别和定义。信息技术应用控制的审计关注点如表 2-15 所示。

表 2-15 信息技术应用控制的审计关注点

关注点	示例	信息技术审计要求
系统自动生成报告	账龄报告、贷款逾期报告、业务和财务数据核对差异报告	对这些报告的生成逻辑（包括完整性和准确性）进行测试、对异常报告跟进控制进行审计等

续表

关注点	示例	信息技术审计要求
系统配置和科目映射	数据完整性校验、录入合法性编辑检查、边界阈值设定、财务科目映射关系	对这些系统配置和映射关系的存在性和有效性进行验证
接口控制	各业务系统之间、业务和财务系统之间、企业内部系统和合作伙伴/交易对手/监管机构之间的接口数据传输	对这些接口数据传输的完整性和准确性进行验证
访问和权限	在系统控制层面对各部门、各团队甚至各岗位访问的权限进行明确的设定	对这些访问权限授予情况的合理性进行验证

（三）公司层面信息技术控制

目前，审计机构针对公司层面信息技术控制往往会执行单独的审计程序，以评估企业信息技术的整体控制环境，决定信息技术一般控制和应用控制的审计重点、风险等级、审计测试方法等。

（四）信息技术一般控制、应用控制与公司层面信息技术控制三者间的关系

公司层面信息技术控制情况代表了该公司的信息技术的整体控制环境，包括该公司对于信息技术的重视程度和依赖程度、信息技术的复杂性、对外部信息技术资源的使用和管理情况、信息技术风险偏好等，这些要素会影响该公司的信息技术一般控制和信息技术应用控制的部署和落实。

审计人员在执行信息技术一般控制和信息技术应用控制审计程序之前，会先执行配套的公司层面信息技术控制审计，以了解公司信息技术的整体控制环境，并基于此识别出信息技术一般控制和信息技术应用控制的主要风险点及审计重点。

应用控制是设计在计算机应用系统中的、有助于达到信息处理目标的控制。如果录入数据的某一要素未通过编辑检查，那么系统可能拒绝录入该数据或系统可能将该录入数据拖入系统生成的例外报告之中，留待后续跟进和处理。如果在带有关键编辑检查功能的应用系统所依赖的计算机环境中发现了信息技术一般控制的缺陷，审计人员可能就不能信赖上述编辑检查功能会按设计发挥作用。

因此，公司层面信息技术控制是公司信息技术的整体控制环境，决定了信息技术一般控制和信息技术应用控制的风险基调；信息技术一般控制是基础，信息技术一般控制的有效与否会直接关系到信息技术应用控制的有效性是否能够信任。

【例题17·单选题】下列有关信息技术内部控制审计的表述中，不正确的是（　　）。

A. 自动化控制也会给企业带来一些财务报表的重大错报风险

B. 对信息技术下内部控制的审计，审计人员需要从信息技术的一般控制、应用控制及公司层面信息技术控制三方面进行考虑

C. 信息技术的一般控制通常能为实现部分或全部财务报表认定做出直接贡献

D. 信息技术应用控制一般要经过输入、处理及输出等环节，信息技术应用控制关注的要素包括完整性、准确性、存在和发生等

正确答案：C

答案解析：信息技术一般控制通常会对实现部分或全部财务报表认定做出间接贡献。

三、计算机辅助审计技术和电子表格的运用

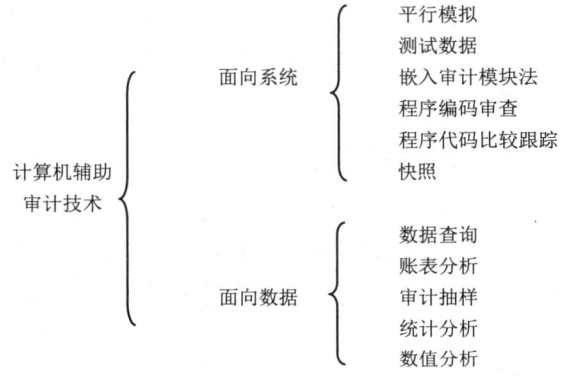

（一）计算机辅助审计技术

计算机辅助审计技术是指利用计算机和相关软件，使审计测试工作实现自动化的技术。计算机辅助审计技术可以使审计工作更富有效率和效果，广泛应用计算机辅助审计技术的是实质性程序，特别是与分析程序相关的方面。计算机辅助审计技术也可用于测试内部控制的有效性。计算机辅助审计技术的类型如图2-6所示。

计算机辅助审计技术：
- 面向系统：
  - 平行模拟
  - 测试数据
  - 嵌入审计模块法
  - 程序编码审查
  - 程序代码比较跟踪
  - 快照
- 面向数据：
  - 数据查询
  - 账表分析
  - 审计抽样
  - 统计分析
  - 数值分析

图2-6　计算机辅助审计技术的类型

（二）电子表格

电子表格是指利用计算机作为表格处理工具，以实现制表工具、计算工具及表格结果保存的综合的电子化的软件。目前，普遍使用的电子表格是EXCEL等。

审计人员在进行系统审计时，需要谨慎地考虑电子表格中的内部控制，以及如信息系统一般控制一样的控制的设计与执行（在相关时）的有效性，从而确保这些内嵌控制持续的完整性。电子表格非常容易被修改，并可能缺少内部控制，因此电子表格往往具有重大的固有风险和错误，如表2-16所示。所以，审计人员应当了解相关的电子表格/数据库如何支持关键控制达到相关业务流程的信息处理目标。

表2-16　电子表格具有的固有风险和错误

类　型	含　义
输入错误	由错误数据录入、错误参考或其他简单的剪贴功能造成的错误
逻辑错误	创建错误的公式从而生成了错误的结果
接口错误	与其他系统传输数据时产生的错误
其他错误	单元格范围定义不当、单元格参考错误或电子表格链接不当

【例题18·多选题】关于计算机辅助审计技术对审计的影响，以下说法中恰当的有（　　）。
A. 计算机辅助审计技术大大提高了审计工作的效率和效果
B. 计算机辅助审计能审阅大量的交易数量
C. 计算机辅助审计可以用于审计抽样
D. 计算机辅助审计不便用于控制测试

正确答案：ABC

答案解析：计算机辅助审计技术也可用于测试内部控制的有效性，可以选择少量的交易，并在系统中进行穿行测试，从而确定是否存在内部控制失效的情况。

四、数据分析

（一）数据分析的概念

数据分析是审计人员获取审计证据的一种手段，是指审计人员在计划和执行审计工作时，通过对内部或外部数据进行分析、建模或可视化处理，以发现其中隐藏的模式、偏差或不一致，从而揭示出对审计有用的信息的方法。数据的获取方式有两种，一是自行获取数据，使用客户系统的只读账号进行生成；二是使用管理层提取并验证的数据，但要对管理层的数据提取和验证过程执行控制测试。

（二）数据分析的作用及其应用

数据分析是通过数据结构中的字段来提取数据，而不是通过数据记录的格式。分析质量的提高程度取决于以正确方式提取、分析和连接的基础数据。数据分析工具可用于风险分析、交易和控制测试、分析性程序，为判断提供支撑和见解。例如，一些常规数据分析工具可以提供审计证据，为判断会计估计的计算方法是否适当提供支持。

数据分析工具可以提高审计质量。审计质量不在于工具的质量，而在于分析和相应判断的质量。这种价值不在于数据转换，而在于从分析产生的交谈和询问中提取的审计证据。

（三）数据分析面临的挑战

1. 数据来源

企业可根据业务的复杂程度、数据量大小及对安全性的要求选择数据来源，图2-7列示了部分数据来源。

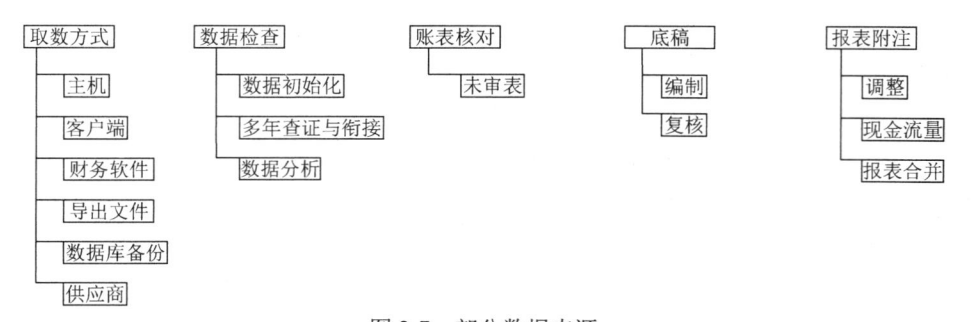

图2-7 部分数据来源

2. 数据利用

数据利用主要表现在两个方面。一是数据转换，数据和交易可以采用许多不同的方式进行分析，如通过交易类型、账户或活动代码，或者参考许多不同的数据成分。转换是指使数据变为可用的，转换应考虑从常规数据分析工具中可能获得的有关审计证据的质量，以及管理层是否能转换该数据以使监管变得更加容易。二是大容量数据存储，从法律层面来说，管理层提供给审计人员的大量数据不属于会计师事务所。保留大量数据不仅成本高昂，而且对于遵守审计准则而言也是不必要的。但从实务层面来说，则需要保留支持关键思考过程的文档记录。如果一个项目已被测试，则有关信息就应该被保留。

项目导入问题解答

1. 没有与客户签订审计业务约定书，没有制订审计计划，没有与客户商定审计收费，与客户沟通不足，在客户账未结平之前就贸然去审计，实属不妥。

2. 审计人员在确定重要性水平时，通常先选定一基准，再乘某一百分比作为财务报表整体的重要性水平，并不需要考虑与具体项目计量相关的固有不确定性。

3. 营业收入和营业成本分析如下。

（1）2020年的营业收入为8500万元，比2019年增加了1100万元，增幅为14.86%，在经营形式、管理和经营结构均未发生重大变化的情况下，营业收入增幅14.86%可能存在不合理。营业收入存在高估的重大错报风险。

（2）A产品2020年的毛利率（6000－3500）÷6000＝41.67%，比2019年的（5000－4000）÷5000＝20%上升了21.67%，在2020年与2019年产销形势相当时，销售毛利率变化幅度不应发生巨大变化；同时，B产品2020年的销售毛利率26%比2019年的25%只略有上升，较合理。营业收入存在高估、营业成本存在低估的重大错报风险。

（3）第4季度A、B产品的营业收入均大幅上升。可能是季节性销售的原因，也可能是恒润公司存在虚构交易的行为。营业收入存在提前确认的重大错报风险。

4. 应着重对A产品主营业务收入的高估、主营业务成本的低估进行检查，同时应当关注主营业务收入截止测试，所以应当执行的实质性程序如下。

（1）检查主营业务收入的确认条件、方法是否符合会计准则以及前后期是否一致。

（2）结合对应收账款的函证程序，选择主要的客户函证本期的销售额。

（3）实施销售截止测试：通过测试资产负债表日前后若干天一定金额以上的发运凭证，将应收账款和收入明细账进行核对；同时，从应收账款和主营业务收入明细账中选取资产负债表日前后若干天一定金额以上的凭证，与发运凭证核对，以确定是否存在跨期现象，并进行调整。

（4）关注资产负债表日后是否发生大额销售退回的情况，检查其是否属于资产负债表日期后事项，检查是否存在期末虚构销售，次年进行销售退回的情况。

项目综合训练

一、单项选择题

1. ABC会计师事务所拟接受丁公司的委托，以下列示的在签订审计业务约定书之前应进行的工作不恰当的是（　　）。

A. 了解被审计单位的业务性质、经营规模和组织结构
B. 明确执行该项审计业务的性质和范围
C. 商谈审计收费，约定按审计后资产总额的2‰收取
D. ABC会计师事务所评价自身的专业胜任能力

2. 关于特定类别的交易、账户余额和披露的重要性水平，下列说法中错误的是（　　）。

A. 确定的特定类别的交易、账户余额和披露的重要性水平并不适用于所有的情况
B. 特定类别的交易、账户余额和披露的重要性水平高于明显微小错报临界值

C. 确定特定类别的交易、账户余额和披露的重要性水平时，可将"财务报表使用者是否特别关注财务报表中单独披露的业务的特定方面"作为一项考虑因素

D. 特定类别的交易、账户余额和披露的重要性水平通常低于财务报表整体的重要性水平

3. 重要性取决于在具体环境下对错报金额和性质的判断。以下关于重要性的理解不正确的是（　　）。

A. 重要性的确定离不开具体环境

B. 重要性包括对金额和性质两个方面的考虑

C. 重要性概念是针对管理层的信息需求而言的

D. 对重要性的评估需要运用职业判断

4. 关于风险评估，下列说法中正确的是（　　）。

A. 风险评估程序是审计准则强烈推荐的程序，注册会计师应当根据审计的具体环境决定是否选用

B. 注册会计师在审计的初步阶段进行风险评估得出的结论，通常不会随着审计的深入发生变化，即便获取的某些审计证据表明注册会计师得出结论的依据不再适用

C. 评估重大错报风险是审计中的孤立阶段，这是其与了解被审计单位及其环境最大的不同，了解被审计单位及其环境贯穿于整个审计过程的始终

D. 如果注册会计师实施进一步审计程序获取的审计证据与初始评估获取的审计证据相矛盾，则注册会计师应当修正风险评估结果

5. 下列各项中，不属于注册会计师执行穿行测试要确认的内容是（　　）。

A. 是否正确了解了内部控制并且书面记录准确

B. 识别交易流程中与财务报表有关的可能发生错报的环节

C. 所获取的有关流程中的预防性控制和检查性控制信息的准确性

D. 评估内部控制设计的有效性并确认内部控制执行的有效性

6. 下列各项中，属于认定层次重大错报风险的是（　　）。

A. 被审计单位治理层和管理层不重视内部控制

B. 被审计单位管理层凌驾于内部控制之上

C. 被审计单位大额应收账款可收回性具有高度不确定性

D. 被审计单位所处行业严重衰退

7. 注册会计师A接受了甲公司（上市公司）的委托，审计其2020年度财务报表。经过评估后，注册会计师为存在重大错报风险较高的项目确定了进一步审计程序的性质和时间，以下计划中恰当的是（　　）。

A. 在2020年11月份监盘库存商品

B. 在2021年初检查销售退回业务

C. 在2020年12月25日向重要客户函证应收账款

D. 在2021年3月份观察内部控制的执行状况

8. 提高审计程序的不可预见性是注册会计师应对财务报表层次重大错报风险的重要措施。但在实务中，注册会计师不可以提高审计程序的不可预见性的是（　　）。

A. 对某些未测试过的低于重要性水平或风险较小的账户余额实施实质性程序

B. 调整实施审计程序的人员，由助理人员担任关键项目的审计工作

C. 采取不同的审计抽样方法，使当期抽取的测试样本与以前有所不同

D. 选取不同的地点实施审计程序，或预先不告知被审计单位所选定的测试地点

9. 关于审计程序的范围，下列说法中正确的是（　　）。

A. 如果拟定从控制测试中获取较低的保证程度，则控制测试的范围应较大

B. 如果拟信赖内部控制，注册会计师可以通过增加控制测试的数量来减少所执行的实质性程序的数量

C. 如果确定的实际执行的重要性水平越高，则拟实施进一步审计程序的范围越大

D. 如果评估的认定层次重大错报风险越高，则拟实施进一步审计程序的范围可以适当缩小

10. 注册会计师在对被审计单位财务报表实施进一步审计程序时，检查了被审计单位销售发票副本上有关人员的签字，这一程序所属的测试类型为（　　）。

A. 控制测试　　　　　　　　　B. 实质性程序
C. 了解内部控制　　　　　　　D. 双重目的测试

11. 注册会计师在了解及评价被审计单位的内部控制后，实施控制测试的范围是（　　）。

A. 对财务报表有重大影响的内部控制

B. 并未有效运行的内部控制

C. 有重大缺陷的内部控制

D. 拟信赖的内部控制

12. 下列关于实质性程序的说法中，正确的是（　　）。

A. 实质性程序是用于识别和发现认定层次重大错报风险的审计程序

B. 注册会计师应当对所有交易、账户余额和披露实施实质性程序

C. 如果认为评估的财务报表层次的重大错报风险是特别风险，则注册会计师应当专门针对该风险实施实质性分析程序

D. 注册会计师实施的实质性程序包括与财务报表编制完成阶段相关的某些审计程序

13. 如果注册会计师评估的财务报表层次的重大错报风险为高水平，则拟实施的进一步审计程序的总体方案往往更倾向于（　　）。

A. 综合性方案　　　　　　　　B. 实质性方案
C. 总体应对措施　　　　　　　D. 仅通过实质性程序无法应对的审计方案

14. 注册会计师在控制测试中使用计算机辅助审计技术的最大优势是（　　）。

A. 可对每一笔交易进行测试，以确定内部控制是否有效运行

B. 可以选择少量的交易进行测试，以确定内部控制是否得到运行

C. 可以选择少量的交易进行测试，以评价内部控制设计是否合理

D. 可以对发现的内部控制失效的情况进行后续跟踪，确定内部控制的偏差

15. 下列关于信息技术系统的说法中，错误的是（　　）。

A. 信息技术一般控制的环境影响应用控制的运行

B. 信息技术一般控制通常对全部或部分财务报表认定做出间接贡献

C. 编辑检查可以实现应用控制审计的准确性目标

D. 编辑检查不能实现应用控制审计的完整性目标

二、多项选择题

1. 对于不同的被审计单位，注册会计师对财务报表进行审计所执行的程序可能是有所不

同的，但是注册会计师所记录的具体审计计划均应包括（　　）。

　　A．风险评估程序　　　　　　　　　B．控制测试程序
　　C．针对应付账款实施的函证程序　　　D．实质性程序

2．如果注册会计师在审计过程中调低了最初确定的财务报表整体的重要性水平，下列各项中正确的有（　　）。

　　A．注册会计师应当调高可接受的检查风险水平
　　B．注册会计师在评估未更正错报对财务报表的影响时应当使用调整后的财务报表整体的重要性水平
　　C．注册会计师应当确定进一步审计程序的性质、时间和范围是否仍然适用
　　D．注册会计师应当确定是否有必要修改实际执行的重要性水平

3．在确定财务报表整体重要性水平时，需要确定适当的基准和百分比。下列说法不正确的有（　　）。

　　A．为选定的基准确定百分比需要运用职业判断
　　B．经常性业务的税前利润对应的百分比通常比营业收入对应的百分比要低
　　C．在确定百分比时，需要考虑被审计单位是否为上市公司或公众利益实体
　　D．财务报表含有高度不确定性的大额估计时，注册会计师会因此而确定一个比不含有该估计的财务报表更高或更低的财务报表整体重要性水平

4．在下列对了解内部控制的表述中，正确的有（　　）。

　　A．如果并不打算依赖内部控制，则注册会计师就没有必要进一步了解业务流程层面的控制
　　B．如果不打算依赖内部控制，则注册会计师就没有必要进行穿行测试
　　C．如果认为仅通过实质性程序无法将认定层次的检查风险降至可接受的低水平，则注册会计师应当了解和评估相关的控制活动
　　D．如果针对特别风险，则注册会计师应当了解和评估相关的控制活动

5．注册会计师审计甲公司时，发现管理层严重缺乏诚信，此时注册会计师应考虑该情形对审计意见的影响，下列说法中正确的有（　　）。

　　A．直接出具无法表示意见
　　B．直接出具否定意见
　　C．出具保留意见或无法表示意见
　　D．在征求律师意见后，可能会解除业务约定

6．下列各项中，注册会计师在对内部控制进行评价进而评估重大错报风险时，需要考虑的有（　　）。

　　A．账户特征
　　B．对被审计单位整体层面控制的评价
　　C．已识别的重大错报风险
　　D．在业务流程层面获得的有关重大交易流程及其控制的证据

7．注册会计师了解被审计单位及其环境可以为下列（　　）关键环节的职业判断提供重要基础。

　　A．确定重要性水平，并随着审计工作的进程评估重要性水平
　　B．考虑会计政策的选择和运用是否恰当，以及财务报表的列报是否适当

C．确定在实施分析程序时所使用的预期值
D．设计和实施进一步审计程序，以将审计风险降至可接受的低水平

8．下列有关风险评估的说法中正确的有（　　）。
A．管理层缺乏诚信可能引发的舞弊风险，与财务报表整体相关
B．如果认为仅通过实质性程序获取的审计证据无法将认定层次的重大错报风险降至可接受的低水平，则注册会计师应当评价被审计单位针对这些风险设计的内部控制，并确定其执行情况
C．注册会计师可以通过重新执行程序以了解被审计单位的内部控制
D．注册会计师了解被审计单位及其环境的目的是识别和评估财务报表层次的重大错报风险

9．注册会计师了解被审计单位内部控制后需要针对某一项内部控制是否有效运行进行控制测试，以下相关的表述中不恰当的有（　　）。
A．如果预期控制运行无效，则应扩大控制测试的范围
B．不管内部控制运行是否有效，都必须执行控制测试
C．如果预期控制风险的水平为最高，则不执行控制测试
D．如果预期控制风险的水平为低，则仅计划实施少量的控制测试

10．下列关于注册会计师风险应对的相关说法中，正确的有（　　）。
A．对计划获取的内部控制运行的保证程度越高，则需要实施的控制测试的范围越大
B．如果评估的重大错报风险比较低，则可以不实施实质性程序
C．针对评估的财务报表层次重大错报风险确定总体应对措施
D．针对评估的财务报表层次重大错报风险设计和实施进一步审计程序

11．下列关于如何考虑期中审计证据的说法中，错误的有（　　）。
A．控制环境越薄弱，需要获取的补充审计证据越少
B．测试被审计单位对内部控制的监督也能够作为一项有益的补充证据
C．评估的重大错报风险越高，针对剩余期间获取的补充审计证据越多
D．在信赖内部控制基础上拟缩小实质性程序的范围越大，针对剩余期间获取的补充证据越少

12．下列内部控制中，表明信息技术应用控制存在缺陷的有（　　）。
A．未经授权，人员对录入数据进行修改
B．系统登录密码未设置失败重复次数的限制
C．系统防火墙过期失效
D．根据订购单系统自动生成未连续编号的销售单

13．下列各项中，属于数据分析面临的挑战有（　　）。
A．数据的安全性和完整性检查
B．注册会计师需要为每一个大客户的每一系统、按照每一个排列去映射所有编码
C．超大数据的存储
D．数据的保留

14．下列关于一般控制对控制风险的影响的相关说法中，正确的有（　　）。
A．信息技术一般控制对应用控制的有效性具有普遍性影响
B．如果应用控制本身设计有效，就不会受到无效的一般控制的影响

C. 如果一般控制有效，则注册会计师可能更多地依赖应用控制

D. 通常，注册会计师会优先评估公司层面信息技术控制和信息技术一般控制的有效性

15. 下面关于计算机辅助审计的说法中，正确的有（　　）。

A. 计算机辅助审计技术可以使审阅工作更具效果

B. 计算机辅助审计技术能够提高审阅大量交易的效率

C. 注册会计师仅可以在统计抽样方法中使用计算机辅助审计技术选取样本

D. 计算机辅助审计技术使人们有可能对每笔交易进行测试

三、判断题

1. 计划审计工作是一个持续的、不断修正的过程，贯穿于整个审计业务的始终。（　　）

2. 总体审计策略用以确定审计范围、时间和方向，并指导制订具体审计计划。（　　）

3. 一般而言财务报表使用者十分关心流动性较高的项目，但是基于成本效益原则，审计人员应当从宽确定重要性水平。（　　）

4. 审计人员在确定重要性水平时需要考虑财务报表是否含有高度不确定性的大额估计。（　　）

5. 审计人员在考虑错报的重要性时，必须同时考虑数量和性质两个方面。只有数量和性质两方面都重要了，才可以说该错报是重要的。（　　）

6. 在财务报表层次重大错报风险的评估过程中，审计人员应当确定识别的重大错报风险是与特定的某类交易、账户余额和披露的认定相关，还是与财务报表整体广泛相关，进而影响多项认定。（　　）

7. 审计人员识别出的重大错报风险均应当与特定的交易、账户余额和披露的认定相对应，以便审计人员设计并实施进一步审计程序。（　　）

8. 审计人员可以不对内部控制进行了解和测试，直接进行实质性程序，此时应直接将重大错报风险设定为高水平。（　　）

9. 审计人员在了解被审计单位及其环境时实施的分析程序有助于识别异常的交易或事项，以及对财务报表和审计产生影响的金额、比率和趋势。（　　）

10. 分析程序是指审计人员通过研究不同财务数据之间及财务数据与非财务数据之间的内在关系，对财务信息做出评价。（　　）

11. 如果审计人员不打算依赖被审计单位的内部控制，则无须对被审计单位的内部控制进行了解。（　　）

12. 当仅实施实质性程序不足以提供认定层次充分、适当的审计证据时，审计人员应当实施控制测试，以获取内部控制运行有效的审计证据。（　　）

13. 审计人员设计和实施的控制测试和实质性程序的性质、时间和范围，应当与评估出的认定层次重大错报风险具有明确的对应关系。（　　）

14. 如果控制环境比较差，则审计人员应在期中实施更多的审计程序。（　　）

15. 在选择了综合性方案设计进一步审计程序时，可以不对重大交易、账户余额和披露实施实质性程序。（　　）

16. 审计人员应当针对评估的财务报表层次重大错报风险设计和实施进一步审计程序，以将审计风险降至可接受的低水平。（　　）

17. 无论审计人员对重大错报风险的评估结果如何，都应当对所有的各类交易、账户余

额和披露设计并实施实质性程序。（　　）

18．观察、检查、重新执行程序均可为内部控制运行的有效性提供可靠的保证。（　　）

19．应用控制是设计在计算机应用系统中的、有助于达到信息处理目标的控制。（　　）

20．信息技术一般控制只会对实现部分或全部财务报表认定做出间接贡献。（　　）

四、实训题

实训1：熟悉特定类别的交易、账户余额和披露的重要性水平

继2019年后，贝田会计师事务所再次承接了恒润公司2020年度财务报表审计业务，贝田会计师事务所在确定重要性水平和实际执行的重要性水平时，做出下列判断。

（1）判断某事项是否重大，不但需要考虑财务报表使用者整体共同的信息需求，而且需要考虑个别财务报表使用者的信息需求。

（2）特定类别的交易、账户余额和披露的重要性水平是在决定对特定类别的交易、账户余额和披露实施审计程序时确定的。

（3）财务报表整体的重要性水平将决定风险评估程序的性质、时间和范围，因此一经确定不可调整。

（4）经初步了解，恒润公司目前处于微利的状态，因此注册会计师决定以业务的税前利润为基准确定重要性水平。

（5）经初步了解，恒润公司的经营规模较2019年没有发生重大变化，注册会计师使用了替代基准确定2020年的重要性水平为350万元，2019年的重要性水平为300万元。

（6）经过在2019年度财务报表审计过程中对恒润公司的了解，认为其内部控制运行有效，因此在确定2020年度财务报表审计的实际执行的重要性水平时，注册会计师可以考虑选择较高的百分比。

要求：分别单独考虑上述第（1）项至第（6）项，逐项指出上述判断是否存在不恰当之处，并简要说明理由。

实训2：练习对内部控制了解的深度

贝田会计师事务所委派注册会计师李芳作为项目合伙人审计恒润公司2020年度财务报表，在了解恒润公司的内部控制时，李芳的相关观点和做法如下。

（1）李芳确定的了解内部控制的目标：评价内部控制的设计，并确定其是否得到一贯执行。

（2）李芳采用了询问、观察、检查和穿行测试程序来了解恒润公司的内部控制。

（3）李芳在实施审计程序后，得出了恒润公司内部控制执行有效的结论。

（4）恒润公司的某种材料存在难以界定、预计的错误，李芳认为采用自动化控制更为适当。

（5）李芳认为只要恒润公司内部控制设计合理并且有效执行，就能为恒润公司实现财务报告目标提供百分之百的保证。

要求：针对上述事项，逐项指出注册会计师李芳的相关观点和做法是否恰当，如存在不当之处，简要说明理由。

实训3：训练了解内部控制、评估重大错报风险和设计进一步审计程序

中源医疗器械股份有限公司（以下简称中源公司）是贝田会计师事务所常年的审计客户，注册会计师林强为中源公司2020年度财务报表审计业务的项目合伙人。

在制订具体审计计划时，需了解中源公司的内部控制，以评估重大错报风险，进而针对评估结果设计进一步审计程序，相关情况如下。

（1）经初步了解，2020年中源公司及其环境未发生重大变化，拟信赖以往审计中对管理层、治理层诚信形成的判断。

（2）通过了解，中源公司对日常交易采用高度自动化处理，账务处理过程仅以电子形式存在，林强认为仅通过实质性程序不能获取充分、适当的审计证据，因此考虑所依赖的相关内部控制的有效性，并对其进行了解、评估和测试。

（3）为获取充分、适当的审计证据，以证实相关内部控制可以有效防止、发现并纠正负债项目完整性认定的错报，注册会计师乙拟实施的控制测试以重新执行程序为主，并辅之以询问、观察和检查程序。

（4）林强假定中源公司在收入确认方面存在舞弊风险，拟将销售交易及其认定的重大错报风险评估为高水平，不再了解和评估相关内部控制设计的合理性并确定其是否已得到执行，而直接实施细节测试。

（5）因中源公司存货存放于外省市，监盘成本较高，拟不进行存货监盘，直接实施替代审计程序。

（6）为应对中源公司与期后事项、或有事项列报的完整性认定相关的重大错报风险，林强拟将专门针对期后事项、或有事项的审计程序的时间由原定的临近审计工作结束日前改到外勤审计工作开始日。

要求：根据上述情况，请指出注册会计师林强了解内部控制、评估重大错报风险和设计进一步审计程序的做法是否恰当。如存在不当之处，简要说明理由。

实训4：练习控制测试和实质性程序

贝田会计师事务所负责审计恒润公司2020年度财务报表，审计工作底稿中与内部控制相关的部分内容摘录如下。

（1）恒润公司营业收入的发生认定存在特别风险。相关内部控制在2019年度审计中经测试运行有效。因这些内部控制本年未发生变化，审计项目组拟继续予以信赖，并依赖了2019年审计获取的有关这些内部控制运行有效的审计证据。

（2）考虑到恒润公司2020年固定资产的采购主要发生在下半年，审计项目组从下半年固定资产采购中选取样本实施控制测试。

（3）恒润公司与原材料采购批准相关的内部控制每日运行数次，审计项目组确定的样本规模为25个。考虑到该内部控制自2020年7月1日起发生重大变化，审计项目组从上半年和下半年的交易中分别选取12个和13个样本实施控制测试。

（4）审计项目组对银行存款实施了实质性程序，未发现错报，因此认为恒润公司与银行存款相关的内部控制运行有效。

（5）恒润公司因关闭了某地一办事处，于2020年10月注销了该地的银行存款账户，A注册会计师拟不再函证该银行账户。

（6）审计项目组预期恒润公司其他内部控制运行有效，因此决定主要利用询问、观察、检查、穿行测试、重新执行等程序，测试内部控制运行的有效性。

要求：针对上述第（1）项至第（6）项，逐项指出审计项目组的做法是否恰当。如不恰当，简要说明理由。

模块二

职业道德

本模块包括：

- 项目三　审计人员职业道德

项目三

审计人员职业道德

学习目标

知识目标

1. 熟悉职业道德的基本要求。
2. 掌握对独立性产生不利影响的情形和防范措施。

技能目标

1. 能根据中国注册会计师职业道德规范判断是否存在损害独立性的情况。
2. 能对违反《中国注册会计师职业道德守则》的情况做出处理。

项目导入

恒润公司系贝田会计师事务所的审计客户。注册会计师李芳负责对恒润公司2020年度财务报表进行审计。在审计过程中遇到了下列事项。

（1）贝田会计师事务所的项目合伙人林强将其股票账户长期借给好友使用。2020年7月，好友通过该股票账户买入恒润公司股票2000股，2020年9月卖出，亏损1000元。

（2）2020年12月，审计项目组成员小张通过银行按揭，按照市场价格500万元购买了恒润公司出售的公寓房一套。

（3）审计项目组成员小王的父亲曾任恒润公司的副总经理，于2010年9月退休。小王于2021年2月1日加入甲银行的审计项目组。

（4）会计师事务所的项目合伙人王坤于2019年1月1日退休后，根据政策继续享受两年分红。其自2020年7月1日起担任恒润公司独立董事。

（5）恒润公司在海外有一家规模很小的分公司，其财务经理突然离职。在新聘任的财务经理上任前，贝田会计师事务所的海外网络事务所借调了一名审计部经理临时负责其财务经理工作，借调时间为一周。

（6）恒润公司拟进军新的产业，聘请贝田会计师事务所作为财务顾问，为其寻找、识别收购对象。双方约定的服务费为10万元，该项收费对贝田会计师事务所并不重大。

> **问题思考**
>
> 针对上述第（1）项至第（6）项，逐项指出是否可能存在违反《中国注册会计师职业道德守则》有关独立性规定的情况，并简要说明理由。

任务一　职业道德的基本要求

职业道德的基本要求包括诚信、独立性、客观和公正、专业胜任能力和应有的关注、保密、良好的职业行为。

一、诚信

诚信是指诚实、守信，也就是言行与思想一致，不虚假，能够履行与别人的约定进而取得对方的信任。这就要求审计人员应当在所有的职业关系和商业关系中保持正直和诚实，秉公处事、实事求是。审计人员如果认为业务报告、申报资料或其他信息存在下列问题，则不得与这些有问题的信息发生牵连。

（1）含有严重虚假或误导性的陈述。
（2）含有缺乏充分根据的陈述或信息。
（3）存在遗漏或含糊其词的信息。

审计人员如果注意到已与有问题的信息发生牵连，应当采取措施消除牵连。在审计业务中，如果审计人员依据执业准则出具了恰当的非标准审计报告，则不被视为违反上述要求。

二、独立性

独立性是指不受外来力量控制、支配，按照规定行事。独立性通常是对审计人员提出的要求。在执行审计业务时，审计人员必须保持独立性。实质上的独立性是一种内心状态，要求审计人员在提出结论时不受有损于职业判断的因素影响，能够诚实公正行事，并保持客观和职业怀疑态度；形式上的独立性，要求审计人员避免出现重大的事实和情况，以使一个理性且掌握充分信息的第三方在权衡这些事实和情况后，很可能推定会计师事务所或项目组成员的诚信、客观或职业怀疑态度已经受到损害。

3-1 独立性

在市场经济条件下，投资者主要依赖财务报表判断投资风险，在投资机会中做出选择。如果审计人员不能保持独立性，而是与客户存在经济利益关系或某些关联，或屈从于外界压力，就很难取信于社会公众。

三、客观和公正

客观是指按照事物的本来面目去考察，不带有个人偏见。公正是指公平、正直、不偏袒。这就要求审计人员应当公正处事、实事求是，不得由于偏见、利益冲突或他人的不当影响而损害自己的职业判断。如果存在导致职业判断出现偏差，或对职业判断产生不利影响的情形，审计人员不得提供相关专业服务。

四、专业胜任能力和应有的关注

专业胜任能力要求审计人员通过教育、培训和执业实践获取和保持专业胜任能力。审计人员应当持续了解并掌握当前法律、技术和实务的发展变化，将专业知识和技能始终保持在应有的水平，确保为客户提供具有专业水准的服务。

应有的关注要求审计人员遵守执业准则和职业道德规范的要求，勤勉尽责，认真、全面、及时地完成工作任务。在审计过程中，审计人员应当保持职业怀疑态度，运用专业知识、技能和经验，获取和评价审计证据。

五、保密

审计人员与客户的沟通必须建立在为客户信息保密的基础上，一旦涉密信息被泄露或被利用，往往会给客户造成损失。

3-2 保密

（一）基本要求

审计人员应当对在职业活动中获知的涉密信息予以保密，不得有以下行为。

（1）未经客户授权或法律、法规允许，向会计师事务所以外的第三方披露其所获知的涉密信息。

（2）利用所获知的涉密信息为自己或第三方谋取利益。

（二）具体要求

（1）审计人员应当警惕无意泄密的可能性，特别是向主要近亲属和其他近亲属及关系密切的商业伙伴无意泄密的可能性。

> **行家提示**：近亲属是指配偶、父母、子女、兄弟姐妹、祖父母、外祖父母、孙子女、外孙子女。通常情况下，近亲属分为主要近亲属和其他近亲属。其中，主要近亲属是指配偶、父母、子女；其他近亲属是指兄弟姐妹、祖父母、外祖父母、孙子女、外孙子女。

（2）在终止与客户或工作单位的关系之后，审计人员仍然应当对在职业关系和商业关系中获知的涉密信息保密。

（3）如果变更工作单位或获得新客户，审计人员可以利用以前的经验，但不应利用或披露从以前职业活动中获知的涉密信息。

（三）允许披露客户涉密信息的情形

审计人员在下列情形下可以披露涉密信息。

（1）法律、法规允许披露，并且取得了客户或工作单位的授权。

（2）根据法律、法规的要求，为法律诉讼、仲裁准备文件或提供证据，以及向有关监管机构报告发现的违法行为。

（3）法律、法规允许的情况下，在法律诉讼、仲裁中维护自己的合法权益。

(4）接受注册会计师协会或监管机构的执业质量检查，答复其询问和调查。
(5）法律、法规、执业准则和职业道德规范规定的其他情形。

六、良好的职业行为

审计人员应当遵守相关法律、法规，避免发生任何损害职业声誉的行为。审计人员在向公众传递信息及推介自己时，应当客观、真实、得体、不得损害职业形象。审计人员应当诚实、实事求是，不得有下列行为。

(1）夸大宣传提供的服务、拥有的资质或获得的经验。
(2）贬低或无根据地比较其他审计人员的工作。

【例题1·单选题】下列有关职业道德基本要求的说法中，不恰当的是（　　）。
A．注册会计师应当对拟接受的客户向其披露的涉密信息保密
B．注册会计师只要执行业务就必须遵守独立性的要求
C．客观和公正要求审计人员不应因偏见、利益冲突及他人的不当影响而损害职业判断；独立于鉴证客户是客观和公正的内在要求
D．在推介自身时，注册会计师不应对其能够提供的服务、拥有的资质及积累的经验进行夸大宣传

正确答案：B
答案解析：在执行审计业务时，注册会计师必须保持独立性。选项B错误。

任务二　审计业务对独立性的要求

一、经济利益

（一）经济利益的种类

经济利益是指因持有某一实体的股权、债券和其他证券及其他债务性工具而拥有的利益，包括为取得这种利益享有的权利和承担的义务，还包括持有由实体所担保的（包括用其资产作抵押的）债券。

3-3 经济利益

1. 直接经济利益

(1）个人或实体直接拥有并控制的经济利益（包括授权他人全权管理的拥有和控制的经济利益）。
(2）个人或实体通过投资工具拥有的经济利益（个人或实体有能力控制这些投资工具，或影响其投资决策）。

直接经济利益如图3-1所示。

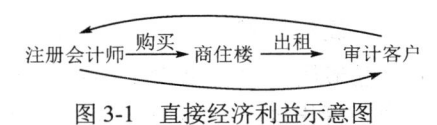

注册会计师 —购买→ 商住楼 —出租→ 审计客户

图3-1　直接经济利益示意图

2. 间接经济利益

间接经济利益是指个人或实体通过投资工具拥有的经济利益（个人或实体没有能力控制这些投资工具，或影响其投资决策）。例如，投资经理投资了共同基金，而共同基金投资了一揽子基础金融产品，在这种情况下，该共同基金属于直接经济利益，而这些基础金融产品将被视为间接经济利益，具体如图3-2所示。

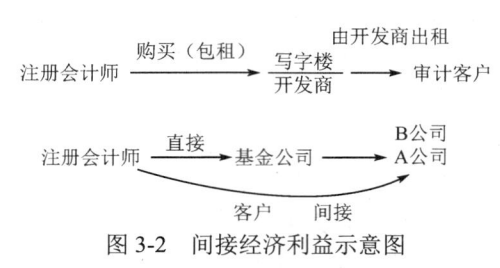

图 3-2 间接经济利益示意图

例如，A 股份公司审计项目组成员陈方持有某银行发售的股票型理财产品。该理财产品的投资方向为一系列股票，其中包括 A 股份公司的股票。理财产品的收益与相关股票的综合市值挂钩，投资决策由银行决定。如果涉及的金额重大，则会产生非常严重的不利影响，必须将成员陈方调离或要求其处置其股票；如果涉及的金额不重大，则不会产生不利影响，可以不调离或不处置。

（二）对独立性产生不利影响的情形和防范措施

如果审计人员与审计客户存在经济利益，则很可能对其独立性产生不利影响，有些情形的影响非常重大，以致没有防范措施能够将对独立性的不利影响降至可接受的低水平。

1. 在审计客户中不被允许拥有的经济利益

在审计客户中不被允许拥有的经济利益如表 3-1 所示。

表 3-1 在审计客户中不被允许拥有的经济利益

会计师事务所、项目组成员或其主要近亲属	在审计客户中拥有直接经济利益或重大间接经济利益
	在某实体（该实体在审计客户中拥有控制性的权益，并且审计客户对该实体重要）中拥有直接经济利益或重大间接经济利益
项目合伙人所在分部的其他合伙人或其主要近亲属	在审计客户中拥有直接经济利益或重大间接经济利益
为审计客户提供非审计服务的其他合伙人、管理人员或其主要近亲属	在审计客户中拥有直接经济利益或重大间接经济利益

其中，项目组成员不仅包括为执行审计业务成立的项目组的人员，还包括会计师事务所及网络所中能够直接影响审计业务结果的其他人员。主要近亲属是指配偶、父母、子女。执行审计业务的项目合伙人所在的分部并不一定是其所隶属的分部。当项目合伙人与审计项目组的其他成员隶属于不同分部时，会计师事务所应当确定项目合伙人执行审计业务时所在的分部。

2. 对审计项目组成员其他近亲属的要求

如果审计项目组成员的其他近亲属在审计客户中拥有直接经济利益或重大间接经济利益，将因自身利益产生非常严重的不利影响。其他近亲属是指兄弟姐妹、祖父母、外祖父母、孙子女、外孙子女。评价不利影响的严重程度应考虑的因素：审计项目组成员与其他近亲属之间的关系；经济利益对其他近亲属的重要性。

会计师事务所应当评价不利影响的严重程度，并在必要时采取防范措施消除不利影响或将其降至可接受低水平。防范措施主要如下。

（1）其他近亲属尽快处置全部经济利益，或处置全部直接经济利益并处置足够数量的间接经济利益，以使剩余经济利益不再重大。

（2）由审计项目组以外的注册会计师复核该审计人员已执行的工作。

（3）将该审计人员调离审计项目组。

3．会计师事务所的退休金计划

如果审计项目组成员通过会计师事务所的退休金计划在审计客户中拥有直接经济利益或重大间接经济利益，将因自身利益产生不利影响。审计人员应评价其严重程度，在必要时采取防范措施消除不利影响或将其降至可接受的低水平。

4．主要近亲属因受雇于审计客户而产生的经济利益

对于执行审计业务的项目合伙人所处分部的其他合伙人，或向审计客户提供非审计服务的合伙人或管理人员，如果其主要近亲属在审计客户中拥有经济利益，只要其主要近亲属作为审计客户的员工有权（如退休金计划或股票期权计划）取得该经济利益，并且在必要时能够采取防范措施消除不利影响或将其降至可接受的低水平，则不被视为损害独立性。但是，如果其主要近亲属拥有或取得处置该经济利益的权利，应当尽快处置或放弃该经济利益。

5．在非审计客户中拥有经济利益

（1）审计客户也在该实体拥有经济利益。

会计师事务所、项目组成员或其主要近亲属在某一实体拥有经济利益，并且审计客户也在该实体拥有经济利益，则可能因自身利益产生不利影响。如果经济利益并不重大，并且审计客户不能对该实体施加重大影响，则不被视为损害独立性；如果经济利益重大，并且审计客户能够对该实体施加重大影响，则没有防范措施能够将不利影响降至可接受的低水平。具体如图 3-3 所示。

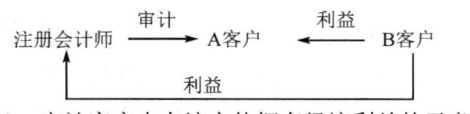

图 3-3　审计客户也在该实体拥有经济利益的示意图

（2）审计客户的利益相关者同时在某实体拥有经济利益。

会计师事务所、项目组成员或其主要近亲属在某一实体拥有经济利益，并且知悉审计客户的董事、高级管理人员或具有控制权的所有者也在该实体拥有经济利益，可能因自身利益、密切关系或外在压力产生不利影响。具体如图 3-4 所示。

评价不利影响存在与否及其严重程度考虑的因素：该项目组成员在审计项目组中的角色；实体的所有权是由少数人持有的还是由多数人持有的；拥有的经济利益是否使投资者能够控制该实体，或对其施加重大影响；经济利益的重要性。防范措施主要如下：将拥有经济利益的审计项目组成员调离审计项目组；由审计项目组以外的注册会计师复核该成员已执行的工作。

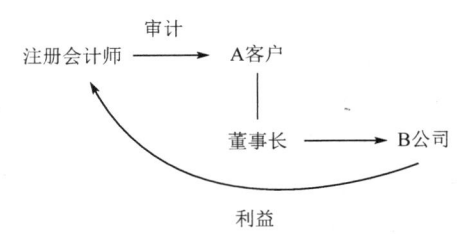

```
        审计
注册会计师 ——→ A客户
    ↑           |
    |           |
   董事长 ——→ B公司
    |
   利益
```

图3-4 审计客户的利益相关者同时在某实体拥有经济利益的示意图

6．受托管理人

如果会计师事务所、审计项目组成员或其主要近亲属作为受托管理人，在审计客户中拥有直接经济利益或重大间接经济利益，将因自身利益产生不利影响。只有同时满足下列条件时，才允许拥有上述经济利益。

（1）审计项目组成员及其主要近亲属和会计师事务所均不是受托财产的受益人。

（2）委托人在审计客户中拥有的经济利益对委托人并不重大。

（3）委托人不能对审计客户施加重大影响。

（4）针对委托人在审计客户中拥有的经济利益，受托管理人及其主要近亲属和会计师事务所对其任何投资决策都不能施加重大影响。

7．其他相关人员拥有经济利益

审计项目组成员应当确定下列人员在审计客户中拥有的已知的经济利益是否会因自身利益产生不利影响：除前述提及的人员外，会计师事务所合伙人、专业人员或其主要近亲属；与审计项目组成员存在密切私人关系的人员。

注册会计师应当评价不利影响的严重程度，并在必要时采取下列防范措施。

（1）将存在密切私人关系的审计项目组成员调离审计项目组。

（2）不允许该审计项目组成员参与有关审计业务的任何重大决策。

（3）由审计项目组以外的注册会计师复核该审计项目组成员已执行的工作。

8．通过继承、馈赠或因合并而获得经济利益

如果会计师事务所、合伙人或其主要近亲属、员工或其主要近亲属，通过继承、馈赠或因合并而获得直接经济利益或重大间接经济利益，则应当采取下列措施。

（1）如果是会计师事务所获得经济利益，其应当立即处置全部经济利益，或处置全部直接经济利益并处置足够数量的间接经济利益，以使剩余经济利益不再重大。

（2）如果是合伙人或其主要近亲属获得经济利益，其应当立即处置全部经济利益，或处置全部直接经济利益并处置足够数量的间接经济利益，以使剩余经济利益不再重大。

（3）如果是员工或其主要近亲属获得经济利益，其应当在合理期限内尽快处置全部经济利益，或处置全部直接经济利益并处置足够数量的间接经济利益，以使剩余经济利益不再重大。在处置完成前，会计师事务所应当确定是否需要采取防范措施。

表3-2汇总了经济利益对独立性的影响的各种情况。

表 3-2　经济利益对独立性的影响

受限制人员/实体	实体			
	审计客户（注1）	在审计客户中拥有控制权并且审计客户对其重要的实体	在审计客户中拥有经济利益的非审计客户实体	审计客户的董事、高级管理人员或具有控制权的所有者拥有经济利益的实体
1．会计师事务所	×	×	×（注3）	评价不利影响
2．审计项目组成员				
（1）自身	×	×	×（注3）	评价不利影响
（2）其配偶、父母、子女	×	×	×（注3）	评价不利影响
（3）其兄弟姐妹、祖父母、外祖父母、孙子女、外孙子女	评价不利影响	√	√	√
3．与执行审计业务的项目合伙人同处一个分部的其他合伙人				
（1）自身	×	视情况而定	√	√
（2）其配偶、父母、子女	×（注2）	视情况而定	√	√
4．为审计客户提供非审计服务的其他合伙人、管理人员				
（1）自身	×	视情况而定	√	√
（2）其配偶、父母、子女	×（注2）	视情况而定	√	√
5．除以上提及人员以外的其他人员				
（1）合伙人或其主要近亲属	评价不利影响	√	√	√
（2）专业人员或其主要近亲属	评价不利影响	√	√	√
（3）与审计项目组成员有密切关系的人员	评价不利影响	√	√	√

备注如下。

"√"：可以在以下实体拥有直接经济利益或重大间接经济利益。

"×"：不可以在以下实体拥有直接经济利益或重大间接经济利益。

注1：包括通过继承、馈赠或因合并而获得的经济利益，但不包括以受托人身份而获得的经济利益。如果以受托人身份在审计客户中拥有直接经济利益或重大间接经济利益，请参考"受托管理人"的相关内容。

注2：如果作为审计客户的员工有权（如通过退休金计划或股票期权计划）取得该经济利益，并且在必要时能够采取防范措施消除不利影响或将其降至可接受的低水平，则不被视为损害独立性。但是，如果拥有或取得处置该经济利益的权利，如按照股票期权计划有权行使期权，则应尽快处置或放弃该经济利益。

注3：如果经济利益重大，并且审计客户能够对该实体施加重大影响，则没有防范措施能将不利影响降至可接受的低水平。

二、贷款或贷款担保及商业关系、家庭和私人关系

（一）贷款或贷款担保的种类

1．从银行或类似金融机构等审计客户取得贷款或获得贷款担保

如果审计客户不按照正常的程序、条款和条件提供贷款或贷款担保，将因自身利益产生非常严重的不利影响，导致没有防范措施能够将其将至可接受的低水平。

（1）会计师事务所。如果会计师事务所按照正常的贷款程序、条款和条件，从银行或类似金融机构等审计客户取得贷款，即使该贷款对审计客户或会计师事务所影响重大，也可能通过由网络中未参与执行审计业务并且未接受该贷款的会计师事务所复核已执行的工作等防范措施将因自身利益产生的不利影响降至可接受的低水平。

（2）审计项目组成员。审计项目组成员或其主要近亲属从银行或类似金融机构等审计客户取得贷款，或由审计客户提供贷款担保，如果按照正常的程序、条款和条件取得贷款或贷款担保，则不会对独立性产生不利影响。

2. 从不属于银行或类似金融机构等审计客户取得贷款或由其提供贷款担保

会计师事务所、审计项目组成员或其主要近亲属从不属于银行或类似金融机构等审计客户取得贷款或由其提供贷款担保时，将因自身利益产生非常严重的不利影响，导致没有防范措施能够将其降至可接受的低水平。

3. 向审计客户提供贷款或为其提供贷款担保

会计师事务所、审计项目组成员或其主要近亲属向审计客户提供贷款或为其提供贷款担保时，将因自身利益产生非常严重的不利影响，导致没有防范措施能够将其降至可接受的低水平。

4. 在审计客户开立存款或交易账户

会计师事务所、审计项目组成员或其主要近亲属在银行或类似金融机构等审计客户开立存款或交易账户时，如果账户按照正常的商业条件开立，则不会对独立性产生不利影响。

图 3-5 列示了与贷款和贷款担保有关的适用于会计师事务所和审计项目组成员及其主要近亲属的独立性要求。

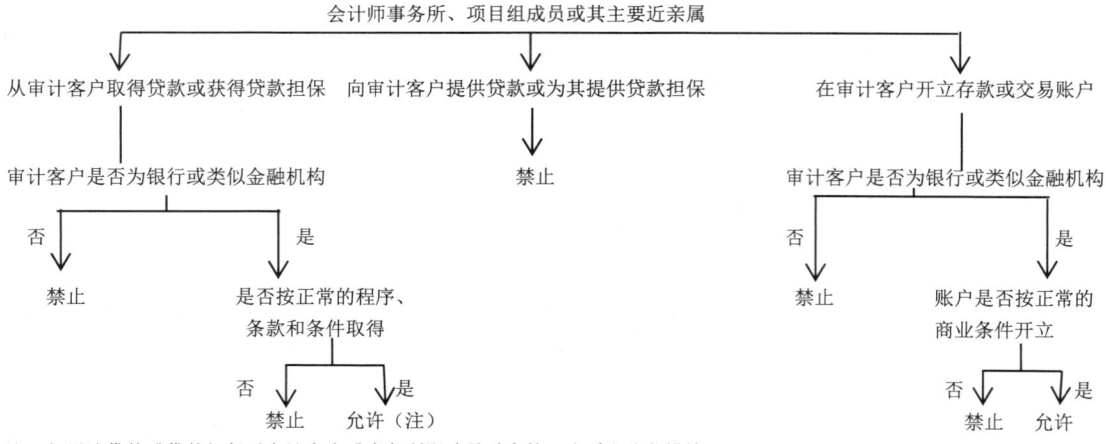

注：如果该贷款或贷款担保对审计客户或事务所影响是重大的，应采取防范措施。

图 3-5　与贷款和贷款担保有关的适用于会计师事务所和审计项目组成员及其主要近亲属的独立性要求

（二）商业关系

1. 商业关系的种类及防范措施

会计师事务所、审计项目组成员或其主要近亲属与审计客户或其高级管理人员之间，由于商务关系或共同的经济利益而存在密切的商业关系时，可能因自身利益或外在压力产生严重的不利影响。

（1）会计师事务所不得介入此类商业关系；如果存在此类商业关系，应当予以终止。

（2）如果此类商业关系涉及审计项目组成员，会计师事务所应当将该成员调离审计项目组。

2．与审计客户或利益相关者一同在某股东人数有限的实体中拥有经济利益

如果会计师事务所、审计项目组成员或其主要近亲属，在某股东人数有限的实体中拥有经济利益，而审计客户或其董事、高级管理人员也在该实体中拥有经济利益，在同时满足下列条件时，这种商业关系不会对独立性产生不利影响。

（1）这种商业关系对于会计师事务所、审计项目组成员或其主要近亲属及审计客户均不重要。

（2）该经济利益对一个或几个投资者并不重大。

（3）该经济利益不能使一个或几个投资者控制该实体。

3．从审计客户购买商品或服务

会计师事务所、审计项目组成员或其主要近亲属从审计客户购买商品或服务时，如果按照正常的商业程序公平交易，通常不会对独立性产生不利影响。如果交易性质特殊或金额较大，可能因自身利益产生不利影响。

商业关系对独立性的影响具体如表 3-3 所示。

表 3-3　商业关系对独立性的影响

商业关系	受限制对象		
	会计师事务所	审计项目组成员	审计项目组成员的配偶、父母、子女
在与审计客户或其控股股东、董事、高级管理人员共同开办的企业中拥有经济利益	禁止的	一般是禁止的（注1）	应咨询的
与客户的产品或服务结合在一起，并以双方名义捆绑销售	禁止的	一般是禁止的（注1）	应咨询的
与客户相互销售或推广对方的产品或服务	禁止的	一般是禁止的（注1）	应咨询的
在某股东人数有限的实体中拥有经济利益，而审计客户或其董事、高级管理人员也在该实体中拥有经济利益	在同时满足下列条件时，不会产生不利影响： ① 这种商业关系对于会计师事务所、审计项目组成员或其主要近亲属及审计客户均不重要； ② 该经济利益对一个或几个投资者并不重大； ③ 该经济利益不能使一个或几个投资者控制该实体。 如不能同时满足以上条件，应进行咨询		
从审计客户购买商品或服务	同时满足以下条件时，是允许的： 交易按照正常的商业程序进行； 交易金额少于设定的上限。 如不能同时满足以上条件，应进行咨询。		
注1：除非将该成员调离审计项目组。			

（三）家庭和私人关系

如果审计项目组成员与审计客户的董事、高级管理人员或所处职位能够对客户会计记录或被审计单位财务报表的编制施加重大影响的员工存在家庭和私人关系，可能因自身利益、密切关系或外在压力产生不利影响。不利影响存在与否及其严重程度取决于多种因素，包括

该成员在审计项目组中的角色、其家庭成员或相关人员在客户中的职位及关系的密切程度等。家庭和私人关系对独立性的影响具体如表3-4所示。

表3-4 家庭和私人关系对独立性的影响

主要关系	受限制人员		
	项目组成员的近亲属	与项目组成员存在密切关系的审计客户的员工	与其他合伙人或员工之间（非审计项目组成员）存在家庭和私人关系的人员
在审计客户中所处职位能够对客户的财务状况、经营成果和现金流量施加重大影响	评价不利影响，并采取应对措施（1）或（2）	评价不利影响，并采取应对措施（1）或（2）	评价不利影响，并采取应对措施（3）或（4）
审计客户的董事、高级管理人员或特定员工，或在业务期间（财务报表涵盖期间）曾任上述职务	评价不利影响，并采取应对措施（1）或（2）	评价不利影响，并采取应对措施（1）或（2）	评价不利影响，并采取应对措施（3）或（4）
会计师事务所的防范措施： （1）将该成员调离审计项目组； （2）合理安排审计项目组成员的职责，使该成员的工作不涉及其主要近亲属的职责范围； （3）合理安排该合伙人或员工的职责，以减少对审计项目组可能产生的影响； （4）由审计项目组以外的注册会计师复核已执行的相关审计工作			

三、与审计客户发生人员交流

（一）与审计客户发生雇用关系

1．一般规定

（1）加入审计客户。

如果审计项目组前任成员或会计师事务所前任合伙人加入审计客户，担任董事、高级管理人员或特定员工，如果同时满足下列条件，将不被视为损害独立性。

① 前任成员或前任合伙人无权从会计师事务所获取报酬或福利（除非报酬或福利是按照预先确定的固定金额支付的，并且未付金额对会计师事务所不重要）。

② 前任成员或前任合伙人未继续参与，并且在外界看来未参与会计师事务所的经营活动或专业活动。

如果审计项目组前任成员或会计师事务所前任合伙人加入审计客户，担任董事、高级管理人员或特定员工，即使前任成员或前任合伙人与会计师事务所已经没有重要交往，也可能因密切关系或外在压力产生不利影响。防范措施如下：修改审计计划；向审计项目组分派经验更丰富的人员；由审计项目组以外的注册会计师复核前任审计项目组成员已执行的工作。

（2）加入潜在客户。

如果会计师事务所前任合伙人加入某一实体，而该实体随后成为会计师事务所的审计客户，会计师事务所应当评价对独立性不利影响的严重程度，并在必要时采取防范措施消除不利影响或将其降至可接受的水平。防范措施如下：修改审计计划（如在审计项目中包含一些非常规的审计程序或额外的测试范围）；向项目组分派经验更丰富的人员。

（3）与审计客户协商受雇于该客户。

如果审计项目组某一成员参与审计业务，当知道自己在未来某一时间将要或有可能加入审计客户时，将因自身利益产生不利影响。防范措施如下：①将该成员调离审计项目组；②

由审计项目组以外的注册会计师复核该成员在审计项目组中做出的重大判断。

2．属于公众利益实体的审计客户

（1）一般情况。

如果关键审计合伙人、会计师事务所前任高级合伙人（管理合伙人或同等职位的人员）加入属于公众利益实体的审计客户，担任董事、高级管理人员或特定员工，将因密切关系或外在压力产生不利影响。

> **行家提示：**
> 关键审计合伙人是指项目合伙人、实施项目质量控制复核的负责人，以及审计项目组中负责对财务报表审计所涉及的重大事项做出关键决策或判断的其他审计合伙人。其他审计合伙人还可能包括负责审计重要子公司或分支机构的项目合伙人。
> 高级合伙人（管理合伙人或同等职位的人员）包括为会计师事务所及其主要业务制定总体规划、发展计划及业务战略的合伙人，通常是会计师事务所的管理委员会成员。

（2）特殊情况。

在以下情况下，独立性将不被视为受到损害：会计师事务所前任高级合伙人离职已超过12个月；该合伙人不再担任关键审计合伙人后，该公众利益实体发布了已审计财务报表，其涵盖期间不少于12个月，并且该合伙人不是该财务报表的审计项目组成员。

假设会计师事务所审计一家以一公历年为一会计年度的上市公司2020年度财务报表。如果某合伙人曾是该客户2019年审计项目的关键审计合伙人，而该审计客户2020年度财务报表在2021年4月20日发出。此合伙人在不影响会计师事务所的独立性的前提下，最早可以加入该客户并出任董事、高级管理人员或特定员工的时间是2021年4月21日，冷却期示意图如图3-6所示。

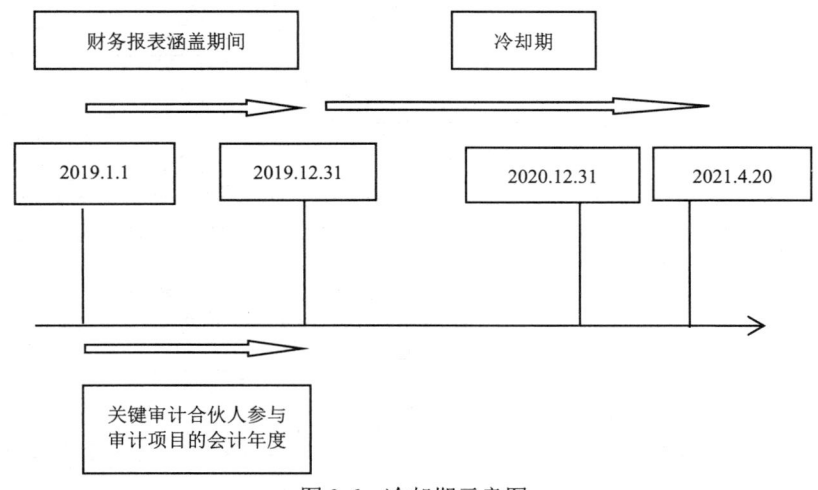

图3-6　冷却期示意图

（3）其他情况。

由于企业合并等原因，会计师事务所前任关键审计合伙人担任属于公众利益实体的审计客户的董事、高级管理人员或特定员工，在同时满足下列条件时，不被视为损害独立性。

① 当前任关键审计合伙人接受该职务时，并未预料到会发生企业合并。

② 前任关键审计合伙人在会计师事务所中应得的报酬或福利都已全额支付（除非报酬或

福利是按照预先确定的固定金额支付的，并且未付金额对会计师事务所不重要）。

③ 前任关键审计合伙人未继续参与，或在外界看来未参与会计师事务所的经营活动或专业活动。

④ 已就前任关键审计合伙人在审计客户中的职位与治理层进行讨论。

（二）临时借调员工

会计师事务所只能短期向客户借出员工，并且借出的员工不得为审计客户提供《中国注册会计师职业道德守则》禁止提供的非鉴证服务，也不得承担审计客户的管理层职责。审计客户有责任对借调员工的活动进行指导和监督。

会计师事务所的防范措施如下。

（1）对借出员工的工作进行复核。

（2）合理安排审计项目组成员的职责，使借出员工不对其在借调期间执行的工作进行审计。

（3）不安排借出员工作为审计项目组成员。

（三）最近曾担任审计客户的董事、高级管理人员或特定员工

如果审计项目组成员最近曾担任审计客户的董事、高级管理人员或特定员工，可能因自身利益、自我评价或密切关系产生不利影响。如果项目组成员在财务报表涵盖期间内曾任职，则对独立性会产生非常严重的不利影响，导致没有防范措施能够将其降至可接受的低水平；在财务报表涵盖期间之前曾任职，会计师事务所应评价对独立性的不利影响，必要时采取防范措施。具体如图 3-7 所示。

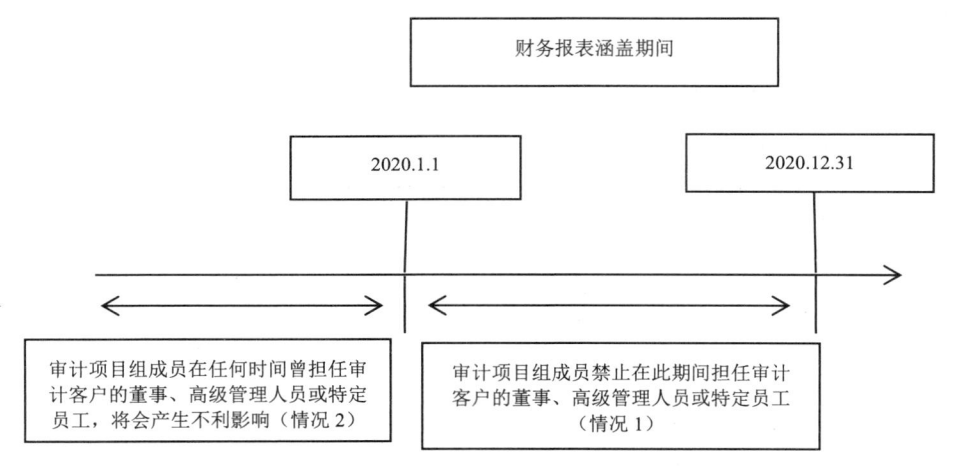

针对情况 1，会计师事务所不得将此类人员分派到审计项目组。

针对情况 2，如果该成员在审计项目组担任管理人员的角色，离开审计客户的时期为数月至两年，则不利影响的严重程度比较大。

事务所的防范措施如下：复核该成员已执行的工作，或避免安排此类人员作为审计项目组成员。

图 3-7　审计项目组成员最近曾担任审计客户的董事、高级管理人员或特定员工的情况

（四）兼任审计客户的董事或高级管理人员

1. 会计师事务所的合伙人或员工不得兼任审计客户的董事或高级管理人员

如果会计师事务所的合伙人或员工兼任审计客户的董事或高级管理人员，将因自我评价和自身利益产生非常严重的不利影响，导致没有防范措施能够将其降至可接受的低水平。

2. 会计师事务所的合伙人或员工不得兼任审计客户的公司秘书

如果会计师事务所的合伙人或员工担任审计客户的公司秘书，将因自我评价和过度推介产生非常严重的不利影响，导致没有防范措施能够将其降至可接受的低水平。会计师事务所提供日常和行政事务性的服务以支持公司秘书的职能，或提供与公司秘书行政事项有关的建议时，只要所有相关决策均由审计客户管理层做出，通常就不会损害独立性。

3. 法律允许的其他行政服务

如果客户将复核所有草拟的文档并对其负全部责任，会计师事务所可以为其审计客户提供包括以下事项的行政服务：草拟与公司会议相关的会议记录；草拟与董事会、股东大会和类似会议所做的决策相关的文档；发送年度股东大会和其他会议的通知。

四、与审计客户长期存在业务关系

（一）一般规定

会计师事务所长期委派同一名合伙人或高级员工执行某一客户的审计业务，将因密切关系和自身利益产生不利影响。会计师事务所的防范措施如下。

（1）将该人员轮换出审计项目组。

（2）由审计项目组以外的注册会计师（以下简称"独立复核人员"）复核该人员已执行的工作。

（3）定期对该业务实施独立的质量复核。会计师事务所应当确定复核范围，以确保每三年至少对每个合伙人的一个项目进行过一次复核。

在任命独立复核人员时，应当考虑项目合伙人与其之间的相对资历，从而避免两种情况：一是两个合伙人相互担任对方项目的独立复核人员；二是之前负责某审计项目的合伙人被任命为该项目的独立复核人员。

独立复核人员负责对与会计、审计和报告事项有关的重大判断进行客观的复核和评价，但这并不能减轻项目合伙人的最终责任。

（二）属于公众利益实体的审计客户

1. 关键审计合伙人的任职时间

关键审计合伙人是指项目合伙人、实施项目质量控制复核的负责人，以及审计项目组中负责对财务报表审计所涉及的重大事项做出关键决策或判断的其他审计合伙人。如果仅向负责做出决策的个人提出相关建议，提出建议的人并不是关键审计合伙人。

如果审计客户属于公众利益实体，执行其审计业务的关键审计合伙人的任职时间不得超过五年。在任期结束后的两年内，该关键审计合伙人不得再次成为该审计客户的审计项目组成员或关键审计合伙人。在此期间，该关键审计合伙人也不得有下列行为：

（1）参与该审计客户的审计业务。

（2）为该审计客户的审计业务实施质量控制复核。

（3）就有关技术或行业特定问题、交易或事项向项目组或该审计客户提供咨询服务。

（4）以其他方式直接影响审计业务结果。

如果注册会计师在审计项目组担任的职务均属于关键审计合伙人的职务，则其任职年限需要合并计算；如果关键审计合伙人任职期间中断一年，则任职年限应从任职开始，但可扣除中断年限。

在极其特殊的情况下，会计师事务所可能因无法预见和控制的情形而不能按时轮换关键审计合伙人。如果关键审计合伙人的连任对审计质量特别重要，并且通过采取防范措施能够消除对独立性产生的不利影响或将其降至可接受的低水平，则在法律、法规允许的情况下，该关键审计合伙人在审计项目组的任职时间可以延长一年。

2．其他审计合伙人的任职时间

其他审计合伙人可能包括负责审计重要子公司或分支机构的项目合伙人。审计项目组的其他合伙人与属于公众利益实体的审计客户之间存在业务关系，将因密切关系和自身利益产生不利影响。防范措施主要如下。

（1）将该合伙人轮换出审计项目组，或终止其与审计客户存在的业务关系。

（2）定期对该审计业务实施独立的质量控制复核。

3．确定轮换时间

如果审计客户成为公众利益实体，在确定关键审计合伙人的轮换时间时，会计师事务所应当考虑，在该审计客户成为公众利益实体之前，该合伙人已为该审计客户提供服务的时间。

在审计客户成为公众利益实体之前，如果关键审计合伙人已为该审计客户服务的时间不超过三年，则该合伙人还可以为该审计客户继续提供服务的年限为五年减去已经服务的年限。

如果关键审计合伙人为该审计客户服务了四年或更长的时间，在该审计客户成为公众利益实体之后，该合伙人还可以继续服务两年。如果审计客户是首次公开发行证券的公司，关键审计合伙人在该公司上市后连续提供审计服务的期限，不得超过两个完整的会计年度。具体如表 3-5 所示。

表 3-5　适用于一般公众利益实体的审计客户

已为公众利益实体的审计客户	轮换前最长服务年限	暂停服务期（注1）
一般情况	5 年	2 年
特殊情况（注2）	6 年	2 年

注1：在此期间，该关键审计合伙人（含签字注册会计师）不得再次成为该客户的审计项目组成员或关键审计合伙人。该关键审计合伙人也不得有下列行为：

（1）参与该审计客户的审计业务（包括以前发布的财务报表的重述）。

（2）为该审计客户的审计业务实施质量控制复核。

（3）就有关技术或行业特定问题、交易或事项向项目组或该审计客户提供咨询服务。

（4）以其他方式直接影响审计业务结果。

注2：会计师事务所可能因无法预见和控制的情形而不能按时轮换关键审计合伙人。

如果关键审计合伙人的连任对审计质量特别重要，并且通过采取防范措施能够消除对独立性产生的不利影响或将其降至可接受的低水平，则在法律、法规允许的情况下，该关键审计合伙人在审计项目组的任职时间可以延长。具体如表3-6所示。

表3-6 适用于客户成为公众利益实体后的轮换时间

单位：年

在审计客户成为公众利益实体前已经服务的年限（X）	成为公众利益实体后继续提供服务的年限	暂停服务年限
$X \leq 3$	$5-X$	2
$X \geq 4$	2	2
客户是首次公开发行证券（IPO）	2	2

✎ 行家提示：如果一位税务合伙人加入审计项目组，是否应当将其视为关键审计合伙人？通常不会。税务合伙人不是审计合伙人，因此通常不符合关键审计合伙人的定义。然而，在确定审计项目组中某税务合伙人是否在实质上行使了审计合伙人的职能时，需要运用职业判断。如果确实行使了该职能，且在审计项目组中对财务报表审计所涉及的重大事项做出了关键决策或判断，则该税务合伙人符合关键审计合伙人的定义，应当遵循职业道德守则中针对关键审计合伙人的有关规定。

【例题2·简答题】某一审计客户属于公众利益实体，A会计师事务所的某一合伙人曾担任该审计客户2016年度至2020年度财务报表审计的关键审计合伙人。在以下两种情况下，如果该合伙人继续担任该审计客户的关键审计合伙人，其最多还可以担任几年？

（1）2021年，该公众利益实体改聘B会计师事务所为其审计，同时该合伙人加入B会计师事务所担任合伙人。

（2）2021年，A会计师事务所并入B会计师事务所，该合伙人转为B会计师事务所的合伙人，而该公众利益实体也转为B会计师事务所的审计客户。

答案解析：该合伙人作为该公众利益实体的关键审计合伙人已满四年，尽管客户更换了会计师事务所，但其为同一审计客户提供审计服务的年限应连续计算，否则将因密切关系或自身利益产生严重的不利影响。因此，如果该合伙人在B会计师事务所继续担任该审计客户的关键审计合伙人，其最多还可以担任一年。

五、向审计客户提供非鉴证服务

（一）一般规定

如果接受委托向审计客户提供非鉴证服务，则注册会计师应当关注提供非鉴证服务可能对其独立性产生的不利影响。最常见的不利影响包括自我评价、自身利益和过度推介产生的不利影响。

1. 接受委托向审计客户的关联实体提供非鉴证服务

会计师事务所通常不向审计客户的下列关联实体提供受到限制的非鉴证服务。

（1）不是会计师事务所的审计客户，但能够直接或间接控制审计客户的实体。

（2）不是会计师事务所的审计客户，但在审计客户中拥有直接经济利益的实体，该实体能够对审计客户施加重大影响,并且经济利益对该实体重大。

(3)不是会计师事务所的审计客户,但与审计客户处于同一控制下的实体。

如果有理由认为同时满足下列条件,会计师事务所可以向审计客户的关联实体提供非鉴证服务。

(1)向上述关联实体提供的非鉴证服务的结果不构成实施审计程序的对象,该服务不因自我评价产生不利影响。

(2)已采取防范措施将非鉴证服务所产生的不利影响予以消除,或将其降至可接受的低水平。

2. 向成为公众利益实体的审计客户提供非鉴证服务

如果审计客户成为公众利益实体,在同时满足下列条件时,会计师事务所向其提供非鉴证服务不会损害独立性。

(1)以往向该实体提供的非鉴证服务符合《中国注册会计师职业道德守则》有关向非公众利益实体提供非鉴证服务的规定。

(2)在客户成为公众利益实体之前终止,或之后尽快终止《中国注册会计师职业道德守则》不允许向公众利益实体提供的非鉴证服务。

(3)在必要时已采取防范措施消除对独立性产生的不利影响,或将其降至可接受的低水平。

(二)管理层职责

1. 不得承担管理层职责

会计师事务所不得承担审计客户的管理层职责。会计师事务所承担审计客户的管理层职责,将对独立性产生非常严重的不利影响,导致没有防范措施能够将其降至可接受的低水平。

在向审计客户提供非鉴证服务时,为避免承担管理层职责的风险,会计师事务所应当确保由管理层的成员负责做出重大判断和决策,评价服务的结果,并对依据服务结果采取的行动负责。

管理层职责的界定:制定政策和战略方针;指导员工的行动并对其行动负责;对交易进行授权;确定是否采纳会计师事务所或其他第三方提出的建议;负责按照适用的会计准则编制财务报表;负责设计、实施和维护内部控制。

2. 不属于管理层职责的情形

如果会计师事务所代客户从事下列日常和行政性的事务或不重要的活动,通常不被视为承担管理层职责。

(1)执行一项已由管理层授权的非重要交易。

(2)跟踪法定申报资料规定的提交日期,并告知审计客户这些日期。

(3)向管理层提供意见和建议,以协助管理层履行职责。

(三)编制会计记录和财务报表

会计师事务所向审计客户提供编制会计记录和财务报表等服务,随后又审计该财务报表,将因自我评价产生不利影响。具体如表3-7所示。

表 3-7 编制会计记录和财务报表

服务	示例	非公众利益实体	公众利益实体	
		被审计单位及其非审计客户的关联实体	被审计单位及其非审计客户的关联实体	被审计单位的不重要的分支机构或关联实体
会计服务技术支持	账户调节；分析和积累监管机构要求提供的信息	允许	允许	允许
工资服务	行政管理；编制计算	视情况而定（注1）	禁止（除非出现紧急或极其特殊的情况）（注2）	视情况而定（注3）
财务报表的编制	根据试算平衡表中的信息编制所审计财务报表	视情况而定（注1）	禁止（除非出现紧急或极其特殊的情况）（注2）	视情况而定（注3）
记账服务	编制会计记录；编制会计分录；维护基本账务记录	视情况而定（注1）	禁止（除非出现紧急或极其特殊的情况）（注2）	视情况而定（注3）

注1：如果提供的服务属于日常性和机械性的工作，且已采取防范措施，将被允许。

防范措施：（1）由审计项目组以外的人员提供此类服务；（2）如果审计项目组成员提供此类服务，则由审计项目组以外的合伙人或高级员工复核已执行的工作。

注2：遇到紧急或极其特殊的情况，审计客户无法做出其他安排，经相关监管机构同意，会计师事务所可以在下列情况下向审计客户提供不允许提供的编制会计记录和财务报表的服务：（1）只有该会计师事务所拥有服务的资源，并且熟悉客户的系统和程序，能够协助客户及时编制会计记录和财务报表；（2）如果限制该会计师事务所提供服务，将给客户带来严重的困难，如导致客户无法向监管机构提供报告。

会计师事务所只能安排审计项目组成员以外的专业人员在短期内一次性提供这些服务，并且应当就此事项与治理层进行讨论。

注3：如果提供的服务属于日常性和机械性的工作，且提供服务的人员不是审计项目组成员，将被允许。其中，是否重要通常以收入（亏损）或涉及事项的金额是否超过被审计单位合并收入（亏损）或资产总额的某个百分比（如10%）为判断标准。

（四）评估服务

1. 对独立性不产生不利影响的评估服务

如果审计客户要求会计师事务所提供评估服务，以帮助其履行纳税申报义务或满足税务筹划目的，并且评估的结果不对财务报表产生直接影响，则通常不对独立性产生不利影响。

2. 对独立性产生不利影响的评估服务

在审计客户不属于公众利益实体的情况下，如果评估服务对被审计单位财务报表具有重大影响，并且评估结果涉及高度的主观性，则没有防范措施能够将因自我评价产生的不利影响降至可接受的低水平。会计师事务所不得向审计客户提供这种评估服务。

在审计客户属于公众利益实体的情况下，如果评估结果单独或累积起来对被审计单位财务报表具有重大影响，则会计师事务所不得向该审计客户提供这种评估服务。

3. 其他情况

除上述情况以外，会计师事务所需要在向审计客户提供评估服务时，评价不利影响的严重程度，并在必要时采取防范措施。会计师事务所的防范措施主要如下。

（1）由未参与提供评估服务的专业人员复核已执行的审计或评估工作。

（2）不允许提供评估服务的人员参与审计业务。

> **行家提示**：在审计客户属于公众利益实体的情况下，如果评估结果单独或累积起来对被审计单位财务报表具有重大影响，则会计师事务所不得向该审计客户提供这种评估服务。如果会计师事务所最初认为该项评估服务对财务报表不具有重大影响，因而开始提供该项评估服务，但后来发现继续提供该项评估服务将会产生重大影响，则会计师事务所能否继续提供该项评估服务？在这种情况下，如果会计师事务所继续提供该项评估服务，其独立性将受到损害。职业道德守则禁止会计师事务所向属于公众利益实体的审计客户提供对财务报表产生重大影响的评估服务。因此，如果在承接评估服务后，发现该项评估服务明显对财务报表产生重大影响，则会计师事务所不得同时提供该项评估服务和审计服务。

（五）税务服务

税务服务通常包括以下几种：编制纳税申报表、编制会计分录并计算税额、税务筹划或其他咨询服务、税务评估服务、帮助解决税务纠纷、内部审计服务、信息技术系统服务、诉讼支持服务、法律服务及招聘服务。

1．编制纳税申报表

编制纳税申报表的具体情形如表3-8所示。

表3-8　编制纳税申报表

服务类型	示例	禁止规定
编制纳税申报表	编制信息，以协助客户履行纳税申报义务	视情况而定（注1）
	为已发生交易的纳税申报处理方法提供建议	
	代表审计客户向税务机关提供所要求的附加信息和分析	

注1：如果管理层对纳税申报表承担责任，则会计师事务所提供这类服务通常是允许的。

> **行家提示**：会计师事务所相关人员代替管理层签署文件，属于承担管理层职责，是被禁止的。如果会计师事务所作为税务专家、咨询师，或是允许的税务服务代表，代审计客户进行纳税申报、税务申诉及向税务机关申请退税，这些工作并非代替客户或作为客户签署任何表格或申报表，仅仅是作为客户的税务专家或代表向税务机关申报，符合提供专业税务服务的要求。

2．编制会计分录并计算税额

编制会计分录并计算税额的具体情形如表3-9所示。

表3-9　编制会计分录并计算税额

服务类型	非公众利益实体		公众利益实体	
	不重大	重大	不重大	重大
基于编制会计分录的目的计算所得税或递延所得税	允许	视情况而定（注1）	视情况而定（注2）	禁止（除非出现紧急或极其特殊的情况）（注3）

注1：会计师事务所应当在必要时采取防范措施消除不利影响或将其降至可接受的低水平。
对不利影响的防范措施：①由审计项目组以外的专业人员执行此类业务；②如果审计项目组成员执行此类业务，由审计项目组以外的合伙人或高级管理人员复核税额的计算；③向外部税务专业人员咨询。
注2：在这种情况下，应参考"向非公众利益实体提供编制会计分录并计算所得税"的防范措施。
注3：在这种情况下，可以参考"提供会计服务"中关于紧急或极其特殊情况的规定。

3. 税务筹划或其他咨询服务

税务筹划或其他咨询服务的具体情形如表 3-10 所示。

表 3-10 税务筹划或其他咨询服务

服务类型	主要情形	禁止规定
税务筹划或其他咨询服务	服务具有法律依据，或得到税务机关的明确认可	允许
	税务建议影响财务报表所反映的事项	视情况而定（注1）
	税务建议的有效性取决于某项特定会计处理或财务报表列报，而审计项目组对于相关会计处理或财务报表列报的适当性存有疑问，并且税务建议的结果或执行后果将对被审计单位财务报表产生重大影响	禁止

注1：会计师事务所应当评价税务建议产生的不利影响的严重程度，并采取防范措施。

防范措施：①由审计项目组以外的专业人员提供此类服务；②由未参与提供此类服务的税务专业人员向审计项目组提供服务建议，并复核会计处理和财务报表列报；③向外部税务专业人员咨询；④得到税务机关的预先认可。

4. 税务评估服务

税务评估服务的具体情形如表 3-11 和表 3-12 所示。

表 3-11 税务评估服务决策表（一）

评估结果对财务报表产生重大影响	审计客户属于公众利益实体	审计客户属于非公众利益实体		
		评估结果涉及高度主观性	评估结果不涉及高度主观性	
			不利影响可接受	不利影响不可接受
	禁止	禁止	允许	视情况而定（注1）

注1：此时考虑是否可采取防范措施消除不利影响或降至可接受的低水平。

防范措施：①由审计项目组以外的专业人员提供该服务；②由其他专业人员复核审计工作或税务服务的结果；③得到税务机关的预先认可。

表 3-12 税务评估服务决策表（二）

评估结果对财务报表不产生重大影响	服务经税务机关或类似监管机构外部审查	服务未经税务机关或类似监管机构外部审查	
		不利影响可接受	不利影响不可接受
	允许	允许	视情况而定（注1）

注1：此时考虑是否可采取防范措施消除不利影响或降至可接受的低水平。

防范措施：①由审计项目组以外的专业人员提供该服务；②由其他专业人员复核审计工作或税务服务的结果；③得到税务机关的预先认可。

5. 帮助解决税务纠纷

会计师事务所人员不得在为审计客户提供税务服务时担任辩护人。如果会计师事务所的人员在公开审理或仲裁的税务纠纷中担任审计客户的辩护人，并且所涉金额对被审计单位的财务报表影响重大，将因过度推介产生非常严重的不利影响，导致没有防范措施能够将其降至可接受的低水平。

在公开审理或仲裁期间，会计师事务所可以继续为审计客户提供有关法庭裁决事项的咨询服务。例如，协助客户对具体问题做出回复，提供背景材料或证词，或分析税收问题等。

如果会计师事务所代表审计客户解决税务纠纷，一旦税务机关通知审计客户已经拒绝接受其对某项具体问题的主张，并且税务机关或审计客户已将该问题纳入正式的法律程序，则可能因过度推介或自我评价产生不利影响。

防范措施主要如下。

（1）由审计项目组以外的专业人员提供该税务服务。

（2）由其他未参与提供该税务服务的税务专业人员向审计项目组提供服务建议，并复核会计处理。

（3）向外部税务专业人员咨询。

6．内部审计服务

内部审计服务的具体情形如表 3-13 所示。

表 3-13　内部审计服务

情　形	示　例	禁止规定
涉及承担管理层职责的内部审计服务	制定内部审计政策或内部审计活动的战略方针	禁止
	指导该客户内部审计员工的工作并对其负责	
	决定应执行来源于内部审计活动的建议	
	代表管理层向治理层报告内部审计活动的结果	
	执行构成内部控制组成部分的程序	
	负责设计、执行和维护内部控制	
	提供内部审计外包服务，包括全部内部审计外包服务和重要内部审计外包服务，并且负责确定内部审计工作的范围	
允许向审计客户提供内部审计服务的情形（同时满足相关条件）	审计客户承担设计、执行和维护内部控制的责任，并指定合适的、具有胜任能力的员工（最好是高级管理人员）始终负责内部审计活动	允许
	审计客户治理层或管理层复核、评估并批准内部审计服务的工作范围、风险和频率	
	审计客户管理层评价内部审计服务的适当性，以及执行内部审计发现的事项	
	审计客户管理层评价并确定应当实施内部审计服务提出的建议，并对实施过程进行管理	
	审计客户管理层向治理层报告注册会计师在内部审计服务中发现的重大问题和提出的建议	
应加以考虑的情况	如果会计师事务所向审计客户提供内部审计服务，并且在财务报表审计业务中使用该服务的结果，可能导致审计项目组不能恰当评价内部审计工作，或在评价时不能保持应有的职业怀疑态度	视情况而定（注1）
针对公众利益实体审计客户	与财务报表相关的内部控制	禁止
	财务会计系统	
	对被审计单位财务报表具有重大影响的金额或披露	

注1：此时防范措施主要是由审计项目组以外的专业人员提供内部审计服务等。

7．信息技术系统服务

信息技术系统服务的具体情形如表 3-14 所示。

表 3-14　信息技术系统服务

	示　例	禁止规定
非公众利益实体的审计客户	1．信息技术系统构成财务报表内部控制的重要组成部分；	视情况而定（注1）
公众利益实体的审计客户	2．信息技术系统生成的信息对会计记录或被审计单位财务报表影响重大	禁止

续表

	示　例	禁 止 规 定
一般的情况	设计或操作与财务报表内部控制无关的信息技术系统	允许（注2）
	设计或操作信息技术系统，其生成的信息不构成会计记录或财务报表的重要组成部分	
	操作由第三方开发的会计或财务信息报告软件	
	对由其他服务提供商或审计客户自行设计并操作的系统进行评价和提出建议	

注1：此时将因自我评价产生非常严重的不利影响，只有通过采取适当的防范措施以确保同时满足相关条件，会计师事务所才能提供此类服务。

同时满足以下条件：

（1）审计客户认可自己对建立和监督内部控制的责任；

（2）审计客户指定具有胜任能力的员工（最好是高级管理人员）做出有关系统设计和操作的所有管理决策；

（3）审计客户做出与系统设计和操作有关的所有管理决策；

（4）审计客户评价系统设计和操作的适当性及结果；

（5）审计客户对系统运行及系统使用或生成的数据负责。

可采取的防范措施：由其他专业人员复核已执行的审计或非鉴证工作等。

注2：此时必须有一个前提条件，即会计师事务所的人员不承担管理层职责。

8．诉讼支持服务

诉讼支持服务可能包括下列活动。

（1）担任专家证人。

（2）计算诉讼或其他法律纠纷涉及的估计损失或其他应收、应付的金额。

（3）协助管理和检索文件。

会计师事务所向审计客户提供诉讼支持服务，可能因自我评价或过度推介产生不利影响。如果向审计客户提供诉讼支持服务涉及对损失或其他金额的估计，并且这些损失或其他金额影响被审计单位的财务报表，会计师事务所应当遵守关于评估服务的规定。

对于其他诉讼支持服务，会计师事务所应当评价不利影响的严重程度，并在必要时采取防范措施以消除不利影响或将其降至可接受的低水平。

9．法律服务

（1）法律服务的内容

法律服务通常是指为客户提供商业性的法律服务。例如，为起草合同、诉讼、并购提供法律意见和支持，以及向客户内部的法律部门提供帮助。

（2）法律服务对独立性的考虑

法律服务对独立性的考虑的具体情形如表3-15所示。

表3-15　法律服务对独立性的考虑

服务类型	具体示例	禁止规定
法律咨询服务	会计师事务所在审计客户执行某项交易时向其提供法律服务，如提供合同起草、法律咨询、尽职调查和重组服务等	视情况而定（注1）
担任辩护人（注2）	纠纷或法律诉讼所涉金额对被审计单位的财务报表有重大影响	禁止
	纠纷或法律诉讼所涉金额对被审计单位的财务报表无重大影响	视情况而定（注1）

续表

服务类型	具体示例	禁止规定
担任首席法律顾问	会计师事务所的合伙人或员工担任审计客户的首席法律顾问。首席法律顾问通常是一个高级管理职位，对公司法律事务承担广泛责任	禁止

注1：此时应当考虑采取的防范措施主要如下：①由审计项目组以外的专业人员提供该服务；②由未参与提供法律服务的专业人员向审计项目组提出建议，并复核会计处理。

注2：此处为客户解决纠纷或法律诉讼是与商业性有关的法律服务。

在任何情况下，会计师事务所都应当严格禁止代表客户处理刑事事项或诉讼。

10. 招聘服务

（1）一般被允许的情况。

① 审查申请者的专业资格。

② 对申请者是否适合相关职位提出意见。

③ 对候选人进行面试。

④ 对候选人在财务会计、行政管理或内部控制等职位上的胜任能力提出意见。

（2）不被允许的情况。

会计师事务所应当禁止对其独立性有严重不利影响的人员负责招聘，可能包括以下情况。

① 接受委托进行心理测试，或其他正式的测试或评估项目。

② 代表审计客户担任谈判人，进行雇用事项的谈判，如决定某人的职位、头衔、薪酬、福利或其他雇用条件。

③ 建议审计客户雇用某一特定候选人担任某一职位。

（3）属于公众利益实体的审计客户的招聘服务。

如果拟招聘董事、高级管理人员，或所处职位能够对审计客户会计记录或财务报表的编制施加重大影响的高级管理人员，会计师事务所不得提供下列招聘服务。

① 寻找候选人，或从候选人中挑选出适合相应职位的人员。

② 对可能录用的候选人的证明文件进行核查。

【例题3·简答题】甲上市公司是ABC会计师事务所的常年审计客户。XYZ公司和ABC会计师事务所处于同一网络。审计项目组在甲公司2020年度财务报表审计中遇到下列事项。

（1）项目合伙人A的妻子在甲公司担任人事部经理并持有该公司股票期权1万股，自2021年1月1日起可以行使期权。A的妻子于2021年1月2日行使期权后立即处置了该股票。

（2）注册会计师B曾担任甲公司2019年度财务报表审计的项目质量控制复核人，于2020年5月退休，之后未和ABC会计师事务所保持交往。2021年1月1日，注册会计师B受聘担任甲公司的独立董事。

（3）XYZ公司合伙人C的丈夫于2020年7月加入甲公司并担任培训部经理。合伙人C没有为甲公司提供任何服务。

（4）甲公司聘请系统实施服务商提供财务系统的优化设计和实施服务，聘请XYZ公司负责执行系统用户权限测试。系统实施服务商与ABC会计师事务所不属于同一网络。

（5）乙公司是甲公司的子公司，从事小额贷款业务。2020年12月，乙公司和ABC会计师事务所联合对外发布行业研究报告，对该行业的现状与前景进行分析，并介绍了乙公司的业务。

要求：针对上述第（1）项至第（5）项，逐项指出是否可能存在违反《中国注册会计师职业道德守则》有关独立性规定的情况，并简要说明理由。

答案解析如下。

（1）违反。项目合伙人 A 不应参与甲公司审计，项目合伙人 A 的妻子不得以任何形式，通过员工股票期权计划拥有甲公司的直接经济利益，否则将因自身利益对独立性产生严重不利影响。

（2）违反。注册会计师 B 在 2020 年已审财务报表发布前就已担任甲公司的独立董事，因密切关系和外在压力对独立性产生严重不利影响。

（3）不违反。合伙人 C 不是审计项目组成员，且其丈夫的职位对所审计的财务报表的编制不能施加重大影响，不会对独立性产生不利影响。

（4）违反。为甲公司进行财务系统的用户权限测试属于财务系统实施服务，且涉及承担管理层职责，将因自我评价对独立性产生严重不利影响。

（5）违反。ABC 会计师事务所通过和乙公司共同发布的行业研究报告推广了乙公司的业务，属于禁止的商业关系。

六、收费

（一）收费结构

如果从某一审计客户收取的全部费用占某一合伙人从所有客户收取的费用总额比重很大，或占会计师事务所某一分部收取的费用总额比重很大，将因自身利益或外在压力产生不利影响。

如果收费报价明显低于前任注册会计师或其他会计师事务所的相应报价，会计师事务所应当确保：在提供专业服务时，遵守执业准则和相关职业道德规范的要求，使工作质量不受损害；使客户了解专业服务的范围和收费基础；预先就收费的基础与客户达成书面协议；向预期的财务报表使用者披露注册会计师所执行的工作及收费的基础；实施质量控制政策和程序；由独立第三方复核注册会计师已执行的工作。

绝对禁止的收费如下。

（1）注册会计师收取与客户相关的介绍费或佣金时，没有防范措施能够消除不利影响或将其降至可接受的低水平，因此注册会计师不得收取与客户相关的介绍费或佣金。

（2）注册会计师为获得客户而支付业务介绍费时，没有防范措施能够消除不利影响或将其降至可接受的低水平，因此注册会计师不得为获得客户而支付业务介绍费。

收费结构的影响如表 3-16 所示。

表 3-16 收费结构的影响

对象	收取的全部费用占其收费总额比重很大	禁止规定	防范措施
会计师事务所	15%	评价不利影响，并采取防范措施	降低对该客户的依赖程度；实施外部质量控制复核；就关键的审计判断向第三方咨询

续表

对　象	收取的全部费用占其收费总额比重很大	禁　止　规　定	防　范　措　施
某一合伙人	25%	评价不利影响，并采取防范措施	降低对该客户的依赖程度；由审计项目组以外的注册会计师复核已执行的工作或在必要时提出建议；定期实施独立的质量控制复核
会计师事务所某一分部	15%		

针对公众利益实体审计客户的主要情形如表 3-17 所示。

表 3-17　针对公众利益实体审计客户

主　要　情　形	决　　策
连续两年从某一客户收取的费用比重超过 15%	选择发表审计意见前复核或发表审计意见后复核（注1）
连续两年从某一客户收取的费用比重明显超过 15%	发表审计意见前复核
两年后从该客户收取的费用比重超过 15%	选择发表审计意见前复核或发表审计意见后复核（注1）
两年后从该客户收取的费用比重明显超过 15%	发表审计意见前复核
注 1：在对第二年度财务报表发表审计意见之前，由其他会计师事务所对该业务再次实施项目质量控制复核，简称"发表审计意见前复核"；在对第二年度财务报表发表审计意见之后、对第三年度财务报表发表审计意见之前，由其他会计师事务所对第二年度的审计工作再次实施项目质量控制复核，简称"发表审计意见后复核"。	

【例题 4·简答题】如果会计师事务所连续两年从某一属于公众利益实体的审计客户及其关联实体收取的全部费用，占其从所有客户收取的全部费用的比重超过 15%，该会计师事务所应当聘请其他会计师事务所，执行发表审计意见前复核或发表审计意见后复核。在实务中，其他会计师事务所可能不愿意为此类复核承担责任，因而可能难以找到执行此类复核的其他会计师事务所。在这种情况下，该会计师事务所是否有其他选择？

答案解析：

没有其他选择。《中国注册会计师职业道德守则》认为，当会计师事务所连续两年从某一属于公众利益实体的审计客户收取的全部费用，占其从所有客户收取的全部费用的比重超过 15%时，发表审计意见前复核或发表审计意见后复核是一项必需的防范措施。会计师事务所可以通过购买职业责任保险或其他方式，对其他会计师事务所承担的相关责任予以补偿。执行复核的其他会计师事务所需针对委托其复核的会计师事务所及其审计客户，遵守职业道德守则中要求的保密规定。

（二）逾期收费

如果审计客户长期未支付应付的审计费用，尤其是相当部分的审计费用在出具下一年度审计报告前仍未支付，可能因自身利益产生不利影响。会计师事务所还应当确定逾期收费是否可能被视为向客户贷款，并且基于逾期收费的重要程度考虑是否继续执行审计业务，具体如表 3-18 所示。

表 3-18　逾期收费

	主要情形	禁止规定
逾期收费	审计客户长期未支付应付的审计费用，尤其是相当部分的审计费用在出具下一年度审计报告前仍未支付	考虑不利影响（注1）
	逾期收费被视为向客户贷款	禁止

注1：此时会计师事务所通常要求审计客户在审计报告出具前付清上一年度的审计费用，并采取防范措施，包括由未参与执行审计业务的注册会计师提供建议，或复核已执行的工作等。

（三）或有收费

或有收费是指收费与否或收费多少以审计工作结果或实现特定目的为条件。具体包括两种情况：审计客户要求注册会计师出具标准审计报告，否则就不付费，这属于收费与否型的或有收费；审计客户按照审计后的净利润水平付费，这属于收费水平型的或有收费。会计师事务所不得对审计业务以直接或间接形式的或有收费方式收取费用，否则将因自身利益产生非常严重的不利影响，导致没有防范措施能够将其降至可接受的低水平，具体如表 3-19 所示。

表 3-19　或有收费对独立性的影响

	主要情形		禁止规定
或有收费	会计师事务所提供审计服务		禁止
	向审计客户提供非鉴证服务	一般情况	考虑不利影响（注1）
		特定情况（注2）	禁止

注1：此时会计师事务所采取的防范措施主要如下。
(1) 由审计项目组以外的注册会计师复核相关审计工作，或在必要时提供建议。
(2) 由审计项目组以外的专业人员提供非鉴证服务。
注2：如果出现下列情况之一，将没有防范措施能够将其降至可接受的低水平。
(1) 非鉴证服务的或有收费由对财务报表发表审计意见的会计师事务所取得，并且对其影响重大或预期影响重大。
(2) 网络事务所参与大部分审计工作，非鉴证服务的或有收费由该网络事务所取得，并且对其影响重大或预期影响重大。
(3) 非鉴证服务的结果及由此收取的费用金额，取决于未来或当期与财务报表重大金额审计相关的判断。

七、影响独立性的其他事项

（一）薪酬或业绩评价

如果某一审计项目组成员的薪酬或业绩评价与其向审计客户推销的非鉴证服务挂钩，将因自身利益产生不利影响。会计师事务所应当评价不利影响的严重程度。如果不利影响超出可接受的水平，会计师事务所应当修改该成员的薪酬计划或业绩评价程序，或者采取其他防范措施消除不利影响或将其降至可接受的低水平。会计师事务所薪酬或业绩评价政策如表 3-20 所示。

表 3-20　会计师事务所薪酬或业绩评价政策

	主要情形	禁止规定
会计师事务所薪酬或业绩评价政策	审计项目组成员的薪酬或业绩评价与其向审计客户推销的非鉴证服务挂钩	考虑不利影响（注1）
	合伙人的薪酬或业绩评价与其向审计客户推销的非鉴证服务直接挂钩	禁止
	会计师事务所合伙人之间正常的利润分享安排	允许

注1：此时会计师事务所应当修改该成员的薪酬计划或业绩评价程序，或者采取其他防范措施。
（1）将该成员调离审计项目组。
（2）由审计项目组以外的注册会计师复核该成员已执行的工作。

（二）礼品和款待

1．礼品

如果会计师事务所或审计项目组成员接受审计客户的礼品，将产生非常严重的不利影响，导致没有防范措施能够将其降至可接受的低水平。因此，会计师事务所或审计项目组成员不得接受礼品。

2．款待

会计师事务所或审计项目组成员应当评价接受款待产生不利影响的严重程度，并在必要时采取防范措施消除不利影响或将其降至可接受的低水平。如果款待超出业务活动中的正常往来，会计师事务所或审计项目组成员应当拒绝。

（三）诉讼或诉讼威胁

会计师事务所和审计客户管理层由于诉讼或诉讼威胁而处于对立地位，将影响管理层提供信息的意愿，从而因自身利益和外在压力产生不利影响。

会计师事务所应当评价不利影响的严重程度，并在必要时采取防范措施消除不利影响或将其降至可接受的低水平。防范措施主要如下。

（1）如果诉讼涉及某一审计项目组成员，将该成员调离审计项目组。
（2）由审计项目组以外的专业人员复核已执行的工作。

如果此类防范措施不能将不利影响降至可接受的低水平，会计师事务所应当拒绝接受审计业务委托，或解除审计业务约定。

【例题5·单选题】会计师事务所为属于公众利益实体的审计客户提供的下列非鉴证服务中，通常不会对其独立性产生不利影响的有（　　）。

A．向审计客户推荐拟聘的财务总监
B．与财务报表相关的工资服务
C．提供的评估服务结果累积对财务报表具有重大影响
D．编制纳税申报表，且管理层对纳税申报表承担责任

正确答案：D

答案解析：由于纳税申报表须经税务机关审查或批准，如果管理层对纳税申报表承担责任，则会计师事务所提供的编制纳税申报表服务通常不对独立性产生不利影响。

【例题6·简答题】ABC会计师事务所委派注册会计师A担任上市公司甲公司2020年度财务报表审计项目合伙人。审计项目组在审计中遇到下列事项。

（1）注册会计师A因继承其祖父的遗产获得甲公司股票20 000股，承诺将在有权处置这些股票之日起一个月内出售。

（2）注册会计师B曾担任甲公司2015年度至2019年度财务报表审计项目合伙人，之后调离甲公司审计项目组，担任乙公司2020年度财务报表审计项目合伙人。乙公司是甲公司重要的子公司。

（3）2020年11月，丙公司被甲公司收购，成为其重要子公司。2021年1月1日，甲公司审计项目组成员C的妻子加入丙公司并担任财务总监。

（4）注册会计师D和注册会计师A同处一个分部，但他不是甲公司审计项目组成员。D的母亲和甲公司某董事共同开办了一家早教机构。

要求：针对上述第（1）项至第（4）项，逐项指出是否存在违反《中国注册会计师职业道德守则》有关职业道德和独立性规定的情况，并简要说明理由。

答案解析：（1）违反。注册会计师A应当在有权处置时立即处置甲公司股票，否则将因自身利益对独立性产生严重的不利影响。

（2）违反。注册会计师B在冷却期不应参与甲公司的审计业务，否则将因密切关系或自身利益对独立性产生严重的不利影响。

（3）违反。C的妻子在甲公司审计期间担任丙公司的财务总监，将因自身利益、密切关系或外在压力对独立性产生严重的不利影响。

（4）不违反。D不是甲公司审计项目组成员，其母亲与甲公司董事的合作不属于被禁止的商业关系。

项目导入问题解答

（1）违反。项目合伙人林强没有在形式上保持独立性，在审计客户中拥有直接经济利益，将因自身利益产生非常严重的不利影响，导致没有防范措施能够将其降至可接受的低水平。

（2）违反。该交易金额对小张而言较大，可能因自身利益对独立性产生不利影响。

（3）违反。审计项目组成员小王的父亲曾担任审计客户的高级管理人员，会因自身利益、密切关系或外在压力产生不利影响。

（4）违反。审计项目组前任合伙人担任审计客户的重要职位且与会计师事务所保持重要联系，将因密切关系、自身利益或外在压力产生非常严重的不利影响。

（5）违反。财务经理涉及管理层职责，短期借调员工不得承担甲公司的管理层职责，否则会因自我评价对独立性产生不利影响。

（6）违反。贝田会计师事务所为恒润公司寻找、识别收购对象，可能承担管理层职责，将因自我评价或过度推介对独立性产生不利影响。

项目综合训练

一、单项选择题

1. 下列选项中，不符合专业胜任能力要求的是（　　）。

A. 在执行财务报表审计时，针对或有事项向相关律师进行咨询

B. 在对特殊存货进行计价测试时，请专业评估师帮助确认存货计价

C. 在执行财务报表审计时，针对某特殊审计领域向有经验的其他注册会计师寻求帮助

D. 在对某集团合并财务报表进行审计时，由于该会计师事务所从未审计过合并财务报表，向其他会计师事务所有经验的注册会计师寻求帮助

2. 下列有关对客观和公正要求的相关说法中，错误的是（　　）。

A. 在提供专业服务时，注册会计师如果在客户中拥有经济利益，或者与客户董事、高级管理人员或员工存在家庭和私人关系或商业关系，应当确定是否对客观和公正要求产生不利影响

B. 在提供专业服务时，对客观和公正要求的不利影响及其严重程度取决于业务的具体情形和注册会计师所执行工作的性质

C. 在提供所有服务时，注册会计师应当从实质上和形式上独立于审计客户，客观公正地提出结论，并且在外界看来没有偏见、无利益冲突、不受他人的不当影响

D. 如果违反了客观和公正原则，且防范措施不能消除不利影响或将其降至可接受的低水平，注册会计师应当拒绝接受业务委托或终止业务

3. 中源公司为甲会计师事务所常年的审计客户，审计项目组成员乙通过继承外祖父母的遗产获得中源公司股票 3000 股，价值 70 000 元。下列防范措施中正确的是（　　）。

A. 在合理期限内尽快处置全部经济利益

B. 在合理期限内尽快处置大部分经济利益，使剩余经济利益不再重大

C. 立即处置全部经济利益

D. 将审计项目组成员乙调离审计项目组

4. 在 XYZ 会计师事务所对甲公司进行审计的过程中，项目组成员存在以下情况，其中不对独立性产生不利影响的是（　　）。

A. 项目组成员 A 的父亲在项目组成员 A 不知情的情况下购买了甲公司少量的股票

B. 项目组成员 B 的父亲是甲公司的工程师，设计了甲公司的主打产品，甲公司根据销售数量给予了一定的奖励

C. 项目合伙人 C 的妻子原在甲公司从事会计工作，但非会计主管，且五年前已经离职

D. 甲公司是 F1 赛事中国站的赞助商，将剩余的 5 张贵宾票赠送给项目经理 C，项目经理 C 将票发放给了项目组成员

5. 与甲股份有限公司（以下简称甲公司）存在的下列经济利益中，通常不对独立性构成不利影响的是（　　）。

A. 项目组成员中某一助理人员持有少量甲公司的股票

B. 项目合伙人张某所在分部的另一合伙人王某持有甲公司少量的股票

C. 项目组成员李某持有乙股份有限公司少量股票，甲公司也持有该公司少量的股票

D. 项目组成员周某的父亲持有丙股份有限公司大量股票，甲公司是丙股份有限公司的第二大股东

6. 以下关于会计师事务所向审计客户提供评估服务的说法中正确的是（　　）。

A. 如果审计客户要求会计师事务所提供评估服务，以帮助其履行纳税申报义务或满足税务筹划目的，并且评估的结果不对财务报表产生直接影响，通常会对独立性产生不利影响

B. 如果评估服务对会计师事务所发表意见的财务报表具有重大影响，且评估涉及高度的主观性，可采取防范措施将自我评价的不利影响降至可接受的低水平

C. 在审计客户属于公众利益实体的情况下，如果评估服务单独或累积起来对会计师事务

所据以发表意见的财务报表具有重大影响，可采取防范措施将自我评价的不利影响降至可接受的低水平

D．向审计客户提供评估服务可能会因自我评价对独立性产生不利影响

7．会计师事务所为了防范同一高级人员由于长期执行某一客户的鉴证业务可能对独立性产生的不利影响，应当制定的政策和程序不包括（　　）。

A．拒绝承接对独立性产生不利影响的业务

B．对上市实体的财务报表审计，按照相关职业道德要求及法律、法规规定，轮换合伙人

C．对上市实体的财务报表审计，按照相关职业道德要求及法律、法规规定，轮换项目质量控制复核人员

D．明确标准，确定针对长期委派同一合伙人执行鉴证业务这一情况，是否需要采取防范措施

8．以下说法中不恰当的是（　　）。

A．如果会计师事务所的合伙人兼任审计客户的董事或高级管理人员，则会计师事务所不应当承接该业务

B．如果会计师事务所的合伙人兼任审计客户的公司秘书，则会计师事务所不应当承接该业务

C．如果会计师事务所的合伙人兼任审计客户的董事或高级管理人员，则会计师事务所可以承接该业务，并将该合伙人排除在审计项目组外

D．如果在被审计单位财务报表涵盖的期间，审计项目组成员曾担任审计客户的董事，则会计师事务所应将该人员调离审计项目组

9．截至2021年4月，注册会计师A已连续2年担任X公司财务报表审计业务的关键审计合伙人。2021年7月，X公司经批准首次公开发行证券，则注册会计师A可以再继续审计X公司的财务报表至（　　）。

A．2021年　　　　B．2022年　　　　C．2023年　　　　D．2024年

二、多项选择题

1．下列情形中，审计人员有义务和权利披露且法律、法规未予禁止的有（　　）。

A．在没有被审计单位授权的情况下回答了监管机构关于审计客户纳税方面的信息

B．在法律诉讼程序中维护自身的职业利益无须被审计单位授权，向法官提供审计工作底稿

C．接受后任注册会计师查阅审计工作底稿时无须被审计单位授权

D．接受注册会计师协会质量检查时无须被审计单位授权

2．下列情况中，注册会计师有可能仍被视为具有独立性的有（　　）。

A．被审计单位为金融机构，项目组的注册会计师在该机构开立存款账户

B．被审计单位为非金融机构，项目组的注册会计师在该机构取得贷款

C．会计师事务所向审计客户提供贷款或为其提供贷款担保

D．被审计单位为金融机构，并且该客户为项目组成员提供了贷款担保

3．下列情况中，将因自身利益产生重大的不利影响，以至于没有任何防范措施可以将这种不利影响降至可接受的低水平的有（　　）。

A．审计项目组成员的主要近亲属在可以对审计客户施加控制的实体中拥有重大间接经

利益，且该审计客户对于该实体重要

　　B．项目合伙人所在分部的其他合伙人在审计客户中拥有直接经济利益

　　C．会计师事务所的前任合伙人加入了审计客户，担任审计客户的董事，由于会计师事务所股权更替，该合伙人与事务所无实质性联系

　　D．会计师事务所合伙人兼任审计客户的独立董事

　4．审计项目组成员韩晓的岳父在被审计单位担任监事，以下有关说法中正确的有（　　）。

　　A．韩晓的岳父与韩晓不是近亲属关系，不对独立性产生影响

　　B．虽然韩晓的岳父与韩晓不是近亲属关系，但也将对独立性产生不利影响

　　C．会计师事务所应当将韩晓调离审计项目组

　　D．会计师事务所应当解除与被审计单位之间的业务委托

　5．贝田会计师事务所在承接下列业务过程中，可能会对职业道德产生不利影响的有（　　）。

　　A．会计师事务所可能接受委托对甲公司（非公众利益实体）的年度财务报表执行审计工作，由于公司规模小，财会人员难以编制财务报表，会计师事务所安排了项目组以外的人员根据试算平衡表中的信息编制财务报表

　　B．乙公司是一家上市公司，由于其子公司未完成财务报表的编制工作，考虑到该子公司的财务报表并不重大，审计项目组安排助理人员根据试算平衡表中的信息编制财务报表

　　C．虽然管理层对纳税申报表不承担责任，但由于纳税申报表须经税务机关复核或批准，F会计师事务所为丙审计客户提供了独立编制纳税申报表的服务

　　D．丁公司是一家上市公司，注册会计师为其提供财务报表审计和财务报表相关的内部审计服务，但不承担管理层责任

　6．下列不被视为承担管理层职责的有（　　）。

　　A．执行一项已由管理层授权的非重要交易

　　B．负责按照适用的会计准则编制财务报表

　　C．向管理层提供意见和建议，以协助管理层履行职责

　　D．跟踪法定申报资料规定的提交日期，并将这些日期告知审计客户

　7．下列情况中，属于因自我评价对独立性产生不利影响的情形有（　　）。

　　A．在评价其所在会计师事务所的人员以前提供专业服务的结果时，注册会计师发现重大错误

　　B．会计师事务所为客户编制原始数据，这些数据构成审计业务的对象

　　C．会计师事务所设计或运行财务系统后，对该财务系统运行的有效性出具审计报告

　　D．审计项目组成员最近曾是客户的董事或高级管理人员

　8．下列事项中，与审计客户A公司形成直接经济利益的有（　　）。

　　A．注册会计师参股于某房地产公司，在审计期间A公司购买了该房地产公司的一套写字楼

　　B．注册会计师将自己的一套写字楼委托房地产中介公司出租，中介公司将该房产出租给了A公司，中介公司代为管理并收取5%的管理费

　　C．注册会计师将自己的一套写字楼以固定价格包租给房地产中介公司，中介公司将该写字楼出租给了A公司

　　D．注册会计师购买了某股票型基金，该基金持有A公司对外发行的大量股票

9．下列情况中，没有任何防范措施的有（   ）。

A．审计项目组成员甲在审计客户 A 公司中拥有可控制的价值 15 000 元的股票

B．审计项目组成员乙的妻子在审计客户 B 公司的母公司拥有可控制的价值 1 500 元的股票

C．会计师事务所的退休金计划在审计客户中拥有直接经济利益

D．合伙人通过继承从审计客户获得价值 1 500 元的股票

10．注册会计师于 2020 年 3 月 25 日承接了 A 公司债券发行的策划工作，2020 年 9 月 25 日又承接了 A 公司 2020 年度财务报表审计工作。注册会计师可能采取的措施有（   ）。

A．在审计报告中说明债券发行的策划工作对审计的影响

B．并不影响独立性，不采取任何措施

C．由项目组之外其他的注册会计师和专业人员复核审计和债券发行的策划工作

D．由另一会计师事务所重新执行债券发行的策划工作

11．与审计项目组成员存在密切私人关系的人员在被审计单位拥有经济利益，则应采取的防范措施有（   ）。

A．将存在密切私人关系的审计项目组成员调离审计项目组

B．不允许该审计项目组成员参与有关审计业务的任何重大决策

C．由审计项目组以外的注册会计师复核该审计项目组成员已执行的工作

D．让该项目组成员与存在密切关系的人员断绝关系

12．如果会计师事务所非审计项目组成员的主要近亲属，通过继承从审计客户获得直接经济利益，则（   ）。

A．将因自身利益产生不利影响　　　B．应当在合理期限内尽快处置全部经济利益

C．不对独立性产生不利影响　　　　D．该经济利益不必处置

13．会计师事务所长期委派同一名合伙人或高级员工执行某一客户的审计业务，将因密切关系和自身利益产生不利影响，不利影响的严重程度主要取决于（   ）。

A．该人员加入审计项目组的时间长短　B．该人员在审计项目组中的角色

C．会计师事务所的组织结构　　　　　D．会计师事务所获取的资质

14．会计师事务所、审计项目组成员或其主要近亲属作为受托管理人在审计客户中拥有直接经济利益或重大间接经济利益，如果允许拥有这种经济利益，需要同时满足的条件包括（   ）。

A．审计项目组成员及其主要近亲属和会计师事务所均不是受托财产的受益人

B．委托人在审计客户中拥有的经济利益对委托人并不重大

C．委托人不能对审计客户施加重大影响

D．针对委托人在审计客户中拥有的经济利益，受托管理人及其主要近亲属和会计师事务所对其任何投资决策都不能施加重大影响

15．会计师事务所和注册会计师应当考虑关联关系对独立性的损害，可能损害独立性的情形主要包括（   ）。

A．与审计项目组成员关系密切的家庭成员是审计客户的董事

B．审计客户的某人事处招聘人员是会计师事务所的前高级管理人员

C．会计师事务所的高级管理人员或签字注册会计师与审计客户长期交往

D．接受审计客户或其董事、高级管理人员的贵重礼品或超出社会礼仪的款待

三、判断题

1. 如果在审计报告涵盖的期间内,审计项目组成员兼任审计客户的董事或高级管理人员,将产生非常严重的不利影响,导致没有防范措施能够将其降至可接受的低水平。(　　)

2. 注册会计师执行审计和审阅业务及其他鉴证业务时,应当从实质上和形式上保持独立性,不得因任何利害关系影响其客观性。(　　)

3. 审计项目组成员丙持有被审计单位 200 股股票,现市值为 1500 元人民币,不会影响其独立性。(　　)

4. 如果注册会计师认为被审计单位的财务信息含有严重虚假或误导性的陈述,则注册会计师不得与这些有问题的信息发生牵连,这是诚信的基本要求。(　　)

5. 如果存在导致职业判断出现偏差或对职业判断产生不当影响的情形,注册会计师不得提供相关专业服务。(　　)

6. 鉴证小组的一名员工发现自己的近亲属持有某单位的股票,该员工可能采取的措施有退出项目组、与会计师事务所高级管理人员讨论该事项、与审计客户管理层讨论该事项、要求亲属处理该股票。(　　)

四、实训题

实训 1：判断商业关系对独立性的要求

1. 贝田会计师事务所接受委托,对甲公司 2020 年度财务报表进行审计。注册会计师林强作为项目合伙人,根据审计业务的要求,组建了甲公司审计项目组,假定存在以下情形。

（1）注册会计师林强以市场价格购买了甲公司开发的房产一套,按揭付款,总房价为 500 万元。

（2）注册会计师林强的母亲于 2020 年购买甲公司发行的企业债券,面值为 2000 元,即将到期。

（3）接受委托后,项目组成员 A 被甲公司聘为独立董事。为保持独立性,在审计业务开始前,贝田会计师事务所将其调离项目组。

（4）贝田会计师事务所合伙人 B 不属于项目组成员,其妻子继承父亲的遗产,其中包括甲公司内部职工股 20 000 股。

（5）项目组成员 C 的堂兄在甲公司担任后勤部副主任。

要求：针对上述情形,分别判断是否对独立性产生不利影响,并简要说明理由。

实训 2：判断家庭和私人关系对独立性的要求

上市公司甲公司是贝田会计师事务所的常年审计客户。XYZ 咨询公司与贝田会计师事务所以合作为目的,共享所有权。审计项目组在甲公司 2020 年度财务报表审计中遇到下列事项。

（1）审计开始前,由于财务人员紧缺,甲公司借用了贝田会计师事务所审计员 A,由其将甲公司会计人员编制并经财务经理审核的记账凭证录入 FIN 财务系统。A 不是甲公司财务报表审计项目组的成员。

（2）项目组成员 F 之前在甲公司担任 HR,负责应届毕业生的招聘工作,于 2018 年 9 月份从甲公司离职,加入贝田会计师事务所。

（3）项目组成员 C 的父亲曾经担任甲公司的监事,但已于 2020 年 2 月退休。C 于 2020 年 8 月加入贝田会计师事务所。

（4）2020 年 12 月,甲公司要求贝田会计师事务所代为建立健全内部控制体系。考虑到独立性的要求，贝田会计师事务所指派 XYZ 公司负责这项工作。

（5）贝田会计师事务所委派 D 担任甲公司 2020 年度财务报表审计项目质量控制复核人。D 曾担任甲公司 2010 年至 2019 年的年度财务报表审计项目合伙人。

（6）甲公司与贝田会计师事务所签订协议，由甲公司向其客户推荐贝田会计师事务所的服务。每次推荐成功后，贝田会计师事务所向甲公司支付 5%的业务介绍费。

（7）项目组成员 C 已经连续多年参与甲公司的财务报表审计。三年前，项目组成员 C 在审计过程中认识了甲公司应收账款会计 D，两人成为恋人，D 工作出色，目前已被晋升为甲公司的财务经理。C 和 D 准备于 2019 年国庆期间结婚。

（8）项目组于元旦假期结束后即入驻甲公司进行外勤审计，此时甲公司尚未结账，因计算当期所得税和递延所得税是较为复杂的会计问题，甲公司会计人员不能胜任，邀请项目组成员 E 帮忙完成，出于提高审计效率的考虑，E 为甲公司计算了当期所得税和递延所得税，并编制了相关分录。

要求：针对上述第（1）项至第（8）项，逐项指出是否可能违反了《中国注册会计师职业道德守则》有关独立性的规定，并简要说明理由。

实训 3：判断经济利益——主要近亲属因受雇于审计客户而产生的经济利益对独立性的要求

2021 年 1 月 5 日，贝田会计师事务所接受甲公司委托审计其 2020 年度财务报表，在接受委托之前，了解到以下情况。

（1）2020 年 7 月，贝田会计师事务所按照正常的借款程序和条件，向交通银行以抵押贷款的方式借款 2000 万元，用于购置办公用房，甲公司是该笔贷款的担保人。

（2）审计小组成员 A 自 2019 年以来一直协助甲公司编制财务报表。

（3）在承接甲公司 2020 年度财务报表审计工作时，了解到拟安排本次审计项目经理的妻子在甲公司担任人事部经理，会计师事务所安排了同一部门的注册会计师担任本审计项目的经理。

（4）甲公司现因急需为取得银行贷款要求贝田会计师事务所加快进度加班完成，承诺一旦如期完成，将安排项目合伙人去欧洲旅游。

要求：请根据《中国注册会计师职业道德守则》有关独立性的规定，分别判断上述几种情形是否对注册会计师的独立性产生不利影响，并简要说明理由。

模块三

审计循环实务

本模块包括：

- 项目四　货币资金的审计
- 项目五　销售与收款循环的审计
- 项目六　采购与付款循环的审计
- 项目七　生产与存货循环的审计

项目四

货币资金的审计

学习目标

知识目标

1. 理解货币资金内部控制的特点。
2. 掌握货币资金的重大错报风险。
3. 掌握库存现金监盘程序的要点。
4. 掌握银行存款的函证程序。
5. 掌握银行存款余额调节表的审计程序。

技能目标

1. 能对货币资金的内部控制进行控制测试。
2. 能识别和应对货币资金发生的重大错报风险。
3. 能综合运用各种实质性程序，揭示库存现金、银行存款和其他货币资金业务可能存在的重大问题。

项目导入

在对恒润公司 2020 年度财务报表进行审计时，注册会计师李芳负责审计货币资金项目，部分审计情况记录如下。

（1）恒润公司关于支票的内部控制：财务经理负责支票的签署，外出时其职责由副经理代为履行；副经理负责银行预留印鉴卡的保管和财务专用章的管理，外出时其职责由财务经理代为履行；财务人员乙负责空白支票的管理，仅在出差期间空白支票交由财务经理临时代管；负责签署支票的财务经理的个人名章由其本人亲自保管，仅在出差期间个人名章交由副经理临时代管。

（2）现金监盘情况：恒润公司在总部和营业部均设有出纳部门。为顺利监盘库存现金，李芳在监盘前一天通知恒润公司会计主管人员做好监盘准备。考虑到出纳人员日常的工作安排，对总部和营业部库存现金的监盘时间分别定在上午八点和下午五点。监盘时，出纳人员把现金放入保险柜，并将已办妥现金收付手续的交易登入现金日记账，结出现金日记账余额；然后，李芳当场盘点现金，并与现金日记账核对后填写库存现金监盘表，签字后形成审计工作底稿。

（3）银行存款函证情况：李芳确定恒润公司 2020 年度财务报表整体的重要性为 200 万元，明显微小错报的临界值为 10 万元。李芳实施了银行存款函证程序，部分内容摘录如表 4-1 所示。

表 4-1　银行存款函证的部分内容

询证函编号	是否回函（是/否）	账面余额（元）	回函金额（元）	差　　异	审 计 说 明
银行询证函：					（1）
Y1	是	3500	3500	0	（2）
Y2	是	235	232	3	（3）

审计说明：

（1）对恒润公司 2020 年 12 月 31 日有往来余额的银行账户实施函证程序。

（2）恒润公司为该银行的重要客户，有业务专员上门办理各类业务。2021 年 2 月 18 日，李芳在恒润公司财务经理的陪同下将询证函交予上门办理业务的银行业务专员。银行业务专员当场盖章回函。函证结果满意。

（3）差异金额为 3 万元，小于明显微小错报的临界值，无须实施进一步审计程序。

问题思考

1. 请指出恒润公司关于支票的内部控制是否存在缺陷，若存在请提出改进建议。
2. 请指出库存现金监盘工作中有哪些不当之处，并提出改进建议。
3. 针对银行存款函证审计说明中的三个事项，逐项指出李芳的做法是否恰当。如不恰当，请简要说明理由。

财务报表审计的方法大致有两种：一种是账户法，即对财务报表的每个账户余额单独进行审计；另一种是循环法，即将财务报表分成几个循环进行审计，把紧密联系的交易种类和账户余额归入同一循环中，按业务循环实施审计。一般而言，循环法更符合被审计单位的业务流程和内部控制设计的实际情况，不仅可加深审计人员对被审计单位经济业务的理解，而且由于将特定业务循环所涉及的财务报表项目分配给一名或数名审计人员，增强了审计人员分工的合理性，有助于提高审计工作的效率与效果。在本模块中，我们按照各财务报表项目与业务循环的相关程度，将审计业务分为四大循环，各业务循环与其所涉及的主要财务报表项目之间的对应关系如表 4-2 所示。

表 4-2　业务循环与主要财务报表项目对应表

业 务 循 环	资产负债表项目	利润表项目
销售与收款循环	应收票据、应收账款、长期应收款、合同负债、预收款项、应交税费、合同履约成本、合同取得成本等	营业收入、税金及附加、销售费用
采购与付款循环	预付账款、固定资产、在建工程、工程物资、固定资产清理、资产处置损益、无形资产、开发支出、商誉、长期待摊费用、应付票据、应付账款、长期应付款等	管理费用
生产与存货循环	存货（包括材料采购或在途物资、原材料、材料成本差异、库存商品、发出商品、商品进销差价、委托加工物资、委托供销商品、受托代销商品、周转材料、生产成本、制造费用、劳务成本、存货跌价准备、受托代销商品款等）、应付职工薪酬等	营业成本、销售费用、管理费用

续表

业务循环	资产负债表项目	利润表项目
投资与筹资循环	交易性金融资产、交易性金融负债、债权投资、其他债权投资、其他权益工具投资、长期股权投资、投资性房地产、递延所得税资产、其他应收款等	财务费用、资产减值损失、公允价值变动收益

注：货币资金与每一个循环都密切相关，因此单独作为一个项目阐述。投资与筹资循环在中小型企业中应用较少，本教材没有单列项目讲解。

任务一　货币资金的特点及相关内部控制

　　货币资金是企业资产的重要组成部分，任何企业进行生产经营活动都必须拥有一定数额的货币资金，持有货币资金是企业生产经营活动的基本条件，关乎企业的命脉。只有保持健康的、正的现金流，企业才能够继续生存；如果出现现金流逆转迹象，产生了不健康的、负的现金流，长此以往，企业将会陷入财务困境，并引发外界对企业的持续经营能力的疑虑。

一、货币资金与各交易循环的关系

　　货币资金与各交易循环均直接相关，具体关系如图 4-1 所示。需要说明的是，图 4-1 仅选取了各业务循环中具有代表性的会计科目或财务报表项目予以列示，并未包括各业务循环中与货币资金有关的全部会计科目或财务报表项目。

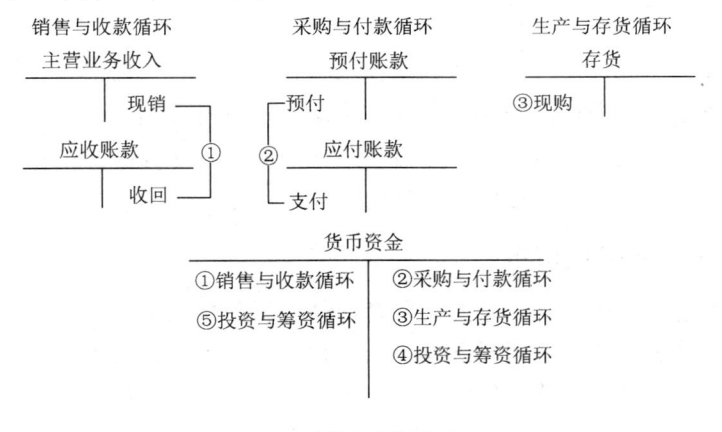

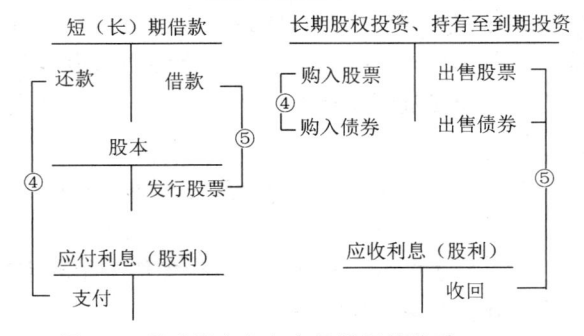

图 4-1　货币资金与各交易循环的关系

二、涉及的主要凭证和会计记录

货币资金涉及的主要凭证和会计记录如下：现金盘点表；银行对账单；银行存款余额调节表；有关科目的记账凭证；有关会计账簿。

三、涉及的主要业务活动

（一）库存现金管理

出纳人员每日对库存现金进行盘点，编制现金日记表，计算当日现金收入、支出及结余额，并将结余额与实际库存额进行核对，如有差异应及时查明原因。会计主管应不定期检查现金日记表。

每月末，会计主管指定由出纳人员以外的人员对现金进行盘点，编制库存现金盘点表，将盘点金额与现金日记账余额进行核对。对冲抵库存现金的借条、未提现支票、未报销的原始凭证，在库存现金盘点报告表中予以注明。会计主管复核库存现金盘点表，如果盘点金额与现金日记账余额存在差异，应查明原因并报经财务经理批准后进行财务处理。

（二）银行存款管理

银行存款管理主要包括银行账户管理、编制银行存款余额调节表、票据管理和印章管理。

四、货币资金内部控制介绍

一般而言，良好的货币资金内部控制应该达到以下几点：货币资金收支与记账的职责相分离；货币资金收支要有合理、合法的凭据；全部收支及时准确入账，并且资金支付应严格遵循审批、复核制度；控制现金坐支，当日收入现金应及时送存银行；按月盘点现金，编制银行存款余额调节表，以做到账实相符；对货币资金进行内部审计。

（一）岗位分工及授权审批

（1）企业应当建立货币资金业务的岗位责任制，明确相关部门和岗位的职责权限，确保办理货币资金业务的不相容岗位相互分离、制约和监督。出纳人员不得负责稽核、会计档案的保管和收入、支出、费用、债权债务账目的登记工作。企业不得由一人负责货币资金业务的全过程。

（2）企业应当对货币资金业务建立严格的授权审批制度，明确审批人对货币资金业务的审批方式、权限、程序、责任和相关控制措施，规定经办人办理货币资金业务的职责范围和工作要求。对于审批人超越授权范围审批的货币资金业务，经办人有权拒绝办理，并及时向审批人的上级授权部门报告。

（3）企业应当按照规定的程序办理货币资金支付业务：支付申请；支付审批；支付复核；办理支付。

（4）对于重要货币资金支付业务，企业应当进行集体决策和审批，并建立责任追究制度，防止贪污、侵占、挪用货币资金等行为的发生。

（5）严禁未经授权的机构或人员办理货币资金业务或直接接触货币资金。

（二）库存现金和银行存款的管理

（1）企业应当加强现金库存限额的管理，超过库存限额的现金应及时存入银行。

（2）企业必须根据《现金管理暂行条例》的规定，结合本企业的实际情况，确定本企业现金的开支范围。不属于现金开支范围的业务应当通过银行办理转账结算。

（3）企业的现金收入应当及时存入银行，不得直接用于支付（即坐支）。因特殊情况需坐支现金的，应事先报经开户银行审查批准，由开户银行核定坐支范围和限额。企业借出款项必须执行严格的授权审批程序，严禁擅自挪用、借出货币资金。

（4）企业取得的货币资金收入必须及时入账，不得私设"小金库"，不得设"账外账"，严禁收款不入账。

（5）企业应当严格按照《支付结算办法》等国家有关规定，加强对银行账户的管理，严格按照规定开立账户，办理存款、取款和结算。银行账户的开立应当符合企业经营管理的实际需要，不得随意开立多个账户，禁止企业内设管理部门自行开立银行账户。

（6）企业应当严格遵守银行的结算纪律，不准签发没有资金保证的票据或远期支票，套取银行信用；不准签发、取得和转让没有真实交易和债权债务的票据，套取银行和他人的资金；不准违反规定开立和使用银行账户。

（7）企业应当指定专人定期核对银行账户（每月至少核对一次），编制银行存款余额调节表，使银行存款的账面余额与银行对账单调节后相符。如调节不符，应查明原因，并及时处理。

（8）企业应当定期和不定期地进行现金盘点，确保现金账面余额与实际库存相符。如发现不符，应及时查明原因并进行处理。

（三）票据及有关印章的管理

（1）企业应当加强与对货币资金相关的票据的管理，明确各种票据的购买、保管、领用、背书转让、注销等环节的职责权限和程序，并专设登记簿进行记录，防止空白票据的遗失和被盗用。

（2）企业应当加强对银行预留印鉴的管理。财务专用章应由专人保管，个人名章必须由本人或其授权人员保管。严禁一人保管支付款项所需的全部印章。

（四）监督检查

（1）企业应当建立对货币资金业务的监督检查制度，明确监督检查机构和人员的职责权限，定期和不定期地进行检查。

（2）货币资金监督检查的内容主要如下：货币资金业务相关岗位及人员的设置情况；货币资金授权审批制度的执行情况；支付款项所需印章的保管情况；票据的保管情况。重点检查票据的购买、领用、保管手续是否健全，票据保管是否存在漏洞。

（3）对于在监督检查过程中发现的货币资金内部控制中的薄弱环节，企业应当及时采取措施加以纠正和完善。

任务二　货币资金相关的重大错报风险

一、货币资金可能发生错报的环节

货币资金可能发生错报的环节具体列示如下。

（1）被审计单位资产负债表的货币资金项目中的库存现金和银行存款在资产负债表日不存在（存在认定）。

（2）被审计单位所有应当记录的现金收支业务和银行存款收支业务未得到完整记录，存在遗漏（完整性认定）。

（3）被审计单位的现金通过舞弊手段被侵占（完整性认定）。

（4）记录的库存现金和银行存款不为被审计单位所拥有或控制（权利和义务认定）。

（5）库存现金和银行存款的金额未被恰当地包括在财务报表的货币资金项目中，与之相关的计价调整未得到恰当记录（计价和分摊认定）。

（6）库存现金和银行存款未按照《企业会计准则》的规定在财务报表中做出恰当列报。

二、识别应对可能发生错报环节的内部控制

（一）库存现金内部控制

注册会计师应当注意检查库存现金内部控制的建立和执行情况，重点如下。

（1）库存现金的收支是否按规定的程序和权限办理。

（2）是否存在与被审计单位经营无关的款项收支情况。

（3）出纳人员与会计人员的职责是否严格分离。

（4）库存现金是否妥善保管，是否定期盘点、核对等。

（二）银行存款内部控制

注册会计师应当注意的内容如下。

（1）银行存款的收支是否按规定的程序和权限办理。

（2）银行账户的开立是否符合《银行账户管理办法》等相关法律、法规的要求。

（3）银行账户是否存在与本单位经营无关的款项收支情况。

（4）是否存在出租、出借银行账户的情况。

（5）出纳人员与会计人员的职责是否严格分离。

（6）是否定期取得银行对账单，并编制银行存款余额调节表等。

对于支票报销和现金报销，企业应建立报销制度。报销人员报销时应当有正常的报批手续、适当的付款凭据，有关采购支出还应有验收手续。会计部门应对报销单据加以审核，出纳人员见到加盖核准戳记的支出凭据后方可付款。

三、重大错报风险的情形

（一）认定层次的重大错报风险的可能情形

（1）虚假的货币资金余额或交易导致银行存款余额的存在或交易的发生存在重大错报风险。

（2）因未采用正确的折算汇率导致外币交易计价错误（准确性、计价和分摊）。

（3）期末银行存款收支存在大额的截止性错误，如银付企未付、企收银未收等。

（3）未按规定对货币资金做出恰当披露，如未披露限制使用的大额银行存款。

（二）货币资金审计中需要保持警觉的事项或情形

存在以下事项或情形时，可能表明存在舞弊风险。

（1）被审计单位的现金交易比例较高，并与其所在行业常用的结算模式不同。

（2）库存现金的规模明显超过业务周转所需的资金。

（3）银行账户开立数量与企业实际的业务规模不匹配。

（4）在没有经营业务的地区开立银行账户。

（5）企业资金存放在管理层或员工的个人账户中。

（6）货币资金收支金额与现金流量表不匹配。

（7）不能提供银行对账单或银行存款余额调节表。

（8）存在长期或大量银行未达账项。

（9）银行存款明细账存在非正常转账的"一借一贷"。

（10）违反货币资金存放和使用规定，如上市公司未经批准开立账户转移募集资金、未经许可将募集资金转作其他用途等。

（11）存在大额外币收付记录，而被审计单位并不涉足外贸业务。

（12）被审计单位以各种理由不配合注册会计师对银行存款进行函证。

（三）需要保持警觉的其他事项或情形

存在以下事项或情形时，可能表明存在舞弊风险。

（1）存在没有具体业务支持或与交易不相匹配的大额资金往来。

（2）长期挂账的大额预付款项。

（3）存在大额自有资金的同时，向银行高额举债。

（4）付款方账户名称与销售客户名称不一致、收款方账户名称与供应商名称不一致。

（5）开具的银行承兑汇票没有银行承兑协议支持。

（6）银行承兑票据的保证金余额与应付票据的余额比例不合理。

【例题1·简答题】审计项目组发现X银行询证函回函上的印章与以前年度的不同，甲公司管理层解释X银行于上一年年中变更了印章样式，并提供了X银行的收款回单，审计项目组通过比对印章样式，认可了甲公司管理层的解释。

要求：指出审计项目组的做法是否恰当，如不恰当提出改进建议。

答案解析：不恰当。改进建议：如果认为管理层提供的文件记录可能是伪造的，注册会计师应当从其他来源获取证据加以证实，包括直接向X银行函证。

任务三 测试货币资金的内部控制

一、库存现金的控制测试

在已识别的重大错报风险的基础上,注册会计师选取拟测试的内部控制并实施控制测试。以下举例说明几种常见的库存现金内部控制及注册会计师相应可能实施的控制测试程序。

(一)现金付款的审批、复核与控制测试程序

现金付款的审批、复核的内部控制要求及控制测试程序如表 4-3 所示。

表 4-3 现金付款的审批、复核与控制测试程序

内部控制要求(被审计单位)	控制测试程序
(1)部门经理审批本部门的付款申请,审核付款业务是否真实发生、付款金额是否准确,以及后附票据是否齐备,并在复核无误后签字确认; (2)财务部门在安排付款前,财务经理再次复核经审批的付款申请及后附相关凭据或证明,如核对一致,签字确认并安排付款	(1)询问相关业务部门的部门经理和财务经理其在日常现金付款业务中执行的内部控制,以确定是否与被审计单位内部控制政策要求保持一致; (2)观察财务经理复核付款申请的过程,是否核对了付款申请的用途、金额及后附相关凭据,以及在核对无误后是否进行了签字确认; (3)重新核对经审批及复核的付款申请及其相关凭据,并检查是否经签字确认

(二)现金盘点与控制测试程序

关于现金盘点的内部控制要求及控制测试程序具体如表 4-4 所示。

表 4-4 现金盘点与控制测试程序

内部控制要求(被审计单位)	控制测试程序
(1)会计主管指定应付账款的会计人员在每月的最后一天对库存现金进行盘点,根据盘点结果编制库存现金盘点表,将盘点余额与现金日记账余额进行核对,并对差异调节项进行说明; (2)会计主管复核库存现金盘点表,如盘点金额与现金日记账余额存在差异且差异金额超过 2 万元,需查明原因并报经财务经理批准后进行财务处理	(1)在每月最后一天参与被审计单位的现金盘点,检查是否由应付账款会计人员进行现金盘点; (2)观察现金盘点程序是否按照盘点计划的指令和程序执行,是否编制了现金盘点表并根据内部控制要求经财务部相关人员签字复核; (3)检查现金盘点表中记录的现金盘点余额是否与实际盘点金额保持一致、现金盘点表中记录的现金日记账余额是否与被审计单位现金日记账中的余额保持一致; (4)针对调节差异金额超过2万元的调节项,检查是否经财务经理批准后进行财务处理

二、银行存款的控制测试

在已识别的重大错报风险的基础上,注册会计师选取拟测试的内部控制并实施控制测试。以下举例说明几种常见的银行存款内部控制及注册会计师相应可能实施的控制测试程序。

(一)银行账户的开立、变更、注销与控制测试程序

关于银行账户开立、变更与注销的内部控制要求及控制测试程序具体如表 4-5 所示。

项目四　货币资金的审计

表 4-5　银行账户的开立、变更、注销与控制测试程序

内部控制要求（被审计单位）	控制测试程序
会计主管根据被审计单位的实际业务需要就银行账户的开立、变更和注销提出申请，经财务经理审核后报经总经理审批	（1）询问会计主管被审计单位本年开户、变更、注销的整体情况； （2）取得本年度账户开立、变更、注销申请项目清单，检查清单的完整性，并在选取适当样本的基础上检查账户的开立、变更、注销项目是否已经财务经理和总经理审批

（二）银行付款的审批、复核与控制测试程序

银行付款审批与复核的内部控制要求及控制测试程序具体如表 4-6 所示。

表 4-6　银行付款的审批、复核与控制测试程序

内部控制要求（被审计单位）	控制测试程序
（1）部门经理审批本部门的付款申请，审核付款业务是否真实发生、付款金额是否准确，以及后附票据是否齐备，并在复核无误后签字确认； （2）财务部门在安排付款前，财务经理再次复核经审批的付款申请及后附相关凭据或证明，如核对一致，签字确认并安排付款	（1）询问相关业务部门的部门经理和财务经理在日常银行付款业务中执行的内部控制，以确定是否与被审计单位内部控制政策要求保持一致； （2）观察财务经理复核付款申请的过程，是否核对了付款申请的用途、金额及后附相关凭据，以及在核对无误后是否进行了签字确认； （3）重新核对经审批及复核的付款申请及其相关凭据，并检查是否经签字确认

（三）编制银行存款余额调节表与控制测试程序

编制银行存款余额调节表的内部控制要求及控制测试程序具体如表 4-7 所示。

表 4-7　编制银行存款余额调节表与控制测试程序

内部控制要求（被审计单位）	控制测试程序
（1）每月月末，会计主管指定应收账款的会计人员核对银行存款日记账和银行对账单，编制银行存款余额调节表，使银行存款的账面余额与银行对账单调节相符。如存在差异项，查明原因并进行差异调节说明； （2）会计主管复核银行存款余额调节表，对需要进行调整的项目及时进行处理，并签字确认	（1）询问应收账款的会计人员和会计主管，以确定其执行的内部控制是否与被审计单位内部控制政策要求保持一致，特别是针对未达账项的编制及审批流程； （2）针对选取的样本，检查银行存款余额调节表，查看调节表中记录的企业银行存款日记账余额是否与银行存款日记账余额保持一致、调节表中记录的银行对账单余额是否与被审计单位提供的银行对账单中的余额保持一致； （3）针对要调整的项目，检查是否经会计主管签字复核； （4）针对大额未达账项进行期后收付款的检查

【例题 2·多选题】注册会计师 A 审计甲公司 2020 年度财务报表，针对以下与货币资金相关的内部控制，应提出改进建议的有（　　）。

A. 现金收入必须及时存入银行，不得直接用于公司的支出

B. 在办理费用报销的付款手续后，出纳人员应及时登记现金、银行存款日记账和相关费用明细账

C. 指定负责成本核算的会计人员每月核对一次银行存款账户

D. 期末应当核对银行存款日记账余额和银行对账单余额。对余额核对相符的银行存款账户，无须编制银行存款余额调节表

正确答案：BD

答案解析：选项 B，出纳人员不得负责稽核、会计档案的保管和收入、支出、费用、债权债务账目的登记工作；选项 D，仍然需要编制银行存款余额调节表。

133

任务四　库存现金审计

一、库存现金的审计目标

（一）库存现金的审计目标与认定的对应关系

库存现金的审计目标与认定的对应关系如表 4-8 所示。

表 4-8　库存现金的审计目标与认定的对应关系

审计目标	存在	完整性	权利和义务	计价和分摊	与列报相关的认定
① 资产负债表中记录的库存现金是存在的	√				
② 应当记录的库存现金均已记录		√			
③ 记录的库存现金由被审计单位拥有或控制			√		
④ 库存现金以恰当的金额包括在财务报表中，与之相关的计价调整已恰当记录				√	
⑤ 库存现金已按照《企业会计准则》的规定在财务报表中做出恰当列报					√

（二）库存现金的审计目标与审计程序的对应关系

库存现金的审计目标与审计程序的对应关系如表 4-9 所示。

表 4-9　库存现金的审计目标与审计程序的对应关系

审计目标	可供选择的审计程序
①②③④	监盘库存现金
①②④	抽查大额库存现金收支
④	核对库存现金日记账和总账的余额是否相符，检查非记账本位币库存现金的折算汇率及折算金额是否正确
①④	分析被审计单位日常库存现金余额是否合理，是否存在大额未缴存的现金
①②④	抽查资产负债表日前后若干天的一定金额以上的现金收支，对其实施截止测试
⑤	检查库存现金是否在财务报表中做出恰当列报

二、库存现金审计的实质性程序

（一）核对库存现金

核对库存现金日记账与总账的金额是否相符，检查非记账本位币库存现金的折算汇率及折算金额是否正确。审计人员测试现金余额的起点时，应核对库存现金日记账与总账的金额是否相符。如果不相符，应查明原因，必要时应建议被审计单位做出适当调整。

（二）监盘库存现金

监盘库存现金是证实资产负债表中货币资金项目下所列库存现金是否存在的一项重要审计程序。

4-1 库存现金监盘

1．盘点的范围

企业盘点库存现金，通常包括对已收到但未存入银行的现金、零用金、找换金等的盘点。盘点范围一般包括企业各部门经管的现金。

2．盘点的主体

盘点库存现金的时间和人员应视被审计单位的具体情况而定，但必须有出纳人员和被审计单位会计主管人员参加，并由审计人员进行监盘。

3．盘点的方式

对库存现金的监盘实施突击性的检查。

4．盘点的时间

对库存现金的监盘时间最好选择在上午上班前或下午下班时进行。

5．监盘过程

在盘点库存现金前，应由出纳人员将现金集中起来存入保险柜。必要时可加以封存，然后由出纳人员把已办妥现金收付手续的收付款凭证登入库存现金日记账。如果被审计单位库存现金的存放部门有两处或两处以上，应同时进行盘点。

> **行家提示**：审阅库存现金日记账并同时与现金收付款凭证相核对。一方面检查库存现金日记账的记录与现金收付款凭证的内容和金额是否相符；另一方面了解现金收付款凭证的日期与库存现金日记账的日期是否相符或接近。由出纳人员根据库存现金日记账，结出现金结余额。

6．盘点现金实存数

盘点现金时，应由出纳人员清点现金，审计人员现场监督，同时由审计人员编制库存现金监盘表（见表4-10），分币种、面值列示盘点金额。

表4-10　库存现金监盘表

被审计单位：＿＿＿＿＿＿＿＿＿＿　　索引号：＿＿＿＿＿＿＿＿＿＿

项目：＿＿＿＿＿＿＿＿＿＿　　　　财务报表截止日/期间：＿＿＿＿＿

编制：＿＿＿＿＿＿＿＿＿＿　　　　复核：＿＿＿＿＿＿＿＿＿＿

日期：＿＿＿＿＿＿＿＿＿＿　　　　日期：＿＿＿＿＿＿＿＿＿＿

检查盘点记录					实有库存现金盘点记录					
项　目	项次	人民币	美元	某外币	面　额	人民币		美元		某外币	
^^	^^	^^	^^	^^	^^	张	金额	张	金额	张	金额
上一日账面库存余额	①										
盘点日末记账传票收入金额	②				100元						
盘点日末记账传票支出金额	③				50元						
盘点日账面应有金额	④=①+②-③				10元						

续表

检查盘点记录					实有库存现金盘点记录			
项　目	项　次	人民币	美元	某外币	面　额	人民币	美元	某外币
盘点日实有库存现金数额	⑤				5元			
盘点日应有与实有金额差异	⑥=④-⑤				2元			
差异原因分析	白条抵库（张）				1元			
					0.5元			

出纳人员：　　　　会计主管人员：　　　　监盘人：　　　　检查日期：

审计说明：

将盘点的金额与库存现金日记账余额进行核对，如有差异，应要求被审计单位查明原因，必要时应提请被审计单位做出调整，如无法查明原因，应要求被审计单位按管理权限批准后做出调整。若有冲抵库存现金的借条、未提现支票、未报销的原始凭证，应在库存现金监盘表中注明或做出必要的调整。

7. 在非资产负债表日监盘的调整事项

在非资产负债表日进行盘点和监盘时，应将金额调整至资产负债表日的金额。

**资产负债表的实有数=盘点日的实有数-资产负债表日至盘点日收入数+
资产负债表日至盘点日支出数**

【例题3·单选题】2021年3月5日，审计人员对N公司全部现金进行监盘后，确认实有现金数额为1000元。N公司3月4日账面库存现金余额为2000元，3月5日发生的现金收支全部未登记入账，其中收入金额为3000元、支出金额为4000元，2021年1月1日至3月4日现金收入总额为165 200元、现金支出总额为165 500元，则推断2020年12月31日库存现金余额应为（　　）元。

A．1300　　　　　　B．2300　　　　　　C．700　　　　　　D．2700

正确答案：B

答案解析：3月5日为盘点日，则2020年12月31日应结存数＝1000-（165 200+3000）+（165 500+4000）=2300元。故B是正确的。

（三）分析库存现金余额是否合理

分析被审计单位日常库存现金的余额是否合理，关注是否存在大额未缴存的现金。

（四）抽查大额库存现金收支

检查大额现金收支的原始凭证是否齐全、原始凭证的内容是否完整、有无授权批准、记账凭证与原始凭证是否相符、账务处理是否正确、是否记录于恰当的会计期间等多项内容。

（五）进行截止测试

抽查资产负债表日前后若干天的、一定金额以上的现金收支凭证实施截止测试。被审计单位资产负债表的货币资金项目中的库存现金数额应以结账日的实有数额为准。因此，审计人员必须验证现金收支的截止日期，以确定是否存在跨期事项，并考虑是否提出调整建议。

（六）检查库存现金是否在财务报表中做出恰当列报

根据有关规定，库存现金应在资产负债表的货币资金项目中反映，审计人员应在实施上述审计程序后，确定"库存现金"账户的期末余额是否恰当，进而确定库存现金是否在资产负债表中做出恰当列报。

任务五　银行存款审计

一、银行存款的审计目标

（一）银行存款的审计目标与认定的对应关系

银行存款的审计目标与认定的对应关系如表 4-11 所示。

表 4-11　银行存款的审计目标与认定的对应关系

审计目标	财务报表认定			
	存在	完整性	权利和义务	计价和分摊	与列报相关的认定
① 记录的银行存款是存在的	√				
② 应当记录的银行存款均已记录		√			
③ 记录的银行存款由被审计单位拥有或控制			√		
④ 银行存款以恰当的金额包括在财务报表中，与之相关的计价调整已恰当记录				√	
⑤ 银行存款已按照《企业会计准则》的规定在财务报表中做出恰当列报					√

（二）银行存款的审计目标与审计程序的对应关系

银行存款的审计目标与审计程序的对应关系如表 4-12 所示。

表 4-12　银行存款的审计目标与审计程序的对应关系

审计目标	可供选择的审计程序
①②④	计算银行存款累计余额应收利息收入，分析、比较被审计单位银行存款应收利息收入与实际利息收入是否存在差异、差异是否恰当，评估利息收入的合理性，检查是否存在高息资金拆借，确认银行存款余额是否存在，利息收入是否已经完整记录（分析程序）
①③⑤	检查银行存单（有可能质押，涉及披露问题）
①②④	取得并检查银行存款余额调节表
①③④	函证银行存款余额，编制银行函证结果汇总表，检查银行回函

续表

审 计 目 标	可供选择的审计程序
①②④	抽查大额银行存款收支的原始凭证
①②	检查银行存款收支的截止时间是否正确
④	获取或编制银行存款明细表
③	检查银行存款账户的存款人是否为被审计单位,若不是被审计单位,应获取该户户主和被审计单位的书面声明,确认是否需要提请被审计单位进行调整
③⑤	关注是否存在质押、冻结等可变现有限制或存放在境外的款项
⑤	对不符合现金和现金等价物的银行存款在审计工作底稿中予以列明,以考虑对现金流量表的影响
⑤	检查银行存款是否在财务报表中做出恰当列报

二、银行存款审计的实质性程序

(一)核对银行存款

获取或编制银行存款余额明细表,复核加计是否正确,并与总账数和日记账合计数核对是否相符;检查非记账本位币银行存款的折算汇率及折算金额是否正确。审计人员测试银行存款余额的起点时,应核对银行存款日记账与总账的余额是否相符。如果不相符,应查明原因,必要时应建议被审计单位做出适当调整。

(二)实施实质性分析程序

计算银行存款累计余额应收利息收入,分析、比较被审计单位银行存款应收利息收入与实际利息收入是否存在差异、差异是否恰当,评估利息收入的合理性,检查是否存在高息资金拆借,确认银行存款余额是否存在,利息收入是否已经完整记录。

(三)检查银行存单

编制银行存单检查表,检查是否与账面记录的金额一致,是否被质押或限制使用,存单是否为被审计单位所拥有。

(1)对已质押的定期存款,应检查定期存单,并与相应的质押合同核对,同时关注定期存单对应的质押借款有无入账。

(2)对未质押的定期存款,应检查开户证书原件。

(3)对审计外勤工作结束日前已提取的定期存款,应核对相应的兑付凭证、银行对账单和定期存款复印件。

(四)取得并检查银行对账单和银行存款余额调节表

取得并检查银行对账单和银行存款余额调节表是证实资产负债表中所列银行存款是否存在的重要程序。银行存款余额调节表通常应由被审计单位根据不同的银行账户及货币种类分别编制,其格式如表4-13所示。

表 4-13　银行存款余额调节表

企业：N 公司　　　　　　　　　2020 年 12 月 31 日

项　目	金额（元）	项　目	金额（元）
银行对账单余额	585 000	银行存款日记账余额	625 000
加：企业已收账银行未收账	100 000	加：银行已收账企业未记账	35 000
减：企业已付账银行未付账	50 000	减：银行已付账企业未记账	25 000
调节后存款余额	635 000	调节后存款余额	635 000
会计主管：　　　记账：　　　出纳：　　　审核：　　　填制：			

（五）函证银行存款余额

银行存款函证是指审计人员在执行审计业务的过程中，需要以被审计单位的名义向有关单位发询证函，以验证被审计单位的银行存款是否真实、合法、完整。函证银行存款余额是证实资产负债表所列银行存款是否存在的重要程序。通过向往来银行函证，**审计人员不仅可以了解被审计单位资产的存在**，还可以了解**被审计单位账面反映所欠银行债务的情况**，并有助于发现被审计单位未入账的银行借款和未披露的或有负债。函证时应注意以下事项。

（1）向被审计单位在本期存过款的银行发询证函，包括零余额账户和在本期内注销的账户。

（2）确定被审计单位账面余额与银行函证结果的差异，对不符事项做出适当处理。

一般来说，各商业银行、政策性银行、非银行金融机构要在收到询证函之日起 10 个工作日内，根据函证的具体要求，及时回函并可按照国家有关的规定收取询证费用；各有关企业或单位根据函证的具体要求回函。

如果不对这些项目实施函证程序，审计人员应当在审计工作底稿中说明理由。

> 行家提示：
> （1）审计人员应当对银行存款余额（**包括零余额账户和在本期内注销的账户**）及与金融机构往来的其他重要信息实施函证程序，除非有充分的证据表明某一银行存款及与金融机构往来的其他重要信息对财务报表不重要且与之相关的重大错报风险很低。
> （2）审计人员需要考虑是否对在本期内注销的账户的银行进行函证，这通常是因为有可能存款账户已注销但仍有银行借款或其他负债存在。

银行询证函的格式如参考格式 4-1 所示。

参考格式 4-1　银行询证函

银行询证函

编号：

××（银行）：

本公司聘请的××会计师事务所正在对本公司××年度财务报表进行审计，按照《中国注册会计师审计准则》的要求，函证本公司与贵行相关的信息。下列信息出自本公司记录，如与贵行记录相符，请在本函下端"信息证明无误"处签字证明；如有不符，请在"信息不符"处列明不符项目及具体内容；如存在与本公司有关的未列入本函的其他重要信息，也请在"信息不符"处列出其详细资料。回函请直接寄到××会计师事务所。

回函地址：　　　　　　　　　　　　　　邮编：

电话：　　　　　传真：　　　　　联系人：

截至××年××月××日，本公司与贵行相关的信息列示如下。

1. 银行存款

账户名称	银行账号	币种	利率	余额	起止日期	是否被质押、用于担保或存在其他使用限制	备注

除上述列示的银行存款外,本公司并无在贵行的其他存款。

注:"起止日期"一栏仅适用于定期存款,如为活期或保证金存款,可只填写"活期"或"保证金"字样。

2. 银行借款

借款人名称	币种	本息余额	借款日期	到期日期	利率	借款条件	抵(质)押品担保人	备注

除上述列示的银行借款外,本公司并无自贵行的其他借款。

注:此项仅函证截至资产负债表日本公司尚未归还的借款。

3. 截至函证日之前 12 个月内注销的账户

账户名称	银行账号	币种	注销账户日期

除上述列示的账户外,本公司并无截至函证日之前 12 个月内在贵行注销的其他账户。

4. 委托存款

账户名称	银行账号	借款方	币种	利率	余额	存款起止日期	备注

除上述列示的委托存款外,本公司并无通过贵行办理的其他委托存款。

5. 委托贷款

账户名称	银行账号	资金使用方	币种	利率	本金	利息	贷款起止日期	备注

除上述列示的委托贷款外,本公司并无通过贵行办理的其他委托贷款。

6. 担保

(1) 本公司为其他单位提供的,以贵行为担保受益人的担保。

被担保人	担保方式	担保金额	担保期限	担保事由	担保合同编号	被担保人与贵行就担保事项往来的内容(借款等)	备注

除上述列示的担保外，本公司并无其他以贵行为担保受益人的担保。

注：如果以抵押或质押的方式提供担保，应在备注中说明抵押物或质押物情况。

(2) 贵行向本公司提供的担保。

被担保人	担保方式	担保金额	担保期限	担保事由	担保合同编号	被担保人与贵行就担保事项往来的内容（借款等）	备注

除上述列示的担保外，本公司并无贵行提供的其他担保。

7．本公司为出票人且由贵行承兑而尚未支付的银行承兑汇票

银行承兑汇票	票面金额	出票日	到期日

除上述列示的银行承兑汇票外，本公司并无由贵行承兑而尚未支付的其他银行承兑汇票。

8．本公司向贵行已贴现而尚未到期的商业汇票

商业汇票号码	付款人名称	承兑人名称	票面金额	票面利率	出票日	到期日	贴现日	贴现率	贴现净额

除上述列示的商业汇票外，本公司并无向贵行已贴现而尚未到期的其他商业汇票。

9．本公司为持票人且由贵行托收的商业汇票

商业汇票号码	承兑人名称	票面金额	出票日	到期日

除上述列示的商业汇票外，本公司并无由贵行托收的其他商业汇票。

10．本公司为申请人，由贵行开具的、未履行完毕的不可撤销信用证

信用证号码	受益人	信用证金额	到期日	未使用金额

除上述列示的不可撤销信用证外，本公司并无由贵行开具的、未履行完毕的其他不可撤销信用证。

11．本公司与贵行之间未履行完毕的外汇买卖合约

类别	合约号码	买卖币种	未履行的合约买卖金额	汇率	交收日期
贵行卖予本公司					
本公司卖予贵行					

除上述列示的外汇买卖合约外，本公司并无与贵行之间未履行完毕的其他外汇买卖合约。

12. 本公司存放于贵行的有价证券或其他产权文件

有价证券或其他产权文件名称	产权文件编号	数量	金额

除上述列示的有价证券或其他产权文件外，本公司并无存放于贵行的其他有价证券或其他产权文件。

注：此项不包括本公司存放在贵行保管箱中的有价证券或其他产权文件。

13. 其他重大事项

注：此项应填列注册会计师认为重大且应予函证的其他事项，如信托存款等；如无则应填写"不适用"。

（公司盖章）

年　月　日

以下仅供被函证银行使用

结论：1. 信息证明无误。

（银行盖章）

经办人：　　　　　　年　月　日

2. 信息不符，请列示不符项目及具体内容（对于在本函前述第 1 项至第 13 项中漏列的其他重要信息，请列出详细资料）。

（银行盖章）

经办人：　　　　　　年　月　日

【例题 4·多选题】审计人员拟对银行存款余额实施函证程序。以下做法中，正确的有（　　）。

A. 以被审计单位的名义向银行寄发询证函
B. 除余额为零的银行存款账户外，必须对被审计单位所有银行存款账户实施函证程序
C. 银行询证函为了便于进行统计，应进行相应的编号
D. 某账户在当年 4 月注销，也应该进行函证

正确答案：ACD

答案解析：对余额为零的银行存款账户应当进行函证，所以选项 B 错误。

（六）其他实质性程序

（1）检查银行存款账户存款人是否为被审计单位，如果存款人不是被审计单位，应获取该账户户主和被审计单位的书面声明，并确认在资产负债表日是否需要调整。

（2）关注是否存在质押、冻结等对变现有限制或存在境外的款项，是否已做必要的调整和披露。

（3）对不符合现金及现金等价物条件的银行存款在审计工作底稿中予以列明，以考虑其对现金流量表的影响。

（4）抽查大额银行存款收支的原始凭证，检查原始凭证是否齐全、记账凭证与原始凭证是否相符、账务处理是否正确、是否记录于恰当的会计期间等多项内容。

（5）检查银行存款收支截止日期，选取资产负债表日前后若干天的银行存款收支凭证实施截止测试，关注业务内容及对应项目，如有跨期收支事项，考虑是否应提出调整建议。

（6）检查银行存款的列报是否恰当。

项目四 货币资金的审计

项目导入问题解答

1. 支票的内部控制存在严重缺陷：如果财务经理与财务人员乙同时出差，则空白支票、签署支票的个人名章、财务专用章、银行预留印鉴卡将全部落入副经理之手。同样，如果副经理与财务人员乙同时出差，空白支票、签署支票的个人名章、财务专用章、银行预留印鉴卡将全部落入经理之手。这就违反了签发支票的全部印鉴不能由一人掌管的规定，难以防止银行存款被贪污的情况。

建议：财务经理、副经理在外出期间，分别指定与货币资金支付无关的专门人员临时代管印鉴。

2.（1）提前通知恒润公司会计主管人员做好监盘准备的做法不当。李芳应当实施突击性的检查。

（2）没有同时监盘总部和营业部库存现金的做法不当。李芳应组织同时监盘总部和营业部的库存现金，若不能同时监盘，则应对监盘的库存现金实施封存。

（3）现金盘点的操作程序不当。库存现金应由出纳人员盘点，会计主管人员复盘，注册会计师监盘。

（4）恒润公司会计主管人员没有参与盘点的做法不当。盘点人员应包括出纳人员、会计主管人员和注册会计师。

（5）库存现金监盘表的签字人员不当。库存现金监盘表应由公司相关人员和注册会计师共同签字。

3.（1）不恰当。李芳没有对零余额和在本期内注销的账户实施函证，也未评估这些账户是否对财务报表不重要且与之相关的重大错报风险很低。

（2）不恰当。李芳没有评估回函的可靠性。银行业务专员当场办理回函，未实施适当的核对程序和处理流程。

（3）不恰当。小额差异也需要进行调查，因为小额差异可能是由方向相反的大额差异相互抵销形成的。

项目综合训练

一、单项选择题

1. 下列有关货币资金内部控制的相关说法中，正确的是（　　）。

A. 在清查小组盘点现金时，出纳人员可以不在场

B. 财产清查时，应本着先认定质量，后清查数量、核对账簿记录的原则进行

C. 企业可根据银行存款余额调节表调整账簿

D. 库存现金清查先采用实地盘点的方法确定库存现金的实存数，然后再与库存现金日记账的账面余额相核对，确定账存数与实存数是否相符

2. 针对被审计单位下列与现金相关的内部控制，注册会计师应提出改进建议的是（　　）。

A. 库存现金超出限额及时送存银行

B. 负责登记现金日记账及总账的人员与负责现金出纳的人员分开

C. 现金的收支与记账的岗位分离

D. 对现金收支业务进行内部审计

3. 下列关于库存现金和银行存款的内部控制的说法中，错误的是（　　）。

A．企业应当定期和不定期地盘点现金，确保现金的账面余额与实际库存相符

B．按照规定，超过规定限额以上的现金支出必须使用支票

C．企业应当指定专人每月至少核对一次银行账户，以编制库存现金盘点表

D．由会计主管人员复核银行存款余额调节表，对需要进行调整的项目及时进行处理

4. 在对银行存款进行审计时，注册会计师的以下做法不正确的是（　　）。

A．以被审计单位的名义向银行发询证函

B．向被审计单位在本期存过款的银行发询证函，零余额账户和在本期内注销的账户不需要函证

C．取得并检查银行对账单和银行存款余额调节表

D．对银行存单执行检查程序

5. 下列有关被审计单位库存现金和银行存款的管理的表述中，不正确的是（　　）。

A．企业应当定期和不定期地进行现金盘点，确保现金账面余额与实际库存相符

B．企业应当指定专人定期核对银行账户，每月至少核对一次，并编制银行存款余额调节表

C．企业应当严格遵守银行结算纪律，不准签发没有资金保证的票据或远期支票，套取银行信用

D．企业的现金收入应当及时存入银行，不得用于直接支付企业自身的支出，因特殊情况需坐支的，应事先经公司管理层或治理层批准

6. 被审计单位的下列职责安排中，注册会计师应认可的是（　　）。

A．出纳人员兼任应收账款账目的登记工作

B．出纳人员负责银行存款日记账的登记

C．出纳人员定期核对银行账户，编制银行存款余额调节表

D．为提高支付效率，由出纳人员一人保管支付款项所需的全部印章

7. 下列各项中，属于监盘库存现金与监盘存货相同点的是（　　）。

A．都是突击性的检查

B．都由注册会计师参与盘点

C．既可以用作控制测试又可以用作实质性程序

D．监盘的范围是所有的存货或所有的现金

8. 甲公司编制的 2020 年 12 月末银行存款余额调节表显示存在 125 000 元的未达账项，其中包括甲公司已付而银行未付的材料采购款 105 000 元。以下审计程序中，为该材料采购款未达账项的真实性提供的审计证据无效的是（　　）。

A．检查 2021 年 1 月份的银行对账单

B．检查相关的采购合同、供应商销售发票和付款审批手续

C．就 2020 年 12 月末银行存款余额向银行寄发询证函

D．向相关的原材料供应商寄发询证函

9. 下列审计程序中属于银行存款控制测试的是（　　）。

A．核对银行存款日记账与总账的余额是否相符

B．检查是否存在未入账的利息收入和利息支出

C．抽取一定期间的银行存款余额调节表，查验其是否按月正确编制并经复核

D．对未质押的定期存款，检查开户证书原件

10. 在对银行存款实施审计时，实施的函证程序可以证实若干项目标，其中最基本的目标是（   ）。

A．是否有漏记的银行借款

B．银行存款的真实性

C．是否有充作抵押担保的存货

D．确定银行存款是否已按照《企业会计准则》的规定在财务报表中做出恰当列报

二、多项选择题

1．货币资金内部控制的以下关键环节中，不存在重大缺陷的有（   ）。

A．财务专用章由专人保管，个人名章由本人或其授权人员保管

B．对重要货币资金支付业务，实行集体决策

C．由出纳人员每月核对银行账户并编制银行存款余额调节表

D．指定专人（非出纳人员）定期核对银行账户，每月核对一次，编制银行存款余额调节表，使银行存款账面余额与银行对账单调节相符

2．注册会计师在检查与支票相关的内部控制时，发现以下情况，其中说明被审计单位内部控制存在缺陷的有（   ）。

A．存在未附有未付款凭单而签发的支票

B．存在已签署支票而未在其凭单和支持性凭证上加盖印戳或打洞注销的情况

C．出纳人员被授权签署支票

D．财务总监签发空白支票

3．下列与货币资金相关的业务活动中，恰当的有（   ）。

A．银行账户的开立、变更或注销须经财务经理审核，报总经理审批

B．每月月末，会计主管指定人员（除出纳人员外）核对银行存款日记账和银行对账单，编制银行存款余额调节表

C．财务部门设置银行票据登记簿，防止票据遗失或被盗用

D．每月月末，出纳人员对空白票据、未办理收款和承兑的票据进行盘点，编制银行票据盘点表，并与银行票据登记簿进行核对

4．在资产负债表日后盘点库存现金时，注册会计师将金额调整至资产负债表日的金额应做的工作有（   ）。

A．扣减资产负债表日至盘点日收入数

B．扣减资产负债表日至盘点日支出数

C．加计资产负债表日至盘点日收入数

D．加计资产负债表日至盘点日支出数

5．注册会计师拟对A公司的货币资金实施实质性程序。以下审计程序中，属于控制测试的有（   ）。

A．检查银行预留印鉴是否按照规定保管

B．检查库存现金是否妥善保管，是否定期盘点、核对

C．检查银行存款余额调节表中未达账项在资产负债表日后的进账情况

D．检查货币资金支出的授权审批手续是否健全，是否存在越权审批行为

6. 当被审计单位的现金交易比例较高时，注册会计师应当实施的审计程序包括（　　）。
   A. 了解和评价被审计单位现金交易的内部控制
   B. 结合被审计单位的业务循环，分析、评价现金交易的合理性
   C. 进行库存现金监盘
   D. 检查大额现金收支，核对交易的真实性

7. 下列有关银行存款的审计程序的说法中，正确的有（　　）。
   A. 通过向往来银行函证，注册会计师可以了解企业资产的存在
   B. 注册会计师在对银行存款进行控制测试时可以抽取适当付款凭证核对实付金额与购货发票中所列示金额是否相符
   C. 向银行函证企业的银行存款，不仅可以证实企业银行存款的真实性，而且可以核实企业对银行借款记录的完整性
   D. 甲公司银行存款账户的期末余额，应以编制或取得银行存款余额调节表日银行存款的账户数额为准

8. 一般而言，良好的货币资金内部控制包括（　　）。
   A. 货币资金收支要有合理、合法的凭据
   B. 全部收支及时、准确入账，并且支出要有核准手续
   C. 控制现金坐支，当日收入现金应及时送存银行
   D. 加强对货币资金收支业务的内部审计

9. 注册会计师对其他货币资金实施审计程序时，需要特别关注的事项有（　　）。
   A. 被审计单位是否存在定期存款，以及定期存款的相关认定是否存在错报
   B. 保证金存款的检查，检查开立银行承兑汇票的协议或银行授信审批文件
   C. 对于存出投资款，跟踪资金流向
   D. 对于零余额的银行账户，需要进行函证

10. 在进行年度财务报表审计时，为了证实被审计单位在临近12月31日签发的支票未予入账，注册会计师可以实施的审计程序有（　　）。
    A. 函证12月31日的银行存款余额
    B. 审查12月份的支票存根
    C. 审查12月31日的银行对账单
    D. 审查12月31日的银行存款余额调节表

三、判断题

1. 审计人员在外勤审计工作中，如果发现被审计单位出纳人员同时负责登记应收账款明细账，很可能发生循环挪用资金的情况。审计人员应注意出纳与会计记录职责的分离情况。（　　）

2. 审计人员执行库存现金的监盘程序时必须有被审计单位的出纳人员和会计主管人员参加。（　　）

3. 库存现金的盘点一般不能在资产负债表日之后进行，因为盘点的目的是证实资产负债表日库存现金的实际库存数。（　　）

4. 因为被审计单位的库存现金余额极小，小于审计人员分配的库存现金重要性水平，审计人员可以不对库存现金实施实质性程序。（　　）

5. 监盘库存现金是证实资产负债表中所列现金是否存在的一项重要程序，盘点范围包括未存入银行的已收现金、零用金、找换金及各部门人员领用的备用金。（   ）

6. 银行存款的账户余额为零，但只要存在本期发生额，审计人员就应进行函证。（   ）

7. 审计人员在执行银行存款项目的审计时，应注意被审计单位是否按我国现金管理的有关规定对于超过规定限额以上的现金支出一律使用支票。（   ）

8. 审计人员在对银行存款实施控制测试时，可以抽取适当收款凭证，检查收款凭证的金额是否与销售发票、经批准的销售单及销售明细账和银行存款日记账的相关金额一致。（   ）

四、实训题

实训 1：练习货币资金内部控制测试

贝田会计师事务所的注册会计师李芳作为外勤负责人审计了天星公司 2020 年度财务报表。通过与前任注册会计师的沟通及对被审计单位的了解，拟信赖客户的内部控制，为此决定对相关内部控制进行了解和控制测试。通过了解发现以下情况。

（1）鑫盛公司是天星公司的长期客户，鑫盛公司每年预付一定的货款给天星公司用于生产鑫盛公司需要的 A 类产品，因为 2020 年生产 A 类产品的原材料受到进口限制全年停产，所以鑫盛公司要求天星公司将预付款退回，但在退款函中要求天星公司将该笔款项直接转给成双公司以偿还其在成双公司采购的 A 类产品替代品的贷款，天星公司于 2020 年年末将该笔款项转给了成双公司。

（2）关于货币资金支付的规定如下。部门或个人用款时，应提前向审批人提交申请，注明款项的用途、金额、支付方式、经济合同或相关证明。对于金额在 10 000 元以下（含 10 000 元）的用款申请，必须经过财务副经理的审批，金额在 10 000 元以上的用款申请，应经过财务经理的审批。出纳人员根据已经批准的支付申请，按规定办理货币资金支付手续，及时登记现金和银行存款日记账。货币资金支付后，应由专职的复核人员进行复核，复核货币资金的批准范围、权限、程序、手续、金额、支付方式、时间等，发现问题后及时纠正。

要求：指出天星公司内部控制中存在的问题并提出改进建议。

实训 2：练习银行存款实质性程序

审计人员在对 W 公司银行存款进行审计时发现：2020 年 12 月 31 日银行存款日记账余额为 53 360 元，银行存款对账单余额为 50 800 元（经核对是正确的）。

经核对发现 2020 年 12 月存在以下几笔未达账项。

29 日，委托银行收款 5000 元，银行已入账，收款通知尚未到达企业。

31 日，企业开出一张 1600 元的现金支票，企业已减少存款，银行尚未入账。

31 日，银行已代付企业电费 1000 元，银行已入账，企业尚未收到付款通知。

31 日，企业收到外单位转账支票一张，计 7200 元，企业已收款入账，银行尚未记账。

15 日，收到银行收款通知单，金额为 7700 元，公司入账时误记为 7000 元。

根据上述情况编制银行存款余额调节表，假定银行存款对账单的存款余额无误。

要求：

1. 编制的银行存款余额调节表中发现的错误数额是多少？
2. 属于何种性质的错误？
3. 2020 年 12 月 31 日，银行存款日记账的正确余额是多少？
4. 如果 2020 年 12 月 31 日资产负债表上的"货币资金"项目中的银行存款余额为 56 000

元，请问是否真实？

5. 应该使用什么审计方法证明银行存款的真实性？执行过程要注意哪些问题？

实训 3：训练货币资金审计

贝田会计师事务所的注册会计师李芳负责审计制造型企业甲公司 2020 年度财务报表，审计工作底稿中与货币资金审计相关的部分内容摘录如下。

（1）德惠公司的会计主管人员指定应付账款会计人员每月月末盘点库存现金并编制库存现金盘点表，将盘点余额与现金日记账进行核对，并对差异调节项进行说明。会计主管人员复核盘点表，超过一定金额的差异应查明原因并报财务经理批准后进行财务处理。注册会计师李芳认为该控制设计有效，实施了控制测试，结果满意。

（2）每月月末，德惠公司出纳人员负责获取银行对账单，并将其与银行存款日记账进行核对，编制银行存款余额调节表，查明差异项的原因并进行调节说明。注册会计师李芳认为该控制设计有效，实施了控制测试，结果满意。

（3）考虑到德惠公司现金收支业务较少，基于风险评估的结果判断无须对现金盘点实施控制测试，注册会计师李芳仅将现金监盘程序用作实质性程序。

（4）德惠公司安排出纳人员进行库存现金盘点，注册会计师进行监盘。

（5）注册会计师李芳在对德惠公司的银行存款、借款及与金融机构往来的其他重要信息实施函证程序时，以会计师事务所名义向银行发询证函，并对询证函保持控制。

（6）注册会计师李芳有充分证据表明某一银行存款对财务报表不重要，决定不对这一项目实施函证，并在审计工作底稿中说明了理由。

要求：针对上述第（1）项至第（6）项，逐项指出注册会计师李芳的做法是否恰当，如不恰当，简要说明理由。

项目五

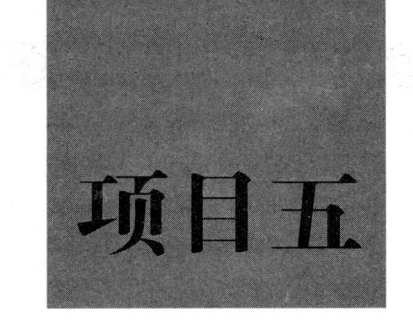

销售与收款循环的审计

学习目标

知识目标

1. 了解销售与收款循环涉及的主要凭证和主要业务活动。
2. 掌握销售与收款循环的内部控制测试程序。
3. 掌握销售与收款循环可能存在的重大错报风险。
4. 掌握主营营业收入的确认方法和实质性程序。
5. 掌握应收账款的函证程序。

技能目标

1. 能熟练运用销售与收款循环控制测试,找出内部控制存在的关键问题。
2. 能识别销售与收款循环可能存在的重大错报风险,并设计进一步审计程序。
3. 能综合运用各种实质性程序,揭示营业收入、应收款项可能存在的重大问题。

项目导入

贝田会计师事务所接受委托,审计恒润公司 2020 年度财务报表。注册会计师李芳负责销售与收款循环审计,了解和测试了相关的内部控制后,将重大错报风险评估为高水平。部分审计事项记录如下。

(1)开具账单部门在收到发运单并与销售单核对无误后,编制预先连续编号的销售发票,并将其连同发运单和销售单及时送交会计部门。会计部门在核对无误后由财务部门职员王某据以登记销售收入总账和明细账。

(2)销售给甲公司一批设备,金额共计 791 万元(含税,增值税税率为 13%)。双方在销售合同中约定,签订合同后支付 100 万元,出具验收报告后支付 150 万元,试运行 1 个月并最终验收合格后再支付余款 541 万元。交货日期为 2020 年 11 月 25 日。实际执行情况:恒润公司于 2020 年 11 月 20 日发货,经双方签字盖章的安装验收报告的日期为 2020 年 12 月 25 日,发票日期为 2020 年 12 月 25 日。截至 2020 年 12 月 31 日,恒润公司已收到货款 250 万元。该单位在 2020 年度财务报表当中确定的该业务的收入为 250 万元。

（3）李芳取得了 2020 年 12 月 31 日的应收账款明细表，并于 2021 年 1 月 10 日采用积极式函证的方式对所有重要客户寄发了询证函，回函情况如表 5-1 所示。

表 5-1　回函情况

异常情况	函证编号	客户名称	询证金额/元	回函日期	回 函 内 容
1	15	甲	200 000	2021.01.20	购买恒润公司 200 000 元货款属实，但款项已于 2020 年 12 月 25 日用支票付清
2	37	乙	450 000	2021.01.18	因质量不符合要求，根据购货合同，于 2020 年 12 月 29 日将货物退回
3	60	丙	660 000	2021.01.19	2020 年 12 月 15 日收到恒润公司委托本公司代销的货物 660 000 元，尚未销售
4	66	丁	900 000	2021.01.18	采用分期付款方式购货 900 000 元，根据购货合同，已于 2020 年 12 月 23 日首付 300 000 元
5	129	戊	300 000	地址错误退回	—

问题思考

1. 针对事项（1），恒润公司的内部控制是否存在问题？请说明理由。
2. 针对事项（2），恒润公司的销售收入确认处理是否恰当？请说明理由。
3. 针对事项（3），就应收账款函证的异常情况，请问李芳应分别实施哪些审计程序？

任务一　销售与收款循环的特点及相关内部控制

一、不同行业类型的收入来源

一般来说，企业的收入主要来自出售商品、提供服务及让渡资产使用权，但由于所处行业不同，企业具体的收入来源也有所不同，表 5-2 列示了一些常见行业的主要收入来源。审计人员需要对被审计单位的相关行业活动和经营性质有比较全面的了解，才能胜任被审计单位收入、支出的审计工作。

表 5-2　不同行业的主要收入来源

行业类型	收 入 来 源
贸易业	作为零售商向普通大众（最终消费者）零售商品；作为批发商向零售商供应商品
一般制造业	采购原材料并将其用于生产，制造产品卖给客户取得收入
专业服务业	律师、会计师、商业咨询师等主要通过提供专业服务取得收入；医疗服务机构通过提供医疗服务取得收入，包括给住院病人提供病房和医护设备，为病人提供精细护理、手术和药品等取得收入
金融服务业	向客户提供金融服务取得手续费；向客户发放贷款取得利息收入；通过协助客户进行投资取得相关理财费用
建筑业	通过提供建筑服务完成建筑合同取得收入

二、涉及的主要凭证与主要业务活动

（一）涉及的主要凭证

销售与收款循环所涉及的主要凭证有以下几种。

1. 客户订购单

客户订购单即客户提出的书面购货要求。企业可以通过销售人员或其他途径，如采用电话、信函和向现有的及潜在的客户发送订购单等方式接受订货，取得客户订购单。

2. 销售单

销售单是列示客户所订商品的名称、规格、数量等有关信息的凭证，也是销售方内部处理客户订购单的凭证。

3. 发运凭证

发运凭证是在发运货物时编制的，用以反映发出商品的规格、数量和其他有关内容的凭证。发运凭证的一联寄送给客户，其余联由企业保留，是向客户开具账单的依据。

4. 销售发票

销售发票是一种用来表明已销售商品的名称、规格、数量、价格、销售金额、运费和保险费、开票日期、付款条件等内容的凭证。销售发票的一联寄送给客户，其余联由企业保留，是在会计账簿中登记销售交易的基本凭证。

5. 商品价目表

商品价目表是列示已经授权批准的、可供销售的各种商品的价格清单。

6. 贷项通知单

贷项通知单是一种用来表示由销售退回或经批准的折让引起的应收销货款减少的凭证。这种凭证的格式通常与销售发票的格式相同，只不过它证明的是应收账款的减少。

除以上凭证外，销售与收款循环业务还会涉及应收账款账龄分析表、应收账款明细账、主营业务收入明细账、折扣与折让明细账、汇款通知书、现金日记账和银行存款日记账、坏账审批表、客户月末对账单、转账凭证、收款凭证等会计记录凭证。

（二）涉及的主要业务活动

销售与收款循环涉及的主要业务活动如图 5-1 所示。

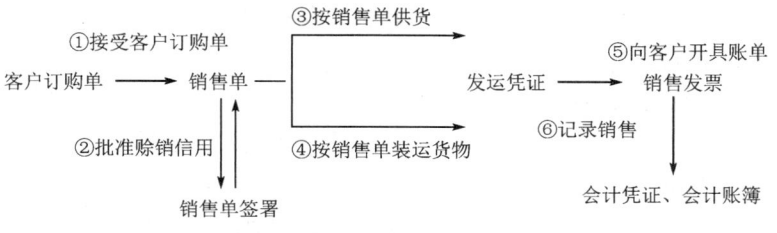

图 5-1 销售与收款循环涉及的主要业务活动

1．接受客户订购单

接受客户订购单是整个销售与收款循环的起点。企业在批准了客户订购单之后，下一步就是编制一式多联的销售单。销售单是证明管理层有关销售交易发生认定的凭据之一，也是此笔销售交易轨迹的起点之一。

> **行家提示**：客户订购单是来自外部的引发销售交易的文件之一，有时也能为有关销售交易的发生认定提供补充证据。

2．批准赊销信用

赊销业务的批准由信用管理部门根据管理层的赊销政策在每个客户的已授权的信用额度内进行。无论是否批准赊销，都要求被授权的信用管理部门人员在销售单上签署意见，然后再将已签署意见的销售单送回销售单管理部门。设计赊销信用批准控制的目的是降低坏账风险，因此这些控制与应收账款账面余额的计价和分摊认定有关。

3．按销售单供货

企业管理层通常要求商品仓库只有在收到经过批准的销售单时才能供货。设立这项控制程序的目的是防止仓库在未经授权的情况下擅自发货。因此，已批准销售单的一联应送达仓库，作为仓库按销售单供货和发货给装运部门的依据。

4．按销售单装运货物

装运部门的职员在装运之前，还必须进行独立验证，以确定从仓库提取的商品都附有经批准的销售单，并且所提取的商品与销售单一致。

5．向客户开具账单

为了降低开具账单过程中出现遗漏、重复、错误计价或其他差错的风险，应设立以下内部控制程序。

（1）开具账单部门的职员在开具每张销售发票之前，独立检查是否存在发运凭证和相应的经批准的销售单。

（2）依据已授权批准的商品价目表编制销售发票。

（3）独立检查销售发票计价和计算的正确性。

（4）将发运凭证上的商品总数与相对应的销售发票上的商品总数进行比较。

6．记录销售

记录销售的内部控制程序包括以下内容。

（1）只依据附有有效发运凭证和销售单的销售发票记录销售，这些发运凭证和销售单应能证明销售交易的发生及其发生的日期。

（2）控制所有预先连续编号的销售发票。

（3）独立检查已处理销售发票上的销售金额同会计记录金额的一致性。

（4）记录销售的职责应与处理销售交易的其他职责相分离。

（5）对记录过程中所涉及的有关记录的接触予以限制，以降低未经授权批准的记录发生的可能性。

（6）定期独立检查应收账款明细账与总账的一致性。

（7）定期向客户寄送对账单，并要求客户将所有例外情况直接告知指定的未执行或记录销售交易的会计主管人员。

以上这些控制与发生、完整性、准确性及计价和分摊认定有关。

7．办理和记录现金、银行存款收入

处理货币资金收入时最重要的是要保证全部货币资金都必须如数、及时地记入现金、银行存款日记账或应收账款明细账，并如数、及时地将现金存入银行。

8．办理和记录销售退回、销售折扣与折让

客户如果对商品不满意，销售企业一般都会同意退货，或给予一定的销售折让；客户如果提前支付货款，销售企业则可能会给予一定的销售折扣。发生此类事项时，必须经授权批准，并确保与办理此事有关的部门或职员各司其职，分别控制实物流和会计处理。

9．注销坏账

销售企业若认为某项货款再也无法收回，就必须注销这笔货款。对于这些坏账，正确的处理方法应该是获取货款无法收回的确凿证据，经适当审批后及时进行会计调整。

10．提取坏账准备

坏账准备提取的数额必须能够抵补企业以后无法收回的销货款。

任务二　销售与收款循环的重大错报风险

一、销售与收款循环可能存在的重大错报风险

（一）收入确认存在的舞弊风险

注册会计师在识别和评估与收入确认相关的重大错报风险时，应当基于收入确认存在的舞弊风险的假定，评价哪些类型的收入、收入交易或认定将导致舞弊风险。

即使收入确认存在舞弊风险，注册会计师也不应当将与收入确认相关的所有认定都假定为存在舞弊风险。如果注册会计师认为收入确认存在舞弊风险的假定不适用于业务的具体情况，从而未将收入确认作为由舞弊导致的重大错报风险领域，其应当在审计工作底稿中记录得出该结论的理由。

1．通过实施风险评估程序识别与收入确认相关的舞弊风险

风险评估程序应当包括询问管理层及被审计单位内部其他人员、分析程序、观察和检查程序。实施风险评估程序对注册会计师识别与收入确认相关的舞弊风险至关重要。注册会计师应当评价通过实施风险评估程序和执行其他相关活动获取的信息是否表明存在舞弊风险。

2．常用的收入确认舞弊手段

收入确认舞弊手段是指为了达到粉饰财务报表的目的而虚增收入或提前确认收入，具体如下：

5-1 收入舞弊案例

（1）利用与未披露关联方之间的资金循环虚构交易。

（2）通过未披露的关联方进行显失公允的交易。例如，以明显高于其他客户的价格向未披露的关联方销售商品。

（3）通过出售关联方的股权，使之从形式上不再构成关联方，但仍与之进行显失公允的交易，或与未来或潜在的关联方进行显失公允的交易。

（4）通过虚开商品销售发票虚增收入，而将货款挂在应收账款中，并可能在以后期间计提坏账准备，或在期后冲销。

（5）为了虚构销售收入，将商品从某一地点移送至另一地点，以出库单和运输单据为依据记录销售收入。

（6）在与商品相关的风险和报酬尚未全部转移给客户之前确认销售收入。例如，销售合同中约定被审计单位的客户在一定时间内有权无条件退货，而被审计单位隐瞒退货条款，在发货时全额确认销售收入。

（7）通过隐瞒售后回购或售后租回协议，而将以售后回购或售后租回方式发出的商品作为销售商品确认收入。

（8）采用完工百分比法确认劳务收入且采用已经发生的成本占估计总成本的比例确定完工进度时，故意低估预计总成本或多计实际发生的成本，以通过高估完工百分比的方法在当期多确认收入。

（9）采用代理商的销售模式时，在代理商仅向购销双方提供帮助接洽、磋商等中介代理服务的情况下，按照相关购销交易的总额而非净额（扣除佣金和代理费等）确认收入。

（10）当存在多种可供选择的收入确认会计政策或会计估计方法时，随意变更所选择的会计政策或会计估计方法。

（11）选择与销售模式不匹配的收入确认会计政策。

（12）为了达到报告期内降低税负或转移利润等目的而少计收入或延后确认收入。

① 被审计单位将商品发出、收到货款并满足收入确认条件后，不确认收入，而将收到的货款作为负债挂账，或转入本单位以外的其他账户。

② 被审计单位采用以旧换新的方式销售商品时，以新旧商品的差价确认收入。

③ 对于在某一时间段内履行的履约义务，在履约进度能够合理确定的情况下，不在资产负债表日按履约进度确认收入，而推迟到完成履约义务时确认收入。

3. 表明被审计单位在收入确认方面可能存在舞弊风险的迹象

通常表明被审计单位在收入确认方面可能存在舞弊风险的迹象如下。

（1）注册会计师发现，被审计单位的客户是否付款取决于下列情况。

① 能否从第三方取得融资。

② 能否转售给第三方（如经销商）。

③ 被审计单位能否满足特定的重要条件。

（2）未经客户同意，在销售合同约定的发货期之前发运商品。

（3）未经客户同意，将商品运送到销售合同约定地点以外的其他地点。

（4）被审计单位的销售记录表明，已将商品发往外部仓库或货运代理人，却未指明任何客户。

（5）在实际发货之前开具销售发票，或实际未发货而开具销售发票。
（6）期末之后发货，却在本期确认相关收入。
（7）实际销售情况与订单不符，或者根据已取消的订单发货或重复发货。
（8）已经销售给货运代理人的商品，在期后有大量退回。
（9）销售合同或发运单上的日期被更改，或者销售合同上加盖的公章并不属于合同所指定的客户。
（10）在接近期末时发生了大量或大额的交易。
（11）交易之后长期不进行结算。
（12）在被审计单位业务或其他相关事项未发生重大变化的情况下，询证函回函相符比例明显异于以前年度。
（13）发生异常大量的现金交易，或被审计单位有非正常的资金流转及往来，特别是有非正常现金收付的情况。
（14）应收款项收回时，付款单位与购买方不一致，存在较多代付款的情况。
（15）销售商品对客户而言不具有合理用途。
（16）主要客户自身规模与其交易规模不匹配。

4．对收入确认实施分析程序

在收入确认领域，注册会计师可以实施的分析程序如下。
（1）将本期销售收入的金额与以前可比期间的对应数据或预算数据进行比较。
（2）分析月度或季度销售量的变动趋势。
（3）将销售收入的变动幅度与销售商品及提供劳务收到的现金、应收账款、存货、税金等项目的变动幅度进行比较。
（4）将销售毛利率、应收账款周转率、存货周转率等关键财务指标与可比期间的对应数据、预算数据或同行业其他企业的数据进行比较。
（5）分析销售收入等财务信息与投入产出率、劳动生产率、产能、水电能耗、运输数量等非财务信息之间的关系。
（6）分析销售收入与销售费用之间的关系，包括销售人员的人均业绩指标、销售人员的薪酬、差旅费用、运费，以及销售机构的设置、规模、数量、分布等。

（二）收入的复杂性可能导致的错误

例如，被审计单位可能针对一些特定的商品或者服务提供一些特殊的交易安排（如可变对价安排、特殊的退货约定、特殊的服务期限安排等），但管理层可能对这些不同安排所涉及的交易风险的判断缺乏经验，因此收入确认就容易发生错误。

（三）其他情形可能导致的错误

（1）发生的收入交易未能得到准确的记录。
（2）期末收入交易和收款交易可能未记入正确的期间。
（3）收款未及时入账或记入不正确的账户。
（4）应收账款坏账准备的计提不正确。

某些重大错报风险可能与财务报表整体广泛相关，进而影响多项认定，如舞弊风险；某些重大错报风险可能与特定的某类交易、账户余额和披露的认定相关，如会计期末的收入交易和收款交易的截止错误（截止），或应收账款坏账准备的计提（计价）。在评估重大错报风险时，注册会计师应当落实到该风险所涉及的相关认定，从而更有针对性地设计进一步审计程序。

二、根据重大错报风险评估结果设计进一步审计程序

注册会计师基于销售与收款循环的重大错报风险的评估结果，制定实施进一步审计程序的总体方案（包括综合性方案和实质性方案），继而实施控制测试和实质性程序，以应对识别出的认定层次的重大错报风险，如表 5-3 所示。

表 5-3　销售与收款循环的重大错报风险和进一步审计程序总体方案

重大错报风险描述	相关财务报表项目及认定	风险程度	是否信赖控制	进一步审计程序的总体方案	拟从控制测试中获取的保证程度	拟从实质性程序中获取的保证程度
销售收入可能未真实发生	收入：发生。应收账款：存在	特别	是	综合性方案	高	中
销售收入记录可能不完整	收入/应收账款：完整性	一般	否	实质性方案	无	低
期末收入交易可能未记入正确的期间	收入：截止。应收账款：存在/完整性	特别	否	实质性方案	无	高
发生的收入交易未能得到准确记录	收入：准确性。应收账款：计价和分摊	一般	是	综合性方案	部分	低
应收账款坏账准备的计提不准确	应收账款：计价和分摊	一般	否	实质性方案	无	中

任务三　销售与收款循环的内部控制测试

一、以风险为起点的控制测试

针对重大错报风险的"识别、评估与应对"这根主线，注册会计师通常以识别的重大错报风险为起点，选取拟测试的内部控制并实施控制测试。注册会计师选取的内部控制主要有以下七个方面：①订单处理和赊销的信用控制；②发运商品；③开具销售发票；④记录赊销；⑤记录应收账款的收款；⑥坏账准备计提及坏账核销；⑦记录现金销售。

（一）订单处理和赊销的信用控制

订单处理和赊销的信用控制可能发生错报的环节、内部控制目标、内部控制及控制测试程序如表 5-4 所示。

表 5-4　订单处理和赊销的信用控制的内部控制和控制测试程序

可能发生错报的环节	相关的财务报表项目及认定	存在的内部控制（自动）	存在的内部控制（人工）	控制测试程序
可能向没有获得赊销授权或超出了其信用额度的客户赊销	营业收入：发生。应收账款：存在	客户订购单上的客户代码与应收账款主文档记录的代码一致；目前未偿付余额加上本次销售额在信用限额范围内。上述两项均满足才能生成销售单	对于不在主文档中的客户或是超过信用额度的客户订购单，需要经过适当授权审批，才可生成销售单	（1）询问员工销售单的生成过程，检查是否所有生成的销售单均有对应的客户订购单为依据。（2）检查系统中自动生成销售单的生成逻辑，是否满足了客户范围及其信用控制的要求。（3）对于系统外授权审批的销售单，检查是否经过适当审批

（二）发运商品

发运商品可能发生错报的环节、内部控制目标、内部控制及控制测试程序如表 5-5 所示。

表 5-5　发运商品的内部控制和控制测试程序

可能发生错报的环节	相关的财务报表项目及认定	存在的内部控制（自动）	存在的内部控制（人工）	控制测试程序
（1）可能在没有批准发货的情况下发出了商品	（1）营业收入：发生。（2）应收账款：存在	当销售单在系统中获得发货批准时，系统自动生成连续编号的发运凭证	保安人员只有看到经批准的销售单和发运凭证时才能放行	（1）检查系统内发运凭证的生成逻辑及发运凭证是否连续编号。（2）询问并观察发运时保安人员的放行检查
（2）发运商品与销售单可能不一致	（1）营业收入：准确性。（2）应收账款：准确性、计价和分摊	（1）计算机把发运凭证中所有准备发出的商品与销售单上的商品种类和数量进行比对。（2）打印种类或数量不符的例外报告，并暂缓发货	管理层复核例外报告和暂缓发货的清单，并解决问题	检查例外报告和暂缓发货的清单
（3）已发出商品可能与发运凭证上的商品种类和数量不符	（1）营业收入：准确性。（2）应收账款：准确性、计价和分摊	—	（1）商品打包发运前，装运部门对商品和发运凭证的内容进行独立核对，并在发运凭证上签字以示商品已与发运凭证核对且种类和数量相符。（2）客户要在发运凭证上签字以作为收到商品且商品与客户订购单一致的证据	检查发运凭证上相关员工及客户的签名，作为发货一致的证据
（4）已销售商品可能未实际发运给客户	（1）营业收入：发生。（2）应收账款：存在	—	客户要在发运凭证上签字以作为收到商品且商品与客户订购单一致的证据	检查发运凭证上客户的签名，作为收货的证据

（三）开具销售发票

开具销售发票可能发生错报的环节、内部控制目标、内部控制及控制测试程序如表 5-6 所示。

表 5-6　开具发票的内部控制和控制测试程序

可能发生错报的环节	相关的财务报表项目及认定	存在的内部控制（自动）	存在的内部控制（人工）	控制测试程序
（1）商品发运可能未开具销售发票或已开出销售发票没有发运凭证的支持	（1）应收账款：存在、完整性、权利和义务。（2）营业收入：发生、完整性	（1）发货以后系统根据发运凭证及相关信息自动生成连续编号的销售发票。（2）系统自动复核连续编号的销售发票和发运凭证的对应关系，并定期生成例外报告	复核例外报告并调查原因	（1）检查系统生成销售发票的逻辑。（2）检查例外报告及跟进情况
（2）由于定价或产品摘要不正确，以及销售单或发运凭证或销售发票代码输入错误，可能导致销售价格不正确	（1）营业收入：准确性。（2）应收账款：准确性、计价和分摊	（1）通过逻辑登录限制控制定价主文档的更改。只有得到授权的员工能进行更改。（2）系统通过使用和检查主文档版本序号，确定正确的定价主文档版本已经被上传。（3）系统检查录入的产品代码的合理性	（1）核对经授权的有效的价格更改清单与计算机获得的价格更改清单是否一致。（2）如果销售发票由手工填写或没有定价主文档，则有必要对销售发票的价格进行独立核对	（1）检查文件以确定价格更改是否经过授权。（2）重新执行以确定打印出的更改后价格与授权是否一致。（3）通过检查一般控制和收入交易的应用控制，确定正确的定价主文档版本是否已被用来生成销售发票。（4）如果销售发票由手工填写，检查销售发票中价格复核人员的签名。（5）通过核对经授权的价格清单与销售发票上的价格，重新执行该核对过程
（3）发票上的金额可能出现计算错误	（1）营业收入：准确性。（2）应收账款：准确性、计价和分摊	（1）每张销售发票的单价、计算、商品代码、商品摘要和客户账户代码均由计算机程序控制。（2）如果由计算机控制的销售发票开具程序的更改是受监控的，在操作控制帮助下，可以确保使用的是正确的销售发票生成程序版本。（3）系统代码有密码保护，只有经授权的员工才可以更改。（4）定期打印所有系统上做出的更改	（1）上述程序的所有更改由上级复核和审批。（2）如果手工开具销售发票，则应独立复核销售发票上计算的增值税和总额的正确性	（1）自动：①询问销售发票生成程序更改的一般控制情况，确定是否经授权及现有的版本是否正在被使用；②检查有关程序更改的复核审批程序。（2）手工：①检查与销售发票计算金额正确性相关的人员的签名；②重新计算销售发票金额，证实其是否正确

（四）记录赊销

记录赊销可能发生错报的环节、内部控制目标、内部控制及控制测试程序如表 5-7 所示。

表 5-7　记录赊销的内部控制和控制测试程序

可能发生错报的环节	相关的财务报表项目及认定	存在的内部控制（自动）	存在的内部控制（人工）	控制测试程序
（1）销售发票入账的会计期间可能不正确	（1）营业收入：截止、发生。（2）应收账款：存在、完整性、权利和义务	系统根据销售发票的信息自动汇总生成当期销售入账记录	（1）定期执行人工销售截止检查程序。（2）向客户发送月末对账单，调查并解决客户质询的差异	（1）检查系统中销售记录生成的逻辑。（2）重新执行销售截止检查程序。（3）检查客户质询信件并确定问题是否已得到解决
（2）销售发票入账金额可能不准确	（1）营业收入：准确性。（2）应收账款：准确性、计价和分摊	系统根据销售发票的信息自动汇总生成当期销售入账记录	（1）复核明细账与总账间的调节。（2）向客户发送月末对账单，调查并解决客户质询的差异	（1）检查系统销售入账记录的生成逻辑，对于手工调节项目进行检查，并调查原因是否合理。（2）检查客户质询信件并确定问题是否已得到解决
（3）销售发票可能被记入不正确的应收账款明细账户	应收账款：准确性、计价和分摊	系统将客户代码、商品发送地址、发运凭证、销售发票与应收账款主文档中的相关信息进行比对	（1）应收账款客户主文档中明细账的汇总金额应与应收账款总账核对。对于二者之间的调节项需要调查原因并解决。（2）向客户发送月末对账单，调查并解决客户质询的差异	（1）检查应收账款客户主文档中明细余额汇总金额的调节结果与应收账款总账是否核对相符，以及负责该项工作的员工的签名。（2）检查客户质询信件并确定问题是否已得到解决

（五）记录应收账款的收款

记录应收账款的收款可能发生错报的环节、内部控制目标、内部控制及控制测试程序如表 5-8 所示。

表 5-8　记录应收账款的收款的内部控制和控制测试程序

可能发生错报的环节	相关的财务报表项目及认定	存在的内部控制（自动）	存在的内部控制（人工）	控制测试程序
（1）应收账款记录的收款与银行存款可能不一致	应收账款/货币资金：完整性、存在、权利和义务、准确性、计价和分摊	在每日编制电子版收款清单时，系统自动贷记应收账款	（1）将每日收款汇总表、电子版收款清单和银行存款清单相比较。（2）定期取得银行对账单，独立编制银行存款余额调节表。（3）向客户发送月末对账单，调查并解决客户质询的差异	（1）检查核对每日收款汇总表、电子版收款清单和银行存款清单的核对记录和核对人签名。（2）检查银行存款余额调节表和负责编制的员工的签名。（3）检查客户质询信件并确定问题是否被解决
（2）收款可能被记入不正确的应收账款账户	应收账款：准确性、计价和分摊、存在	（1）电子版的收款清单与应收账款明细账之间建立连接界面，根据对应的客户名称、代码、发票号等将收到的款项对应到相应的客户账户。对于无法对应的款项生成例外事项报告。（2）系统定期生成按客户细分的应收账款账龄分析表	（1）对生成的例外事项报告的项目进行核对，调查产生的原因并解决。（2）向客户发送月末对账单，调查并解决客户质询的差异。（3）管理层每月复核按客户细分的应收账款账龄分析表，并调查长期余额或其他异常余额	（1）检查系统中的对应关系审核设置是否合理。（2）检查对例外事项报告中的信息进行核对的记录及无法核对事项的解决情况。（3）检查客户质询信件并确定问题是否被解决。（4）检查管理层对应收账款账龄分析表的复核及跟进措施

(六)坏账准备计提及坏账核销

坏账准备计提及坏账核销可能发生错报的环节、内部控制目标、内部控制及控制测试程序如表 5-9 所示。

表 5-9　坏账准备计提及坏账核销的内部控制和控制测试程序

可能发生错报的环节	相关的财务报表项目及认定	存在的内部控制（自动）	存在的内部控制（人工）	控制测试程序
坏账准备计提可能不充分	应收账款：准确性、计价和分摊	系统自动生成应收账款账龄分析表	（1）管理层对财务人员基于账龄分析表，采用预期信用损失模型计算编制的坏账准备计提表进行复核。复核无误后在坏账准备计提表上签字。 （2）管理层复核坏账核销的依据，并进行审批	（1）检查财务系统计算账龄分析表的规则是否正确。 （2）询问管理层如何复核坏账准备计提表的计算，检查是否有复核人员的签字。 （3）检查坏账核销是否经过管理层的恰当审批

(七)记录现金销售

记录现金销售可能发生错报的环节、内部控制目标、内部控制及控制测试程序如表 5-10 所示。

表 5-10　记录现金销售的内部控制和控制测试程序

可能发生错报的环节	相关的财务报表项目及认定	存在的内部控制（自动）	存在的内部控制（人工）	控制测试程序
登记入账的现金收入与企业实际收到的现金不符	（1）营业收入：完整性、发生、截止、准确性。 （2）货币资金：完整性、存在	现金销售通过统一的收款台用收银机集中收款，并自动打印销售小票	（1）销售小票应交予客户，以确认金额一致。 （2）通过监视器监督收款台。 （3）每个收款台都打印每日现金销售汇总表。 （4）盘点每个收款台收到的现金，并与相关销售汇总表调节相符。 （5）独立检查所有收到的现金是否已存入银行。 （6）将每日现金销售汇总表与银行存款单相比较。 （7）定期取得银行对账单，独立编制银行存款余额调节表	（1）实地观察收银台、销售点的收款过程，并检查在这些地方是否有足够的监控。 （2）检查收款台打印销售小票和现金销售汇总表的程序设置和修改权限设置。 （3）检查盘点记录和结算记录上负责计算现金和与相关销售汇总表调节工作的员工的签名。 （4）检查银行存款单和销售汇总表上的签名，证明已实施复核。 （5）检查银行存款余额调节表的编制和复核人员的审核记录

二、关键内部控制的选择与测试

(一)销售业务的内部控制测试

销售交易的内部控制目标、关键内部控制与审计测试的关系如表 5-11 所示。

项目五 销售与收款循环的审计

表 5-11 销售交易的内部控制目标、关键内部控制与审计测试的关系

内部控制目标	关键内部控制	常用的控制测试	常用的交易实质性程序
登记入账的销售交易确系已经发货给真实的客户（发生）	（1）销售交易是以经过审核的发运凭证及经过批准的客户订购单为依据登记入账的。 （2）在发货前，客户的赊购已经被授权批准。 （3）销售发票均经预先编号，并已恰当地登记入账。 （4）每月向客户寄送对账单，对客户提出的意见进行专门追查	（1）检查销售发票副联是否附有发运凭证（或提货单）及销售单（或客户订单）。 （2）检查客户的赊购是否经授权审批。 （3）检查销售发票连续编号的完整性。 （4）观察是否寄发对账单，并检查客户回函档案	（1）复核主营业务收入总账、明细账及应收账款明细账中的大额或异常项目。 （2）追查主营业务收入明细账中的分录至销售单、销售发票副联及发运凭证。 （3）将发运凭证与存货永续记录中的发运分录进行核对
所有销售交易均已登记入账（完整性）	（1）发运凭证（或提货单）均经事先编号并已经登记入账。 （2）销售发票均经预先编号，并已登记入账	（1）检查发运凭证连续编号的完整性。 （2）检查销售发票连续编号的完整性	将发运凭证与相关的销售发票和主营业务收入明细账及应收账款明细账中的分录进行核对
登记入账的销售数量确系已发货的数量，且正确开具账单并登记入账（计价和分摊）	（1）销售价格、付款条件、运费和销售折扣的确定已经适当地授权审批。 （2）由独立人员对销售发票的编制进行内部核查	（1）检查销售发票是否适当地授权审批。 （2）检查有关凭证上的内部核查标记	（1）复核销售发票上的数据。 （2）追查主营业务收入明细账中的分录至销售发票。 （3）追查销售发票上的详细信息至发运凭证、经批准的商品价目表和客户订购单
销售交易的分类恰当（分类）	（1）采用适当的会计科目表。 （2）内部复核和核查	（1）检查会计科目表是否适当。 （2）检查有关凭证上内部复核和核查的标记	检查证明销售交易分类正确的原始证据
销售交易的记录及时（截止）	（1）采用尽量能在销售发生时开具收款账单和登记入账的控制方法。 （2）每月末由独立人员对销售部门的销售记录、发运部门的发运记录和财务部门的销售交易入账情况进行内部核查	（1）检查尚未开具收款账单的发货和尚未登记入账的销售交易。 （2）检查有关凭证上内部核查的标记	将销售交易登记入账的日期与发运凭证的日期相核对
销售交易已经正确地记入明细账，并经正确汇总（准确性、计价和分摊）	（1）每月定期给客户寄送对账单。 （2）由独立人员对应收账款明细账进行内部核查。 （3）将应收款明细账余额合计数与其总账余额进行比较	（1）观察对账单是否已经寄出。 （2）检查内部核查标记。 （3）检查将应收账款明细账余额合计数与其总账余额进行比较的标记	将主营业务收入明细账加总，追查其至总账的过账

（二）销售交易的关键内部控制

1．适当的职责分离

适当的职责分离有利于防止各种有意或无意的错误。例如，主营业务收入账如果由记录应收账款之外的职员独立登记，并由另一位不负责账簿记录的职员定期调节总账和明细账，就构成了一项交互牵制；规定负责主营业务收入和应收账款记账的职员不得经手货币资金，

161

也是防止舞弊的一项重要控制。

> **行家提示**：一个企业有关销售与收款业务相关职责适当分离的基本要求通常如下。
> （1）企业应当分别设立办理销售、发货、收款三项业务的部门（或岗位）。
> （2）企业在销售合同订立前，应当指定专门人员就销售价格、信用政策、发货及收款方式等具体事项与客户进行谈判。谈判人员至少应有两人，并与订立合同的人员不同。
> （3）编制销售发票通知单的人员与开具销售发票的人员应不同。
> （4）销售人员应当避免接触销货现款。
> （5）企业应收票据的取得和贴现必须经由保管票据以外的主管人员的书面批准。
> （6）赊销批准职能与销售职能的分离，也是一种理想的控制。

2．恰当的授权审批

授权审批的关键控制点如表 5-12 所示。

表 5-12　授权审批的关键控制点

关键控制点	内　　容	目　　的
赊销审批	在销售发生之前，赊销已经正当审批	防止企业因向虚构的或者无力支付货款的客户发货而蒙受损失
发货审批	非经正当审批，不得发出货物	防止企业因向虚构的或者无力支付货款的客户发货而蒙受损失
价格审批	销售价格、销售条件、运费、折扣等必须经过审批	保证销售交易按照企业定价政策规定的价格开票收款
审批权限	审批人应当在授权范围内进行审批，不得超越审批权限	防止因审批人决策失误而造成严重损失

3．充分的凭证和记录

企业在收到客户订购单后，应立即编制一份预先编号的一式多联的销售单，分别用于批准赊销、审批发货、记录发货数量及向客户开具账单和销售发票等。只要定期清点销售单和销售发票，漏开账单的情形几乎不会发生。

4．凭证的预先编号

对凭证预先进行编号，旨在防止销售业务发生以后遗漏向客户开具账单或登记入账（完整性），也可防止重复开具账单或重复记账（发生）。由收款员对每笔销售业务开具账单后，将发运凭证按顺序归档，再由另一位职员定期检查全部凭证的编号，并调查凭证缺号的原因（完整性）。

5．按月寄出对账单

由不负责现金出纳和销售及应收账款记账的人员按月向客户寄发对账单，能促使客户在发现应付账款余额不正确后及时反馈有关信息。

6．内部核查程序

由内部审计人员或其他独立人员核查销售交易的处理和记录，是实现内部控制目标不可缺少的一项控制措施。表 5-13 所列程序是针对相应内部控制目标的典型的内部核查程序。

表 5-13　内部核查程序

内部控制目标	内部核查程序举例
登记入账的销售交易是真实的	检查登记入账的销售交易所附的佐证凭证，如发运凭证等
销售交易均经适当审批	了解客户的信用情况，确定是否符合企业的赊销政策
所有销售交易均已登记入账	检查发运凭证的连续性，并将其与主营业务收入明细账核对
登记入账的销售交易均经正确估价	将登记入账的销售交易对应的销售发票上的数量与发运凭证上的记录进行比较核对
登记入账的销售交易分类恰当	将登记入账和销售交易的原始凭证与会计科目表进行比较核对
销售交易的记录及时	检查开票员所保管的未开票发运凭证，确定是否存在未在恰当期间及时开票的发运凭证

（三）收款交易的关键内部控制

收款交易有以下关键内部控制。

（1）企业应当按照《现金管理暂行条例》《支付结算办法》等规定，及时办理销售收款业务。

（2）企业应将销售收入及时入账，不得设"账外账"，不得擅自坐支现金。销售人员应当避免接触销售现款。

（3）企业应当建立应收账款账龄分析制度和逾期应收账款催收制度。销售部门应当负责应收账款的催收，财会部门应当督促销售部门加紧催收。对催收无效的逾期应收账款可通过法律程序予以解决。

（4）企业应当按客户设置应收账款台账，及时登记每个客户应收账款余额的增减变动情况和信用额度使用情况。对长期往来客户，企业应当建立起完善的客户资料，并对客户资料实行动态管理，及时更新。

（5）企业对于可能成为坏账的应收账款应当报告有关决策机构，由其进行审查，确定是否确认为坏账。企业发生的各项坏账，应查明原因，明确责任，并在履行规定的审批程序后进行会计处理。

（6）企业注销的坏账应当进行备查登记，做到账销案存。已注销的坏账又收回时应当及时入账，防止形成账外资金。

（7）企业应收票据的取得和贴现必须经由保管票据以外的主管人员的书面批准。应由专人保管应收票据，对于即将到期的应收票据，应及时向付款人提示付款；已贴现票据应在备查簿中登记，要制定逾期票据的冲销管理程序和逾期票据的追踪监控制度。

（8）企业应当定期与往来客户通过函证等方式核对应收账款、应收票据、预收账款等往来款项。如有不符，应查明原因，及时处理。

【例题 1·简答题】注册会计师 A 负责审计甲公司 2020 年度财务报表。A 在审计工作底稿中记录了甲公司针对以下几项和销售与收款循环相关的风险设计的内部控制。

（1）风险：向客户提供过长信用期而增加坏账损失风险。

内部控制：客户的信用期由信用管理部审核批准，如果长期客户临时申请延长信用期，由销售部经理批准。

（2）风险：已记账的收入未发生或不准确。

内部控制：财务人员将经批准的销售订单、客户签字确认的发运凭单及发票所载信息相互核对无误后，编制记账凭证（附上述单据），经财务部经理审核后入账。

（3）风险：应收账款记录不准确。

内部控制：每季度末，财务部向客户寄送对账单。如客户未及时回复，销售人员需要跟进；如客户回复表明差异超过该客户欠款余额的5%，则进行调查。

要求：假定不考虑其他条件，逐项指出资料中所列内部控制的设计是否存在缺陷。如认为存在缺陷，简要说明理由。

答案解析：

（1）事项（1）的控制设计存在缺陷。因为未实现职责分离，可能由于销售人员追求更大销售量而不恰当延长信用期，导致坏账损失风险；长期客户临时申请延长信用期应经信用管理部门审核。

（2）事项（2）的内部控制设计不存在缺陷。

（3）事项（3）的内部控制设计存在缺陷。应调查所有差异，即使差异未超过甲公司对该客户应收账款余额的5%，也应当调查。

任务四　营业收入审计

一、营业收入的审计目标

（一）营业收入的审计目标与认定的关系

营业收入的审计目标与认定的关系如表5-14所示。

表5-14　营业收入的审计目标与认定的关系

审计目标	财务报表认定					
	发生	完整性	准确性	截止	分类	与列报相关的认定
① 利润表中记录的营业收入已发生，且与被审计单位有关	√					
② 所有应当记录的营业收入均已记录		√				
③ 与营业收入有关的金额及其他数据已恰当记录			√			
④ 营业收入已记录于正确的会计期间				√		
⑤ 营业收入已记录于恰当的账户					√	
⑥ 营业收入已按照《企业会计准则》的规定在财务报表中做出恰当的列报						√

（二）主营业务收入的审计目标与审计程序的对应关系

主营业务收入的审计目标与审计程序的对应关系如表5-15所示。

表5-15　主营业务收入的审计目标与审计程序的对应关系

审计目标	可供选择的审计程序
③	获取或编制主营业务收入明细表
①②③	实质性分析程序（必要时，因为前提是有预期关系）

续表

审计目标	可供选择的审计程序
①②③④	检查主营业务收入的确认条件、方法是否符合《企业会计准则》的要求，前后期是否一致；关注周期性、偶然性的收入是否符合既定的收入确认原则、方法
①③	结合对应收账款的审计，选择主要客户函证本期销售额
④	销售的截止测试
①②③④⑤	检查有无特殊的销售行为，如委托代销、分期收款销售、商品需要安装和检验的销售、附有退回条件的销售、售后租回、售后回购、以旧换新、出口销售等，选择恰当的审计程序进行审核
⑥	检查营业收入是否已按照《企业会计准则》的规定在财务报表中做出恰当列报
③	获取产品价目目录，抽查售价是否符合价格政策，并注意销售给关联方或关系密切的重要客户的价格是否合理，有无以高价或低价结算相互之间转移利润的现象
①②③④	抽取本期一定数量的发运凭证，审查存货出库日期、品名、数量是否与销售发票、销售合同、记账凭证等一致
①③④	抽取本期一定数量的记账凭证，审查入账日期、品名、数量、单价、金额是否与销售发票、销售合同、发运凭证等一致
①	对于出口销售，应当将销售记录与报关单、货物提单、销售发票等出口销售单据进行核对，必要时向海关函证
①	存在销售退回的，检查相关手续是否符合规定，结合原始销售凭证检查其会计处理是否正确，结合存货项目审查其真实性
③	销售折扣与折让的检查

二、营业收入——主营业务收入的实质性程序

（一）获取或编制主营业务收入明细表

（1）复核加计是否正确，并与总账数和明细账合计数核对是否相符，结合其他业务收入科目与报表数核对是否相符。

（2）检查非记账本位币的主营业务收入使用的折算汇率及折算是否正确。

（二）检查主营业务收入的确认原则、方法

检查主营业务收入的确认原则、方法是否符合《企业会计准则》的要求，前后期是否一致。

1．交款提货销售方式

在货款已收到或取得收取货款的权利，同时已将发票账单和提货单交给购货单位时确认收入的实现。审计人员应着重检查被审计单位是否收到货款或取得收取货款的权利，发票账单和提货单是否已交付购货单位。

> **行家提示**：审计人员应注意有无扣压结算凭证，将当期收入转入下期入账的现象，或者虚记收入、开具假发票、虚列购货单位，将当期未实现的收入虚转为收入记账，再在下期予以冲销的现象。

2. 预收账款销售方式

在商品已经发出时，确认收入的实现。审计人员应重点检查被审计单位是否收到了货款，商品是否已经发出。审计人员应注意是否存在对已收货款并已将商品发出的交易不入账、转为下期收入，或开具虚假出库凭证、虚增收入等现象。

3. 托收承付结算方式

在商品已经发出、劳务已经提供，并已将发票账单提交银行、办妥收款手续时确认收入的实现。审计人员应重点检查被审计单位是否发货、托收手续是否办妥、货物发运凭证是否真实、托收承付结算回单是否正确。

4. 分期收款方式

销售合同或协议明确销售价款的收取采用分期收款方式，但实际具有融资性质时，应当按照应收的合同或协议价款的公允价值确定销售商品收入金额。应收的合同或协议价款与其公允价值之间的差额，应当在合同或协议期间内采用实际利率法进行摊销，计入当期损益。

5. 长期工程合同方式

对于长期工程合同收入，如果合同的结果能够可靠估计，应当根据完工百分比法确认合同收入。审计人员应重点检查收入的计算、确认方法是否合乎规定，并核对应计收入与实际收入是否一致，注意查明有无随意确认收入、虚增或虚减本期收入的情况。

（三）实施实质性分析程序

审计人员应实施实质性分析程序，检查营业收入是否有异常变动和重大波动，从而在总体上对营业收入的真实性做出初步判断。审计人员通常在以下几方面进行比较分析。

（1）将本期的主营业务收入与上期的主营业务收入、销售预算或预测数据等进行比较，分析主营业务收入及其构成的变动是否异常，并分析异常变动的原因。

（2）计算本期重要产品的毛利率，与上期毛利率或预测数据进行比较，检查是否存在异常，各期之间是否存在重大波动，如果存在应查明原因。

（3）比较本期各月各类主营业务收入的波动情况，分析其变动趋势是否正常，是否符合被审计单位季节性、周期性的经营规律，查明异常现象和重大波动的原因。

（4）将本期重要产品的毛利率与同行业企业的毛利率进行对比分析，检查是否存在异常。

（5）根据增值税发票申报表或普通发票，估算全年收入，与实际收入金额相比较。

【例题 2·业务分析题】华润公司系公开发行 A 股的上市公司，审计人员于 2021 年年初对华润公司 2020 年度财务报表进行审计。经初步了解，华润公司 2020 年的经营形势、管理及经营机构与 2019 年比较未发生重大变化，且未发生重大重组行为。为确定重点审计领域，审计人员拟实施实质性分析程序。

华润公司 2020 年度未审利润表及 2019 年度已审利润表如表 5-16 所示。

表 5-16 华润公司 2020 年度未审利润表及 2019 年度已审利润表

项　目	2020 年度（未审数）	2019 年度（审定数）
营业收入	104 300	58 900
减：营业成本	91 845	53 599
营业税金及附加	560	350

续表

项　目	2020年度（未审数）	2019年度（审定数）
销售费用	2800	1610
管理费用	2380	3260
财务费用	180	150
营业利润	6895	231
加：营业外收入	100	150
减：营业外支出	260	300
利润总额	6735	81
减：所得税费用（税率25%）	800	19.5
净利润	5935	81

要求：请指出利润表中的重点审计领域，并简要说明理由。

答案解析：在实施实质性分析程序后，应将以下财务报表项目作为重点审计领域。

（1）营业收入。营业收入在2019年的基础上增长了77.08%，而2020年的经营形势与2019年相比并未发生重大变化。

（2）营业成本。2019年的产品毛利率为9%，2020年的产品毛利率为11.94%，毛利率变化比较大，因经营形势未发生大的变化，毛利率应该变化不大。

（3）管理费用。在机构、人员亦未发生重大变化，且在销售收入大幅增长的情况下，管理费用由3260万元下降到2380万元，下降了26.99%。

（4）营业外收入和营业外支出。每年都取得或支出金额差不多的营业外收入或营业外支出，呈现出有规律的趋势，应当作为重点审计领域。

（5）所得税费用。所得税占利润总额的比例（为11.88%）与25%的所得税税率存在较大差异。

（四）实施销售截止测试

对销售实施截止测试的主要目的是确定被审计单位主营业务收入的会计记录归属期是否正确。

5-2 销售截止测试

（1）将资产负债表日前后若干天一定金额以上的发货单据，与应收账款和收入明细账进行核对，同时从应收账款和收入明细账中选取资产负债表日前后若干天且一定金额以上的凭证，与发运凭证相核对，以确定是否存在跨期现象。

（2）复核资产负债表日前后的销售和发货水平，确定业务活动水平是否异常，并考虑是否有必要追加实施截止测试程序。

（3）取得资产负债表日后所有的销售退回记录，检查是否存在提前确认收入的情况。

（4）结合对资产负债表日应收账款的函证程序，检查有无未取得对方认可的大额销售。

（5）调整重大跨期销售。

在审计过程中，审计人员应该注意把握三个与主营业务收入确认有着密切关系的日期：一是销售发票开具日期；二是记账日期；三是发货日期（服务业则是提供劳务的日期）。检查三者是否归属于同一适当会计期间是销售截止测试的关键所在。销售截止测试的三条路线可用表5-17来表示。

表 5-17 销售截止测试的三条路线

审计路线	目的	测试程序
以账簿记录为起点（真实性测试）	防止高估营业收入	从资产负债表日前后若干天的账簿记录查至记账凭证，检查发票存根与发运凭证，目的是证实已入账收入是否在同一会计期间已开具发票并发货，有无多记收入
以销售发票为起点（完整性测试）	防止低估营业收入	从资产负债表日前后若干天的发票存根查至发运凭证与账簿记录，确定已开具销售发票的货物是否已发货并于同一会计期间确认收入（查明有无漏记收入现象）
以发运凭证为起点（完整性测试）	防止低估营业收入	从资产负债表日前后若干天的发运凭证查至销售发票与账簿记录，确定营业收入是否已记入恰当的会计期间

（五）其他审计程序

（1）获取商品价格目录，抽查售价是否符合价格政策，并注意销售给关联方或关系密切的重要客户的产品价格是否合理，有无以低价或高价结算的方法相互之间转移利润的现象。

（2）抽取本期一定数量的发运凭证，审查存货出库日期、品名、数量是否与销售发票、销售合同、记账凭证等一致。

（3）抽取本期一定数量的记账凭证，审查入账日期、品名、数量、单价、金额是否与销售发票、发运凭证、销售合同等一致。

（4）存在销货退回的，检查相关手续是否符合规定，结合原始销售凭证检查其会计处理是否正确，结合存货项目审计关注其真实性。

（5）检查销售折扣与折让，折扣和折让都直接影响收入的确认和计量。审计人员应加强对销售折扣与折让的审计。

（6）检查有无特殊的销售行为，如附有销售退回条件的商品销售、委托代销、售后回购、以旧换新、商品需要安装和检验的销售、分期收款销售、出口销售、售后租回等，选择恰当的程序进行审计。

（7）确定主营业务收入的列报是否恰当。

任务五　应收账款与坏账准备审计

应收账款是指企业因销售商品、提供劳务而形成的债权，即由于企业销售商品、提供劳务等，向购货客户或接受劳务的客户收取的款项，是企业的债权性资产。企业的应收账款是在销售交易或提供劳务过程中产生的。因此，应收账款的审计应结合销售交易来进行。

一、应收账款的审计目标

（一）应收账款的审计目标与认定的对应关系

应收账款的审计目标与认定的对应关系如表 5-18 所示。

项目五　销售与收款循环的审计

表 5-18　应收账款的审计目标与认定的对应关系

审计目标	财务报表认定				
	存在	完整性	权利和义务	计价和分摊	与列报相关的认定
① 资产负债表中记录的应收账款是存在的	√				
② 所有应当记录的应收账款均已记录		√			
③ 记录的应收账款由被审计单位拥有或控制			√		
④ 确定应收账款及其坏账准备余额是否正确				√	
⑤ 应收账款已按照《企业会计准则》的规定在财务报表中做出恰当列报					√

（二）应收账款的审计目标与审计程序的对应关系

应收账款的审计目标与审计程序的对应关系如表 5-19 所示。

表 5-19　应收账款的审计目标与审计程序的对应关系

审计目标	可供选择的审计程序
①②④	检查涉及应收账款的相关财务指标
④	获取或编制应收账款账龄分析表
①③④	对应收账款进行函证
①	对未函证应收账款实施替代审计程序，以验证应收账款的真实性
④	检查坏账的确认与处理
①	复核应收账款和相关总账、明细账和现金日记账，调查异常项目。对大额或异常、关联方应收账款，即使回函相符，仍应抽查其原始凭证
①②③④	标明应收关联方[包括持股 5%以上（含 5%）股东]的款项，执行关联方及其交易审计程序，并注明合并报表时应予抵销的金额；对关联企业、有密切关系的主要客户的交易事项进行专门核查
③	检查银行存款和银行借款等询证函的回函、会议纪要、借款协议和其他文件，确定应收账款是否已被质押或出售，应收账款的贴现业务是否满足金融资产转移终止确认条件，其会计处理是否正确
④	取得或编制应收账款明细表
①	确定已经收回的应收账款金额
①	抽查有无不属于结算业务的债权
⑤	确定应收账款的列报是否恰当

二、应收账款的实质性程序

（一）取得或编制应收账款明细表

（1）复核加计正确，并与总账数和明细账合计数核对是否相符；结合坏账准备科目与报表数核对是否相符。应当注意，应收账款报表数反映的是企业应向购买单位收取的各种款项，减去已计提的相应的坏账准备后的净额。

（2）检查非记账本位币应收账款的折算汇率及折算是否正确。

（3）分析有贷方余额的项目，查明原因，必要时，建议进行重分类调整。

169

(二)分析相关财务指标

(1)复核应收账款借方累计发生额与主营业务收入的关系是否合理,并将当期应收账款借方发生额占销售收入净额的百分比与管理层考核指标和被审计单位相关赊销政策相比较,如果存在异常应查明原因。

(2)计算应收账款周转率、应收账款周转天数等指标,并与被审计单位相关赊销政策、被审计单位以前年度指标、同行业同期相关指标进行对比分析,检查是否存在重大异常。

> **行家提示**:应收账款周转率(次)=销售收入÷平均应收账款
> 其中:平均应收账款=(期初应收账款+期末应收账款)/2
> 销售收入为扣除折扣与折让后的净额;应收账款是未扣除坏账准备的金额
> 应收账款周转天数=360÷应收账款周转率=(平均应收账款×360)÷销售收入净额

(三)分析应收账款的账龄

应收账款的账龄是指资产负债表中的应收账款从销售实现、产生应收账款之日起,至资产负债表日止所经历的时间。审计人员可以通过获取或编制应收账款账龄分析表来分析应收账款的账龄,以便了解应收账款的可收回性。应收账款账龄分析表的格式如表 5-20 所示。

表 5-20 应收账款账龄分析表

年　　月　　日　　　　　　　　　　　　货币单位:

客户名称	期末余额	账龄			
		1年以内	1~2年	2~3年	3年以上
合计					

(四)向债务人函证应收账款

函证应收账款的目的在于证实应收账款账户余额的真实性、正确性,防止或发现被审计单位及其有关人员在销售交易中发生的错误或舞弊行为。通过函证应收账款,可以比较有效地证明被询证者(即债务人)的存在和被审计单位记录的可靠性。

5-3 应收账款函证

1. 函证的范围和对象

除非有充分证据表明应收账款对被审计单位财务报表而言是不重要的,或者函证很可能是无效的,否则审计人员应当对应收账款进行函证。

> **行家提示**:
> (1)如果审计人员不对应收账款进行函证,应当在审计工作底稿中说明理由。
> (2)如果认为函证很可能是无效的,审计人员应当实施替代审计程序,获取充分、适当的审计证据。

函证的数量、范围是由诸多因素决定的,如应收账款在全部资产中的重要性,被审计单位内部控制的强弱,以前期间的函证结果等。一般情况下,审计人员应选择以下项目作为函证对象：①大额或账龄较长的项目；②与债务人发生纠纷的项目；③关联方项目；④主要客户（包括关系密切的客户）的项目；⑤交易频繁但期末余额较小甚至余额为零的项目；⑥可能产生重大错报或舞弊的非正常的项目。

2．函证方式

函证方式分为积极式函证和消极式函证。

（1）积极式函证，又称肯定式函证，是指向债务人发出询证函，要求其证实所函证的欠款是否正确，无论对错都要求复函。

积极式询证函的格式如参考格式 5-1 所示。

参考格式 5-1　积极式询证函

企业询证函

编号：

××（公司）：

本公司聘请的××会计师事务所正在对本公司××年度财务报表进行审计，按照《中国注册会计师审计准则》的要求，应当函证本公司与贵公司的往来账项等事项。下列数据出自本公司账簿记录，如与贵公司记录相符，请在本函下端"信息证明无误"处签章证明；如有不符，请在"信息不符，请列明不符的详细情况"处列明不符金额。回函请直接寄至××会计师事务所。

回函地址：

邮编：　　　　电话：　　　　传真：　　　　联系人：

1．本公司与贵公司的往来账项列示如下

单位：元

截止日期	贵公司欠	欠贵公司	备　注

2．其他事项

本函仅为复核账目之用，并非催款结算。若款项在上述日期之后已经付清，仍请及时复函为盼。

（公司盖章）

年　月　日

结论：1．信息证明无误。

（公司盖章）

年　月　日

经办人：

2．信息不符，请列明不符的详细情况。

（公司盖章）

年　月　日

经办人：

（2）消极式函证，又称否定式函证，是指向债务人发出询证函，但所函证的款项相符时不必复函，只有在所函证的款项不符时才要求债务人向注册会计师复函。

消极式询证函的格式如参考格式 5-2 所示。

参考格式5-2 消极式询证函

```
                        企业询证函
                                                    编号：

××（公司）：
    本公司聘请的××会计师事务所正在对本公司××年度财务报表进行审计，按照《中国注册会计师审计准则》的要求，
应当函证本公司与贵公司的往来账项等事项。下列数据出自本公司账簿记录，如与贵公司记录相符，则无须回复；如有不符，
请直接通知会计师事务所，并请在空白处列明贵公司认为是正确的信息。回函请直接寄至××会计师事务所。
    回函地址：
    邮编：            电话：            传真：            联系人：
    1．本公司与贵公司的往来账项列示如下
```

截止日期	贵公司欠	欠贵公司	备 注

```
    2．其他事项
    本函仅为复核账目之用，并非催款结算。若款项在上述日期之后已经付清，仍请及时核对为盼。

                                                    （公司盖章）
                                                    年  月  日

××会计师事务所：
    上面的信息不正确，差异如下。

                                                    （公司盖章）
                                                    年  月  日
                                                    经办人：
```

3．函证时间的选择

审计人员通常以资产负债表日为截止日，在资产负债表日后适当时间内实施函证。如果重大错报风险评估为低水平，则审计人员可选择资产负债表日前适当日期为截止日实施函证，并对所函证项目自该截止日起至资产负债表日止发生的变动实施实质性程序。

4．函证的控制

审计人员通常利用被审计单位提供的应收账款明细账的账户名称及客户地址等资料据以编制询证函，但应当对需要确认或填列的信息、选择适当的被询证者、设计询证函及发出和跟进（包括收回）询证函保持控制。

5．对不符事项的处理

对应收账款而言，登记入账的时间不同而产生的不符事项主要表现为以下几点。

（1）询证函发出时，债务人已经付款，而被审计单位尚未收到货款。

（2）询证函发出时，被审计单位的货物已经发出并已进行销售记录，但货物仍在途中，债务人尚未收到货物。

（3）债务人由于某种原因将货物退回，而被审计单位尚未收到。

（4）债务人对收到的货物的数量、质量及价格等方面有异议而全部或部分拒付货款等。

6．对函证结果的总结和评价

审计人员对函证结果可进行如下评价。

（1）重新考虑对内部控制的原有评价是否适当、控制测试的结果是否适当、分析程序的结果是否适当、相关的风险评价是否适当等。

（2）如果函证结果表明没有审计差异，则审计人员可以合理地推论应收账款总体是正确的。

（3）如果函证结果表明存在审计差异，则审计人员应当估算应收账款总额中可能出现的累计差错是多少，估算未被选中进行函证的应收账款的累计差错是多少。为取得对应收账款累计差错更加准确的估计，也可以进一步扩大函证范围。

【例题3·单选题】下列有关审计人员是否实施应收账款函证程序的说法中，正确的是（　　）。

A．对上市公司财务报表进行审计时，审计人员必须实施应收账款函证程序

B．如果在收入确认方面不存在由舞弊导致的重大错报风险，审计人员可以不实施应收账款函证程序

C．如果有充分证据表明函证很可能无效，审计人员可以不实施应收账款函证程序

D．对小型企业财务报表进行审计时，审计人员可以不实施应收账款函证程序

正确答案：C

答案解析：除非有充分证据表明应收账款对被审计单位财务报表而言是不重要的，或者函证很可能是无效的，否则审计人员应当对应收账款进行函证。

（五）其他审计程序

1．检查未函证应收账款

审计人员不可能对所有应收账款进行函证，因此对于未函证的应收账款，审计人员应抽查有关原始凭据，如销售合同、销售订购单、销售发票副本、发运凭证及回款单据等，以验证与其相关的应收账款的真实性。

2．检查坏账的确认和处理

首先，审计人员应检查有无债务人破产或者死亡的，以及破产或遗产清偿后仍无法收回的，或者债务人长期未履行清偿义务的应收账款；其次，应检查被审计单位坏账的处理是否经授权审批，有关会计处理是否正确。

3．抽查有无不属于结算业务的债权

不属于结算业务的债权不应在应收账款中进行核算。因此，审计人员应抽查应收账款明细账，并追查有关原始凭证，查证被审计单位有无不属于结算业务的债权。如有，应建议被审计单位进行适当调整。

4．检查应收账款的贴现、质押或出售

审计人员应检查银行存款和银行借款等询证函的回函、会议纪要、借款协议和其他文件，确定应收账款是否已被贴现、质押或出售，应收账款贴现业务是否满足金融资产转移终止确认条件，其会计处理是否正确。

5．确定已收回的应收账款金额

审计人员应请被审计单位协助，在应收账款账龄明细表中标出至审计时已收回的应收账

款金额，对已收回的金额较大的款项进行常规检查，如核对收款凭证、银行对账单、销货发票等，并注意凭证发生日期的合理性，分析收款时间是否与合同相关要素一致。

6．确定应收账款的列报是否恰当

财务报表附注通常应披露期初、期末余额的账龄分析，期末欠款金额较大的单位的账款等情况。

三、坏账准备的实质性程序

《企业会计准则》规定，企业应当在期末对应收款项进行减值测试，并合理预计可能产生的坏账损失。下面以与应收账款相关的坏账准备为例，阐述坏账准备审计常用的实质性程序。

（1）取得或编制坏账准备明细表，复核加计是否正确，与坏账准备总账数、明细账合计数核对是否相符。

（2）将应收账款坏账准备本期计提数与资产减值损失相应明细项目的发生额核对是否相符。

（3）检查应收账款坏账准备计提和核销的批准程序，取得书面报告等证明文件，评价计提坏账准备所依据的资料、假设及方法。

（4）实际发生坏账损失的，检查转销依据是否符合有关规定、会计处理是否正确。

（5）已经确认并转销的坏账重新收回的，检查其会计处理是否正确。

（6）检查函证结果。对债务人回函中反映的例外事项及存在争议的余额，审计人员应查明原因并进行记录。必要时，应建议被审计单位进行相应调整。

（7）实施分析程序。通过比较前期坏账准备计提数和实际发生数，以及检查期后事项，评价应收账款坏账准备计提的合理性。

（8）确定应收账款坏账准备的披露是否恰当。企业应当在财务报表附注中清晰地说明坏账的确认标准、坏账准备的计提方法和计提比例。

项目导入问题解答

1．恒润公司的内部控制存在缺陷。理由：由财务部门职员王某一个人登记销售收入和应收账款明细账。登记销售收入明细账和总账的职员应当是两个人。

2．销售业务不能确认为销售收入。因为合同中明确规定，所销售的设备有1个月的试运行期限，并且运行合格以后才能支付其余的大部分款项，所以截至2020年12月31日，被审计单位只是收到了一小部分的货款，大部分的货款还没有收到，也就是说，与收入相关的风险与报酬还没有发生转移，不符合收入确认的条件，是不能全部确认收入的，所以被审计单位在2020年度财务报表中确定该销售业务的主营业务收入为250万元是不妥当的。

3．（1）应检查2020年12月25日以后的银行对账单和银行存款日记账，确定该货款收妥入账的日期，以确认恒润公司是否存在跨期入账的现象。

（2）应检查销售退回的有关文件，检查退回货物的入库单，以确认货物是否已经退回及退回入库的日期。

（3）应检查与丙公司的货物代销合同和代销清单，以确认货物发出是否能够确认应收账款。

（4）首先，应检查与丁公司的销售合同；其次，应检查2020年12月23日及以后的银行存款对账单和银行存款日记账，以确定收到 300 000 元的时间；最后，提请被审计单位将多记的 300 000 元的应收账款进行调整。

（5）首先，应查明退函的原因，如确实是因为地址错误，则要重新发函；其次，执行替代程序（如检查与销售有关的文件，包括销售合同、销售订单、销售发票副本及发运凭证等），以确认应收账款是否存在。

项目综合训练

一、单项选择题

1. 2020 年 11 月，中大公司与康健医院签订合同，销售本公司研发的 CT 机给康健医院，全部价款为 100 万元，合同约定 12 月 1 日开始调试，调试前支付价款的 10%，12 月 31 日又支付了价款的 10%，2021 年 1 月 1 日试运行，试用期 3 个月，期满后，如果运行良好支付剩余的 80%价款，如不满意，则退货，且中大公司应退回全部货款。在审计结束前，公司仅收到 20 万元的款项。中大公司对此项业务的收入没有在 2020 年的账目中反映。助理人员提出的以下处理措施正确的是（　　）。

A．不用调整 2020 年的财务报表
B．建议调整 2020 年的财务报表确认收入 10 万元
C．建议调整 2020 年的财务报表确认收入 20 万元
D．建议调整 2020 年的财务报表确认收入 100 万元

2. 注册会计师在对被审计单位销售与收款循环中的销售交易进行测试时，一般会偏重于检查高估资产和收入的问题，那么为了实现发生或存在目标，所实施的实质性程序是（　　）。

A．以发运凭证为起点，选取样本追查至销售发票存根和主营业务收入等明细账
B．可以以发运凭证为起点顺查，也可以以主营业务收入等明细账为起点逆查
C．以主营业务收入等明细账为起点追查至销售发票存根、发运凭证等原始凭证
D．核对主营业务收入明细账金额和应收账款明细账金额

3. 注册会计师发现被审计单位临近期末时某产品的销售量大幅增加，下列情形中，最可能的情况是（　　）。

A．被审计单位将下期收入提前确认
B．赊销政策发生了变化
C．信用期限发生了变化
D．本年对该产品的市场需求较上年大幅上升

4. 下列选项中，不属于销售与收款循环控制测试的是（　　）。

A．应收账款的函证
B．观察货物出库、发运的记录过程
C．检查坏账准备计提方法的文件记录
D．询问现金折扣和大额赊销的审批流程

5. 下列各项中，预防员工贪污、挪用销售货款的最有效的方法是（　　）。

A．收取客户支票与收取客户现金由不同人员负责
B．定期与客户进行对账
C．请客户将货款直接汇入公司所指定的银行账户
D．记录应收账款明细账的人员不得兼任出纳

6. 下列关于销售业务收款环节的控制措施，说法不正确的是（　　）。

　　A. 财会部门负责应收账款的催收，催收记录应妥善保存

　　B. 企业应当关注商业票据的取得、贴现和背书，对已贴现但仍承担收款风险的票据及逾期票据，应当进行追索监控和跟踪管理

　　C. 企业应当指定专人通过函证等方式，定期与客户核对应收账款、应收票据、预收账款等往来款项

　　D. 财会部门负责办理资金结算并监督款项回收

7. 在对询证函的以下处理方法中，不恰当的是（　　）。

　　A. 将询证函以被审计单位的名义发出，可交由被审计单位填写，然后由注册会计师亲自寄发

　　B. 注册会计师认为对方会认真对待询证函的，采用消极式函证方式

　　C. 注册会计师在函证时可以考虑将消极式函证与积极式函证结合的方式进行函证

　　D. 注册会计师先根据15封询证函的传真件回函得出相应的审计结论，再要求被询证者将原件盖章后寄至会计师事务所

8. 企业在设计销售业务内部控制时，要求按月寄出对账单。下列关于该项控制的说法中，正确的是（　　）。

　　A. 每月末由应收账款记账员向客户寄发对账单

　　B. 由出纳人员对收到的对账单进行核对

　　C. 由不负责现金出纳和销售及应收账款记录的人员向客户寄发对账单

　　D. 由应收账款记账员按月编制对账情况汇总表并交管理层审阅

9. 下列能够发现被审计单位营业收入发生认定存在重大错报风险的审计程序是（　　）。

　　A. 从发运凭证追查至营业收入明细账

　　B. 从营业收入明细账追查至发运凭证

　　C. 从发运凭证追查至销售发票

　　D. 从营业收入明细账追查至银行对账单

10. 注册会计师李芳负责审计恒润公司2020年度财务报表，指派注册会计师张衡负责销售与收款循环的审计。张衡执行的控制测试中包括如下程序：检查销售发票副联是否附有发运凭证及销售单，该程序针对的认定是（　　）。

　　A. 销售交易的发生认定　　　　　　B. 销售交易的完整性认定

　　C. 销售交易的截止认定　　　　　　D. 销售交易的准确性认定

11. 注册会计师针对销售与收款循环交易进行测试，下列属于控制测试的是（　　）。

　　A. 检查销售发票、发运凭证的顺序编号

　　B. 重新计算坏账准备

　　C. 复核销售发票上的数据

　　D. 将发运凭证、销售发票与营业收入明细账进行核对

12. 如果应收账款明细账出现贷方余额，注册会计师应当提请被审计单位编制重分类分录，以便在资产负债表中反映的项目是（　　）。

　　A. 应付账款　　　　B. 预付账款　　　　C. 应收账款　　　　D. 预收账款

二、多项选择题

1. 下列关于实施销售截止测试的说法中，正确的有（　　）。
   A. 选取资产负债表日前后若干天一定金额以上的发运凭证，与应收账款和收入明细账进行核对
   B. 从应收账款和收入明细账中选取资产负债表日前后若干天一定金额以上的凭证，与发运凭证核对，以确定销售是否存在跨期现象
   C. 复核资产负债表日前后的销售和发货水平，确定业务活动水平是否异常，并考虑是否有必要追加实施截止测试程序
   D. 取得资产负债表日后所有的销售退回记录，检查是否存在提前确认收入的情况

2. 在注册会计师寄发的企业应收账款询证函中，摘录了如下四个语句，其中表明注册会计师实施了积极式函证的有（　　）。
   A. 回函请直接寄至贝田会计师事务所
   B. 若款项在上述日期之后已经付清，仍请及时函复为盼
   C. 如与贵公司记录不符，请在"数据不符"处列明不符金额
   D. 如与贵公司记录相符，请在本函下端"数据证明无误"处签章证明

3. 下列被审计单位确认的营业收入中，注册会计师认为存在重大错报风险的有（　　）。
   A. 以高于市场价格的售价将产品销售给某个客户
   B. 财务报表日后出现大量销售退回的情况
   C. 以市场价格向关联方销售货物
   D. 以视同买断形式代销货物，发出货物后确认营业收入

4. 下列有关销售与收款循环所涉及的主要凭证与主要会计记录的说法中，正确的有（　　）。
   A. 一般情况下，发运凭证一联寄送给客户，其余联由企业保留
   B. 贷项通知单是一种用来表示由销售退回或经批准的折让而引起的应收销货款减少的凭证，格式通常与销售发票的格式相同，用来证明应收账款的减少
   C. 汇款通知书是一种与销售发票一起寄给客户，一般由客户在付款时再寄回销售单位的凭证
   D. 月末对账单是一种按月定期寄送给客户的用于购销双方定期核对账目的凭证

5. 注册会计师实施的下列审计程序中，可以证实营业收入的完整性认定的有（　　）。
   A. 复核营业收入明细账中大额或异常的项目
   B. 将发运凭证、销售发票与营业收入明细账及应收账款明细账中的分录进行核对
   C. 核对销售交易登记入账的日期与发运凭证的日期
   D. 检查发运凭证和销售发票的连续编号

6. 注册会计师在对主营业务收入进行审计时，如果认为有必要实施分析程序，下列说法中正确的有（　　）。
   A. 比较本期各月各类主营业务收入的波动情况，分析其变动趋势是否正常，是否符合被审计单位季节性、周期性的经营规律
   B. 将本期重要产品的毛利率与同行业的毛利率进行对比分析，估算全年收入，并与实际收入金额比较

C．将本期重要产品的毛利率与上期的毛利率比较，检查是否存在异常，各期之间是否存在重大波动，如果存在，应查明原因

D．将本期主营业务收入与上期的主营业务收入、销售预算或预测数据等进行比较，分析主营业务收入及其构成的变动是否异常，并分析原因

7．注册会计师通过邮寄方式发出询证函并收到回函时，以下验证回函可靠性的做法中正确的有（   ）。

A．检查被询证者确认的询证函是否为原件

B．检查回函是否由被询证者直接寄给注册会计师

C．检查寄给注册会计师的回邮信封中记录的发件方名称、地址是否与询证函中记载的一致

D．检查回邮信封上寄出方的邮戳显示的发出地区是否与被询证者的地址一致

8．恒润公司 2020 年的营业收入比 2019 年的增加了 12%，营业成本下降了 6%，在行业环境未发生重大变化的情况下，可能存在重大错报风险的领域包括（   ）。

A．营业收入的发生认定　　　　　　　B．营业成本的发生认定

C．营业收入的完整性认定　　　　　　D．营业成本的完整性认定

9．针对下列被审计单位设计的内部控制，注册会计师认可的有（   ）。

A．只有附有装运凭证、销售发票，才能够登记主营业务收入明细账

B．销售发票应事先连续编号

C．应收账款记账员定期向客户寄送对账单

D．记录销售的职责与处理销售交易的其他职责相分离

10．注册会计师在对确定被审计单位已记录的销售业务是否真实发生进行审计时，常用的控制测试程序有（   ）。

A．检查发运凭证连续编号的完整性

B．检查赊销业务是否经适当的授权审批

C．检查销售价格清单的准确性及是否经恰当的批准

D．询问是否寄出对账单，并检查客户的回函档案

三、判断题

1．为了测试被审计单位是否按月向客户寄出对账单，审计人员可以实施的有效控制测试是观察被审计单位指定人员寄送对账单及检查客户复函档案。（   ）

2．企业规定赊销、发货均须经审批，主要目的在于保证销售交易按照企业定价政策规定的价格开票收款。（   ）

3．审计人员通常通过观察被审计单位有关人员的活动，以及与这些人员进行讨论，来实施对被审计单位相关职责是否分离的控制测试。（   ）

4．审计人员在测试被审计单位的销售分类是否恰当时，一般会和截止测试一并进行。（   ）

5．被审计单位应将销售收入及时入账，不得设"账外账"，不得擅自坐支现金，同时销售款应当由销售人员收取并交给财务部门。（   ）

6．如果被审计单位的商品销售中存在附有销售退回条件的业务，审计人员应该建议被审计单位在退货期满时确认收入。（   ）

7. 注册会计师王怡在对被审计单位德汇公司 2020 年度财务报表进行审计时，对于发生销售退回的业务，建议德汇公司无论销售退回的商品是本年销售的还是以前年度销售的，均应冲减退回当期的销售收入与销售成本。（　　）

8. 在对主营业务收入进行截止测试时，若以账簿记录为起点，其目的是证实已入账收入是否在同一期间已开具发票并发货，有无多计收入。（　　）

9. 如果不对应收账款进行函证，则审计人员应当在审计工作底稿中说明理由。（　　）

10. 一般情况下，审计人员不用函证交易频繁但期末余额较小甚至为零的项目。（　　）

11. 审计人员在编制被审计单位的应收账款账龄分析表时，不管是否为重要的客户，其金额都应该单独列示，以便进行分析。（　　）

12. 如果被审计单位应收账款有贷方发生额，则审计人员可以确认被审计单位当时入账的销货业务是真实的。（　　）

四、实训题

实训 1：测试销售与收款循环内部控制

贝田会计师事务所的注册会计师李芳对华润公司销售业务的内部控制进行了了解和测试，注意到下列情况。

（1）根据批准的客户订购单，销售部编制预先连续编号的一式三联现销或赊销销售单。经销售授权人批准后，所有销售单的第一联直接送仓库作为按销售单供货和发货给装运部门的授权依据，第二联交账单开具部门，第三联由销售部留存。

（2）仓库部门根据批准的销售单供货，装运部门将从仓库提取的商品与销售单核对无误后装运，并编制一式四联预先连续编号的发运单，其中三联及时分送账单开具部门、仓库和客户，一联留存装运部门。

（3）由负责登记应收账款备查簿的人员在每月月末定期给客户寄送对账单，并对客户提出的异议进行专门追查。

要求：思考华润公司的内部控制是否存在缺陷，如有请指出，并说明理由及提出改进建议。

实训 2：练习向债务人函证应收账款

注册会计师林强负责审计恒润公司 2020 年度财务报表。恒润公司 2020 年 12 月 31 日的应收账款余额为 3000 万元。林强认为应收账款存在重大错报风险，决定选取金额较大及风险较高的应收账款明细账户实施函证程序，选取的应收账款明细账户余额合计为 1800 万元。相关事项如下。

（1）审计项目组成员要求被函证的恒润公司客户将回函直接寄至会计师事务所，但恒润公司客户甲公司将回函寄至恒润公司财务部，审计项目组成员取得了该回函，将其归入审计工作底稿。

（2）对于审计项目组以传真件方式收到的回函，审计项目组成员与被询证方取得了电话联系，确认回函信息，并在审计工作底稿中记录了电话内容与时间、对方姓名与职位，以及实施该程序的审计项目组成员的姓名。

（3）审计项目组成员根据恒润公司财务人员提供的电子邮箱地址，向恒润公司境外客户乙公司发送了电子邮件，函证应收账款余额，并收到了电子邮件回复。乙公司确认余额准确无误。审计项目组成员将电子邮件打印后归入审计工作底稿。

（4）恒润公司客户丙公司的回函确认金额比恒润公司的账面余额少 150 万元。恒润公司销售部人员解释，恒润公司于 2020 年 12 月末销售给丙公司一批产品，在 2020 年年末尚未开具销售发票，丙公司因此未入账。注册会计师林强认为该解释合理，未实施其他审计程序。

（5）实施函证的 1800 万元应收账款余额中，审计项目组未收到回函的余额合计 950 万元，审计项目组对此实施了替代程序：对其中的 500 万元查看了期后收款凭证；对没有期后收款凭证的 450 万元，检查了与这些余额相关的销售合同和发票，未发现例外事项。

（6）鉴于对 60%应收账款余额实施函证程序未发现错报，注册会计师林强推断其余 40%的应收账款余额也不存在错报，无须实施进一步审计程序。

要求：针对上述第（1）项至第（6）项，逐项指出恒润公司审计项目组的做法是否恰当。如不恰当，简要说明理由。

实训 3：熟悉销售与收款循环的实质性分析程序

惠丰集团（上市公司）是贝田会计师事务所的常年审计客户。注册会计师张衡负责审计惠丰集团 2020 年度财务报表。审计工作底稿中与实质性分析程序相关的部分内容摘录如下。

（1）由于注册会计师张衡连续对惠丰集团审计了 3 年，惠丰集团经营状况较稳定，且无重大重组等其他事项，故其决定在风险评估阶段不再实施实质性分析程序，更多地通过观察和检查程序获取证据。

（2）注册会计师张衡决定针对营业收入项目实施实质性分析程序，其基于对惠丰集团的相关预算情况、行业发展状况、市场份额、可比的行业信息、经济形势和发展历程的了解，确定了期望值。

（3）注册会计师张衡对应付账款实施实质性分析程序，将负债类的重要性水平作为已记录金额与预期值之间可接受的差异额。

（4）注册会计师张衡对销售费用实施实质性分析程序，确定已记录金额与预期值之间可接受的差异额为 80 万元，而实际差异为 200 万元。张衡就超出可接受差异额的 120 万元询问了管理层，并对其答复获取了充分、适当的审计证据。

（5）注册会计师张衡在审计过程中提出了审计调整建议，惠丰集团均已经调整完毕，因此认为无须在临近审计结束时运用实质性分析程序对财务报表进行总体复核。

要求：针对上述第（1）项至第（5）项，逐项指出注册会计师张衡的做法是否恰当。如不恰当，提出改进建议。

项目六

采购与付款循环的审计

学习目标

知识目标

1. 了解采购与付款循环涉及的主要凭证和主要业务活动。
2. 掌握采购与付款循环的内部控制测试程序。
3. 掌握采购与付款循环可能存在的重大错报风险。
4. 掌握应付账款的实质性程序。
5. 掌握固定资产及累计折旧的实质性程序。

技能目标

1. 能熟练运用采购与付款循环控制测试,找出内部控制存在的关键问题。
2. 能识别采购与付款循环可能存在的重大错报风险,并设计进一步审计程序。
3. 能综合运用各种实质性程序,揭示应付账款、固定资产项目可能存在的重大问题。

项目导入

贝田会计师事务所的注册会计师李芳于2020年年底对恒润公司进行预审,包括对采购与付款业务的控制测试和对部分交易、活动进行的实质性程序。在预审中,李芳发现以下情况。

(1)①为使采购业务的不相容职责彻底分离,恒润公司规定采购人员不得参与验收。收到供应商发来的货物后,必须由财会部门负责采购业务会计记录的人员进行验收登记,只有当所收货物与订购单一致时,采购部门方能开具付款凭单。②采购部门在办理付款业务时,对请购单、采购发票及结算凭证的签字、盖章、日期、数量、金额等进行严格审核。

(2)按照恒润公司与W公司签署的购货合同,若恒润公司自收到材料起10日内付款可获得10%的现金折扣。恒润公司在2020年10月16日收到所购材料后,于18日按照购货发票所列金额30万元的90%向W公司支付了材料款。为保证会计信息的真实性和可靠性,恒润公司对此笔付款进行了借记应付账款27万元、贷记银行存款27万元的会计处理。

(3)①7月1日,恒润公司购入并安装价值50万元的生产用电子设备一台,当日投入生产。由于设备的特殊性质,需要3个月的试运行期。在此期间,随时可能需要进行调试,根据这一情况，恒润公司从 2020 年 10 月 1 日起对该设备计提折旧。②恒润公司于 2020 年年初开始建造生产车间，10 月份完工后投入使用，但由于种种原因，尚未办理完竣工手续，编制财务报表时，恒润公司未将生产车间转入固定资产，仍以在建工程反映。

问题思考

1. 针对情况（1），恒润公司采购与付款循环的相关内部控制是否存在缺陷？请说明理由。
2. 针对情况（2），恒润公司关于采购与付款享受的现金折扣处理是否正确？李芳应提出何种调整建议？
3. 针对情况（3），恒润公司关于固定资产入账和折旧处理是否正确？李芳应提出何种调整建议？

任务一　采购与付款循环的特点及相关内部控制

一、不同行业类型的采购和费用支出

企业的采购与付款循环包括购买商品、劳务和固定资产，以及企业在经营活动中为获取收入而发生的直接或间接的支出。表 6-1 列示了不同行业通常会发生的一些采购和费用支出情况，这些支出未包括经营用房产支出和人工费用支出。

表 6-1　不同行业的采购和费用支出

行业类型	典型的采购和费用支出
贸易业	产品的选择和购买、产品的存储和运输、广告促销费用、售后服务费用
一般制造业	生产过程所需的设备、原材料、易耗品、配件的购买与存储支出，市场经济费用，把产成品运送给客户或零售商产生的运输费用，管理费用
专业服务业	律师、会计师、财务顾问的费用支出包括印刷费，通信费，差旅费，电脑、车辆等办公设备的购置和租赁，书籍资料和研究设施的费用
金融服务业	建立专业化的、安全的计算机信息网络和用户自动存取款设备的支出，给付储户的存款利息，支付其他银行的资金拆借利息、手续费、现金存放、现金运送和网络银行设施的安全维护费用，客户关系维护费用
建筑业	建材支出，建筑设备和器材的租金或购置费用，支付给分包商的费用；保险支出和安保成本；建筑保证金和通行许可审批方面的支出；交通费、通信费等；在外地施工时发生的建筑工人的住宿费用

二、涉及的主要凭证与主要业务活动

（一）涉及的主要凭证

采购与付款交易的流程为请购——订货——验收——付款。在内部控制比较健全的企业，处理采购与付款交易通常也需要使用很多凭证。采购与付款循环所涉及的主要凭证有以下几种。

1. 请购单

请购单是指由产品制造、资产使用等部门的有关人员填写的，送交采购部门，申请购买商品、劳务或其他资产的书面凭证。

2. 订购单

订购单是指由采购部门填写的，向另一企业购买订购单上所指定的商品、劳务或其他资产的书面凭证。

3. 验收单

验收单是收到商品、资产时所编制的凭证，列示从供应商处收到的商品、资产的种类和数量等内容。

4. 供应商发票

供应商发票是指由供应商开具的，交给买方以载明发运的货物或提供的劳务、应付款金额和付款条件等事项的凭证。

5. 供应商对账单

供应商对账单是指由供应商按月编制的，标明期初余额、本期购买、本期支付给供应商的款项和期末余额的凭证。

除以上凭证外，采购与付款循环还涉及付款凭单、转账凭证、付款凭证、应付账款明细账、现金日记账和银行存款日记账等凭证。

（二）涉及的主要业务活动

采购与付款循环涉及的主要业务活动如图 6-1 所示。

```
（1）批准请购    （2）编制订购单    （3）验收商品
请购单 ──────→ 订购单 ──────→ 验收单
          （4）储存已验收商品
          ┌────→ 仓库
          │     （6）确认与记录负债
          └→ 付款凭单 ──→ 会计凭证、 ──→（7）付款
                          会计账簿
（5）编制付款凭单
```

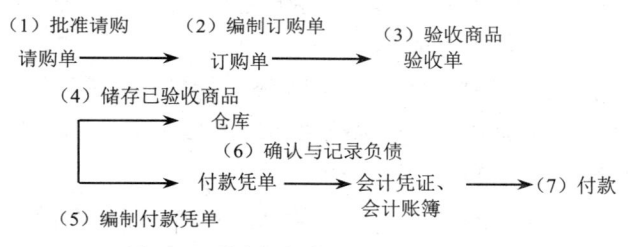

图 6-1 采购与付款循环业务流程

1. 批准请购

仓库、生产及其他部门都可以填列请购单，因此不便预先编号。为加强控制，每张请购单必须经过对这类支出预算负责的主管人员签字批准。

请购单是证明有关采购交易的发生认定的凭据之一，也是采购交易轨迹的起点。

2. 编制订购单

采购部门在收到请购单后，只能针对经过批准的请购单发出订购单。

订购单应正确填写所需要的商品品名、数量、价格、厂商名称和地址等，预先连续编号并经过被授权的采购人员签名。其正联应送交供应商，副联送至企业内部的验收部门、应付凭单部门和编制请购单的部门。随后，应独立检查订购单的处理，以确定是否确实收到商品并正确入账。这项检查与采购交易的完整性认定有关。

3. 验收商品

验收部门应对已收货的每张订购单编制一式多联、预先连续编号的验收单，作为验收和检验商品的依据。验收人员将商品送交仓库或其他请购部门时，应取得经过签字的收据，以

确立他们对所采购的资产应负的保管责任。验收人员还应将其中的一联验收单送交应付凭单部门。

> **行家提示**：验收单是与资产或费用及与采购有关的负债的存在或发生认定有关的重要凭证。定期独立检查验收单的顺序以确定每笔采购交易都已编制应付凭单，与采购交易的完整性认定有关。

4．储存已验收商品

将已验收商品的保管与采购的其他职责相分离，可减少未经授权的采购和盗用商品的风险。存放商品的仓储区应相对独立，限制无关人员接近。这些控制与存在认定有关。

5．编制付款凭单

记录采购交易之前，应付凭单部门应编制付款凭单，主要包括以下内容。

（1）确定供应商发票的内容与相关验收单、订购单的内容一致。

（2）确定供应商发票计算的正确性。

（3）编制有预先连续编号的付款凭单，并附上支持性凭证（如订购单、验收单和供应商发票等）。

（4）独立检查付款凭单计算的正确性。

（5）在付款凭单上填入应借记的资产或费用的账户名称。

（6）由被授权人员在凭单上签字，以示批准照此凭单要求付款。所有未付凭单的副联应保存在未付凭单档案中，以待日后付款。

这些控制与存在、发生、完整性、权利和义务、计价和分摊等认定有关。

【例题1·单选题】在企业内部控制比较健全的情况下，下列既可以证明有关采购交易发生认定，又是采购交易轨迹起点的是（　　）。

A．订购单　　　B．请购单　　　C．验收单　　　D．付款凭单

正确答案：B

答案解析：在内部控制比较健全的情况下，请购单既可以证明有关采购交易发生认定，又是采购交易轨迹的起点。在内部控制并不健全的情况下，采购业务不一定都有请购单。采购部门会根据授权直接订购企业有规律消耗的物料，此时采购交易轨迹的起点就是订购单。

6．确认与记录负债

应付账款确认与记录的一项重要控制是要求记录现金支出的人员不得经手现金、有价证券和其他资产。恰当的凭证、记录与记账手续，对业绩的独立考核而言是必不可少的控制。

7．付款

通常由应付凭单部门负责确定未付凭单并在到期日付款。企业有多种款项结算方式，以支票结算方式为例，编制和签署支票的有关控制如下。

（1）独立检查已签发支票的总额与所处理的付款凭单的总额的一致性。

（2）应由被授权的财务部门的人员负责签署支票。

（3）被授权签署支票的人员应确定每张支票都附有一张已经适当批准的未付款凭单，并确定支票收款人姓名和金额与未付款凭单的内容一致。

（4）支票一经签署就应在其凭单和支持性凭证上加盖印戳或打洞，将其注销，以免重复付款。

（5）支票签署人不应签发无记名甚至空白的支票。

（6）支票应预先连续编号，保证支出支票存根的完整性和作废支票处理的恰当性。

（7）应确保只有被授权的人员才能接近未经使用的空白支票。

8．记录现金、银行存款支出

仍以支票结算方式为例，在手工系统下，会计部门应根据已签发的支票编制付款记账凭证，并据以登记银行存款日记账及其他相关账簿。

任务二　采购与付款循环的重大错报风险

一、采购与付款循环可能存在的重大错报风险

（一）低估负债或相关准备

在承受达到较高盈利水平要求和营运资本的压力下，被审计单位管理层可能试图低估应付账款等负债或相关准备，包括低估对存货应计提的跌价准备。

（二）管理层错报负债和费用支出的偏好和动因

被审计单位管理层可能为了完成预算、满足业绩考核要求、保证从银行获得资金、吸引潜在投资者、误导股东、影响公司股价等，通过操纵负债和费用支出的确认控制损益。

（三）费用支出的复杂性

被审计单位以复杂的交易购买一定期间的多种服务，管理层对于涉及的服务受益与付款的复杂性缺乏足够的了解，可能导致费用支出分配或计提的错误。

（四）不正确地记录外币交易

当被审计单位进口用于出售的商品时，可能由于采用不恰当的外币汇率而导致该项采购的记录出现差错。此外，还存在未能将运费、保险费和关税等与存货相关的进口费用进行正确分摊的风险。

（五）舞弊和盗窃的固有风险

如果被审计单位经营大型零售业务，由于所采购的商品和固定资产的数量及支付的款项庞大，交易复杂，容易造成商品发运错误，同时员工和客户进行舞弊和盗窃的风险较高。如果那些负责付款的会计人员有权接触应付账款主文档，并能够通过在应付账款主文档中擅自添加新的账户来虚构采购交易，则风险也会增加。

（六）存在未记录的权利和义务

未记录的权利和义务可能导致资产负债表分类错误及财务报表附注不正确或披露不充分。

二、根据重大错报风险评估结果设计进一步审计程序

注册会计师基于采购与付款循环的重大错报风险的评估结果，制定实施进一步审计程序的总体方案（包括综合性方案和实质性方案），以应对识别出的认定层次的重大错报风险，如表6-2所示。

表6-2 采购与付款循环的重大错报风险及进一步审计程序总体方案

重大错报风险描述	相关财务报表项目及认定	风险程度	是否信赖控制	进一步审计程序的总体方案	拟从控制测试中获取的保证程度	拟从实质性程序中获取的保证程度
确认的负债和费用并未实际发生	应付账款/其他应付款：存在。销售费用/管理费用：发生	一般	是	综合性方案	高	低
不计提采购相关的负债或不计提尚未付款的已经购买的服务支出	应付账款/其他应付款：完整性。销售费用/管理费用：完整性	特别	是	综合性方案	高	中
采用不正确的费用支出截止期，如将本期的支出推至下期确认	应付账款/其他应付款：存在/完整性。销售费用/管理费用：截止	一般	否	实质性方案	无	高
发生的采购未能以正确的金额记录	应付账款/其他应付款：准确性、计价和分摊。销售费用/管理费用：准确性	一般	是	综合性方案	高	低

任务三 采购与付款循环的内部控制测试

一、以风险为起点的控制测试

采购与付款循环可能发生错报的环节、内部控制目标、内部控制及控制测试程序如表6-3所示。

表6-3 采购与付款循环可能发生错报的环节、内部控制及控制测试程序

可能发生错报的环节	相关的财务报表项目及认定	存在的内部控制（自动）	存在的内部控制（人工）	控制测试程序
（1）采购计划未经适当审批	① 存货：存在。② 其他费用：发生。③ 应付账款：存在	—	① 生产、仓储等部门根据生产计划制订需求计划。② 采购部门汇总需求，按采购类型制订采购计划，经复核人复核后执行	① 询问复核人复核采购计划的过程。② 检查采购计划是否经复核人恰当复核

项目六 采购与付款循环的审计

续表

可能发生错报的环节	相关的财务报表项目及认定	存在的内部控制（自动）	存在的内部控制（人工）	控制测试程序
（2）新增供应商或供应商信息变更未经恰当认证	① 存货：存在。 ② 其他费用：发生。 ③ 应付账款：存在	采购订单上的供应商代码必须在系统供应商清单中存在匹配的代码，才能生效并发送	① 复核人复核并批准每一位供应商数据的变更请求，包括供应商地址或银行账户的变更及新增供应商等。复核时，评估拟进行的供应商数据变更是否得到合适文件的支持，如由供应商提供的新地址或银行账户明细或者经批准新供应商的授权表格。 ② 当复核完成且复核人提出的问题/要求的修改已经得到满意解决后，复核人在系统中确认复核完成	① 询问复核人复核供应商数据变更请求的过程，抽样检查变更需求是否有相关文件支持及有复核人的复核确认。 ② 检查系统中采购订单的生成逻辑，确认是否存在供应商代码匹配的要求
（3）录入系统的供应商数据可能未经恰当复核	① 存货：存在。 ② 其他费用：发生。 ③ 应付账款/其他应付款：存在	系统定期生成对供应商信息所有新增或变更的报告（包括新增供应商、更改银行账户等）	① 复核人员定期复核系统生成报告中的项目是否均经恰当授权。 ② 当复核工作完成或要求的修改得到满意解决后，签字确认复核工作完成	① 检查报告的生成逻辑及完整性。 ② 询问复核人对报告的检查过程，确认其是否签字
（4）采购订单与有效的请购单不符	① 存货：存在、准确性、计价和分摊。 ② 其他费用：发生、准确性。 ③ 应付账款/其他应付款：存在、准确性、计价和分摊	—	① 复核人复核并批准每一个采购订单，包括复核采购订单是否有经适当权限人员签署的请购单支持。复核人也应确认采购订单的价格与供应商协商一致且该供应商已通过审批。 ② 当复核完成且复核人提出的问题/要求的修改已经得到满意的解决后，签字确认复核完成	① 询问复核人复核采购订单的过程，包括复核人提出的问题及其跟进记录。 ② 抽样检查采购订单是否有对应的请购单及复核人签字确认
（5）订单未被录入系统或在系统中重复录入	① 存货：存在、完整性。 ② 其他费用：发生、完整性。 ③ 应付账款/其他应付款：存在、完整性	系统每月末生成列明跳码或重码的采购订单的例外报告	复核人定期复核系统生成的例外报告，以确定是否有遗漏、重复的记录。该复核确定所有采购订单是否都输入系统，且仅输入了一次	① 检查例外报告的生成逻辑。 ② 询问复核人对例外报告的检查过程，确认发现的问题是否及时得到了跟进处理
（6）接收了缺乏有效采购订单或未经验收的商品	① 应付账款：存在、完整性。 ② 存货：存在、完整性。 ③ 其他费用：发生、完整性	入库确认后，系统生成连续编号的入库单	收货人员只有完成了以下程序后，才能在系统中确认商品入库。 ① 检查是否存在有效的采购订单； ② 检查是否存在有效的验收单； ③ 检查收到的货物的数量是否与发货单一致	① 检查系统入库单编号的连续性。 ② 询问收货人员的收货过程。 ③ 抽样检查入库单是否有对应一致的采购订单及验收单
（7）临近会计期末的采购未被记入正确的会计期间	(1) ① 应付账款：完整性。 ② 存货/其他费用：完整性	系统每月末生成列明跳码或重码的入库单的例外报告	① 复核人复核系统生成的例外报告，检查是否有遗漏、重复入库单。 ② 当复核完成且复核人提出的问题/要求的修改已经得到满意的解决后，签字确认复核已经完成	① 检查例外报告的生成逻辑。 ② 询问复核人对例外报告的检查过程，确认发现的问题是否及时得到了跟进处理

187

续表

可能发生错报的环节	相关的财务报表项目及认定	存在的内部控制（自动）	存在的内部控制（人工）	控制测试程序
（7）临近会计期末的采购未被记入正确的会计期间	（2）① 应付账款：存在、完整性。 ② 存货：存在、完整性。 ③ 其他费用：发生、完整性	系统每月末生成包含所有已收货但相关发票未录入系统的货物信息的例外报告	① 复核人复核该例外报告中的项目，确定采购是否被记入正确的期间及负债计提是否有效； ② 当复核完成且复核人提出的问题/要求的修改已经得到满意的解决后，签字确认复核已经完成	① 检查例外报告的生成逻辑。 ② 询问复核人对报告的复核过程，核对报告中的采购是否计提了相应负债，检查复核人的签署确认
（8）发票未被正确编码，导致成本或费用之间的分类错误	（1）① 存货：准确性、计价和分摊、完整性。 ② 其他费用：准确性、完整性。 ③ 应付账款：存在、完整性。	系统自动将相关的发票归集入批准，复核人评估正确的总账代码是否被应用到该项目	每张发票开具前均经复核人复核并批准，复核人评估正确的总账代码是否被应用到该项目	① 询问复核人对发票编号/总账代码的复核过程。 ② 抽样检查相关发票是否被恰当分类到了相关费用
	（2）① 费用/成本：完整性、准确性（准确性、计价和分摊）。 ② 应付账款：完整性、准确性、计价和分摊	—	定期编制所选定的关键绩效指标（如分成本中心/部门的费用、费用占收入的比例等）与管理层预期（包括以前期间或预算等信息）相比较的报告，复核人识别关键绩效指标与预期之间差异的相关问题（如波动、例外或异常调整），并跟进。所有问题会被合理应对，复核人通过签署关键绩效指标报告以证明完成复核	① 根据样本量要求选取关键绩效报告，确定是否经管理层复核；复核是否在合理的时间内完成；检查关键绩效指标的计算是否准确，是否与账面记录核对一致；评估用于调查重大差异的界限是否适当。 ② 向复核人询问其复核方法，对于其提出的问题，检查是否经恰当跟进处理 ③ 评价使用数据的完整性和准确性
（9）批准付款的发票上存在价格/数量错误或劳务尚未提供的情形	① 应付账款：完整性、准确性、计价和分摊。 ② 存货/成本：完整性、准确性、计价和分摊	① 当入库单录入系统后，系统将其与采购订单进行核对。当发票录入系统后，系统将其详细信息与采购订单及入库单进行核对。 ② 如信息相符或差异不超过可接受差异，系统将自动批准可以付款。 ③ 如信息不符，发票将被列示于例外报告中，由人工跟进	① 负责应付账款且无职责冲突的人员负责跟进例外报告中的所有项目。 ② 仅当不符信息从例外报告中消除后，才可以付款	① 检查例外报告的生成逻辑，确认例外报告的完整性及准确性。 ② 与复核人讨论其复核过程，抽样选取例外/删改情况报告。 ③ 检查每一份报告并确定：是否存在管理层复核的证据；复核是否在合理的时间范围内完成；复核人提出的问题是否适当、是否能使交易恰当记录于会计系统。 ④ 抽样选取采购发票，检查是否与入库单和采购订单所记载的价格、供应商、日期、描述及数量一致

项目六 采购与付款循环的审计

续表

可能发生错报的环节	相关的财务报表项目及认定	存在的内部控制（自动）	存在的内部控制（人工）	控制测试程序
（10）现金支付未记录、未记录在正确的供应商账户（串户）或记录金额不正确	（1）① 应付账款：准确性、计价和分摊、存在。② 存货：准确性、计价和分摊。③ 其他费用：准确性	—	① 独立于负责现金交易处理的会计人员每月末编制银行存款余额调节表。所有重大差异由调节表编制人跟进，并根据具体情形进行跟进处理。② 经授权的管理人员复核所编制的银行存款余额调节表，当复核工作完成或复核人提出的问题/要求的修改已得到满意的解决后，签字确认复核工作已完成	① 询问复核人对银行存款余额调节表的复核过程。② 抽样检查银行余额调节表，检查其是否及时得到复核；复核的问题是否得到了恰当跟进处理、复核人是否签字确认
	（2）① 应付账款：存在、完整性、准确性、计价和分摊。② 存货：存在、完整性、准确性、计价和分摊。③ 其他费用：发生、完整性、准确性	—	① 应付账款会计人员将供应商提供的对账单与应付账款明细表进行核对，并对差异进行跟进处理。② 复核人定期复核供应商的对账结果，将从应付账款明细账中抽取的一定数量的应付供应商余额与供应商提供的对账单进行核对。③ 当复核工作完成或复核人提出的问题/要求的修改已得到满意的解决后，签字确认复核工作已完成	① 询问复核人对供应商对账结果的复核过程，抽样选取供应商对账单。② 检查其是否与应付账款明细账进行了核对，差异是否得到了恰当的跟进处理。③ 检查复核人的相关签字确认
（11）员工具有不适当的访问权限，使其能够实施违规交易或隐瞒错误	① 应付账款：存在、完整性、准确性、计价和分摊。② 存货：存在、完整性、准确性、计价和分摊。③ 其他费用：发生、完整性、准确性	采购系统根据管理层的授权进行权限设置，以支持采购职能所要求的上述职责分离	分离以下职责：① 供应商主信息维护；② 请购授权；③ 输入采购订单；④ 开具供应商发票；⑤ 按照订单收取货物；⑥ 存货盘点调整等	① 检查系统中相关人员的访问权限。② 复核管理层的授权职责分配表，对不相容岗位（申请与审批等）是否设置了恰当的职责分离
（12）总账与明细账中的记录不一致	① 应付账款：完整性、准确性、计价和分摊。② 其他费用：完整性、准确性	应付账款/费用明细账的总余额与总账账户间的调节表会在每个期末及时编制	① 任何差异都会被调查，如恰当，将进行调整。② 复核人会复核调节表及相关支持文档，任何差异及/或调整会被批准	核对总账与明细账的一致性，检查复核人的复核及差异跟进记录

📝**行家提示**：采购与付款业务的不相容岗位如下：请购与审批；询价与确定供应商；采购合同的订立与审批；采购与验收；采购、验收与相关会计记录；付款审批与付款执行。

【例题2·多选题】审计人员在检查被审计单位已经发生的采购交易是否都入账时常用的控制测试有（　　）。
A．检查订货单连续编号的完整性　　B．检查卖方发票连续编号的完整性
C．检查验收单连续编号的完整性　　D．检查注销凭证的标记
正确答案：ABC
答案解析：检查注销凭证的标记属于审计人员检查所记录的采购都确已收到商品或已接受劳务，并符合采购方的最大利益时所采用的控制测试。

二、固定资产的内部控制测试

为了确保固定资产的真实、完整、安全和有效利用，审计人员应该测试被审计单位相关固定资产的内部控制。

（一）固定资产的预算制度测试

预算制度是固定资产内部控制中最重要的部分。审计人员应测试大中型企业是否编制旨在预测与控制固定资产增减和合理运用资金的年度预算，小规模企业是否对固定资产的购建事先加以计划。

（二）授权批准制度测试

审计人员应测试企业的资本性预算是否只有经过董事会等高层管理机构批准方可生效；所有固定资产的取得和处置是否都必须经过企业管理层的书面认可。

（三）账簿记录制度测试

测试被审计单位是否设置固定资产明细账和固定资产登记卡，是否按固定资产类别、使用部门进行明细分类核算，固定资产的增减变化是否均有充分的原始凭证。

（四）职责分工制度测试

审计人员应对固定资产的取得、记录、保管、使用、维修、处置等划分责任进行测试，确定是否由专门部门或专人负责。

固定资产除上述内部控制测试外，还要对资本性支出和收益性支出的区分制度、处置制度、定期盘点制度，以及维护保养制度等进行测试。

【例题3·单选题】下列各项内部控制中，相对来说有重大缺陷的是（   ）。
A. 固定资产支出预算由总经理批准
B. 固定资产管理中无具体的保养制度
C. 所有设备均由使用设备部门自行采购、付款、管理
D. 对固定资产未投保险

正确答案：C

答案解析：选项A，固定资产支出预算应由董事会批准，但该缺陷并不构成严重缺陷；选项C，所有设备均由使用设备部门自行采购、付款、管理，违背了职责划分的内部控制制度，属于严重的内部控制缺陷。

任务四 应付账款审计

一、应付账款的审计目标

（一）应付账款的审计目标与认定的对应关系

应付账款的审计目标与认定的对应关系如表6-4所示。

项目六 采购与付款循环的审计

表 6-4 应付账款的审计目标与认定的对应关系

审计目标	财务报表认定				
	存在	完整性	权利和义务	计价和分摊	与列报和披露相关的认定
① 资产负债表中记录的应付账款是存在的	√				
② 所有应当记录的应付账款均已记录		√			
③ 资产负债表中记录的应付账款是被审计单位应当履行的现时义务			√		
④ 应付账款以恰当的金额包括在财务报表中，与之相关的计价或分摊已恰当记录				√	
⑤ 应付账款已按照《企业会计准则》的规定在财务报表中做出恰当列报					√

（二）应付账款的审计目标与审计程序的对应关系

应付账款的审计目标与审计程序的对应关系如表 6-5 所示。

表 6-5 应付账款的审计目标与审计程序的对应关系

审计目标	可供选择的审计程序
②④	获取被审计单位与其供应商之间的对账单，并将对账单和被审计单位财务记录之间的差异进行调节，查找有无未入账的应付账款，确定应付账款金额的准确性
②④	检查债务形成的相关原始凭证，如供应商发票、验收报告或入库单等，查找有无未及时入账的应付账款，确定应付账款期末余额的完整性（原始凭证——账簿记录）
②	针对资产负债表日后付款项目，检查银行对账单及有关付款凭证，询问被审计单位内部或外部的知情人员，查找有无未及时入账的应付账款
②	结合存货监盘程序，检查被审计单位在资产负债日前后的存货入库资料（如验收报告），检查是否有大额货到单未到的情况，确认相关负债是否记入了正确的会计期间
②	检查资产负债表日后应付账款明细账贷方发生额的相应凭证，关注其购货发票的日期，确认其入账时间是否合理
①③	选择应付账款的重要项目函证其余额和交易条款，对未回函的再次发函或实施替代的审计程序（函证不能实现完整性目标）
②	针对已偿付的应付账款，追查至银行对账单、银行付款单据和其他原始凭证，检查其是否在资产负债表日前真实偿付
①②	针对异常或大额交易及重大调整事项（如大额的购货折扣或退回等），检查相关原始凭证和会计记录，以分析交易的真实性、合理性
④	获取或编制应付账款明细表
①④	对应付账款实施实质性分析程序
①②③④	被审计单位对债权人进行债务重组的，检查不同债务重组方式下的会计处理是否正确
①②③④	检查应付关联款项的真实性、完整性
⑤	检查应付账款是否按照《企业会计准则》的规定在财务报表中做出恰当列报

二、应付账款的实质性程序

（一）获取或编制应付账款明细表

（1）复核加计是否正确，并与报表数、总账数和明细账合计数核对是否相符。

（2）分析出现借方余额的项目，查明原因，必要时，建议进行重分类调整。

（3）检查非记账本位币应付账款的折算汇率及折算是否正确。

（4）结合预付账款、其他应付款等往来项目的明细余额，调查有异常余额或与购货无关的其他款项（如关联方账户或雇员账户），并做出记录，必要时建议被审计单位进行调整。

（二）对应付账款实施实质性分析程序

（1）将期末应付账款余额与期初余额进行比较，分析波动原因。

（2）分析长期挂账的应付账款，要求被审计单位做出解释，判断被审计单位是否缺乏偿债能力或利用应付账款隐瞒利润，并注意其是否可能无须支付，对确实无须支付的应付账款的会计处理是否正确、依据是否充分。

> **行家提示**：确实无须支付的应付账款应转入营业外收入。
>
> 借：应付账款
>
> 　　贷：营业外收入

（3）计算应付账款与存货的比率、应付账款与流动负债的比率，并与以前年度相关比率对比分析，评价应付账款整体的合理性。

（4）分析存货和营业成本等项目的增减变动，判断应付账款增减变动的合理性。

（三）函证应付账款

1. 函证应付账款的情形

6-1 典型项目函证

如果控制风险较高、某应付账款明细账户金额较大时，则应函证应付账款。

> **行家提示**：一般情况下，并非必须函证应付账款，原因如下。
>
> （1）函证不能保证查出未记录的应付账款，因为函证与完整性认定无关，主要与存在及权利和义务认定有关。
>
> （2）审计人员能够取得采购发票等外部凭证来证实应付账款的余额。

2. 函证对象的选择

在进行函证时，审计人员应选择较大金额的债权人及那些在资产负债表日金额不大，甚至为零，但为被审计单位重要供应商的债权人，作为函证对象。

3. 函证方式的选择

函证最好采用积极式函证，也可采用消极式函证。审计人员对函证的过程进行控制，要求债权人直接回函，并根据回函情况编制函证结果汇总表，对未回函的，应考虑是否再次函证。

（四）检查应付账款所属会计期间，是否存在未入账的应付账款

（1）检查债务形成的相关原始凭证，如供应商发票、验收报告或入库单等，查找有无未及时入账的应付账款，确认应付账款期末余额的完整性。

（2）检查资产负债表日后应付账款明细账贷方发生额的相应凭证，关注其购货发票的日期，确认其入账时间是否合理。

（3）获取被审计单位与其供应商之间的对账单，并将对账单和被审计单位财务记录之间的差异进行调节，查找有无未入账的应付账款，确定应付账款金额的准确性。

（4）针对资产负债表日后的付款项目，检查银行对账单及有关付款凭证，询问被审计单位内部或外部的知情人员，查找有无未及时入账的应付账款。

（5）结合存货监盘程序，检查被审计单位在资产负债日前后的存货入库资料，检查是否有大额货到单未到的情况，确认相关负债是否记入了正确的会计期间。

（五）异常或重大事项处理

针对异常或大额交易及重大调整事项，如大额的购货折扣或退回、会计处理异常的交易、未经授权的交易、缺乏支持性凭证的交易等，检查相关原始凭证和会计记录，以分析交易的真实性、合理性。

（六）检查应付账款列报

检查应付账款是否已按照《企业会计准则》的规定在财务报表中做出恰当列报。一般来说，"应付账款"项目应根据"应付账款"和"预付账款"科目所属明细科目的期末贷方余额的合计数填列。

【例题4·简答题】ABC会计师事务所的注册会计师A负责审计甲公司2020年度财务报表。审计工作底稿中与负债相关的部分内容摘录如下。

（1）甲公司各部门使用的请购单未连续编号，请购单由部门经理批准，超过一定金额还需总经理批准。注册会计师A认为该项内部控制设计有效，实施了控制测试，结果满意。

（2）为查找未入账的应付账款，注册会计师A检查了资产负债表日后应付账款明细账贷方发生额的相关凭证，并结合存货监盘程序，检查了甲公司资产负债表日前后的存货入库资料，结果满意。

（3）由于2020年员工工资和维修材料的价格持续上涨，甲公司实际发生的产品质量保证支出与以前年度的预计数相差较大。注册会计师A要求管理层就该差异进行追溯调整。

（4）甲公司有一笔账龄三年以上、金额重大的其他应付款，因2020年未发生变动，注册会计师A未实施进一步审计程序。

要求：
针对上述第（1）项至第（4）项，逐项指出注册会计师A的做法是否恰当。如不恰当，简要说明理由。

答案解析：
（1）恰当。
（2）不恰当。还应检查资产负债表日后货币资金的付款项目，获取甲公司与供应商之间的对账单并与财务记录进行核对调节，检查采购业务形成的相关原始凭证。

（3）不恰当。资产负债表日后价格的变化并不表明前期会计估计存在差错。
（4）不恰当。注册会计师应当对重大账户余额实施实质性程序。

任务五　固定资产审计

一、固定资产的审计目标

（一）固定资产的审计目标与认定的对应关系

固定资产的审计目标与认定的对应关系如表6-6所示。

表6-6　固定资产的审计目标与认定的对应关系

审计目标	财务报表认定				
	存在	完整性	权利和义务	计价和分摊	与列报和披露相关认定
① 资产负债表中记录的固定资产是存在的	√				
② 所有应记录的固定资产均已记录		√			
③ 记录的固定资产由被审计单位拥有或控制			√		
④ 固定资产以恰当的金额包括在财务报表中，与之相关的计价或分摊已恰当记录				√	
⑤ 固定资产已按照《企业会计准则》的规定在财务报表中做出恰当列报					√

（二）固定资产的审计目标与审计程序的对应关系

固定资产的审计目标与审计程序的对应关系如表6-7所示。

表6-7　固定资产的审计目标与审计程序的对应关系

审计目标	可供选择的审计程序
①②④	实质性分析程序
①	实地检查重要固定资产，确定其是否存在，关注是否存在已报废但仍未核销的固定资产
③	检查固定资产的所有权或控制权
①②③④	检查本期固定资产的增加
①②④	检查本期固定资产的减少
①②	检查固定资产的后续支出
②	检查固定资产的保险情况，复核保险范围是否足够
③⑤	检查固定资产的抵押、担保情况
④	检查累计折旧
④	检查固定资产的减值准备
④	获取或编制固定资产和累计折旧分类汇总表，检查分类是否正确，并与总账数和明细账合计数核对是否相符，结合累计折旧、减值准备科目与报表数核对是否相符
①②③④	检查固定资产的租赁

续表

审计目标	可供选择的审计程序
④	获取暂时闲置的固定资产的证明文件,并观察其实际状况,检查是否按规定计提折旧,相关的会计处理是否正确
④	获取已提足折旧仍继续使用的固定资产的相关证明文件,并进行相应记录
④	获取持有待售固定资产的相关证明文件,并进行相应记录,检查对其预计净残值调整是否正确、会计处理是否正确
①②④	检查有无与关联方有关的固定资产购售活动、是否经适当授权、交易价格是否公允。对于合并范围内的购售活动,记录应予以合并抵销的金额
④	对应计入固定资产的借款费用,结合长短期借款、应付债券或长期应付款的审计,检查借款费用资本化的计算方法和资本化金额,以及会计处理是否正确
④⑤	检查购置固定资产时是否存在与资本性支出有关的财务承诺
⑤	确定固定资产是否已按照《企业会计准则》的规定在财务报表中做出恰当列报

二、固定资产的实质性程序

(一)获取或编制固定资产和累计折旧分类汇总表

检查固定资产的分类是否正确,并与总账数和明细账合计数核对是否相符,结合累计折旧、减值准备科目与报表数核对是否相符。

【例题5·简答题】请运用分析程序指出表6-8中固定资产原价和累计折旧项目存在的问题。

表6-8 固定资产原价和累计折旧项目

单位:万元

固定资产类别	固定资产				累计折旧			
	期初余额	本年增加	本年减少	期末余额	期初余额	本年增加	本年减少	期末余额
房屋及建筑物	20 930	2655	21	23 564	3490	898	31	4357
通用设备	8612	1158	62	9708	863	865	34	1694
专用设备	10 008	3854	121	13 741	3080	1041	20	4101
运输工具	1681	460	574	1567	992	232	290	934
土地	472			472		15		15
其他设备	389	150	11	528	115	83	3	195
合计	42 092	8277	789	49 580	8540	3134	378	11 296

答案解析:

(1)房屋及建筑物本期固定资产原值减少额为21万元,但累计折旧减少额却达到了31万元,明显存在不合理。

(2)土地作为固定资产核算,不应计提折旧。

(二)对固定资产实施实质性分析程序

基于对被审计单位及其环境的了解,通过进行以下比较,并考虑有关数据间关系的影响,确定有关数据的期望值,以判断固定资产业务的总体合理性。

(1) 分类计算本期计提折旧额与固定资产原值的比率，并与上期的比率进行比较。

(2) 计算固定资产修理及维护费用占固定资产原值的比例，并进行本期各月、本期与以前各期的比较。例如，修理费增加幅度过大，可能有未入账的固定资产；增加幅度过小，可能有固定资产已经处置但未销账等情况。

（三）实地检查重要固定资产

实地检查重要固定资产，确定其是否存在、是否完整，关注是否存在已报废但仍未核销的固定资产。

审计人员实地检查的重点是本期新增加的重要固定资产，有时观察范围也会扩展到以前期间增加的重要固定资产。

> **行家提示**：实施实地检查审计程序时，审计人员可以固定资产明细账为起点，进行实地追查，以证明会计记录中所列固定资产确实存在，并了解其目前的使用状况（存在）；也可以以实地为起点，追查至固定资产明细账，以证明实际存在的固定资产均已入账（完整性）。

【例题6·单选题】在查找已提前报废但尚未做出会计处理的固定资产时，以下审计程序中，审计人员最有可能实施的是（　　）。

A. 以检查固定资产实物为起点，检查固定资产的明细账和投保情况
B. 以检查固定资产明细账为起点，检查固定资产实物和投保情况
C. 以分析折旧费用为起点，检查固定资产实物
D. 以检查固定资产实物为起点，分析固定资产的维修和保养费用

正确答案：B

答案解析：已经提前报废但尚未做出会计处理的固定资产影响的认定是真实性认定，所以应当从固定资产明细账追查到固定资产实物。

（四）检查固定资产的所有权或控制权

对各类固定资产，审计人员应获取、收集不同的证据以确定其是否归被审计单位所有。不同类型固定资产所有权的审计程序如表6-9所示。

表6-9　不同类型固定资产所有权的审计程序

序号	固定资产类型	确定所有权所应实施的审计程序
1	外购机器设备等固定资产	经常通过审核采购发票、采购合同等予以确定
2	房地产类固定资产	查阅有关的合同、产权证明、财产税单（房产税、契税等）、抵押借款的还款凭据、保险单等书面文件
3	融资租入的固定资产	应验证有关融资租赁合同，证实其并非经营租赁
4	汽车等运输设备	应验证有关运营证件（如行车证）等

对受留置权限制的固定资产，通常还应审核被审计单位的有关负债项目等予以证实。

（五）检查本期固定资产的增加

审计固定资产的增加是固定资产实质性程序中的重要内容。固定资产的增加有多种途径，审计时应注意以下几点。

(1) 询问管理层本年度固定资产的增加情况，并与获取或编制的固定资产明细表进行核对；确定增加的数量。

(2) 检查本年度增加固定资产的计价是否正确、手续是否齐备、会计处理是否正确。要关注不同来源固定资产的计价方法。

（六）检查本期固定资产的减少

固定资产的减少主要包括出售、向其他单位投资转出、向债权人抵债转出、报废、毁损、盘亏等。审计固定资产的减少的主要目的在于查明业已减少的固定资产是否已进行适当的会计处理。

（七）检查固定资产的后续支出

检查固定资产的后续支出，最主要的是要确认后续支出属于资本化支出还是费用化支出。确定固定资产的后续支出是否满足资产确认条件；如不满足，该支出是否在该后续支出发生时计入当期损益。

【例题7·多选题】下列各项中，审计人员认为会引起固定资产账面价值发生增减变化的有（　　）。

A. 对固定资产计提折旧　　　　B. 发生固定资产改良支出
C. 发生固定资产修理支出　　　D. 计提固定资产减值准备

正确答案：ABD

答案解析：发生固定资产修理支出应计入当期费用，不影响固定资产的账面价值。

三、累计折旧的实质性程序

（一）获取或编制累计折旧分类汇总表

获取或编制累计折旧分类汇总表，复核加计是否正确，并与总账数和明细账合计数核对是否相符。

（二）检查被审计单位制定的折旧政策和方法

检查被审计单位制定的折旧政策和方法是否符合相关会计准则的规定，确定其所采用的折旧方法能否在固定资产预计使用寿命内合理分摊其成本，前后期是否一致，预计使用寿命和预计净残值是否合理。

（三）复核本期折旧费用的计提和分配

(1) 了解被审计单位的折旧政策是否符合规定，计提折旧范围是否正确，确定的使用寿命、预计净残值和折旧方法是否合理。如果采用加速折旧法，是否取得了批准文件。

(2) 检查被审计单位的折旧政策前后期是否一致。

(3) 复核本期折旧费用的计提是否正确，注意折旧的范围是否准确。

（四）复核折旧与成本费用的钩稽关系

将"累计折旧"账户贷方的本期计提折旧额与相应成本费用中的折旧费用明细账户的借方数额相比较，检查本期所计提折旧金额是否已全部摊入本期产品成本或费用。

【例题8·单选题】 审计人员认为被审计单位固定资产折旧计提不足的迹象是（　　）。

A. 固定资产保险额大于其账面价值　　B. 累计折旧与固定资产原值比率较大

C. 提取折旧的固定资产账面价值较大　　D. 经常发生大额的固定资产清理损失

正确答案：D

答案解析：折旧计提不足的实质是所计提的折旧额比固定资产的实际损耗小，其结果是在固定资产转入清理时出现固定资产清理损失，应选D。

项目导入问题解答

1.（1）存在缺陷，按照内部会计控制规范的规定，采购、验收、记录三项职责属于不相容职责。恒润公司将验收业务交由记录人员办理，不符合不相容职责分离的要求。

（2）存在缺陷，按照内部会计控制规范的规定，在办理付款业务时，应对采购发票、验收凭证和结算凭证进行严格审核。恒润公司在相关规定中，没有包括对验收单的审核，大大增加了付款的风险；另外付款业务应该由财会部门办理，不是采购部门。

2. 按照《企业会计准则》的规定，对于带有现金折扣的应付账款，应按购货发票的金额入账，待实际取得现金折扣时，再冲减财务费用。据此，恒润公司应做的会计分录是借记应付账款 30 万元，贷记银行存款 27 万元、财务费用 3 万元。

3.（1）折旧处理不正确。李芳应建议恒润公司对此电子设备从增加当月的下月起计提折旧。

（2）固定资产入账处理不正确。李芳应建议在建工程在投入使用后按照暂估价值计入固定资产，待办理完竣工决算手续后再调整固定资产科目，不调整已经计提的累计折旧金额。

项目综合训练

一、单项选择题

1. 下列关于企业采购验收环节涉及的内部控制，正确的是（　　）。

A. 仓库保管员负责验收采购的商品并登记验收单

B. 独立的验收部门应根据请购单与所收商品核对是否相符

C. 验收部门验收后将商品送交仓库，取得经过签字的收据

D. 验收部门应将验收单其中一联交采购部门

2. 下列选项中不属于针对采购发票可能未被记录于正确的会计期间的内部控制或控制测试的是（　　）。

A. 由计算机将供应商发票上的单价与订购单上的单价进行比对，如有差异应生成例外报告

B. 由计算机将记录采购的日期和采购入库通知单上的日期进行比对，如果这些日期归属于不同的会计期间，应生成例外报告的打印文件

C. 询问和检查例外报告的打印文件并重新执行截止测试

D. 由会计人员输入必要的分录，确保对计入当期的负债的核算是恰当的

3. 下列关于应付账款函证的说法中，不正确的是（　　）。

A. 因为函证并不能够保证查出未入账的应付账款，所以并非必须函证应付账款

B. 在控制风险较低的情况下，注册会计师应考虑选择金额较大的应付账款明细账户进行函证

C．应付账款函证最好采用积极式函证，并具体说明应付金额

D．对于应付账款函证未回函的，注册会计师应考虑是否再次函证

4．对于应付账款项目，注册会计师常常将检查有无未入账的业务作为重要的审计目标。在以下程序中，难以达到这一目标的程序是（　　）。

A．结合存货监盘，检查在资产负债表日是否存在有材料入库凭证，但未收到购货发票的业务

B．检查资产负债表日后收到的购货发票，关注购货发票的日期

C．检查资产负债表日前应付账款明细账及现金、银行存款日记账

D．检查资产负债表日后应付账款贷方发生额的相应凭证

5．注册会计师在测试乙公司与采购交易相关的内部控制时发现下列情况，其中最可能表明采购交易发生认定存在重大错报风险的是（　　）。

A．订购单与验收单的金额和数量不符

B．缺失经预先连续编号的验收单

C．处理采购或付款的会计期间出现差错

D．验收单重复

6．已发生的采购交易均已记录的关键内部控制不包括（　　）。

A．采购经适当级别批准

B．订购单均经预先连续编号并将已完成的采购登记入账

C．验收单均经预先连续编号并已登记入账

D．应付凭单均经预先连续编号并已登记入账

7．在内部控制良好的情况下，收到商品时，负责验收的人员应当与商品进行核对的原始凭证为（　　）。

A．供应商发运文件及订购单

B．验收报告与供应商发运文件

C．请购单及订购单

D．验收报告与订购单

8．注册会计师在检查与编制付款凭单相关的内部控制时，发现以下事项，其中不恰当的是（　　）。

A．编制凭单人员确定供应商发票的内容与相关的验收单、订购单内容的一致性

B．编制凭单人员确定供应商发票计算的正确性

C．编制凭单人员编制有预先连续编号的付款凭单，并附上支持性凭证

D．编制凭单人员在付款凭单上填入贷记的资产或费用账户名称

9．以下程序中，属于测试采购交易与付款交易内部控制计价和分摊目标的常用控制测试是（　　）。

A．检查付款凭单是否附有卖方发票

B．检查卖方发票连续编号的完整性

C．检查企业验收单是否缺号

D．审核采购价格和折扣的标志

10. 抽查明细账上的一般费用样本，检查其支持性文件，这一审计程序与一般费用最相关的认定是（　　）。

A．存在　　　　　　　　　　　　B．发生

C．准确性、计价和分摊　　　　　D．截止

11. 关于应付账款函证的说法中正确的是（　　）。

A．应付账款必须进行函证

B．进行函证时，注册会计师应选择资产负债表日金额不大，甚至为零且对被审计单位不重要的供应商进行函证

C．函证最好采用积极式函证，并具体说明应付金额

D．注册会计师无须对应付账款函证的过程进行控制

12. 下列选项中，不属于针对应付账款的实质性程序是（　　）。

A．函证应付账款

B．检查现购的采购交易相关凭证，确定交易是否真实

C．针对已偿付的应付账款，追查至银行对账单、银行付款单据和其他原始凭证

D．检查应付账款是否已按照《企业会计准则》的规定在财务报表中做出恰当列报

二、多项选择题

1. 下列关于采购交易的内部控制的说法中，正确的有（　　）。

A．在采购与付款交易中，对采购交易的请购与审批可以由一人完成

B．如果注册会计师确认被审计单位的内部控制有效，就可以从了解和测试内部控制入手进行审计

C．如果认为采购交易内部控制良好，则注册会计师实施的实质性程序的数量比内部控制不健全时实施的实质性程序少

D．恰当的内部控制可以防止主要使管理层和员工而非被审计单位本身受益的交易

2. 下列关于采购与付款循环中的主要凭证的说法中，正确的有（　　）。

A．请购单由产品制造、资产使用等部门的有关人员填写，送交采购部门

B．请购单需要进行连续编号

C．订购单由采购部门填写

D．验收单是收到商品、资产时所编制的凭证

3. 下列有关采购与付款循环主要业务活动及其涉及的相关认定的说法中，正确的有（　　）。

A．请购单是证明有关采购交易的发生认定的凭据之一

B．独立检查订购单的处理，以确定是否确实收到商品并正确入账，这项检查与采购交易的准确性认定有关

C．定期独立检查验收单的顺序以确定每笔采购交易都已编制凭单，与采购交易的完整性认定有关

D．将已验收商品的保管与采购的其他职责相分离，与商品的存在认定有关

4. 注册会计师执行的下列审计程序中与实现采购交易截止目标不相关的有（　　）。

A．追查存货的采购记录至存货永续盘存记录

B．将验收单和卖方发票上的日期与采购明细账中的日期进行比较

C. 参照卖方发票，比较会计科目表上的分类

D. 从验收单追查至采购明细账

5. 当被审计单位管理层具有高估利润的动机时，下列属于费用支出和应付账款的低估风险的有（   ）。

A. 遗漏交易　　　　　　　　　　B. 在截止期后推迟入账

C. 将属于费用化支出的部分资本化　　D. 对于同一笔交易重复入账

6. 适当的职责分离有助于防止各种有意或无意的错误，采购与付款业务不相容岗位包括（   ）。

A. 询价与确定供应商　　　　　　B. 请购与审批

C. 付款审批与付款执行　　　　　D. 采购合同的订立与审批

7. 为合理保证已发生的采购交易均已记录，需要设置的关键内部控制有（   ）。

A. 请购单均经预先连续编号

B. 订购单均经预先连续编号并将已完成的采购登记入账

C. 验收单均经预先连续编号并已登记入账

D. 应付凭单均经预先连续编号并已登记入账

8. 企业采购部门的下列做法中，正确的有（   ）。

A. 采购部门根据各部门填写的请购单直接采购货物并付款

B. 采购部门要求请购单应预先连续编号

C. 每张请购单必须由有关主管人员签字批准

D. 采购部门填写的订购单应预先连续编号

9. 下列情形中，注册会计师应当设计和实施控制测试的有（   ）。

A. 内部控制设计合理，但可能没有得到执行

B. 仅通过实施实质性程序并不能够提供认定层次充分、适当的审计证据

C. 在评估认定层次重大错报风险时，预期内部控制的运行是有效的

D. 注册会计师拟信赖内部控制运行的有效性

10. 下列选项中，与应付账款的完整性认定相关的审计程序有（   ）。

A. 针对未授权的交易，检查相关原始凭证和会计记录

B. 针对已偿付的应付账款，检查相关原始凭证确定其是否在资产负债表日前真正偿付

C. 函证资产负债表日金额不大，甚至为零，但为被审计单位重要供应商的债权人

D. 从原始凭证追查至相关的账簿记录，确定所有交易均已记录

三、判断题

1. 注册会计师王华在审计德汇公司 2020 年度财务报表时，注意到和采购与付款循环相关的内部控制存在缺陷。他认为德汇公司管理层在资产负债表日故意推迟记录发生的应付账款，于是决定实施审计程序进一步查找未入账的应付账款。（   ）

2. 多数舞弊企业在低估应付账款时，以漏记赊购业务为主，因此函证的目的是寻找未入账的应付账款。（   ）

3. 审计人员在对应付账款进行审计时，因为其能取得采购发票等外部凭证来证实应付账款的余额，所以根本无须对应付账款进行函证。（   ）

4. 如果发现因重复付款、付款后退货、预付货款等原因导致某些应付账款账户出现较大

的借方余额，审计人员除在审计工作底稿中编制建议调整的重分类分录之外，还应建议被审计单位将这些借方余额在资产负债表中列示为资产。（　　）

5. 固定资产的保险不属于企业固定资产的内部控制范围，因此审计人员在检查、评价企业的内部控制时，不需要了解固定资产的保险情况。（　　）

6. 如果被审计单位购买的固定资产延期支付的购买价款超过了正常信用条件，则其实质上具有融资性质，审计人员认为所购资产的成本应当以实际支付的总价款为基础进行确认。（　　）

7. 审计人员在对固定资产实施实质性程序时，常常将固定资产的分类汇总表与累计折旧的分类汇总表合并编制。（　　）

8. 审计人员对固定资产进行实地观察时，可以以固定资产明细账为起点，重点观察本期新增加的重要固定资产。（　　）

9. 对于被审计单位已达到预定可使用状态但在年度内尚未办理竣工决算手续的固定资产，审计人员认为应按估计价值暂估入账，并计提折旧。待办理了竣工决算手续后，再按照实际成本调整原来的暂估价值，并调整原已计提的折旧额。（　　）

10. 审计人员认为只要是被审计单位处置固定资产时产生的净损益，均应计入营业外收入或营业外支出。（　　）

四、实训题

实训 1：了解和测试采购与付款循环的内部控制

注册会计师李芳负责审计德汇公司 2020 年度财务报表，了解到被审计单位采购与付款循环的内部控制如下。

（1）各部门需要购买的商品或劳务统一汇总至请购部门，由请购部门对需求部门提出的采购需求进行审核，并进行归类汇总，统筹制订企业的采购计划。

（2）对于超过预算的采购项目，经请购部门经理审批可先行请购，然后实施预算调整程序。

（3）审核通过的采购需求，由请购部门编写请购单，提交采购部门进行采购。请购单应预先连续编号。

（4）对于大宗采购，采购员选择三家以上的供应商进行询价后，将价格报告给采购部经理，由采购部经理选定供应商。

（5）对于影响重大、涉及较高专业技术或法律关系复杂的合同，组织法律、技术、财会等专业人员参与谈判，必要时聘请外部专家参与相关工作。

（6）采购的商品到货后，由仓库部门核对采购货物的数量、质量、规格型号与合同内部是否一致，对货物进行验收。

要求：请根据上述情况，指出德汇公司采购与付款循环内部控制方面存在的缺陷，做出简要评价，并提出相应的改进建议。

实训 2：练习根据重大错报风险的评估结果设计进一步审计程序并予以实施

贝田会计师事务所的注册会计师李芳负责审计德汇公司 2020 年度财务报表，审计工作底稿中有关负债的部分内容摘录如下。

（1）在审计过程中，注册会计师李芳将在采购业务中漏记采购交易产生的相关负债评估为特别风险，针对该特别风险，注册会计师李芳拟不了解相关内部控制，直接实施实质性程序。

（2）注册会计师李芳从德汇公司提供的供应商清单中选取项目对应付账款进行函证，以期获取与应付账款完整性认定相关的充分、适当的审计证据。

（3）针对已偿付的应付账款，注册会计师李芳重点检查了相关的银行对账单、银行付款单据和其他原始凭证，检查其是否在资产负债表日前真实偿付。

（4）由于和采购与付款循环相关的内部控制环境较薄弱，因此注册会计师李芳决定在期中实施实质性程序，以尽早发现问题。

（5）经了解，注册会计师李芳发现德汇公司存在管理层凌驾于内部控制之上的风险，故意漏记采购交易，针对这一风险拟不测试德汇公司的会计分录，而是直接针对期末余额实施细节测试。

要求：针对上述第（1）项至第（5）项，逐项指出注册会计师李芳的做法是否恰当。如不恰当，简要说明理由。

实训3：练习复核固定资产的折旧情况

2021年1月，注册会计师李芳审查了恒润公司2020年12月基本生产车间设备的计提折旧情况，在审阅固定资产明细账和制造费用明细账时，发现如下记录。

（1）11月末，该车间设备计提折旧额为10 200元，年折旧率为6%。

（2）11月份，购入设备1台，原值20 000元，已安装完工交付使用。

（3）11月份，将原来未使用的1台设备投入车间使用，原值10 000元。

（4）11月份，交外单位大修设备1台，原值50 000元。

（5）11月份，进行技术改造设备1台，当月交付使用，该设备原值为200 000元，技术改造支出50 000元，变价收入20 000元。

（6）12月份，该车间设备计提折旧额为21 000元。

要求：假定该公司2020年11月末的计提折旧额正确，验证该企业当年12月份计提折旧额是否正确。如不正确，请做调整分录。

项目七

生产与存货循环的审计

学习目标

1. 了解生产与存货循环涉及的主要凭证和主要业务活动。
2. 掌握生产与存货循环的内部控制测试程序。
3. 掌握生产与存货循环可能存在的重大错报风险。
4. 掌握存货的监盘程序和计价测试程序。
5. 掌握营业成本的实质性程序。
6. 掌握应付职工薪酬核算内容及实质性程序。

技能目标

1. 能熟练运用生产与存货循环控制测试,找出内部控制存在的关键问题。
2. 能识别生产与存货循环可能存在的重大错报风险,并设计进一步审计程序。
3. 能进行存货的监盘和计价测试及营业成本的倒轧测试。
4. 能综合运用各种实质性程序,揭示应付职工薪酬项目可能存在的重大问题。

项目导入

贝田会计师事务所接受委托,对恒润公司2020年度财务报表进行审计,注册会计师李芳为项目负责人,部分审计事项记录如下。

(1)恒润公司发出的存货全部按顺序记录,出库单未预先连续编号。

(2)恒润公司的存货主要有玻璃、煤炭和烧碱,其中少量玻璃存放于外地公用仓库。另有丁公司部分水泥存放于恒润公司的仓库。恒润公司拟于2020年12月29日至12月31日盘点存货,以下是李芳撰写的存货监盘计划的部分内容。

存货监盘计划

一、存货监盘的目标

检查恒润公司2020年12月31日的存货数量是否真实、完整。

二、存货监盘范围

2020年12月31日库存的所有存货,包括玻璃、煤炭、烧碱和水泥。

三、监盘时间

存货的观察与检查时间均为 2020 年 12 月 31 日。

四、存货监盘的主要程序

1. 与管理层讨论存货监盘计划。
2. 观察恒润公司盘点人员是否按照盘点计划盘点。
3. 检查相关凭证以证实盘点截止日前所有已确认为销售但尚未装运出库的存货均已纳入盘点范围。
4. 对于存放在外地公用仓库的玻璃，主要实施检查货运文件、出库记录等替代程序。

（3）恒润公司的会计将一笔生产设备的修理费 20 万元记入了"制造费用"账户。

（4）该企业采购部王兰连续四个月的工资共计 8000 元均由张军代领，怀疑有冒领工资的可能。李芳调阅公司的人事档案，询问销售部当事人张军，证实该公司由于对工资管理不严，调出人员工资不及时注销以致被人冒领。

（5）5 月份工资比 4 月份多出 2 万元。怀疑其中有虚列工资的情况。李芳调阅 5 月份应付职工薪酬的原始凭证，发现在工资结算单中，食堂人员工资为 1.9 万元，附食堂负责人收据一张，未具体列明发放工资的人员名单。询问食堂人员，供认领取的 1.9 万元实际上是招待费。

问题思考

1. 恒润公司发出存货未按顺序记录，出库单未预先连续编号是否构成内部控制缺陷？
2. 恒润公司存货监盘计划中的目标、范围和时间存在哪些问题？
3. 存货监盘计划中列示的主要程序是否恰当？若不恰当，李芳该如何修改？
4. 恒润公司将生产设备修理费记入"制造费用"账户是否合适？
5. 针对上述情况，恒润公司的应付职工薪酬内部控制存在什么问题？注册会计师李芳应提出何种审计调整建议？

任务一　生产与存货循环的特点及相关内部控制

一、不同行业类型的存货性质

存货代表了不同企业的类型和交易或生产流程。存货的计价和相关销售成本都会对利润表和财务状况产生重大的影响。不同行业类型的存货性质有很大的区别如表 7-1 所示。

表 7-1　不同行业类型的存货性质

行业类型	存货性质
贸易业	从厂商、批发商或其他零售商处采购的商品
一般制造商	采购的原材料、易耗品和配件等，生成的半成品和产成品
金融服务业	一般只有消耗品存货，如仅有文具、教学器材及行政用的计算机设备等
建筑业	建筑材料、在建项目成本（一般包括建造活动发生的直接人工成本和间接费用，以及支付给分包商的建造成本等）

二、涉及的主要凭证与主要业务活动

（一）涉及的主要凭证

生产与存货循环包括制订生产计划，控制、保持存货水平及与制造过程有关的交易和事项，涉及领料、生产加工、销售产成品等主要环节，涉及的主要凭证如下。

1. 生产指令

生产指令又称生产通知单，是企业下达制造产品等生产任务的书面文件，用以通知供应部门组织材料发放、生产车间组织产品制造、会计部门组织成本计算。

2. 领发料凭证

领发料凭证是企业为控制材料发出所采用的各种凭证，如材料发出汇总表、领料单、限额领料单、领料登记簿、退料单等。

3. 产量和工时记录

产量和工时记录是登记工人或生产班组在出勤时间内完成产品的数量、质量和生产这些产品所耗费工时的原始记录。常见的产量和工时记录主要有工作通知单、工序进程单、工作班产量报告、产量通知单、产量明细表、废品通知单等。

4. 工薪汇总表及工薪费用分配表

工薪汇总表是企业进行工薪费用分配的依据。工薪费用分配表反映了各生产车间各产品应负担的生产工人工薪及福利费。

除以上凭证外，生产与存货循环还涉及材料费用分配表、制造费用分配汇总表、成本计算单，以及存货明细账等凭证。

（二）涉及的主要业务活动

1. 计划和安排生产

生产计划部门的职责是根据客户订购单或者对销售预测和产品需求的分析来决定是否授权生产。如果决定授权生产，则签发预先连续编号的生产通知单。该部门通常应将发出的所有生产通知单预先连续编号并加以记录控制。

2. 发出原材料

仓库部门的责任是根据从生产部门收到的领料单发出原材料。领料单通常需一式三联。仓库发料后，将其中一联连同原材料交给领料部门，一联留在仓库登记原材料明细账，一联交会计部门进行原材料收发核算和成本核算。

3. 生产产品

生产部门在收到生产通知单及领取原材料后，据以执行生产任务。完成生产任务后，将完成的产品交生产部门查点，然后转交检验员验收并办理入库手续；或是将所完成的产品移交下一个部门，进行进一步加工。

4. 核算产品成本

为了正确核算并有效控制产品成本，一方面，生产过程中的各种记录、生产通知单、领料单、计工单、入库单等文件资料都要汇集到会计部门，由会计部门对其进行检查和核对，以了解和控制生产过程中存货的实物流转；另一方面，会计部门要设置相应的会计账户，会同有关部门对生产过程中的成本进行核算和控制。

5．储存产成品

产成品入库须由仓库部门先行点验和检查，然后签收。签收后，将实际入库数量通知会计部门。

6．发出产成品

产成品的发出须由独立的发运部门进行。装运产成品时必须持有经有关部门核准的发运通知单，并据此编制出库单。出库单一般为一式四联，一联交仓库部门，一联由发运部门留存，一联送交客户，一联作为给客户开发票的依据。

任务二　生产与存货循环的重大错报风险

一、生产与存货循环可能存在的重大错报风险

（一）一般制造型企业存在的影响生产与存货循环交易和余额的风险因素

一般制造型企业存在的影响生产与存货循环交易和余额的风险因素主要如下。
（1）交易的数量和复杂性。
（2）成本核算的复杂性。
（3）产品的多元化。
（4）某些存货项目的可变现净值难以确定。
（5）将存货存放在很多地点。
（6）寄存的存货。

（二）一般制造型企业的存货的重大错报风险

一般制造型企业的存货可能面对的重大错报风险主要如下。
（1）存货实物可能不存在（与存在认定相关）。
（2）属于被审计单位的存货可能未在账面反映（与完整性认定相关）。
（3）存货的所有权可能不属于被审计单位（与权利和义务认定相关）。
（4）存货的单位成本可能存在计算错误（与准确性、计价和分摊、准确性认定相关）。
（5）存货的账面价值可能无法实现，即跌价损失准备的计提可能不充分（与准确性、计价和分摊认定相关）。

7-1 存货审计的复杂性与风险

二、根据重大错报风险评估结果设计进一步审计程序

注册会计师基于生产与存货循环的重大错报风险的评估结果，制定实施进一步审计程序的总体方案（包括综合性方案和实质性方案），继而实施控制测试和实质性程序，以应对识别出的认定层次的重大错报风险，如表7-2所示。

表 7-2　生产与存货循环的重大错报风险和进一步审计程序总体方案

重大错报风险描述	相关财务报表项目及认定	风险程度	是否信赖控制	进一步审计程序的总体方案	拟从控制测试中获取的保证程度	拟从实质性程序中获取的保证程度
存货实物可能不存在	存货：存在	特别	是	综合性方案	中	高
存货的单位成本可能存在计算错误	存货：准确性、计价和分摊。 营业成本：准确性	一般	是	综合性方案	中	低
已销售产品的成本可能没有准确结转至营业成本	存货：准确性、计价和分摊。 营业成本：准确性	一般	是	综合性方案	中	低
存货的账面价值可能无法实现	存货：准确性、计价和分摊	特别	否	实质性方案	无	高

> **行家提示**：无论是采用综合性方案还是实质性方案，获取的审计证据都应当能够从认定层次应对所识别的重大错报风险，直至针对该风险所涉及的全部相关认定均已获取了足够的保证程度。

任务三　生产与存货循环的内部控制测试

一、以风险为起点的控制测试

风险评估和风险应对是整个审计过程的核心，注册会计师通常以识别的重大错报风险为起点，选取拟测试的内部控制并实施控制测试。注册会计师选取的内部控制主要有以下几个方面：①发出原材料；②记录人工成本；③记录制造费用；④计算产品成本；⑤产成品入库；⑥发出产成品；⑦盘点存货；⑧计提存货跌价准备。

（一）发出原材料

发出原材料可能发生错报的环节、内部控制目标、内部控制及控制测试程序如表 7-3 所示。

表 7-3　发出原材料的内部控制和控制测试程序

可能发生错报的环节	相关财务报表项目及认定	存在的内部控制（自动）	存在的内部控制（人工）	控制测试程序
原材料的发出可能未经授权	存货（生产成本）：存在	—	所有领料单由生产主管签字批准，仓库管理员根据经批准的领料单发出原材料	选取领料单，检查是否有生产主管的签字授权
发出的原材料可能未正确记入相应产品的生产成本中	存货（生产成本）：准确性、计价和分摊	领料单信息输入系统时须输入对应的生产任务单编号和所生产的产品代码，每月月末系统自动归集生成材料成本明细表	生产主管每月月末将生产任务单及相关领料单存根联与材料成本明细表进行核对，调查差异并进行处理	检查生产主管核对材料成本明细表的记录，并询问其核对过程及结果

项目七　生产与存货循环的审计

（二）记录人工成本

记录人工成本可能发生错报的环节、内部控制目标、内部控制及控制测试程序如表 7-4 所示。

表 7-4　记录人工成本的内部控制和控制测试程序

可能发生错报的环节	相关财务报表项目及认定	存在的内部控制（自动）	存在的内部控制（人工）	控制测试程序
生产工人的人工成本可能未得到准确反映	存货(生产成本)：准确性、计价和分摊	所有员工有专属员工代码和部门代码，员工的考勤记录记入相应的员工代码	人事部每月编制工薪费用分配表，按员工所属部门将工薪费用分配至生产成本、制造费用、管理费用和销售费用，经财务经理复核后入账	（1）检查系统中员工的部门代码设置是否与其实际职责相符。（2）询问并检查财务经理复核工资费用分配表的过程和记录

（三）记录制造费用

记录制造费用可能发生错报的环节、内部控制目标、内部控制及控制测试程序如表 7-5 所示。

表 7-5　记录制造费用的内部控制和控制测试程序

可能发生错报的环节	相关财务报表项目及认定	存在的内部控制（自动）	存在的内部控制（人工）	控制测试程序
发生的制造费用可能没有得到完整归集	存货（制造费用）：完整性	系统根据输入的成本和费用代码自动识别制造费用并进行归集	成本会计人员每月复核系统生成的制造费用明细表并调查异常波动。必要时由财务经理批准进行调整	（1）检查系统的自动归集设置是否符合有关成本和费用的性质、是否合理。（2）询问并检查成本会计人员复核制造费用明细表的过程和记录，检查财务经理对调整制造费用的分录的批准记录

（四）计算产品成本

计算产品成本可能发生错报的环节、内部控制目标、内部控制及控制测试程序如表 7-6 所示。

表 7-6　计算产品成本的内部控制和控制测试程序

可能发生错报的环节	相关财务报表项目及认定	存在的内部控制（自动）	存在的内部控制（人工）	控制测试程序
生产成本和制造费用在不同产品之间、在产品和产成品之间的分配可能不正确	存货：准确性、计价和分摊。营业成本：准确性	—	成本会计人员执行产品成本核算，财务经理每月月末审核产品成本计算表及相关资料（原材料成本核算表、工薪费用分配表、制造费用分配表等），并调查异常项目	询问财务经理如何进行复核及调查。选取产品成本计算表及相关资料，检查财务经理的复核记录

(五）产成品入库

产成品入库可能发生错报的环节、内部控制目标、内部控制及控制测试程序如表7-7所示。

表7-7　产成品入库的内部控制和控制测试程序

可能发生错报的环节	相关财务报表项目及认定	存在的内部控制（自动）	存在的内部控制（人工）	控制测试程序
已完工产品的生产成本可能没有转移到产成品中	存货：准确性、计价和分摊	系统根据当月输入的产成品入库单和出库单信息自动生成产成品收（入库）发（出库）存（余额）报表	成本会计人员将产成品收发存报表中的产成品入库数量与当月成本计算表中结转的产成品成本对应的数量进行核对	询问和检查成本会计人员将产成品收发存报表与成本计算表进行核对的过程和记录

（六）发出产成品

发出产成品可能发生错报的环节、内部控制目标、内部控制及控制测试程序如表7-8所示。

表7-8　发出产成品的内部控制和控制测试程序

可能发生错报的环节	相关财务报表项目及认定	存在的内部控制（自动）	存在的内部控制（人工）	控制测试程序
销售发出的产成品的成本可能没有准确转入营业成本	存货：准确性、计价和分摊。营业成本：准确性	系统根据确认的营业收入所对应的售出产品自动结转营业成本	财务经理和总经理每月对毛利率进行比较分析，对异常波动进行调查和处理	（1）检查系统设置的自动结转功能是否正常运行，成本结转方式是否符合公司成本核算政策。（2）询问和检查财务经理和总经理进行毛利率分析的过程和记录，并对异常波动的调查和处理结果进行核实

（七）盘点存货

盘点存货可能发生错报的环节、内部控制目标、内部控制及控制测试程序如表7-9所示。

表7-9　盘点存货的内部控制和控制测试程序

可能发生错报的环节	相关财务报表项目及认定	存在的内部控制（自动）	存在的内部控制（人工）	控制测试程序
存货可能被盗或因材料领用/产品销售未入账而出现账实不符	存货：存在	—	（1）仓库保管员每月月末盘点存货并与仓库台账核对并调节一致；成本会计人员监督其盘点与核对，并抽查部分存货进行复盘。（2）每年年末盘点所有存货，并根据盘点结果分析盘盈、盘亏，并进行账面调整	—

（八）计提存货跌价准备

计提存货跌价准备可能发生错报的环节、内部控制目标、内部控制及控制测试程序如表 7-10 所示。

表 7-10　计提存货跌价准备的内部控制和控制测试程序

可能发生错报的环节	相关财务报表项目及认定	存在的内部控制（自动）	存在的内部控制（人工）	控制测试程序
可能存在残冷背次的存货，影响存货的价值	存货：准确性、计价和分摊。资产减值损失：完整性	系统根据存货入库日期自动统计货龄，每月月末生成存货货龄分析表	财务部根据系统生成的存货货龄分析表，结合生产和仓储部门上报的存货损毁情况及存货盘点中对存货状况的检查结果，计提存货跌价准备，报总经理审核批准后入账	询问财务经理识别跌价风险并确定存货跌价准备的过程，检查总经理的审核批准记录

二、关键内部控制的选择和测试

（一）职责分工

一般制造型企业与存货相关的职责分工主要如下。
（1）采购与验收、保管相互独立，防止购入不合格材料。
（2）材料的存储与生产或使用相互独立，防止多领材料或存货被盗。
（3）生产计划的制订与审批相互独立，防止生产计划不合理。
（4）产成品生产与检验相互独立，防止不合格产品入库和售出。
（5）存货的保管与会计记录相互独立，防止篡改会计记录、财产流失。
（6）存货盘点由独立于保管人员之外的其他部门人员定期进行，保证盘点的真实性。

（二）信息传递程序控制

1．授权程序

企业生产与存货的各项业务都要经过严格的授权审批方可办理。

2．成本控制

成本控制包括制订成本计划、费用预算或控制目标，严格审核原始凭证，设置生产与存货总账及明细账并进行核算，选择适当的成本计算方法科学计算产品成本，进行生产与存货成本分析，建立成本和费用的归口分级管理控制制度等。

3．永续盘存制

永续盘存记录由财会部门而不是仓储部门负责，以使管物与管账两个不相容职责分离。

（三）实物控制

与存货有关的实物控制的主要措施如下。
（1）领料单应当经生产主管批准，仓库管理员根据经批准的领料单发料。
（2）每月月末，由生产车间与仓库核对原材料和产成品的转出和转入记录，如有差异，仓库管理员应编制差异分析报告。
（3）产成品入库时，质量检验员应检查并签发预先连续编号的产成品验收单，并清点产成品数量，填写预先连续编号的产成品入库单，经质检经理、生产经理和仓储经理签字确认后，由仓库管理员将产成品入库单的信息输入计算机系统，计算机系统自动更新产成品明细账并与采购订购单编号核对。

（4）存货存放在安全的环境中，并定期进行盘点。

（5）产成品装运发出前，由运输经理独立检查出库单、销售单和发运通知单，确定从仓库提取的商品附有经批准的销售订购单，并且所提取的商品与销售订购单一致。

【例题1·单选题】下列被审计单位健全有效的存货内部控制中，需要由独立的采购部门负责的是（　　）。

A．编制订购单　　　　　　　　　　B．编制请购单
C．检验购入货物的数量、质量　　　　D．控制存货水平以免出现积压

正确答案：A

答案解析：编制请购单、控制存货以免出现积压及检验购入货物的数量不属于采购部门的职责。

任务四　存货审计

一、存货的审计目标

（一）存货的审计目标与认定的对应关系

存货的审计目标与认定的对应关系如表7-11所示。

表7-11　存货的审计目标与认定的对应关系

审计目标	财务报表认定			
	存在	完整性	权利和义务	计价和分摊	与列报和披露相关的认定
① 资产负债表中记录的存货是存在的	√				
② 所有应记录的存货均已记录		√			
③ 记录的存货由被审计单位拥有或控制			√		
④ 存货以恰当的金额包括在财务报表中，与之相关的计价或分摊已恰当记录				√	
⑤ 存货已按照《企业会计准则》的规定在财务报表中做出恰当列报					√

（二）存货的审计目标与审计程序的对应关系

存货的审计目标与审计程序的对应关系如表7-12所示。

表7-12　存货的审计目标与审计程序的对应关系

审计目标	可供选择的审计程序
①②④	实质性分析程序
①②	选取代表性样本，抽查存货明细账的数量与盘点记录的存货数量是否一致，以确定存货明细账的数量的准确性和完整性（存货监盘）

续表

审计目标	可供选择的审计程序
③	检查存货（如原材料）的采购合同、采购发票、入库单等； 检查存货（如库存商品）的销货记录、销售发票等； 检查委托代销、委托加工等特殊存货的相关合同、凭证等
①②	截止测试
④⑤	存货计价方法的测试

二、存货的实质性程序

（一）对存货实施实质性分析程序

审计人员主要从以下方面对存货实施实质性分析程序。

（1）比较前后各期及本年度各月份存货余额及其构成、存货成本差异率、生产成本、直接材料成本、工资费用、制造费用、营业成本总额及单位销售成本等，评价其总体合理性。

（2）将存货余额与现有的订单、资产负债表日后各期的销售额和下一年度的预测销售额进行比较，以评估存货滞销和跌价的可能性。

（3）将存货跌价准备与本年度存货处理损失的金额进行比较，判断本身及被审计单位计提的跌价准备是否合理。

（4）计算本期的存货周转率和毛利率，并与以前期间的相关数据进行比较。

【例题2·单选题】某产品2020年的毛利率与2019年相比有所上升，K公司提供了以下解释，其中与毛利率变动不相关的是（　　）。

A．该产品的销售价格与上一年相比有所提高
B．该产品的产量与上一年相比有所增加
C．该产品的销售收入占当年主营业务收入的比例与上一年相比有所上升
D．该产品使用的主要原材料的价格与上一年相比有所下降

正确答案：C

答案解析：产品的毛利率=（该产品的收入－该产品的成本）÷该产品的收入=1－该产品的成本÷该产品的收入。选项A是产品收入增加，会引起该产品的毛利率上升；选项B产量的增加使该产品的单位固定成本下降，会引起产品的毛利率上升；选项C销售收入占当年主营业务收入的比例上升，属于主营业务收入中销售产品结构的变化，并不影响毛利率；选项D生产该产品的主要原材料的价格下降，这将使该产品的单位生产成本下降，进而使该产品的主营业务成本下降，引起其毛利率上升。

（二）存货监盘

1．存货监盘的作用

1）存货监盘的必要性

如果存货对财务报表是重要的，审计人员应当实施以下审计程序，对存货的存在和状况获取充分、适当的审计证据。

（1）在存货盘点现场实施监盘（除非不可行）。

（2）对期末存货记录实施审计程序，以确定其是否准确反映了实际的存货盘点结果。

> **行家提示**：存货监盘一般会涉及以下内容。
> （1）检查存货以确定其是否存在，评价存货状况，并对存货盘点结果进行测试。
> （2）观察管理层指令的遵守情况，以及用于记录和控制存货盘点结果的程序的实施情况。
> （3）获取有关管理层存货盘点程序可靠性的审计证据。

2）监盘的责任

尽管实施存货监盘，获取有关期末存货数量和状况的充分、适当的审计证据是审计人员的责任，但这并不能取代被审计单位管理层定期盘点存货、合理确定存货的数量和状况的责任。

3）审计目标

存货监盘主要针对的是存货的存在认定、完整性认定及权利和义务认定，审计人员监盘存货的目的在于获取有关存货数量和状况的审计证据，以确保被审计单位记录的所有存货确实存在，并属于被审计单位的合法财产。存货监盘作为存货审计的一项核心审计程序，通常可同时实现上述多项审计目标。

2．存货监盘计划

1）制订存货监盘计划的基本要求

审计人员应当根据被审计单位存货的特点、盘存制度和存货内部控制的有效性等情况，在评价被审计单位存货盘点计划的基础上，编制存货监盘计划，对存货监盘做出合理安排。

> **行家提示**：存货存在与完整性认定具有较高的重大错报风险，而且审计人员通常只有一次机会通过存货的实地监盘对有关认定做出评价。根据制订监盘计划过程中所搜集到的信息，有助于审计人员合理确定参与监盘的地点及存货监盘的程序。

2）制订存货监盘计划应实施的工作

在制订存货监盘计划时，审计人员应当实施下列审计程序：了解存货的内容、性质，各存货项目的重要程度及存放场所；了解与存货相关的内部控制；评估与存货相关的重大错报风险和重要性水平；查阅以前年度的存货监盘工作底稿；考虑实地察看存货的存放场所，特别是金额较大或性质特殊的存货；考虑是否需要利用专家的工作或其他注册会计师的工作；复核或与管理层讨论其存货盘点计划。

3）存货监盘计划的主要内容

（1）存货监盘的目标、范围及时间。

① 存货监盘的目标是获取被审计单位资产负债表日有关存货数量和状况的审计证据，检查存货的数量是否真实、完整，是否归属于被审计单位，存货有无毁损、陈旧、残次和短缺等状况。

② 存货监盘的范围大小取决于存货的内容、性质及与存货相关的内部控制的完善程度和重大错报风险的评估结果。

③ 存货监盘时间包括实地察看盘点现场的时间、观察存货盘点的时间和对已盘点存货实施检查的时间等，应当与被审计单位实施存货盘点的时间相协调。

（2）存货监盘的要点及关注事项。

存货监盘的要点主要包括审计人员实施存货监盘程序的方法、步骤，各个环节应注意的问题及要解决的问题。审计人员需要重点关注盘点期间的存货移动、存货状况、存货的截止确认、存货的各个存放地点及数量等。

（3）确定参加存货监盘人员的分工。审计人员应当根据被审计单位参加存货盘点人员的分工、分组情况，存货监盘工作量的大小和人员素质情况，确定参加存货监盘的人员组成、各组成人员的职责和具体分工情况，并加强督导。

（4）检查存货的范围。审计人员应当根据对被审计单位存货盘点和对被审计单位内部控制的评价结果确定检查存货的范围。在实施观察程序后，如果认为被审计单位的内部控制设计良好且得到有效实施、存货盘点组织良好，可以相应缩小检查存货的范围。

3．存货监盘程序

在存货盘点现场实施监盘时，审计人员应当实施下列审计程序。

（1）评价管理层用以记录和控制存货盘点结果的指令和程序。

（2）观察管理层制定的盘点程序的执行情况。

7-2 存货监盘基本程序

首先，要重点关注存货的移动情况，如果在盘点过程中被审计单位的生产经营仍将持续进行，审计人员应通过实施必要的检查程序，确定被审计单位是否已经对此设置了相应的控制程序，以确保在适当的期间内对存货做出了准确记录。

其次，审计人员在对期末存货进行截止测试时，通常应当关注以下几点。

① 所有在截止日以前入库的存货是否均已包括在盘点范围内，并已反映在截止日以前的会计记录中。任何在截止日以后入库的存货是否均未包括在盘点范围内，也未反映在截止日以前的会计记录中。

② 所有在截止日以前装运出库的存货是否均未包括在盘点范围内，且未包括在截止日的存货账面余额中。任何在截止日以后装运出库的存货是否均已包括在盘点范围内，并已包括在截止日的存货账面余额中。

③ 所有已确认为销售但尚未装运出库的商品是否均未包括在盘点范围内，且未包括在截止日的存货账面余额中。所有已记录为购货但尚未入库的存货是否均已包括在盘点范围内，并已反映在会计记录中。

④ 在途存货和被审计单位直接向客户发运的存货是否均已得到了适当的会计处理。

> **行家提示**：审计人员通常可观察存货的验收入库地点和装运出库地点以执行截止测试。存货验收入库和装运出库采用的是连续编号的凭证时，审计人员应当关注截止日期前的最后编号。如果被审计单位没有使用连续编号的凭证，则应当列出截止日期以前的最后几笔装运出库和验收入库记录。

（3）检查存货。

在存货监盘过程中检查存货，虽然不一定能确定存货的所有权，但有助于确定存货的存在，以及识别过时、毁损或陈旧的存货。

（4）执行抽盘。

审计人员应尽可能避免让被审计单位事先了解将抽盘的存货项目。审计人员可以从存货盘点记录中选取项目追查至存货实物，以获取有关盘点记录准确性的审计证据；也可以从存货实物中选取项目追查至盘点记录，以获取有关盘点记录完整性的审计证据。

【例题3·单选题】ABC会计师事务所的注册会计师A系XYZ股份有限公司2020年度

财务报表审计的外勤负责人。由于存货不仅品种繁多，且金额很大，根据独立审计准则的要求，A 决定对存货实施监盘程序，有以下问题需要其考虑并做出判断。

（1）为制订存货监盘计划，A 在评价被审计单位的存货盘点计划时，下列情况中不恰当的有（　　）。

　　A. 被审计单位管理层决定在 2021 年 1 月 4 日进行存货盘点

　　B. 参与盘点的人员包括公司领导及存储、财务、生产、采购等有关部门人员

　　C. 存放在外的存货不实施盘点

　　D. 由总经理主持召开盘点动员会，并布置盘点任务

（2）在执行观察程序时，下列做法中不恰当的是（　　）。

　　A. 注册会计师观察时，应注意纳入盘点范围的存货是否附有盘点标识

　　B. 对于受托代存的存货，注册会计师应视情况确定并执行有关补充程序

　　C. 对于由于性质特殊而无法监盘的存货，注册会计师应考虑实施替代程序

　　D. 对于由于特殊情况而难以监盘的存货，注册会计师应出具无法表示意见的审计报告

（3）在执行抽查程序时，注册会计师的下列做法中不恰当的是（　　）。

　　A. 通过观察，认为被审计单位进行了充分有效的盘点、监督及复核，注册会计师决定减少一些抽查的存货项目

　　B. 在抽查时，注册会计师应仅对价值较高的存货项目重点抽查

　　C. 通过观察，注册会计师对被审计单位的重要盘点程序不满意，则应当实施实质性的监盘程序

　　D. 抽查时，注册会计师不仅从存货盘点记录中选取项目追查至存货实物，而且还从实物中选取项目追查至盘点记录

正确答案：C、D、B

答案解析：（1）只要属于企业的存货，无论存放在何处，企业均应将其纳入盘点范围，制订相应的盘点计划；（2）只要注册会计师通过其他替代审计程序能够获得满意的效果，仍可出具无保留意见；（3）注册会计师抽查的范围还应包括难以盘点或隐蔽性较强的存货。

（5）需要特别关注的情况。

① 存货盘点范围。在被审计单位盘点存货前，审计人员应当观察盘点现场，确定应纳入盘点范围的存货是否已经适当整理和排列，并附有盘点标识，防止遗漏或重复盘点。对未纳入盘点范围的存货，审计人员应当查明未纳入的原因。对所有权不属于被审计单位的存货，审计人员应当取得其规格、数量等有关资料，确定是否已单独存放、标明，且未被纳入盘点范围。

② 对特殊存货的监盘。审计人员应当根据被审计单位所处行业的特点、存货的类别和特点及内部控制等具体情况，并在通用的存货监盘程序的基础上，设计针对特殊存货监盘的具体审计程序。表 7-13 列举了被审计单位特殊存货的类型及可供审计人员实施的监盘程序。

表 7-13　特殊存货的类型及可供审计人员实施的监盘程序

特殊存货的类型	盘点方法与潜在问题	可供实施的监盘程序
① 木材、钢筋盘条、管子	① 通常无标签，但在盘点时会做上标记或用粉笔标识； ② 难以确定存货的数量或等级	① 检查标记或标识； ② 利用专家或被审计单位内部有经验人员的工作

续表

特殊存货的类型	盘点方法与潜在问题	可供实施的监盘程序
② 堆积型存货（如糖、煤、钢废料）	① 通常既无标签又不做标记； ② 在估计存货数量时存在困难	① 运用工程估测、几何计算、高空勘测，并依赖详细的存货记录； ② 如果堆场中的存货堆不高，可进行实地监盘，或通过旋转存货堆加以估计
③ 使用磅秤测量的存货	在估计存货数量时存在困难	① 在监盘前和监盘过程中均应检验磅秤的精准度，并留意磅秤的位置移动与重新调校程序； ② 将检查和重新称量程序相结合； ③ 检查称量尺度的换算问题
④ 散装物品（如贮窖存货，使用桶、箱、罐、槽等容器储存的液体、气体、谷类粮食、流体存货等）	① 在盘点时通常难以加以识别和确定； ② 在估计存货数量时存在困难； ③ 在确定存货质量时存在困难	① 使用容器进行监盘或通过预先连续编号的清列表加以确定； ② 使用浸蘸、测量棒、工程报告及依赖永续存货记录； ③ 选择样品进行化验与分析，或利用专家的工作
⑤ 贵金属、石器、艺术品与收藏品	在存货辨认与质量确定方面存在困难	选择样品进行化验与分析，或利用专家的工作
⑥ 生产纸浆用木材、牲畜	① 在存货辨认与数量确定方面存在困难； ② 可能无法对此类存货的移动实施控制	通过高空摄影以确定其存在性，对不同时点的数量进行比较，并依赖永续存货记录

（6）存货监盘结束时的工作。

在被审计单位存货盘点结束前，审计人员应当进行以下工作。

① 再次观察盘点现场，以确定所有应纳入盘点范围的存货是否均已盘点；

② 取得并检查已填用、作废及未使用盘点表单的号码记录，确定其是否连续编号，查明已发放的表单是否均已收回，并与存货盘点的汇总记录进行核对。

> **行家提示**：如果存货盘点日不是资产负债表日，审计人员应当实施适当的审计程序，确定盘点日与资产负债表日之间存货的变动是否已进行恰当的记录，并将盘点数倒推至资产负债表日，检查记录的准确性。

4．特殊情况的处理

（1）在存货盘点现场实施存货监盘不可行。

在某些情况下，由于存货的性质和存放地点等，审计人员无法实施存货监盘。如果在存货盘点现场实施存货监盘不可行，审计人员应当实施替代审计程序（如检查盘点日后出售盘点日之前取得或购买的特定存货的文件记录），以获取有关存货存在和状况的充分、适当的审计证据。

> **行家提示**：如果存货金额占资产比重大且监盘不可行，又不能实施替代审计程序，或者实施替代审计程序可能无法获取有关存货存在和状况的充分、适当的审计证据，则审计人员应按照规定发表非无保留意见。

（2）因不可预见的情况导致无法在存货盘点现场实施监盘。

两种比较典型的情况：一是审计人员无法亲临现场；二是气候因素，即由于恶劣的天气导致审计人员无法实施存货监盘程序，或由于恶劣的天气无法观察存货，审计人员应当另择日期实施监盘，并对间隔期内发生的交易实施审计程序。

（3）由第三方保管或控制的存货。

如果由第三方保管或控制的存货对财务报表是重要的，则审计人员应当实施下列一项或两项审计程序，以获取有关该存货存在和状况的充分、适当的审计证据。

① 向持有被审计单位存货的第三方函证存货的数量和状况。

② 实施检查或其他适合具体情况的审计程序。审计人员可能认为实施其他审计程序是适当的，其他审计程序既可以作为函证的替代程序，又可以作为追加的审计程序。

【例题4·简答题】注册会计师A负责对常年审计客户甲公司2020年度财务报表进行审计。甲公司从事商品零售业，存货占其资产总额的60%。除自营业务外，甲公司还将部分柜台出租，并为承租商提供商品仓储服务。根据以往的经验和期中测试的结果，A认为甲公司有关存货的内部控制有效，并计划于2020年12月31日实施存货监盘程序，编制的存货监盘计划部分内容摘录如下。

（1）在到达存货盘点现场后，审计人员观察代柜台承租商保管的存货是否已经单独存放并予以标明，确定其未被纳入存货盘点范围。

（2）在甲公司开始存货盘点前，审计人员在拟盘点的存货项目上做出标识。

（3）对以标准规格包装箱包装的存货，审计人员根据包装箱的数量及每箱的标准容量直接计算，以确定存货的数量。

（4）在存货监盘过程中，审计人员除关注存货的数量外，还需要特别关注存货是否出现毁损、陈旧、过时及残次等情况。

（5）在存货监盘结束时，审计人员将除作废的盘点表单以外的所有盘点表单的号码记录于监盘工作底稿。

要求：1. 针对上述第（1）项至第（5）项，逐项指出是否存在不当之处。如果存在，简要说明理由。

2. 假设因雪灾导致审计人员于原定存货监盘日未能到达盘点现场，指出A应当采取何种补救措施。

答案解析：

1. 事项（1）不存在不当之处。代管存货不在存货盘点范围内。

事项（2）存在不当之处。在甲公司开始存货盘点前，审计人员不应当在拟盘点的存货项目上做出标识，注册会计师检查的范围不应该让被审计单位知道。

事项（3）存在不当之处。审计人员应当对以标准规格包装箱包装的存货进行开箱查验，以防止内装存货弄虚作假。

事项（4）不存在不当之处。存货监盘过程中，审计人员除关注存货的数量外，还应关注存货的状况。

事项（5）存在不当之处。审计人员应当将所有盘点表单的号码记录于监盘工作底稿，包括作废的盘点表单。

2. 注册会计师应当考虑改变存货监盘日期，对预定盘点日与改变后的存货监盘日之间发生的交易进行测试。

（三）存货计价测试

为验证财务报表上存货余额的真实性，还必须对存货的计价进行审计，即

7-3 存货计价测试

确定存货实物数量和永续盘存记录中的数量是否经过正确地计价和汇总。存货计价测试主要是针对被审计单位所使用的存货单位成本是否正确所做的测试。表7-14列示了存货计价审计详情。

表7-14 存货计价审计表

日期	品名及规格	购入			发出			余额		
		数量	单价	金额	数量	单价	金额	数量	单价	金额

1. 计价方法说明：
2. 情况说明及审计结论：

1．样本的选择

测试样本应从存货数量已经盘点、单价和总金额已经计入存货汇总表的结存存货中选择。选择样本时应着重选择结存余额较大且价格变化比较频繁的项目，同时考虑所选样本的代表性。抽样方法一般采用分层抽样法，抽样规模应足以推断总体的情况。

2．计价方法的确认

审计人员除应了解掌握被审计单位的存货计价方法外，还应对这种计价方法的合理性与一贯性予以关注。如果没有足够的理由，计价方法在同一会计年度内不得变动。

3．计价测试

进行存货计价测试时，审计人员应先对存货价格的组成予以审核，然后按照所了解的计价方法对所选择的存货样本进行计价测试。测试时，应尽量排除被审计单位已有计算程序和结果的影响，进行独立测试。测试结果出来后，应与被审计单位的账面记录进行对比，编制对比分析表，分析形成差异的原因。如果差异过大，应扩大测试范围，并根据审计结果考虑是否应提出审计调整建议。

> **行家提示**：在存货计价测试中，因为被审计单位对期末存货采用成本与可变现净值孰低的方法计价，所以审计人员应充分关注其对存货可变现净值的确定及存货跌价准备的计提。

【例题5·单选题】以下对制造费用的审计调整建议中，正确的是（　　）。

A．对于M公司本年度生产设备的租赁费，由制造费用调整至管理费用
B．对于M公司本年度发生的生产设备修理费用，由制造费用调整至管理费用
C．对于M公司本年度根据车间管理人员工资计提的工会经费，由制造费用调整至管理费用
D．对于M公司本年度因生产用固定资产大修理产生的停工损失，由制造费用调整至管理费用

正确答案：B

答案解析：生产设备的租赁费、根据车间管理人员工资计提的工会经费和因生产用固定资产大修理产生的停工损失均应计入制造费用。生产设备的修理费用应计入当期损益。

任务五　营业成本审计

一、营业成本的审计目标

（一）营业成本的审计目标与财务报表认定的关系

营业成本的审计目标与财务报表认定的关系如表 7-15 所示。

表 7-15　营业成本的审计目标与财务报表认定的关系

审计目标	财务报表认定					
	发生	完整性	准确性	截止	分类	与列报相关的认定
① 利润表中记录的营业成本已发生，且与被审计单位有关	√					
② 所有应当记录的营业成本均已记录		√				
③ 与营业成本有关的金额及其他数据已恰当记录			√			
④ 营业成本已记录于正确的会计期间				√		
⑤ 营业成本已记录于恰当的账户					√	
⑥ 营业成本已按照《企业会计准则》的规定在财务报表中做出恰当列报						√

（二）主营业务成本的审计目标与审计程序的对应关系

主营业务成本的审计目标与审计程序的对应关系如表 7-16 所示。

表 7-16　主营业务成本的审计目标与审计程序的对应关系

审计目标	可供选择的审计程序
③	获取或编制主营业务成本明细表
①②③④	实质性分析程序（必要时）
③	编制生产成本与主营业务成本倒轧表，并确定与库存商品等相关科目的钩稽关系
④	结合期间费用审计，判断被审计单位是否将营业成本记录在正确的会计期间
⑤	检查主营业务成本、其他业务成本与营业外支出的分类是否正确
⑥	检查营业成本是否已按照《企业会计准则》的规定在财务报表中做出恰当列报

二、营业成本——主营业务成本的实质性程序

（一）复核主营业务成本汇总明细表的正确性

（1）获取或编制主营业务成本明细表，复核加计是否正确，并与总账数和明细账合计数

项目七　生产与存货循环的审计

核对是否相符,结合其他业务成本科目与营业成本报表数核对是否相符。

（2）复核主营业务成本明细表的正确性,确定与库存商品等科目的钩稽关系,并编制生产成本与主营业务成本倒轧表（见表7-17）。

表7-17　生产成本与主营业务成本倒轧表

项　　目	未　审　数	调整或重分类金额（借或贷）	审　定　数
原材料期初余额			
加：本期购进			
减：原材料期末余额			
其他发出额			
直接材料成本			
加：直接人工成本			
制造费用			
生产成本			
加：在产品期初余额			
减：在产品期末余额			
产品生产成本			
加：产成品期初余额			
减：产成品期末余额			
主营业务成本			

（二）对主营营业成本实施实质性分析程序

（1）比较本期与前期不同品种产品的主营业务成本和毛利率,并查明存在异常情况的原因。

（2）比较本期与前期各月主营业务成本的波动趋势,并查明存在异常情况的原因。

（3）比较被审计单位与同行业的毛利率,并查明存在异常情况的原因。

（4）比较本期及前期主要产品的单位产品成本,并查明存在异常情况的原因。

（三）检查主营营业收入与主营营业成本的配比性

抽取若干份的主营业务成本结转明细清单,结合生产成本审计,检查销售成本结转数额的正确性,比较计入主营业务成本的商品品种、规格、数量与计入主营业务收入的口径是否一致,是否符合配比原则。

【例题6·计算题】甲公司的营业成本均为所销售产品的成本,甲公司存货项目余额及销售产品成本如表7-18和表7-19所示。

表7-18　甲公司存货项目余额

单位：元

存货项目余额	2020年12月31日	2019年12月31日
原材料余额	7500	4800
在产品余额	6800	5300
产成品余额	13 700	12 400

表 7-19 甲公司销售产品成本

单位：元

销售产品成本	2020 年度	2019 年度
生产成本发生额		119 000
原材料当期购进	112 700	103 800
原材料当期其他发出	5000	4200
当期直接人工及制造费用	70 000	55 000

假定不考虑其他因素，请计算2020年度的营业成本。

答案解析：

本期投入生产的原材料=4800+112 700－7500－5000=105 000（元）

本期投入的生产成本=105 000+70 000=175 000（元）

完工产品生产成本=5300+175 000－6800=173 500（元）

营业成本=12 400+173 500－13 700=172 200（元）

任务六　应付职工薪酬审计

一、应付职工薪酬的审计目标

（一）应付职工薪酬的审计目标与认定的对应关系

应付职工薪酬的审计目标与认定的关系如表7-20所示。

表 7-20　应付职工薪酬的审计目标与认定的对应关系

审 计 目 标	财务报表认定				
	存在	完整性	权利和义务	计价和分摊	列报
① 资产负债表中记录的应付职工薪酬是存在的	√				
② 所有应当记录的应付职工薪酬均已记录		√			
③ 记录的应付职工薪酬是被审计单位应履行的现时义务			√		
④ 应付职工薪酬以恰当的金额包括在财务报表中，与之相关的计价调整已恰当记录				√	
⑤ 应付职工薪酬已按照《企业会计准则》的规定在财务报表中做出恰当列报					√

（二）应付职工薪酬的审计目标与审计程序的对应关系

应付职工薪酬的审计目标与审计程序的对应关系如表7-21所示。

表 7-21　应付职工薪酬的审计目标与审计程序的对应关系

审 计 目 标	可供选择的审计程序
①②④	实质性分析程序
①②④	检查工资、奖金、津贴和补贴

续表

审 计 目 标	可供选择的审计程序
①②③④	检查社会保险费（包括医疗、养老、失业、工伤、生育保险费）、住房公积金、工会经费和职工教育经费等计提（分配）和支付（或使用）的会计处理是否正确，依据是否充分； 检查非货币性福利的核算情况，包括以自产产品发放给职工、无偿向职工提供住房、租赁住房等资产供职工无偿使用等情况的处理
①②③⑤	检查应付职工薪酬的期后付款情况，并关注在资产负债表日至财务报表批准报出日之间，是否有确凿证据表明需要调整资产负债表日原确认的应付职工薪酬事项； 检查应付职工薪酬是否按照《企业会计准则》的规定在财务报表中做出恰当列报

二、应付职工薪酬的实质性程序

职工薪酬是指企业为获得职工提供的服务或解除劳动关系而给予的各种形式的报酬或补偿。

> **行家提示**：这里的职工包括以下三种。
> （1）与企业订立劳动合同的所有人员，含全职、兼职和临时职工。
> （2）虽未与企业订立劳动合同但由企业正式任命的人员。
> （3）未与企业订立劳动合同或未由其正式任命，但向企业所提供的服务与职工所提供的服务类似的人员，如通过企业与劳务中介公司签订用工合同而向企业提供服务的人员。

职工薪酬具体包括以下内容。

（1）短期薪酬是指企业在职工提供相关服务的年度报告期间结束后12个月内需要全部予以支付的职工薪酬，包括职工工资、奖金、津贴和补贴，职工福利费，医疗保险费、工伤保险费和生育保险费等社会保险费，住房公积金，工会经费和职工教育经费，短期带薪缺勤，短期利润分享计划，非货币性福利及其他短期薪酬。

（2）离职后的福利是指企业为获得职工提供的服务而在职工退休后或与企业解除劳动关系后，提供的各种形式的报酬和福利，养老保险及事业保险归为此类。

（3）辞退福利是指企业在职工劳动合同到期之前解除与职工的劳动关系，或者为鼓励职工自愿接受裁减而给予职工的补偿。

（4）其他长期职工福利是指除短期薪酬、离职后的福利、辞退福利之外所有的职工薪酬，包括带薪缺勤、长期残疾福利、长期利润分享计划等。

（一）对应付职工薪酬实施实质性分析程序

（1）观察被审计单位员工人数的变动情况，检查被审计单位各部门各月工资费用的发生额是否有异常波动，若有，应查明波动原因是否合理。

（2）比较本期与上期的工资费用总额，要求被审计单位解释其增减变动原因，或取得公司管理层关于员工工资标准的决议。

（3）结合员工社保缴纳情况，明确被审计单位员工的范围，检查是否与关联公司员工的工资混淆列支。

（4）核对下列相互独立部门的相关数据：工资部门记录的工资支出与出纳人员记录的工资支付数；工资部门记录的工时与生产部门记录的工时。

（5）比较本期应付职工薪酬余额与上期应付职工薪酬余额，是否有异常变动。

【例题 7·多选题】审计人员在审计甲股份有限公司 2020 年度财务报表时，为了确定甲公司所有应当记录的应付职工薪酬均已记录，下列拟实施的实质性分析程序中恰当的有（ ）。

A. 比较本期与上期的工资费用总额，要求甲公司解释其降低的原因，并取得公司管理层关于员工工资标准的决议

B. 检查应付职工薪酬的期后付款情况

C. 获取或编制应付职工薪酬明细表，复核加计是否正确，并与报表数、总账数和明细账合计数核对是否相符

D. 检查应付职工薪酬是否已按照《企业会计准则》的规定在财务报表中做出恰当列报

正确答案：AB

答案解析：选项 C 主要是确定应付职工薪酬是否以恰当的金额包括在财务报表中，与之相关的计价调整是否已恰当记录；选项 D 主要实现列报目标。

（二）检查工薪、奖金、津贴和补贴

1. 检查计提是否正确、依据是否充分

将执行的工薪标准与有关规定核对，并对工薪总额进行测试。

（1）被审计单位如果实行工效挂钩，应取得有关主管部门确认的效益工薪发放额认定证明，结合有关合同文件和实际完成的指标，检查计提是否正确、是否应进行纳税调整。

（2）结合员工社保缴纳情况，明确被审计单位员工的范围，检查是否与关联公司员工的工薪混淆列支。

2. 检查分配方法与上年是否一致

除因解除与职工的劳动关系给予的补偿直接计入管理费用外，被审计单位应根据职工提供服务的受益对象，分别按下列情况进行处理。

（1）应由生产产品、提供劳务负担的职工薪酬，计入产品成本或劳务成本。

（2）应由在建工程、无形资产负担的职工薪酬，计入相关资产成本。

（3）被审计单位为外商投资企业，按规定从净利润中提取的职工奖励及福利基金，以董事会决议为依据，相应记入"利润分配——提取的职工奖励及福利基金"科目。

（4）其他职工薪酬计入当期损益。

3. 检查工薪发放情况

检查发放金额是否正确、代扣的款项及金额是否正确。

4. 检查是否拖欠薪酬

检查是否存在属于拖欠性质的职工薪酬，并了解拖欠的原因。

（三）检查社会保险

检查社会保险费（包括医疗、养老、失业、工伤、生育保险费）、住房公积金、工会经费和职工教育经费等计提（分配）和支付（使用）的会计处理是否正确、依据是否充分。

（四）检查非货币性福利

（1）检查以自产产品发放给职工的非货币性福利是否根据受益对象，按照该产品的公允

价值计入相关资产成本或当期损益，同时确认应付职工薪酬；对于难以认定受益对象的非货币性福利，检查其是否直接计入当期损益和应付职工薪酬。

（2）检查无偿向职工提供住房的非货币性福利，是否根据受益对象将该住房每期应计提的折旧计入相关资产成本或当期损益，同时确认应付职工薪酬；对于难以认定受益对象的非货币性福利，检查其是否直接计入当期损益和应付职工薪酬。

（3）检查租赁住房等资产供职工无偿使用的非货币性福利，是否根据受益对象，将每期应付的租金计入相关资产成本或当期损益，并确认应付职工薪酬；对于难以认定受益对象的非货币性福利，检查其是否直接计入当期损益和应付职工薪酬。

【例题8·单选题】审计人员在审计被审计单位应付职工薪酬时，发现被审计单位的会计人员将下列项目均计入了应付职工薪酬，其中审计人员不应当认可的是（ ）。

A．职工工资　　　B．实物福利　　　C．医疗保险费　　　D．退休人员的工资

正确答案：D

答案解析：退休人员的工资于发放时直接计入管理费用。

（五）检查应付职工薪酬的期后付款情况

检查应付职工薪酬的期后付款情况，并关注在资产负债表日至财务报表批准报出日之间，是否有确凿证据表明需要调整资产负债表日原确认的应付职工薪酬事项。

（六）检查应付职工薪酬是否在财务报表中做出恰当列报

1．检查是否在附注中披露与职工薪酬有关的信息

（1）应当支付给职工的工资、奖金、津贴和补贴，及其期末应付未付金额。

（2）应当为职工缴纳的医疗、养老、失业、工伤和生育等社会保险费，及其期末应付未付金额。

（3）应当为职工缴存的住房公积金，及其期末应付未付金额。

（4）为职工提供的非货币性福利，及其计算依据。

（5）应当支付的因解除劳动关系给予的补偿，及其期末应付未付金额。

（6）其他职工薪酬。

2．检查辞退福利的披露情况

检查因自愿接受裁减建议的职工数量、补偿标准等因不确定因素而产生的预计负债（应付职工薪酬）是否进行恰当披露。

项目导入问题解答

1．恒润公司发出产品时未全部按顺序记录，可能会出现销售业务提前或延后入账的情况，出库单等原始凭证未连续编号，会导致销售业务不完整，构成内部控制缺陷。

2．存货监盘的目标不正确，应该是获取恒润公司2020年12月31日有关存货数量和状况的审计证据，检查存货的数量是否真实、完整，是否归属于被审计单位，存货有无毁损、陈旧、残次和短缺等状况。

存货监盘的范围不正确，应该是2020年12月31日库存的玻璃、煤炭和烧碱，并不应该包括其他公司存放在本公司的水泥。

存货监盘的时间不正确，存货监盘的时间应该包括实地察看盘点现场的时间、观察存货

盘点的时间和对已盘点存货实施检查的时间等，应当与被审计单位实施存货盘点的时间相协调，所以应为2020年12月29日至12月31日。

3. 程序1："与管理层讨论存货监盘计划"不恰当，应该是与被审计单位管理层复核或讨论其存货盘点计划。

程序2："观察恒润公司盘点人员是否按照盘点计划盘点"是恰当的。

程序3："检查相关凭证以证实盘点截止日前所有已确认为销售但尚未装运出库的存货均已纳入盘点范围"是不恰当的，应该是检查所有在截止日前已确认为销售但尚未装运出库的存货均未纳入盘点范围。

程序4："对于存放在外地公用仓库的玻璃，主要实施检查货运文件、出库记录等替代程序"是不恰当的，应该主要通过函证或利用其他注册会计师的工作等替代程序来进行查验。

4. 生产设备的修理费应计入管理费用，李芳应建议恒润公司将制造费用20万元调至管理费用。

5. 利用管理制度的缺陷冒领工资；利用应付职工薪酬账户掩饰已经超支的业务招待费，偷漏税款。

（1）针对冒领工资，冲销多计的管理费用。

借：其他应收款——张军　　　　　8000
　　贷：管理费用　　　　　　　　　　　8000

（2）掩饰超支的业务招待费，管理费用明细项目错误，审计人员无须进行调整，应提请恒润公司调整明细，并在期末时考虑对所得税的影响。

项目综合训练

一、单项选择题

1. 如果将与存货相关的内部控制评估为高风险，则注册会计师应考虑（　　）。

A．询问与存货相关的管理人员

B．在期末对存货实施监盘程序

C．在期末前或后实施存货监盘程序，并测试从盘点日至期末发生的存货交易

D．检查购货、生产、销售的记录和会计凭证，以确定期末存货余额

2. 下列关于注册会计师对存货不同存放地点的说法中，不正确的是（　　）。

A．注册会计师可以根据不同地点所存放存货的重要性及对各个地点与存货相关的重大错报风险的评估结果，选择适当的地点进行监盘

B．注册会计师选择适当的地点进行监盘，不必进行记录

C．如果识别出由舞弊导致的影响存货数量的重大错报风险，则注册会计师可能决定在不预先通知的情况下对特定存放地点的存货实施监盘

D．在连续审计中，可以考虑在不同期间的审计中变更所选择实施监盘的地点

3. 注册会计师在对存货实施监盘程序的过程中，可以实现的审计目标主要是（　　）。

A．确定所记录的存货包括了其全部存货

B．确定所记录的存货均为其合法拥有

C．确定所记录的存货确实是存在的

D．确定所记录的存货披露恰当

4. 注册会计师应当特别关注存货的移动情况，目的是（　　）。

A. 观察被审计单位是否已经恰当区分所有毁损、陈旧、过时及短缺的存货

B. 确定被审计单位是否恰当记录了存货项目的入账价值

C. 防止遗漏或重复盘点

D. 确定被审计单位的存货所有权，检查是否被纳入盘点范围

5. 在对被审计单位 2020 年度财务报表审计的过程中，为制订存货监盘计划，注册会计师在评价被审计单位存货盘点计划时，下列情况中不恰当的是（　　）。

A. 被审计单位管理层决定在 2021 年 1 月 4 日进行存货盘点

B. 参与盘点的人员包括了公司领导及仓储、财务、生产、采购等部门的有关人员

C. 存放在外的存货盘点未进行安排

D. 由总经理主持召开盘点动员会，并布置盘点任务

6. 下列有关注册会计师在对期末存货进行截止测试时实施的审计程序中，错误的是（　　）。

A. 观察存货的验收入库地点和装运出库地点以执行截止测试

B. 被审计单位在存货入库和装运出库过程中采用连续编号的凭证，注册会计师应当关注截止日前后的最后编号

C. 如果被审计单位使用运货车厢或拖车进行存储、运输或验收入库，注册会计师应当重点检查运货车厢或拖车的出入记录

D. 注册会计师重点检查在途存货和被审计单位直接向客户发运的存货是否均已得到适当的会计处理

7. 注册会计师 A 在观察被审计单位仓库时，发现一批商品已经蒙了厚厚一层灰尘，经询问仓库人员，得知该批商品已经过时。下列各项有关存货余额的认定中，注册会计师通常认为存在重大错报风险的是（　　）。

A. 存在　　　　　　　　　　B. 完整性

C. 准确性、计价和分摊　　　　D. 准确性

8. 下列关于被审计单位储存产成品的说法中，错误的是（　　）。

A. 产成品的保管由验收部门负责

B. 仓库部门在签收产成品后，将实际入库数量通知会计部门

C. 根据签收记录，仓库部门确立了本身应承担的责任，并对验收部门的工作进行了验证

D. 仓库部门应根据产成品的品质特征分类存放，并填制标签

9. 在对存货实施监盘程序时，注册会计师的以下做法中正确的是（　　）。

A. 在被审计单位盘点存货前，观察盘点现场，确定应纳入盘点范围的存货是否已经适当整理和排列

B. 事先就拟抽盘的存货项目与被审计单位沟通，以提高存货监盘的效率

C. 从存货盘点记录中选取项目追查至存货实物，以测试盘点记录的完整性

D. 如果被审计单位声明不存在受托代存存货，则无须关注是否存在某些存货不属于被审计单位的情况

10. 被审计单位的存货采用实地盘存制，下列监盘计划设计恰当的是（　　）。

A. 鉴于被审计单位年末存货收发频繁，注册会计师决定在年中集中实施监盘

B. 注册会计师应关注存货盘点范围的恰当性，对于无法在盘点现场实施盘点的存货，不将其纳入存货盘点范围

C．注册会计师应对盘点日至报表日之间的存货变动实施审计程序

D．天气因素可能成为注册会计师不实施监盘程序的理由

11．下列属于对应付职工薪酬实施的实质性程序是（　　）。

A．检查工时卡的有关核准　　　　B．检查工薪记录中有关内部检查的标记

C．检查人事档案中的授权　　　　D．将工时卡与工时记录等进行比较

12．为了防止向员工过量支付工薪或向不存在的员工虚假支付工薪，下列最为有效的内部控制是（　　）。

A．对资产和记录的实物控制　　　B．采用适当的授权

C．工时卡经领班核准　　　　　　D．独立检查

二、多项选择题

1．注册会计师正在对库存商品实施实质性分析程序，下列程序有助于发现异常数据的有（　　）。

A．按品种分析库存商品各月单位成本的变动趋势，以评价是否有调节生产成本或销售成本的因素

B．核对发票记录的数量是否与发货量、订货量、主营业务成本记录的销售量一致，并对差异做出解释

C．比较库存商品库存量与生产量及库存能力的差异，并分析其合理性

D．比较库存商品销售量和平均单位成本之积与账面库存商品销售成本的差异，并分析其合理性

2．注册会计师A在对甲公司期末存货进行截止测试时，通常应当关注（　　）。

A．所有在截止日以前入库的存货是否均已包括在盘点范围内，并已反映在截止日以前的会计记录中

B．任何在截止日以后入库的存货是否均未包括在盘点范围内，也未反映在截止日以前的会计记录中

C．所有在截止日以前装运出库的存货是否均未包括在盘点范围内，且未包括在截止日的存货账面余额中

D．任何在截止日以后装运出库的存货是否均已包括在盘点范围内，并已包括在截止日的存货账面余额中

3．下列事项中可能导致生产与存货交易和余额的重大错报风险变高的有（　　）。

A．交易的数量庞大，业务复杂

B．生产单一产品

C．某些存货项目的可变现净值可能难以确定

D．大型企业可能将存货存放在很多地点，并且可以在不同的地点之间配送存货

4．有关存货审计的下列表述中，正确的有（　　）。

A．对存货进行监盘是证实存货完整性及计价认定的重要程序

B．在对存货进行截止测试时，可以抽查存货盘点日前后的购货发票与验收报告（或入库单），确定每张发票均附有验收报告（或入库单）

C．存货计价测试包括对存货跌价准备计提是否恰当的测试

D．对难以盘点的存货，应根据企业存货收发制度确认存货数量

5. 在实施存货监盘程序时，注册会计师应当（   ）。
   A．对被审计单位存货的盘点进行现场监督
   B．实际参与被审计单位存货的盘点
   C．对被审计单位已经盘点的存货进行检查
   D．撰写盘点备忘录，编制审计工作底稿

6. 下列关于存货监盘的作用的说法中，正确的有（   ）。
   A．注册会计师实施存货监盘可以取代被审计单位定期盘点存货的责任
   B．除非存货监盘不可行，否则注册会计师应当对存货实施监盘
   C．因不可预见的情况导致无法在存货盘点现场实施监盘时，应当执行替代程序
   D．实施存货监盘可以为存货的存在和状况提供证据

7. 按不相容职责分离的基本要求，承担被审计单位存货保管职责的人员不得再负责（   ）。
   A．存货的采购　　　　　　　　B．存货的清查
   C．存货的验收　　　　　　　　D．存货处置的申请

8. 下列关于生产与存货循环的内部控制缺陷中，会影响存货的准确性、计价和分摊认定的有（   ）。
   A．原材料的发出可能没有经过授权
   B．因产品销售未入账而出现账实不符
   C．已经完工的产品成本没有转移到产成品中
   D．可能存在残冷背次的存货，影响存货的价值

9. 下列各项中，属于领发料凭证的有（   ）。
   A．材料发出汇总表　　　　　　B．限额领料单
   C．退料单　　　　　　　　　　D．材料费用分配表

10. 下列有关验收完工产成品的说法中，正确的有（   ）。
    A．对产品的查点应由本车间负责生产质量的专门人员一并负责
    B．入库单预先连续编号，并在产品入库后一联留存仓库一联留存会计部门
    C．产品入库前应由仓库管理员验收，并填制验收单
    D．产品入库前应由仓库管理员检查，并填制入库单

11. 在对存货实施抽查程序时，注册会计师的下列做法中不正确的有（   ）。
    A．从存货盘点记录中选取项目追查至存货实物，以及从存货实物中选取项目追查至盘点记录，以获取有关盘点记录准确性和完整性的审计证据
    B．即使是难以盘点的存货或隐蔽性较强的存货，也应纳入抽查范围
    C．事先就拟抽取测试的存货项目与被审计单位沟通，以提高存货监盘的效率
    D．如果盘点记录与存货实物存在差异，要求被审计单位更正盘点记录

12. 注册会计师在审计被审计单位的应付职工薪酬时，发现被审计单位的会计人员将下列项目均计入了应付职工薪酬，其中注册会计师应当认可的有（   ）。
    A．社会保险费　　　　　　　　B．非货币性福利
    C．职工教育经费　　　　　　　D．离退休人员的工资

三、判断题

1. 在检查已盘点的存货时,注册会计师应当从存货盘点记录中选取项目追查至存货实物,以测试存货盘点记录的完整性。(   )

2. 存货监盘不仅能对期末结存数量和状况予以确认,还能验证财务报表上存货余额的真实性和准确性。(   )

3. 当被审计单位对存货采用成本与可变现净值孰低原则进行期末计量时,注册会计师认为对于用于生产而持有的材料等,可直接将材料的成本与材料的市价进行比较,确定应计提的跌价准备。(   )

4. 对于钢模板、木模板、脚手架和其他周转材料等,可以采用一次摊销法、五五摊销法或分次摊销法进行摊销。(   )

5. 被审计单位有投资者投入的存货没有入账,注册会计师建议其应将投资方投入的存货的账面价值作为实际成本入账。(   )

6. 在复核或与管理层讨论其存货盘点计划时,注册会计师应当考虑相关因素,以评价其能否合理地确定存货的数量和状况,如果认为被审计单位的存货盘点计划存在缺陷,则应当提请被审计单位调整。(   )

7. 注册会计师可以通过查阅以前年度的存货监盘工作底稿,来了解被审计单位的存货情况、存货盘点程序及其他在以前年度审计中遇到的重大问题。(   )

8. 注册会计师在对存货进行监盘过程中实行检查时,其目的只是证实被审计单位的存货实物总额。(   )

9. 应付职工薪酬审计的首要目标是完整性。(   )

10. 注册会计师应检查应付职工薪酬的核算内容是否包括工资、职工福利、社会保险费、住房公积金、工会经费、职工教育经费、解除职工劳动关系补偿、股份支付等明细项目。(   )

四、实训题

实训1:训练生产与存货内部控制审计

贝田会计师事务所接受恒润公司委托,审计其2020年度财务报表,注册会计师针对审计过程中遇到的下列情况做出了相应的决策。

(1)经了解,预期恒润公司内部控制运行有效,注册会计师拟利用分析程序、重新执行等程序测试内部控制运行的有效性。

(2)经过对恒润公司及其环境的了解,注册会计师认为其内部控制值得信赖,因此将拟实施的进一步审计程序的总体方案定为综合性方案。

(3)在审计过程中,注册会计师发现某银行询证函回函经办人签字处有类似修改痕迹,鉴于恒润公司重大错报风险评估水平不高,注册会计师未展开进一步调查。

(4)在存货监盘结束前,注册会计师取得了所有已填用的盘点表单的号码记录,并与存货盘点的汇总记录进行核对。

(5)在运用分析程序进行总体复核时,识别出了以前未识别的重大错报,注册会计师为降低审计风险、合理保证审计意见的恰当性,调高了重要性水平。

要求:根据上述事项,逐项指出是否恰当,如不恰当,简要说明理由。

实训2:练习存货监盘计划的内容

注册会计师林强负责对常年审计客户天盛公司2020年度财务报表进行审计。天盛公司从事商品零售业，存货占其资产总额的70%。除自营业务外，天盛公司还将部分柜台出租，并为承租商提供商品仓储服务。根据以往的经验和期中测试的结果，注册会计师林强认为天盛公司有关存货的内部控制有效，其计划于2020年12月31日实施存货监盘程序。

注册会计师林强制订的存货监盘计划部分内容摘录如下。

（1）存货的监盘目标是获取有关天盛公司资产负债表日存货数量的审计证据。

（2）注册会计师在制订监盘计划时，应与天盛公司沟通，确定检查的重点。

（3）对于存货监盘过程中收到的存货，要求天盛公司管理层单独存放，不纳入监盘范围。

（4）根据存货类别确定监盘人员分工，每位项目组成员负责一类或数类存货的监盘。

（5）到达盘点现场后，观察代柜台承租商保管的存货是否已经单独存放，并要求天盛公司管理层将其纳入盘点范围。对外单位存放于天盛公司的存货，注册会计师未要求纳入盘点范围，助理人员也未实施其他审计程序。

（6）对以标准规格包装箱包装的存货，监盘人员根据包装箱的数量及每箱的标准容量直接计算，以确定存货的数量。

（7）在检查存货盘点结果时，助理人员仅从存货实物中选取项目追查至存货盘点记录，目的是测试存货盘点记录的准确性和完整性。

（8）天盛公司的一批重要存货，已经被银行质押，助理人员通过电话询问了其存在性。

要求：针对上述第（1）项至第（8）项，逐项指出是否存在不当之处，如果存在，简要说明理由。

实训3：练习存货计价测试

恒润公司的会计政策规定，入库产成品按实际生产成本入账，发出产成品按先进先出法核算。2020年12月31日，恒润公司甲产品期末结存数量为1200件，期末余额为5210万元，恒润公司2020年度甲产品的相关明细资料（数量单位为件，单价单位为万元/件，金额单位为万元，假定期初余额和所有的数量、入库单价均无误）如表7-22所示。

表7-22 甲产品的相关明细资料

日期	摘要	入库 数量	入库 单价	入库 金额	发出 数量	发出 单价	发出 金额	结存 数量	结存 单价	结存 金额
1.1	期初余额							500		2500
3.1	入库	400	5.1	2040				900		4540
4.1	销售				800	5.2	4160	100		380
8.1	入库	1600	4.6	7360				1700		7740
10.3	销售				400	4.6	1840	1300		5900
12.1	入库	700	4.5	3150				2000		9050
12.31	销售				800	4.8	3840	1200		5210
12.31	期末余额							1200		5210

要求：在进行相关测试后，注册会计师李芳应提出什么样的审计调整建议？

实训4：练习应付职工薪酬项目的实质性分析程序

注册会计师李芳负责对恒润公司2020年度财务报表的应付职工薪酬项目实施审计，相关情况如下。

资料一：李芳在审计工作底稿中记载了与恒润公司及其环境相关的情况，部分内容摘录如下。

（1）为实现以生产为核心的管理目标，恒润公司董事决定从2020年年初开始在全公司范围内实行管理人员薪酬随直接人工费用变动的浮动工资制。

（2）2020年下半年，恒润公司有20%的普通工人退休，人力资源部门按照董事会要求的"退一个，补一个"的原则完成了熟练工人招聘任务。

资料二：李芳在审计工作底稿中记录了所获取的恒润公司合并财务数据，部分内容摘录如表7-23所示。

表7-23 恒润公司合并财务数据

单位：万元

年 份	未 审 数 2020	已 审 数 2019
管理人员薪酬	100	100
直接人工费用	500	400
应付职工薪酬	600	600

资料三：李芳在审计工作底稿中记录了拟实施的实质性分析程序，部分内容摘录如下。

（1）对各类员工进行结构比例分析，根据相邻两年间结构比例的变动估算2020年应付职工薪酬的变动，与2020年实际计提的金额进行比较。

（2）根据生产工人人数的变动幅度估算直接人工费用的变动幅度，并将其与管理人员薪酬总额的实际变动幅度进行比较，分析差异是否合理。

要求：1. 针对资料一，结合资料二，假定不考虑其他条件，指出资料一所列事项是否可能表明存在重大错报风险。如果认为存在，简要说明理由，并说明该风险主要与应付职工薪酬项目的哪一项认定相关。

2. 针对资料三所列示的实质性分析程序，假定不考虑其他条件，指出该实质性程序与已识别的重大错报风险是否直接相关，并简要说明理由。

模块四

审计报告

本模块包括：

- 项目八　完成审计工作
- 项目九　出具审计报告

项目八

完成审计工作

学习目标

知识目标

1. 掌握评价审计过程中发现的错报。
2. 熟悉管理层声明的获取及相关处理。
3. 熟悉复核审计工作底稿和财务报表。

技能目标

1. 能正确评价审计过程中的重大发现和错报。
2. 能根据审计的具体情况编制审计调整分录。

项目导入

贝田会计师事务所的注册会计师李芳担任恒润公司2020年度财务报表审计项目合伙人。恒润公司2020年度未经审计的利润总额为180万元,李芳确定的财务报表整体的重要性水平为240万元。

李芳在审计工作底稿中记载的部分工作摘录如下。

(1)李芳在审计应付职工薪酬时发现,恒润公司于2020年初计提并发放了2019年度奖金250万元,于2021年初计提并发放了2020年度奖金252万元,因该事项对2020年度的利润影响较小,李芳认可了恒润公司管理层的处理。

(2)项目合伙人对会计师事务所分派的每项审计业务的总体质量负责,项目质量控制复核人对项目组按照会计师事务所复核政策和程序实施的复核负责。

(3)因管理层已全部更正了审计过程中累积的错报,李芳认为错报对审计工作和审计报告均无影响。

(4)2021年3月,恒润公司管理层发生更替。因新任管理层未参与编制2020年度财务报表,李芳要求由原管理层提供书面声明。

(5)2021年3月20日,李芳出具了审计报告,在财务报表报出前,李芳获悉恒润公司于2021年1月10日发生了一笔大额销售退回,因此要求管理层修改财务报表,并于2021年

3月25日重新出具了审计报告,管理层于2021年3月26日批准并报出修改后的财务报表。

问题思考

针对上述第(1)项至第(5)项,不考虑其他条件,逐项指出李芳的做法是否恰当。如不恰当,简要说明理由。

任务一 评价审计过程中发现的错报

一、评价审计过程中的重大发现

在审计完成阶段,项目合伙人和审计项目组考虑的重大发现具体如下。
(1) 中期复核中的重大发现及其对审计方法的相关影响。
(2) 涉及会计政策的选择、运用和一贯性的重大事项,包括相关的披露。
(3) 就特别审计目标识别的重大风险,对审计策略和计划的审计程序进行的重大修正。
(4) 在与管理层和其他人员讨论重大发现时得到的信息。
(5) 与注册会计师的最终审计结论相矛盾或不一致的信息。

> **行家提示**:注册会计师在审计计划阶段对重要性水平的判断与其在评估审计差异时对重要性水平的判断是不同的。如果在审计完成阶段确定的修订后的重要性水平远远低于在计划阶段确定的重要性水平,则注册会计师应重新评估已获取的审计证据的充分性和适当性。

二、错报的处理及未更正的影响

(一) 错报的沟通和更正

及时与适当层级的管理层进行沟通是重要的,因为这能使管理层评价这些事项是否为错报,如果是则可以采取必要行动,如有异议则告知审计人员。在沟通时需要关注以下几方面。

(1) 编制审计调整分录。审计人员并不是被审计单位的会计人员,不能直接调整被审计单位的会计账项,其调整的对象是存在错报的财务报表项目,因此审计人员编制审计调整分录遵循调表不调账的原则,即仅针对财务报表项目进行调整,而不是针对具体的会计科目进行调整。调整方法有正误对照分析法和推倒重来法。

① 正误对照分析法。先检查企业原账面记录,然后自己做出正确的分录,再将错误和正确的分录均记录在草稿上,最后比较这两个分录,分析哪些项目多计或少计进而编制相应的调整分录。

例:注册会计师对ABC公司2020年度财务报表审计时发现,ABC公司将该年度的出租固定资产收入100 000元,挂在应付账款中,未进行处理。审计人员的调整思路如下。

思维步骤一 根据资料,列出被审计单位所做的分录。
借:银行存款　　　　　　　　100 000
　　贷:应付账款　　　　　　　　100 000
思维步骤二 根据准则,做正确的会计分录。

借：银行存款　　　　　　　　100 000
　　贷：其他业务收入　　　　　100 000

思维步骤三　分析哪些账户多计、哪些账户少计，根据账户性质确定借贷方，如借贷不平衡，则可能是有些项目分析错误。比较思维步骤一和步骤二的分录，可以看到银行存款已进行记录，所以不用调整，但 ABC 公司多计了应付账款，少计了其他业务收入，应调整如下。

借：应付账款　　　　　　　　100 000
　　贷：营业收入　　　　　　　100 000

② 推倒重来法。

直接做与 ABC 公司相反的分录冲销，然后再做正确的会计分录，最后把这两个分录合并。一般不采用这一方法，因为它没有直观反映错报所造成的影响，但在业务较复杂，难以分清各项目的变化时，采用这一方法较为合适。

思维步骤一　做相反的会计分录。

借：应付账款　　　　　　　　100 000
　　贷：银行存款　　　　　　　100 000

思维步骤二　做正确的调整分录。

借：银行存款　　　　　　　　100 000
　　贷：营业收入　　　　　　　100 000

思维步骤三　合并分录（第一笔分录中的"贷：银行存款 100 000"与第二笔分录中的"借：银行存款 100 000"合并后抵销）。

借：应付账款　　　　　　　　100 000
　　贷：营业收入　　　　　　　100 000

审计人员应将上述调整分录以会计分录的形式记录在审计工作底稿中，由于审计中发现的错误往往不止一两项，为便于审计项目的各级负责人综合判断、分析和决定，通常需要将这些建议调整的不符事项汇总至审计调整分录汇总表（见表 8-1）。

表 8-1　审计调整分录汇总表

序号	内容及说明	索引号	调整内容				影响利润表+（-）	影响资产负债表+（-）
			借方项目	借方金额	贷方项目	贷方金额		

与被审计单位的沟通：
参加人员：
被审计单位：＿＿＿＿＿＿＿＿＿＿＿＿＿＿＿＿＿＿＿＿＿＿＿＿＿＿＿＿＿
审计项目组：＿＿＿＿＿＿＿＿＿＿＿＿＿＿＿＿＿＿＿＿＿＿＿＿＿＿＿＿＿
被审计单位的意见：
＿＿＿＿＿＿＿＿＿＿＿＿＿＿＿＿＿＿＿＿＿＿＿＿＿＿＿＿＿＿＿＿＿＿＿
＿＿＿＿＿＿＿＿＿＿＿＿＿＿＿＿＿＿＿＿＿＿＿＿＿＿＿＿＿＿＿＿＿＿＿
＿＿＿＿＿＿＿＿＿＿＿＿＿＿＿＿＿＿＿＿＿＿＿＿＿＿＿＿＿＿＿＿＿＿＿
结论：
是否同意上述审计调整：＿＿＿＿＿＿＿＿＿＿＿＿＿＿
被审计单位授权代表签字：＿＿＿＿＿＿＿＿＿＿　日期：＿＿＿＿＿＿＿＿

（2）编制重分类分录。重分类错误的会计核算是正确的，只是编制的财务报表在项目分类方面不符合《企业会计准则》的规定。例如，《企业会计准则》规定，预收账款不多的企业可以不设置"预收账款"科目，而直接列示在"应收账款"的贷方，但编制资产负债表时"应收账款"项目只包含应收账款明细账的借方余额，而必须把其贷方余额填到"预收账款"下。

① 资产和负债重新分类，如一年内到期的长期借款，在编制报表时应单独列示至一年内到期的非流动负债，并重新分类。

借：长期借款
　　贷：一年内到期的非流动负债

② 往来款项的重新分类，在期末填制资产负债表时，如果应收账款、预收账款、应付账款、预付账款等账户中的某个明细账出现与正常余额借贷相反的记录，而又不是记账错误，就应将这些账户进行重新分类。例如，"应收账款"明细账贷方余额实际上是一项负债，应重分类到"预收账款"项目；而"应付账款"明细账借方余额实际上是一项资产，应重分类到"预付账款"项目。

例： 某公司的预收账款明细账期末借方余额：预收账款——h公司　　20 000 000元

预收账款账户通常为贷方余额，可能是实际销售大于预收款，其实际上应属应收账款，应调整如下：

借：应收账款——h公司　　　　　　　20 000 000
　　贷：预收款项——h公司　　　　　　20 000 000

同时应按相应标准补提坏账准备（如按余额的10%计提）。

借：资产减值损失——坏账损失　　　　2 000 000
　　贷：应收账款——坏账准备　　　　　2 000 000

同样，审计人员应将上述重分类调整分录汇总至重分类调整分录汇总表（见表8-2）。

表8-2　重分类调整分录汇总表

序号	内容及说明	索引号	调整项目和金额			
			借方项目	借方金额	贷方项目	贷方金额

与被审计单位的沟通：

参加人员：

被审计单位：_____

审计项目组：_____

被审计单位的意见：

_____

_____

结论：

是否同意上述审计调整：_____

被审计单位授权代表签字：_____　日期：_____

（3）汇总未更正错报。管理层更正错报能够保持会计账簿和记录的准确性，降低重大错报的风险。若被审计单位拒绝调整，则审计人员应对未更正错报进行汇总，考虑对财务报表的影响。未更正错报汇总表如表8-3所示。

表8-3 未更正错报汇总表

序号	内容及说明	索引号	未调整内容				备注
			借方项目	借方金额	贷方项目	贷方金额	

未更正错报的影响：
项目金额百分比计划百分比
1. 总资产＿＿＿＿＿＿＿＿＿＿＿＿＿＿＿＿＿＿＿
2. 净资产＿＿＿＿＿＿＿＿＿＿＿＿＿＿＿＿＿＿＿
3. 销售收入＿＿＿＿＿＿＿＿＿＿＿＿＿＿＿＿＿
4. 费用总额＿＿＿＿＿＿＿＿＿＿＿＿＿＿＿＿＿
5. 毛利＿＿＿＿＿＿＿＿＿＿＿＿＿＿＿＿＿＿＿
6. 净利润＿＿＿＿＿＿＿＿＿＿＿＿＿＿＿＿＿＿
结论：

被审计单位授权代表签字：＿＿＿＿＿＿＿＿＿＿＿＿日期：＿＿＿＿＿＿＿

（二）评价未更正错报的影响

1. 重新评价重要性水平

在评价未更正错报的影响之前，审计人员可能有必要根据实际的财务结果对重要性水平做出修改。如果审计人员对重要性水平进行的重新评价导致需要确定较低的金额，则应重新考虑实际执行的重要性水平和进一步审计程序的性质、时间和范围的适当性，以获取充分、适当的审计证据，作为发表审计意见的基础。

2. 评价未更正错报

未更正错报是指注册会计师在审计过程中累积的且被审计单位未予更正的错报。

（1）累积错报。

错报的汇总数=已识别的具体错报+推断错报=事实错报+判断错报+抽样推断错报。

（2）单项错报。如果注册会计师认为某一单项错报是重大的，则该项错报不太可能被其他错报抵销。但对于同一账户余额或同一类别的交易内部的错报，这种抵销可能是适当的。

（3）分类错报。确定一项分类错报是否重大，需要进行定性评估。

① 即使分类错报的重要性水平超过了在评价其他错报时运用的重要性水平，审计人员可能仍然认为该分类错报对财务报表整体不产生重大影响。

② 即使某些错报低于财务报表整体的重要性水平，但因与这些错报相关的某些情况，在将其单独或连同在审计过程中累积的其他错报一并考虑时，审计人员也可能将这些错报评价为重大错报。

【例题 1·多选题】在评价未更正错报的影响时，下列说法中，审计人员认为正确的有（   ）。

A. 未更正错报的金额不得超过明显微小错报的临界值
B. 注册会计师应当从金额和性质两方面确定未更正错报是否重大
C. 注册会计师应当要求被审计单位更正未更正的错报
D. 注册会计师应当考虑与以前期间相关的未更正错报对相关类别的交易、账户余额或披露及财务报表整体的影响

正确答案：BD
答案解析：未更正错报是指注册会计师在审计过程中累积的且被审计单位未予更正的错报，所以其金额的大小有可能超过明显微小错报的临界值，所以选项 A 错误；注册会计师应当首先评价重要性水平对未更正错报的影响，进而确定进一步审计程序，所以选项 C 错误。

（三）书面声明

审计人员应当要求管理层和治理层（如适用）提供书面声明，说明其是否认为未更正错报单独或汇总起来对财务报表整体的影响不重大。但即使获取了这一声明，审计人员仍需要对未更正错报的影响做出结论。

【例题 2·单选题】注册会计师甲于 2021 年 1 月 28 日开始对 A 公司 2020 年度财务报表进行审计，2 月 18 日完成审计工作，2 月 22 日编写审计报告，并于 2 月 23 日将审计报告送交 A 公司，则 A 公司管理层书面声明的日期通常应为（   ）。

A. 2021 年 1 月 28 日   B. 2021 年 2 月 23 日
C. 2021 年 2 月 22 日   D. 2021 年 2 月 18 日

正确答案：C
答案解析：管理层书面声明标明的日期通常与审计报告日一致。

【例题 3·综合题】甲公司是 ABC 会计师事务所的常年审计客户，主要从事肉制品的加工和销售。注册会计师 A 负责审计甲公司 2020 年度财务报表，确定财务报表整体的重要性水平为 100 万元。审计报告日为 2021 年 4 月 30 日。

注册会计师 A 在审计工作底稿中记录了重大事项的处理情况，部分内容摘录如下。

（1）2021 年 2 月，甲公司因 2020 年的食品安全事件向主管部门缴纳罚款 300 万元，管理层在 2020 年度财务报表中将其确认为营业外支出。注册会计师 A 检查了处罚文件和付款单据，认可了管理层的处理。

（2）审计过程中累积的错报合计数为 200 万元。因管理层已全部更正，注册会计师 A 认为错报对审计工作和审计报告均无影响。

要求：针对第（1）项和第（2）项，假定不考虑其他条件，指出注册会计师 A 的做法是否恰当。如不恰当，简要说明理由。

答案解析：
（1）恰当。
（2）不恰当。累积的错报合计数 200 万元超过财务报表整体的重要性水平，没有考虑其对审计工作的影响，应当确定是否需要考虑修改审计计划。

三、复核审计工作底稿和财务报表

（一）对财务报表总体合理性实施分析程序

在审计结束或临近结束时，审计人员运用分析程序的目的是确定经审计调整后的财务报表整体是否与对被审计单位的了解一致、是否具有合理性。

> **行家提示**：在运用分析程序进行总体复核时，如果识别出以前未识别出的重大错报风险，审计人员应当重新考虑对全部或部分各类交易、账户余额、披露评估的风险是否恰当，并在此基础上重新评价之前计划的审计程序是否充分，以及是否有必要追加审计程序。

（二）复核审计工作底稿

审计工作底稿复核分为项目组内部复核和独立的项目质量控制复核两个层次。

1. 项目组内部复核

项目组内部复核的内容如表8-4所示。

表8-4 项目组内部复核的内容

项 目	内 容
复核人员	（1）总原则：应当由项目组内经验较多的人员复核经验较少的人员的工作。 （2）项目组需要在制订审计计划时确定复核人员，以确保所有工作底稿均得到适当层级人员的复核。 （3）对一些较为复杂、审计风险较高的领域，如舞弊风险的评估与应对、重大会计估计及其他复杂的会计问题、审核会议记录和重大合同、关联方关系和交易、持续经营存在的问题等，需要指派经验丰富的项目组成员执行复核，必要时可以由项目合伙人执行复核
复核范围	（1）所有的审计工作底稿至少要经过一级复核。 （2）执行复核时，复核人员需要考虑的事项如下： ① 审计工作是否已按照职业准则和适用的法律、法规的规定执行； ② 重大事项是否提请进一步考虑； ③ 相关事项是否进行适当咨询，由此形成的结论是否已得到记录和执行； ④ 是否需要修改已执行审计工作的性质、时间和范围； ⑤ 已执行的审计工作是否支持形成的结论，并已得到适当记录； ⑥ 已获取的审计证据是否充分、适当； ⑦ 审计程序的目标是否已实现
复核时间	审计项目复核贯穿审计全过程，随着审计工作的开展，复核人员在审计计划阶段、执行阶段和完成阶段应及时复核相应的审计工作底稿
项目合伙人复核	（1）根据审计准则的规定：项目合伙人应当对会计师事务所分派的每项审计业务的总体质量负责；项目合伙人应当对项目组按照会计师事务所复核政策和程序实施的复核负责。 （2）项目合伙人复核的内容如下： ① 对关键领域做出的判断，尤其是执行业务过程中识别出的疑难问题或争议事项； ② 特别风险； ③ 项目合伙人认为重要的其他领域。 （3）项目合伙人无须复核所有审计工作底稿

2. 独立的项目质量控制复核

独立的项目质量控制复核的内容如表8-5所示。

表 8-5 独立的项目质量控制复核的内容

项目	内容
复核人员	会计师事务所应当制定政策和程序，解决项目质量控制复核人员的委派问题，明确项目质量控制复核人员的资格要求： ① 履行职责需要的技术资格，包括必要的经验和权限； ② 在不损害其客观性的前提下，能够提供业务咨询的程度。 例如，有一定执业经验的合伙人，或专门负责质量控制复核的注册会计师等。 独立的项目质量控制复核不能减轻项目组内部复核的责任
复核范围	项目质量控制复核人员应当客观地评价项目组做出的重大判断及在编制审计报告时得出的结论。 ① 与项目合伙人讨论重大事项； ② 复核财务报表和拟出具的审计报告； ③ 复核选取的与项目组做出的重大判断和得出的结论相关的审计工作底稿； ④ 评价在编制审计报告时得出的结论，并考虑拟出具审计报告的恰当性
复核时间	只有完成了项目质量控制复核，才能签署审计报告。 项目质量控制复核人员应在业务过程中的适当阶段及时实施项目质量控制复核，而非在出具审计报告前才实施复核

【例题 4·单选题】下列有关项目合伙人复核的说法中，错误的是（　　）。
A. 项目合伙人无须复核所有审计工作底稿
B. 项目合伙人通常需要复核项目组对关键领域所做出的判断
C. 项目合伙人应当复核与重大错报风险相关的所有审计工作底稿
D. 项目合伙人应当在审计工作底稿中记录复核的范围和时间
正确答案：C
答案解析：项目合伙人复核的内容如下：对关键领域做出的判断，尤其是执行业务过程中识别出的疑难问题或争议事项；特别风险；项目合伙人认为重要的其他领域。

【例题 5·简答题】上市公司甲公司是 ABC 会计师事务所的常年审计客户，拥有乙公司和丙公司两家子公司。注册会计师 A 担任甲公司 2020 年度财务报表审计项目合伙人，注册会计师 B 担任项目质量控制复核合伙人。相关事项如下。
（1）根据复核计划，审计项目组经理复核了审计工作底稿，注册会计师 A 复核了财务报表和拟出具的审计报告，确信获取了充分、适当的审计证据。
（2）注册会计师 B 实施了下列质量控制复核程序：①与项目合伙人讨论重大事项；②复核财务报表和拟出具的审计报告；③复核选取的与项目组做出的重大判断和得出的结论相关的审计工作底稿；④评价在编制审计报告时得出的结论，并考虑拟出具审计报告的恰当性。
要求：
1. 针对上述第（1）项，指出注册会计师 A 的做法是否恰当。如不恰当，简要说明理由。
2. 针对上述第（2）项，指出注册会计师 B 在实施项目质量控制复核时，还应当考虑哪些事项。
答案解析：
1. 不恰当。注册会计师 A 还应当复核审计工作底稿，并与项目组讨论。
2. 注册会计师 B 在实施项目质量控制复核时，还应当考虑以下内容。
（1）项目组就具体业务对会计师事务所独立性做出的评价。

（2）项目组是否已就存在意见分歧或者其他疑难问题或争议事项进行适当咨询，以及咨询得出的结论。

（3）选取的用于复核的审计工作底稿是否反映了项目组针对重大判断执行的工作，以及是否支持得出的结论。

任务二　获取书面声明

一、针对管理层责任的书面声明

8-2 期后事项和书面声明

（一）针对财务报表的编制

注册会计师应当要求管理层提供书面声明，确认其已根据审计业务约定条款，履行了按照适用的财务报表编制基础编制财务报表并使财务报表实现公允反映（如适用）的责任。

（二）针对提供的信息和交易的完整性

注册会计师应当要求管理层就下列事项提供书面声明。

（1）按照审计业务约定条款，已向注册会计师提供所有的相关信息，并允许注册会计师不受限制地接触所有相关信息及被审计单位的内部人员和其他相关人员。

（2）所有交易均已记录并反映在财务报表中。

如果未从管理层处获取其确认已履行责任的书面声明，则注册会计师在审计过程中获取的有关管理层已履行这些责任的其他审计证据是不充分的。

注册会计师可能还要求管理层在书面声明中再次确认其对自身责任的认可与理解。当存在下列情况时，这种确认尤为适当：代表被审计单位签订审计业务约定书的人员不再承担相关责任；审计业务约定书是在以前年度签订的；有迹象表明管理层误解了其责任；情况改变，需要管理层再次确认其责任。

二、其他书面声明

如果注册会计师认为有必要获取一项或多项其他书面声明，以支持与财务报表一项或多项具体认定相关的其他审计证据，则注册会计师应当要求管理层提供以下书面声明。

（一）关于财务报表的其他书面声明

注册会计师应当要求管理层提供除基本书面声明外，可能认为有必要获取的有关财务报表的其他书面声明。

其他书面声明可能是对基本书面声明的补充，但不构成其组成部分。其他书面声明可能包括针对下列事项做出的声明：会计政策的选择和运用是否适当；是否按照适用的财务报表编制基础对相关事项进行了确认、计量、列报或披露。

（二）与向注册会计师提供信息有关的额外书面声明

注册会计师可能认为有必要要求管理层提供书面声明，确认其已将注意到的所有内部控制缺陷向注册会计师通报。

（三）关于特定认定的书面声明

在获取有关管理层的判断和意图的证据时，或在对判断和意图进行评价时，注册会计师可能考虑的事项如下。

（1）被审计单位以前对声明的意图的实际实施情况。

（2）被审计单位选取特定措施的理由。

（3）被审计单位实施特定措施的能力。

（4）是否存在审计过程中已获取的、可能与管理层判断或意图不一致的任何其他信息。

注册会计师可能认为有必要要求管理层提供有关财务报表特定认定的书面声明，尤其是支持注册会计师就管理层的判断或意图或者完整性认定从其他审计证据中获取的了解。

三、书面声明的日期、涵盖期间及形式

书面声明的日期应当尽量接近对财务报表出具审计报告的日期，但不得在审计报告日后。书面声明应当涵盖审计报告针对的所有财务报表和期间。

由于书面声明是必要的审计证据，在管理层签署书面声明前，注册会计师不能发表审计意见，也不能签署审计报告。

如果在审计报告提及的所有期间内，现任管理层均尚未就任，他们可能由此声称无法针对上述期间提供部分或全部书面声明，这一事实不能减轻现任管理层对财务报表整体的责任，注册会计师仍然需要要求现任管理层提供涵盖整个相关期间的书面声明。

四、对书面声明可靠性的疑虑及管理层不提供要求的书面声明

（一）对书面声明可靠性的疑虑

1. 对管理层的胜任能力、诚信、道德价值观或勤勉尽责存在疑虑

（1）如果对管理层的胜任能力、诚信、道德价值观或勤勉尽责存在疑虑，或者对管理层在这些方面的承诺或贯彻执行存在疑虑，注册会计师应当确定这些疑虑对书面或口头声明和审计证据总体的可靠性可能产生的影响。

（2）在（1）的情况下，注册会计师可能认为，管理层在财务报表中做出不实陈述的风险很大，以至于审计工作无法进行。

（3）在（2）的情况下，除非治理层采取适当的纠正措施，否则注册会计师可能需要考虑解除业务约定（如果法律、法规允许）。

（4）很多时候，治理层采取的纠正措施可能并不足以使注册会计师发表无保留意见。

2. 书面声明与其他审计证据不一致

（1）如果书面声明与其他审计证据不一致，注册会计师应当实施审计程序以设法解决这些问题。

（2）如果书面声明与其他审计证据不一致，注册会计师可能需要考虑风险评估结果是否仍然适当。如果认为不适当，注册会计师需要修正风险评估结果，并确定进一步审计程序的性质、时间和范围，以应对评估的风险。

（3）如果问题仍未解决，则注册会计师应当重新考虑对管理层的胜任能力、诚信、道德价值观或勤勉尽责的评估，或者重新考虑对管理层在这些方面的承诺或贯彻执行的评估，并确定书面声明与其他审计证据的不一致对书面或口头声明和审计证据总体的可靠性可能产生的影响。

（4）如果认为书面声明不可靠，则注册会计师应当采取适当措施，包括确定其对审计意见可能产生的影响。

（二）管理层不提供要求的书面声明

1. 管理层不提供要求的书面声明

如果管理层不提供要求的一项或多项书面声明，注册会计师应当采取以下措施。

（1）与管理层讨论该事项。

（2）重新评价管理层的诚信，并评价该事项对书面或口头声明和审计证据总体的可靠性可能产生的影响。

（3）采取适当措施，确定该事项对审计意见可能产生的影响。

2．发表无法表示意见的情形

如果存在下列情形之一，注册会计师应当对财务报表发表无法表示意见。

（1）注册会计师对管理层的诚信产生重大疑虑，以至于认为其提供的书面声明不可靠；

（2）管理层不提供下列书面声明。

① 针对财务报表的编制，管理层确认其根据审计业务约定条款，履行了按照适用的财务报表编制基础编制财务报表并使其实现公允反映（如适用）的责任。

② 针对提供的信息和交易的完整性，管理层按照审计业务约定条款，已向注册会计师提供所有相关信息，并允许注册会计师不受限制地接触所有相关信息及被审计单位内部人员和其他相关人员；所有交易均已记录并反映在财务报表中。

【例题6·单选题】下列有关书面声明的说法中，正确的是（　　）。

A. 书面声明的日期应当和审计报告日在同一天，且应当涵盖审计报告针对的所有财务报表和期间

B. 管理层已提供可靠书面声明的事实会影响注册会计师就管理层责任履行情况或具体认定获取的其他审计证据的性质和范围

C. 如果对管理层的诚信产生重大疑虑，以至于认为其提供的书面声明不可靠，注册会计师在出具审计报告时应当对财务报表发表无法表示意见

D. 如果书面声明与其他审计证据不一致，注册会计师应当要求管理层修改书面声明

正确答案：C

答案解析：选项A，书面声明的日期不一定与审计报告日为同一天，书面声明的日期不能晚于审计报告日；选项B，尽管书面声明提供了必要的审计证据，但是其本身并不为所涉及的任何事项提供充分、适当的审计证据。而且，管理层已提供可靠书面声明的事实，并不影响注册会计师就管理层责任履行情况或具体认定获取的其他审计证据的性质和范围；选项D，首先应该调查原因，之后再确定修改哪类审计证据。

项目八　完成审计工作

项目导入问题解答

1. 不恰当。两项错报的金额都超过了重要性水平，均属于重大错报，不能被其他错报抵消，应要求管理层进行调整。
2. 不恰当。项目合伙人应当对项目组按照会计师事务所复核政策和程序实施的复核负责。
3. 不恰当。注册会计师没有考虑对审计工作的影响/注册会计师应当确定是否需要考虑修改审计计划/注册会计师需要考虑已更正错报对重要性的影响。
4. 不恰当。注册会计师应当要求现任管理层提供涵盖整个相关期间的书面声明。
5. 不恰当。注册会计师重新出具审计报告的日期不能早于管理层重新批准已审计财务报表的日期。

项目综合训练

一、单项选择题

1. 下列有关书面声明的说法中，正确的是（　　）。
A. 书面声明的日期应当和审计报告日在同一天，且应当涵盖审计报告针对的所有财务报表和期间
B. 管理层已提供可靠书面声明的事实会影响注册会计师就管理层责任履行情况或具体认定获取的其他审计证据的性质和范围
C. 如果书面声明与其他审计证据不一致，则注册会计师应当要求管理层修改书面声明
D. 如果对管理层的诚信产生重大疑虑，以至于认为其提供的书面声明不可靠，则注册会计师在出具审计报告时应当对财务报表发表无法表示意见

2. 注册会计师A要求甲公司提供承担财务报表编制责任的书面声明，但是甲公司表示财务报表是上任财务总监负责编制的，因为财务总监已经离职，所以现任公司管理层对于该报表不承担编制责任，拒绝提供相应的书面声明，但是愿意签署经过审计的财务报表。下列注册会计师的做法中正确的是（　　）。
A. 应当视为审计范围受到限制，出具保留意见或否定意见的审计报告
B. 应当解除业务约定
C. 应当视为审计范围受到限制，出具无法表示意见的审计报告
D. 应当通知甲公司治理层，由治理层提供必要的声明

3. 下列有关注册会计师评价审计过程中发现的错报的说法中，错误的是（　　）。
A. 在评价汇总错报是否重大之前，注册会计师应当逐一评价每一单项错报是否重大
B. 某项错报的金额虽然低于财务报表整体的重要性水平，但也有可能是重大错报
C. 某项错报对被审计单位的盈亏状况有决定性的影响，注册会计师应认为该项错报是重大错报
D. 收入存在重大高估，而这项错报对收益的影响被相同金额的费用高估所抵销，注册会计师通常认为财务报表整体不存在重大错报

4. 如果管理层不提供要求的书面声明，且注册会计师对其诚信产生重大疑虑，以至于认为其提供的书面声明不可靠，则注册会计师的下列做法中正确的是（　　）。
A. 出具带强调事项段的无保留意见的审计报告
B. 出具保留意见的审计报告

C. 出具否定意见的审计报告

D. 出具无法表示意见的审计报告

5. 下列有关复核审计工作底稿的表述中，错误的是（   ）。

A. 对审计工作底稿的复核可分为两个层次，包括项目组内部复核和项目合伙人的质量控制复核

B. 复核工作应当由至少具备同等专业胜任能力的人员完成

C. 由项目经理对审计工作底稿的复核属于第一级复核，该级复核通常在审计现场完成，以便及时发现和解决问题，争取审计工作的主动

D. 项目质量控制复核并不能减轻项目合伙人的责任，更不能替代项目合伙人的责任

6. 项目合伙人复核的内容可能不包括（   ）。

A. 对关键领域所做出的判断

B. 常规的交易

C. 项目合伙人认为重要的其他领域

D. 特别风险

7. 关于管理层的书面声明，下列有关说法中正确的是（   ）。

A. 书面声明通常也可以包括财务报表及其认定，以及支持性账簿和相关记录

B. 书面声明可以提供必要的审计证据，特别是针对管理层的判断或意图等事项，所以其本身可以为所涉及的财务报表的特定认定提供充分、适当的审计证据

C. 如果未从管理层处获取其确认已履行责任的书面证明，则注册会计师可以通过在审计过程中获取其他有关管理层已履行这些责任的充分、适当的审计证据

D. 在管理层签署书面声明前，注册会计师不能发表审计意见，也不能签署审计报告

8. 下列关于评价审计过程中重大发现的说法中，不正确的是（   ）。

A. 注册会计师在审计计划阶段对重要性水平的判断，与其在评估审计差异时对重要性水平的判断是不同的

B. 如果在审计完成阶段修订后的重要性水平远远低于在计划阶段确定的重要性水平，注册会计师应重新评估已经获得的审计证据的充分性和适当性

C. 如果审计项目合伙人与项目质量控制复核人员之间存在意见分歧，则审计项目组应当遵循项目质量复核人员的意见予以妥善处理

D. 在审计完成阶段，项目合伙人和审计项目组应考虑涉及会计政策的选择、运用和一贯性的重大事项的披露

9. 下列有关书面声明的说法中，错误的是（   ）。

A. 书面声明提供了必要的审计证据，但其本身并不为所涉及的任何事项提供充分、适当的审计证据

B. 书面声明应当涵盖审计报告针对的所有财务报表和期间

C. 内部法律顾问出具的法律意见书，可以作为书面声明

D. 书面声明的日期应当尽量接近对财务报表出具审计报告的日期，但不得在审计报告日后

10. 下列有关书面声明日期的说法中，错误的是（   ）。

A. 书面声明的日期不得晚于审计报告日

B. 书面声明的日期不得早于财务报表报出日

C．书面声明的日期可以早于审计报告日
D．书面声明的日期可以和审计报告日是同一天

二、多项选择题

1．下列关于书面声明的说法中，正确的有（　　）。
A．书面声明是注册会计师在财务报表审计中需要获取的必要信息
B．董事会会议纪要可以作为书面声明
C．如果注册会计师获取不到充分、适当的审计证据，可以将获取的管理层的书面声明作为发表审计意见的基础
D．书面声明要涵盖审计报告中提及的所有期间

2．通过对实施的审计程序的结果进行评价，可以全部或部分地揭示某些事项，这些事项包括（　　）。
A．财务报表中存在的重大错报
B．对审计方法有重要影响的值得关注的内部控制缺陷和其他缺陷
C．在实施审计程序时遇到的重大困难
D．向会计师事务所内部有经验的专业人士咨询的事项

3．下列有关书面声明的说法中不正确的有（　　）。
A．如果管理层的意图对投资的计价基础非常重要，而注册会计师已经从管理层处获取有关该项投资意图的书面声明，那么这些书面声明本身可以为财务报表特定认定提供充分、适当的审计证据
B．书面声明的日期应当尽量接近对财务报表出具审计报告的日期，但不得在审计报告日后。书面声明应当涵盖审计报告针对的所有财务报表和期间
C．如果某项书面声明与其他审计证据相矛盾，则注册会计师应当认为书面声明不可靠
D．注册会计师和管理层可能认可某种形式的书面声明，以更新以前期间所做的书面声明。更新后的书面声明无须提及以前期间所做的书面声明

4．下列关于书面声明的说法中，正确的有（　　）。
A．在审计报告提及的所有期间内，现任管理层均尚未就任，这一事实可以减轻现任管理层对财务报表整体的责任
B．如果管理层不提供有关其责任的书面声明，注册会计师应当对财务报表发表保留或无法表示意见
C．书面声明需要涵盖审计报告中提及的所有期间
D．注册会计师应当就其请管理层提供的书面声明与治理层进行沟通

5．如果管理层不提供要求的一项或多项书面声明，则注册会计师应当（　　）。
A．与管理层讨论该事项
B．重新评估管理层的诚信
C．评价该事项对审计证据总体的可靠性可能产生的影响
D．确定该事项对审计意见可能产生的影响

6．在确定审计报告日时，注册会计师应当确信已获取的审计证据有（　　）。
A．构成整套财务报表的所有报表已编制完成
B．被审计单位的董事会、管理层或类似机构已经认可其对财务报表负责

C. 财务报表中已经不存在错报

D. 审计工作底稿已经归档完成

7. 下列各项中，应当列入书面声明的有（　　）。

A. 管理层认为，未更正错报单独或汇总起来对财务报表整体的影响不重大

B. 被审计单位已向注册会计师披露了管理层注意到的、可能影响被审计单位的、与舞弊或舞弊嫌疑相关的所有信息

C. 所有交易均已记录并反映在财务报表中

D. 被审计单位将及时足额支付审计费用

8. 下列属于注册会计师在判断错报的性质是否重要时应该考虑的情况有（　　）。

A. 错报对管理层报酬的影响程度

B. 相对于注册会计师所了解的以前向财务报表使用者传达的信息而言，错报的重大程度

C. 错报对财务报表中列报的分部信息的影响程度

D. 与被审计单位发生交易的外部单位是否与被审计单位管理层的成员有关联

9. 下列属于在审计完成阶段，项目合伙人和审计项目组需要考虑的重大发现有（　　）。

A. 期中复核中的重大发现及其对审计方法的影响

B. 涉及会计政策的选择、运用和一贯性的重大事项

C. 与最终审计结论相矛盾或不一致的信息

D. 就识别出的重大风险，对审计策略和计划的审计程序所进行的重大修正

10. 下列有关获取书面声明的说法中，正确的有（　　）。

A. 书面声明属于来自被审计单位内部的证据，证明力较弱

B. 对于获取的管理层关于重大事项的书面声明，注册会计师在必要时，应将对声明事项的重要性的理解告知管理层

C. 书面声明的日期通常为财务报告公布日

D. 注册会计师不应以管理层声明替代能够合理预期获取的其他审计证据

三、判断题

1. 注册会计师应当将审计过程中注意到的内部控制重大缺陷及时告知委托人。必要时，可出具管理建议书。（　　）

2. 项目合伙人对审计工作底稿实施复核是项目组内部最高级别的复核，该复核既是对审计项目经理复核的再监督，又是对重要审计事项的把关。（　　）

3. 注册会计师要充分考虑审计期初余额形成的相关结论对所审计财务报表的影响，以决定发表审计意见的类型。（　　）

4. 如果管理层拒绝提供注册会计师认为必要的声明，则注册会计师应将其视为审计范围受到限制。（　　）

5. 对于质量控制复核的评价工作，注册会计师应与主任会计师讨论重大事项。（　　）

6. 审计工作底稿复核范围因审计复杂程度及工作安排的不同而不同，但并不因审计规模的不同而存在显著差异。（　　）

四、实训题

实训 1：评价审计过程中发现的问题，判断审计报告处理是否恰当

贝田会计师事务所的注册会计师张衡在执行项目质量控制复核时遇到下列与审计报告相

关的问题。

（1）2020年，甲公司为关联方向银行借款提供信用担保，未在财务报表附注中披露。审计项目组认为该事项对财务报表使用者理解财务报表有重大影响，拟在审计报告中增加其他事项段予以说明。

（2）2020年，乙公司董事长因其亲属利用内幕消息买卖乙公司股票而受到监管机构调查。审计项目组与监管机构的沟通结果表明，该事项系董事长亲属个人的不当行为，与乙公司及其董事长无关。截至审计报告日，监管机构未出具正式调查报告。因媒体对该事项报道较多，审计项目组拟在审计报告中增加其他事项段予以说明。

（3）2020年，丙公司的全部交易在一体化的信息系统中仅以电子方式生成、记录和报告。由于信息系统一般控制存在值得关注的内部控制缺陷，审计项目组无法信赖自动化应用控制。审计项目组拟出具无法表示意见的审计报告。

（4）审计项目组认为丁公司管理层在财务报表中运用持续经营假设不适当，并发现年末存货余额存在重大错报（该错报对财务报表的影响重大但不具有广泛性）。审计项目组拟就持续经营问题对丁公司2020年度财务报表发表否定意见，但不再在审计报告中提及存货的重大错报。

要求：针对上述第（1）项至第（4）项，代注册会计师张衡逐项判断审计项目组对审计报告的处理是否恰当。如不恰当，简要说明正确的应对措施。

实训2：练习编制审计调整分录

公开发行A股的中大股份有限公司（以下简称中大公司）系贝田会计师事务所的常年审计客户。注册会计师李芳和赵勇负责对中大公司2020年度财务报表进行审计，并确定财务报表层次的重要性水平为1 200 000元。恒润公司2020年度财务报告于2021年2月25日获董事会批准，并于同日报送证券交易所。中大公司适用的增值税税率为17%。其他相关资料如下。

资料一：中大公司未经审计的2020年度财务报表部分项目的年末余额或本年发生额如表8-6所示。

表8-6 财务报表部分项目的年末余额或本年发生额

项目	金额（元）
资产总额	210 000 000
股本	75 000 000
资本公积——股本溢价	40 000 000
法定盈余公积	10 000 000
未分配利润	9 000 000
营业收入	180 000 000
利润总额	3 000 000
净利润	2 000 000

资料二：在对中大公司的审计过程中，注册会计师李芳和赵勇注意到以下事项。

（1）注册会计师李芳和赵勇在审计中大公司2019年度财务报表时，通过实施销售截止测试发现，中大公司2020年1月，主营业务收入明细账和主营业务成本明细账上记载的甲产品的销售业务在 2019 年 12 月已收妥款项，并符合销售收入确认条件，但在当月未做任何会计处理，而在 2020 年 1 月做了如下会计处理：借记"银行存款"11 700 000 元，贷记"主营业务收入"10 000 000 元、"应交税费——应交增值税（销项税额）"1 700 000 元；同时结转相应的主营业务成本，借记"主营业务成本"8 700 000 元，贷记"存货——甲产品"8 700 000 元。在对 2019 年度财务报表审计时，注册会计师李芳和赵勇建议将上述会计处理作为审计调整分录，调整中大公司 2019 年度财务报表。中大公司调整了 2019 年度财务报表，但未调整 2020 年度相关账户和财务报表。

（2）2020 年 12 月 28 日，中大公司将到期日为 2021 年 4 月 5 日的 6 000 000 元商业承兑汇票贴现，贴现利息为 180 000 元，贴现银行保留对中大公司的追索权。中大公司做了如下会计处理：借记"银行存款"5 820 000 元、"财务费用"180 000 元，贷记"应收票据"6 000 000 元。

（3）为建造厂房和生产线，中大公司于 2020 年 6 月 1 日分别向 F 银行借入年利率为 5% 的专项长期借款 9 000 000 元，向 H 银行借入年利率为 6% 的专项长期借款 6 000 000 元。该工程预计建造期为 1 年 6 个月，采用出包方式，按照工程进度于每月月初支付当月工程进度款。2020 年 6 月至 12 月，每月月初实际支付的工程进度款分别为 8 000 000 元、2 500 000 元、500 000 元、500 000 元、1 000 000 元、200 000 元和 1 000 000 元。中大公司 2020 年 12 月 31 日未经审计的该项在建工程余额为 14 172 500 元，其中包括利息费用 472 500 元（不考虑借款闲置部分的利息收入）。

（4）中大公司的会计政策规定，对应收款项采用账龄分析法计提坏账准备。根据债务单位的财务状况、现金流量等情况，确定坏账准备计提比例分别如下：账龄 1 年以内的（含 1 年，以下类推），按其余额的 10% 计提；账龄 1~2 年的，按其余额的 30% 计提；账龄 2~3 年的，按其余额的 50% 计提；账龄 3 年以上的，按其余额的 80% 计提。中大公司 2020 年 12 月 31 日未经审计的应收账款账面余额为 51 929 000 元，相应的坏账准备余额为 6 364 900 元。应收账款账面余额明细情况如表 8-7 所示。

表 8-7　应收账款账面余额

单位：元

客户名称	账龄			
	1 年以内	1~2 年	2~3 年	3 年以上
应收账款——a 公司	35 150 000	500 000	932 000	
应收账款——b 公司	2 000 000	15 100 000	54 000	
应收账款——c 公司	600 000		25 000	
应收账款——d 公司	9 500 000	–12 000 000		
应收账款——e 公司				68 000
小计	47 250 000	3 600 000	1 011 000	68 000

（5）中大公司根据《企业会计准则》的规定，按照成本与可变现净值孰低的原则对期末存货进行计价。2020 年 11 月末，中大公司持有的 500 千克乙产品的账面成本总额为 9 000 000 元，由于市场价格下跌，预计可变现净值为 8 000 000 元，由此计提了存货跌价准备 1 000 000 元。2020 年 12 月，乙产品的数量未发生增减变动，但中大公司与 Z 公司于 2020 年 12 月 5 日签订

了购销合同，约定于2021年1月以12 400元/千克的价格（不含增值税，下同）向Z公司销售乙产品400千克。2020年12月31日，由于市场价格上升，乙产品的单位可变现净值为18 500元/千克。对此，中大公司未做任何会计处理，仍保留1 000 000元的存货跌价准备。

  要求：在资料一的基础上，如果不考虑审计重要性水平，针对资料二中第（1）项至第（5）项，请分别回答注册会计师李芳和赵勇是否需要提出审计调整建议？若需提出审计调整建议，请直接列示审计调整分录（审计调整分录均不考虑对中大公司2020年度的企业所得税、期末结转损益及利润分配的影响）。

项目九

出具审计报告

学习目标

知识目标
1. 掌握审计报告的基本内容。
2. 掌握审计报告类型的确定。

技能目标
1. 能根据审计报告意见类型撰写审计报告。
2. 能熟练运用审计报告中的强调事项段和其他事项段。

项目导入

贝田会计师事务所的注册会计师李芳和赵勇于2021年3月10日完成了对恒润股份有限公司（上市公司）2020年度财务报表的审计工作，下面是草拟的一份审计报告。

财务审计报告

恒润股份有限公司董事长：

一、对财务报表出具的审计报告

（一）审计意见

我们审计了后附的恒润股份有限公司（以下简称恒润公司）财务报表，包括资产负债表、利润表、股东权益变动表和现金流量表及财务报表附注。

我们确认，恒润公司财务报表在所有重大方面已经按照《企业会计准则》的规定编制，真实地表达了恒润公司2020年12月31日的财务状况及2020年度的经营成果和现金流量。

（二）形成审计意见的基础

我们按照《中国注册会计师独立审计准则》的规定执行了审计工作。审计报告的"注册会计师对财务报表审计的责任"部分进一步阐述了我们在这些准则下的责任。按照中国注册会计师职业道德守则，我们独立于ABC公司，并履行了职业道德方面的其他责任。

……

中国××市

中国注册会计师：赵勇（盖章）

二〇二一年三月十日

> **问题思考**
> 根据编写财务报表审计报告的要求，恒润公司的审计报告存在哪些不当之处？

任务一 熟悉审计报告的基本内容

一、审计报告的含义及作用

（一）审计报告的含义

审计报告是指注册会计师根据审计准则的规定，在执行审计工作的基础上，对财务报表发表审计意见的书面文件。

> **行家提示**：审计报告是注册会计师在完成审计工作后向委托人提交的最终产品，它具有以下几层含义。
> （1）注册会计师应当按照审计准则的规定执行审计工作。
> （2）注册会计师应在实施审计工作的基础上才能出具审计报告。
> （3）注册会计师应通过对财务报表发表意见履行业务约定书约定的责任。
> （4）注册会计师应当以书面形式出具审计报告。

注册会计师应根据由审计证据得出的结论，清楚地表达对财务报表的意见。注册会计师一旦在审计报告上签名并盖章，就表明其对出具的审计报告负责，同时应将已审计的财务报表附于审计报告之后，以防止被审计单位替换、更改已审计的财务报表。

（二）审计报告的作用

注册会计师签发的审计报告主要具有鉴证作用、保护作用和证明作用。

1. 鉴证作用

注册会计师签发的审计报告是指注册会计师以独立的第三者身份，对被审计单位财务报表的合法性、公允性发表意见。股份制企业的股东主要依据注册会计师的审计报告来判断被投资企业的财务报表是否公允地反映了财务状况、经营成果和现金流量，以做出投资决策。

2. 保护作用

注册会计师通过审计，可以对被审计单位财务报表出具不同类型审计意见的审计报告，以提高或降低财务报表使用者对财务报表的信赖程度，能够在一定程度上对被审计单位的财产、债权人和股东的权益及企业利害关系人的利益起到保护作用。

3. 证明作用

审计报告可以证明审计工作的质量并明确注册会计师的审计责任。审计报告可以证明注册会计师对审计责任的履行情况，并证明其在审计过程中是否实施了必要的审计程序、是否以审计工作底稿为依据发表审计意见、发表的审计意见是否与被审计单位的实际情况相一致、审计工作的质量是否符合要求。

二、审计意见与审计报告

（一）审计意见的形成

注册会计师应当评价根据审计证据得出的结论，以作为对财务报表形成审计意见的基础。在对财务报表形成审计意见时，注册会计师应当根据已获取的审计证据，评价是否已对财务报表整体不存在重大错报获取合理保证。

（1）评价是否已获取充分、适当的审计证据。

（2）评价未更正错报单独或汇总起来是否构成重大错报。

> **行家提示**：在确定未更正错报是否重大时，注册会计师应当考虑以下几点。
> （1）相对于特定类别的交易、账户余额和披露及财务报表整体而言，错报的金额和性质及错报发生的特定环境；。
> （2）与以前期间相关的未更正错报对相关类别的交易、账户余额和披露及财务报表整体的影响。

（3）评价财务报表是否在所有重大方面均按照适用的财务报表编制基础编制。

（4）评价财务报表是否实现公允反映。

（5）评价财务报表是否恰当提及或说明适用的财务报表编制基础。

（二）审计报告的类型

审计报告分为标准审计报告和非标准审计报告。

1. 标准审计报告

标准审计报告是指不含有说明段、强调事项段、其他事项段或其他任何修饰性用语的无保留意见的审计报告。其中，无保留意见是指当注册会计师认为财务报表在所有重大方面均按照适用的财务报表编制基础编制并实现公允反映时发表的审计意见。

2. 非标准审计报告

非标准审计报告是指带强调事项段或其他事项段的无保留意见的审计报告和非无保留意见的审计报告。非无保留意见的审计报告包括保留意见的审计报告、否定意见的审计报告和无法表示意见的审计报告。

三、审计报告的基本内容

（一）标题

审计报告应当具有标题，统一规范为"审计报告"。

> **行家提示**：我国注册会计师出具的审计报告的标题没有包含"独立"两个字，但注册会计师在实施财务报表审计程序时，应当遵守独立性的要求。

（二）收件人

审计报告的收件人是指注册会计师按照审计业务约定书的要求致送审计报告的对象，一般是指审计业务的委托人,常为被审计单位的股东或治理层。审计报告应当按照审计业务的约定载明收件人的全称,如 ABC 股份有限公司全体股东。

(三)审计意见

审计意见部分由两部分构成。

第一部分应当说明已审计财务报表,应当包括以下几个方面。

(1)指出被审计单位的名称。

(2)说明财务报表已经过审计。

(3)指出构成整套财务报表的每一财务报表的名称。

(4)提及财务报表附注。

(5)指明构成整套财务报表的每一财务报表的日期或涵盖的期间。

第二部分应当说明注册会计师发表的审计意见。

如果对财务报表发表无保留意见,应当使用"我们认为,财务报表在所有重大方面均按照[适用的财务报表编制基础(如《企业会计准则》等)]编制,公允反映了……"的措辞。

审计意见的格式如参考格式 9-1 所示。

参考格式 9-1　审计意见

(一)审计意见

我们审计了 ABC 股份有限公司(以下简称"ABC 公司")的财务报表,包括 202×年 12 月 31 日的资产负债表,202×年度的利润表、现金流量表、股东权益变动表及相关财务报表附注。

我们认为,后附的财务报表在所有重大方面均按照《企业会计准则》的规定编制,公允反映了 ABC 公司 202×年 12 月 31 日的财务状况及 202×年度的经营成果和现金流量。

(四)形成审计意见的基础

审计报告应当包含标题为"形成审计意见的基础"的部分。该部分提供的是关于审计意见的重要背景,应当紧接在审计意见部分之后,并包括以下几个方面。

(1)说明注册会计师按照审计准则的规定执行了审计工作。

(2)提及审计报告中用于描述审计准则规定的注册会计师责任的部分。

(3)声明注册会计师按照与审计相关的职业道德要求对被审计单位保持了独立性,并履行了职业道德方面的其他责任。声明中应当指明适用的职业道德要求,如中国注册会计师职业道德守则。

(4)说明注册会计师是否相信获取的审计证据是充分、适当的,为发表审计意见提供了基础。

形成审计意见的基础的格式如参考格式 9-2 所示。

参考格式 9-2　形成审计意见的基础

(二)形成审计意见的基础

我们按照《中国注册会计师审计准则》的规定执行了审计工作。审计报告的"注册会计师对财务报表审计的责任"部分进一步阐述了我们在这些准则下的责任。按照中国注册会计师职业道德守则,我们独立于 ABC 公司,并履行了职业道德方面的其他责任。我们相信,我们获取的审计证据是充分、适当的,为发表审计意见提供了基础。

（五）管理层对财务报表的责任

管理层对财务报表的责任段用以描述被审计单位中负责编制财务报表的人员的责任。管理层对财务报表的责任段应当说明，编制财务报表是管理层的责任，这种责任包括以下内容。

（1）按照适用的财务报表编制基础编制财务报表，并使其实现公允反映。

（2）设计、执行和维护必要的内部控制，以使财务报表不存在由舞弊或错误导致的重大错报。

管理层对财务报表的责任的格式如参考格式 9-3 所示。

参考格式 9-3　管理层对财务报表的责任

（三）管理层和治理层对财务报表的责任

管理层负责按照《企业会计准则》的规定编制财务报表，使其实现公允反映，并设计、执行和维护必要的内部控制，以使财务报表不存在由舞弊或错误导致的重大错报。

在编制财务报表时，管理层负责评估 ABC 公司的持续经营能力，披露与持续经营相关的事项（如适用），并运用持续经营假设，除非计划清算 ABC 公司、停止营运或别无其他现实的选择。

治理层负责监督 ABC 公司的财务报告过程。

（六）注册会计师对财务报表的责任

注册会计师对财务报表的责任段应当说明下列内容。

（1）说明注册会计师的目标是对财务报表整体是否不存在由舞弊或错误导致的重大错报获取合理保证，并出具包含审计意见的审计报告。

（2）说明合理保证是高水平的保证，但按照审计准则执行的审计并不能保证一定会发现存在的重大错报。

（3）说明错报可能由舞弊或错误导致。

> **行家提示**：在说明错报可能由舞弊或错误导致时，注册会计师应当从下列两种做法中选取一种：（1）描述如果合理预期错报单独或汇总起来可能影响财务报表使用者依据财务报表做出的经济决策，则通常认为错报是重大的；（2）根据适用的财务报表编制基础，提供关于重要性的定义或描述。

（七）按照相关法律、法规的要求报告的事项（如适用）

除审计准则规定的注册会计师对财务报表出具审计报告的责任外，相关法律、法规可能对注册会计师设定了其他报告责任。此外，注册会计师可能被要求实施额外的规定程序并予以报告，或对特定事项（如会计账簿和会计记录的适当性）发表意见。

在某些情况下，相关法律、法规可能要求或允许注册会计师将对这些其他责任的报告作为对财务报表出具的审计报告的一部分。这些责任是注册会计师按照审计准则对财务报表出具审计报告的责任的补充。如果注册会计师在对财务报表出具的审计报告中履行其他报告责任，应当在审计报告中将其单独作为一部分，并以"按照相关法律、法规的要求报告的事项"为标题。

此时，审计报告应当区分为"对财务报表出具的审计报告"和"按照相关法律、法规的要求报告的事项"两部分，以便将其与注册会计师对财务报表的责任明确区分。在另外一些情况下，相关法律、法规可能要求或允许注册会计师单独出具报告。

（八）注册会计师的签名和盖章

审计报告应当由注册会计师签名并盖章。注册会计师在审计报告上签名并盖章，有利于明确法律责任。审计报告采用双签制。

> **行家提示：**
> （1）合伙会计师事务所：应当由一名对审计项目负最终复核责任的合伙人和一名负责该项目的注册会计师签名并盖章。
> （2）有限责任会计师事务所：应当由会计师事务所主任会计师或由其授权的副主任会计师和一名负责该项目的注册会计师签名并盖章。

（九）会计师事务所的名称、地址及盖章

审计报告应当载明会计师事务所的名称和地址，并加盖会计师事务所公章。

> **行家提示：** 注册会计师在审计报告中载明会计师事务所地址时，标明会计师事务所所在的城市即可，无须在审计报告中注明详细地址。

（十）报告日期

审计报告日期不应早于管理层签署财务报表的日期，也不应早于管理层签署书面声明的日期。签署审计报告的日期通常与管理层签署财务报表的日期为同一天，或晚于管理层签署财务报表的日期。

> **行家提示：** 注册会计师在确定审计报告日期时，应当确信已获取下列审计证据。
> （1）构成整套财务报表的所有报表已编制完成。
> （2）被审计单位的董事会、管理层或类似机构已经认可其对财务报表负责。

【例题1·多选题】下列属于标准无保留意见的审计报告应该包括的基本内容有（   ）。
A. 财务报表批准报出日　　　　B. 注册会计师的责任段
C. 注册会计师签名并盖章　　　D. 强调事项段
正确答案：BC
答案解析：标准无保留意见审计报告是不含有说明段、强调事项段、其他事项段或其他任何修饰性用语的无保留意见的审计报告。

无保留意见的审计报告的格式如参考格式9-4所示。

参考格式9-4　无保留意见的审计报告

审计报告

ABC股份有限公司全体股东：

一、对财务报表出具的审计报告

（一）审计意见

我们审计了ABC股份有限公司（以下简称"ABC公司"）的财务报表，包括2020年12月31日的资产负债表，2020年度的利润表、现金流量表、股东权益变动表及相关财务报表附注。

我们认为，后附的财务报表在所有重大方面均按照《企业会计准则》的规定编制，公允反映了ABC公司2020年12月31日的财务状况及2020年度的经营成果和现金流量。

（二）形成审计意见的基础

我们按照《中国注册会计师审计准则》的规定执行了审计工作。审计报告的"注册会计师对财务报表审计的责任"部分进一步阐述了我们在这些准则下的责任。按照中国注册会计师职业道德守则，我们独立于 ABC 公司，并履行了职业道德方面的其他责任。我们相信，我们获取的审计证据是充分、适当的，为发表审计意见提供了基础。

（三）关键审计事项

关键审计事项是我们根据职业判断，认为对本期财务报表审计最为重要的事项。这些事项是在对财务报表整体进行审计并形成意见的背景下进行处理的，我们不对这些事项提供单独的意见。

[按照《中国注册会计师审计准则第 1504 号——在审计报告中沟通关键审计事项》的规定描述每一关键审计事项。]

（四）管理层和治理层对财务报表的责任

管理层负责按照《企业会计准则》的规定编制财务报表，使其实现公允反映，并设计、执行和维护必要的内部控制，以使财务报表不存在由舞弊或错误导致的重大错报。

在编制财务报表时，管理层负责评估 ABC 公司的持续经营能力，披露与持续经营相关的事项（如适用），并运用持续经营假设，除非计划清算 ABC 公司、停止营运或别无其他现实的选择。

治理层负责监督 ABC 公司的财务报告过程。

（五）注册会计师对财务报表审计的责任

我们的目标是对财务报表整体是否不存在由舞弊或错误导致的重大错报获取合理保证，并出具包含审计意见的审计报告。合理保证是高水平的保证，但按照审计准则执行的审计并不能保证一定会发现存在的重大错报。错报可能由舞弊或错误导致，如果合理预期错报单独或汇总起来可能影响财务报表使用者依据财务报表做出的经济决策，则通常认为错报是重大的。

在按照审计准则执行审计的过程中，我们运用了职业判断，保持了职业怀疑。我们同时做到以下各项：

（1）识别和评估由舞弊或错误导致的财务报表层次的重大错报风险；对这些风险有针对性地设计和实施审计程序，获取充分、适当的审计证据，作为发表审计意见的基础。由于舞弊可能涉及串通、伪造、故意遗漏、虚假陈述或凌驾于内部控制之上，未能发现由舞弊导致的重大错报的风险高于未能发现由错误导致的重大错报的风险。

（2）了解与审计相关的内部控制，以设计恰当的审计程序，但目的并非对内部控制的有效性发表意见。

（3）评价管理层选用会计政策的恰当性和做出会计估计及相关披露的合理性。

（4）对管理层使用持续经营假设的恰当性得出结论。同时，根据获取的审计证据，就可能导致对 ABC 公司持续经营能力产生重大疑虑的事项或情况是否存在重大不确定性得出结论。如果我们得出结论认为存在重大不确定性，审计准则要求我们在审计报告中提请财务报表使用者注意财务报表中的相关披露；如果披露不充分，我们应当发表非无保留意见。我们的结论基于审计报告日可获得的信息。然而，未来的事项或情况可能导致 ABC 公司不能持续经营。

（5）评价财务报表的总体列报、结构和内容（包括披露），并评价财务报表是否公允反映相关交易和事项。

我们与治理层就计划的审计范围、时间安排和重大审计发现（包括我们在审计中识别的值得关注的内部控制缺陷）等事项进行沟通。

我们还就遵守关于独立性的相关职业道德要求向治理层提供声明，并就可能被合理认为影响我们独立性的所有关系和其他事项，以及相关的防范措施（如适用）与治理层进行沟通。

在与治理层沟通的事项中，我们确定哪些事项对本期财务报表审计最为重要，从而构成关键审计事项。我们在审计报告中描述这些事项，除非法律、法规禁止公开披露这些事项，或在极其罕见的情况下，如果合理预期在审计报告中沟通某事项造成的负面后果超过对公众利益方面产生的益处，则我们确定不应在审计报告中沟通该事项。

二、按照相关法律、法规的要求报告的事项

[本部分的格式和内容取决于法律、法规对其他报告责任的性质的规定。法律、法规规范的事项（其他报告责任）应当在本部分处理，除非其他报告责任与审计准则所要求的报告责任涉及相同的主题。如果涉及相同的主题，其他报告责任可以在审计准则所要求的同一报告要素部分中列示。当其他报告责任和审计准则规定的报告责任涉及同一主题，并且审计报告中的措辞能够将其他报告责任与审计准则规定的责任予以清楚地区分（如差异存在）时，允许将两者合并列示（即包含在"对财务报表出具的审计报告"部分中，并使用适当的副标题）。]

　　　　××会计师事务所　　　　　　　　　　　中国注册会计师：×××（项目合伙人）
　　　　　　（盖章）　　　　　　　　　　　　　　　　　（签名并盖章）
　　　　　　　　　　　　　　　　　　　　　　　中国注册会计师：×××
　　　　　　　　　　　　　　　　　　　　　　　　　　　（签名并盖章）

　　　　　　中国××市　　　　　　　　　　　　　　二〇二一年×月×日

任务二 确定非无保留意见类型并出具审计报告

一、非无保留意见的含义

当存在下列情形之一时,注册会计师应当在审计报告中发表非无保留意见。
(1)根据获取的审计证据,得出财务报表整体存在重大错报的结论。
(2)无法获取充分、适当的审计证据,不能得出财务报表整体不存在重大错报的结论。

9-1 非无保留意见特殊考虑

(一)财务报表整体存在重大错报

错报是指某一财务报表项目的金额、分类、列报或披露,与按照适用的财务报表编制基础应当列示的金额、分类、列报或披露之间存在的差异。

重大错报的来源:会计政策的恰当性、会计政策的运用、报表的披露。

1. 会计政策的恰当性

在会计政策的恰当性方面,当出现下列情形时财务报表可能存在重大错报。
(1)选择的会计政策与适用的财务报表编制基础不一致。
(2)财务报表(包括相关附注)没有按照公允列报的方式反映交易和事项。

财务报表编制基础通常包括对会计处理、披露和会计政策变更的要求。如果被审计单位变更了重大会计政策,且没有遵守这些要求,财务报表可能存在重大错报。

2. 会计政策的运用

在会计政策的运用方面,当出现下列情形时,财务报表可能存在重大错报。
(1)管理层没有按照适用的财务报表编制基础的要求一贯运用所选择的会计政策,包括管理层未在不同会计期间或对相似的交易和事项一贯运用所选择的会计政策(运用的一致性)。
(2)不当运用所选择的会计政策(如运用中的无意错误)。

3. 报表的披露

(1)财务报表没有包括适用的财务报表编制基础要求的所有披露。
(2)财务报表的披露没有按照适用的财务报表编制基础披露。
(3)财务报表没有做出必要的披露以实现公允反映。

(二)无法获取充分、适当的审计证据

如果注册会计师能够通过实施替代程序获取充分、适当的审计证据,则无法实施特定的程序并不构成对审计范围的限制。

1. 超出被审计单位控制的情形

(1)被审计单位的会计记录已被毁坏。
(2)重要组成部分的会计记录已被政府有关机构无限期地查封。

2. 与审计工作安排相关的情形

(1)被审计单位需要使用权益法对联营企业进行核算,注册会计师无法获取有关联营企业财务信息的充分、适当的审计证据以评价是否恰当运用了权益法。

（2）注册会计师接受审计委托的时间安排，使其无法实施存货监盘。
（3）注册会计师确定仅实施实质性程序是不充分的，但被审计单位的内部控制是无效的。

3. 管理层施加限制的情形

（1）管理层阻止注册会计师实施存货监盘。
（2）管理层阻止注册会计师对特定账户余额实施函证。

管理层施加的限制可能对审计产生其他影响，如注册会计师对舞弊风险的评估和对业务保持的考虑。

二、非无保留意见类型的确定和内容

注册会计师确定恰当的非无保留意见类型，取决于下列事项：导致非无保留意见的事项的性质，是财务报表存在重大错报，还是在无法获取充分、适当的审计证据的情况下，财务报表可能存在重大错报；注册会计师就导致非无保留意见的事项对财务报表产生或可能产生影响的广泛性做出的判断。表 9-1 列示了注册会计师对导致发生非无保留意见的事项的性质和这些事项对财务报表产生或可能产生影响的广泛性做出的判断，以及注册会计师的判断对审计意见类型的影响。

9-2 重大性和广泛性

表 9-1　非无保留意见类型的决策方法

导致非无保留意见的事项	对财务报表产生或可能产生影响的广泛性	
	重大但不具有广泛性	重大且具有广泛性
财务报表存在重大错报	保留意见	否定意见
无法获取充分、适当的审计证据	保留意见	无法表示意见

（一）发表保留意见

如果认为财务报表整体是公允的，但存在下列情形之一时，注册会计师应当发表保留意见。

（1）在获取充分、适当的审计证据后，注册会计师认为错报单独或汇总起来对财务报表影响重大，但不具有广泛性。

（2）审计范围受到限制，注册会计师无法获取充分、适当的审计证据以作为形成审计意见的基础，且认为未发现的错报对财务报表可能产生的影响重大，但不具有广泛性。

> **行家提示**：出具保留意见的审计报告时，注册会计师应当在意见段中使用"除……可能产生的影响外"等术语。当注册会计师发表保留意见时，在审计意见段中使用"由于上述解释"或"受……影响"等措辞是不恰当的，因为这些措辞不够清晰或没有足够的说服力。

保留意见的审计报告的格式如参考格式 9-5 所示。

参考格式 9-5　保留意见的审计报告

审 计 报 告

ABC 股份有限公司全体股东：

一、对财务报表出具的审计报告

（一）保留意见

我们审计了 ABC 股份有限公司（以下简称"ABC 公司"）的财务报表，包括 2020 年 12 月 31 日的资产负债表，2020 年度的利润表、现金流量表、股东权益变动表及相关财务报表附注。

我们认为，除"形成保留意见的基础"部分所述事项产生的影响外，后附的财务报表在所有重大方面均按照《企业会计准则》的规定编制，公允反映了 ABC 公司 2020 年 12 月 31 日的财务状况及 2020 年度的经营成果和现金流量。

（二）形成保留意见的基础

ABC 公司 2020 年 12 月 31 日的资产负债表中存货的列示金额为×元。管理层根据成本对存货进行计量，而没有根据成本与可变现净值孰低的原则进行计量，这不符合《企业会计准则》的规定。ABC 公司的会计记录显示，如果管理层以成本与可变现净值孰低的原则来计量存货，存货列示金额将减少×元。相应地，资产减值损失将增加×元，所得税、净利润和股东权益将分别减少×元、×元和×元。

我们按照《中国注册会计师审计准则》的规定执行了审计工作。审计报告的"注册会计师对财务报表审计的责任"部分进一步阐述了我们在这些准则下的责任。按照中国注册会计师职业道德守则，我们独立于 ABC 公司，并履行了职业道德方面的其他责任。我们相信，我们获取的审计证据是充分、适当的，为发表保留意见提供了基础。

（三）关键审计事项

关键审计事项是我们根据职业判断，认为对本期财务报表审计最为重要的事项。这些事项是在对财务报表整体进行审计并形成意见的背景下进行处理的，我们不对这些事项提供单独的意见。除"形成保留意见的基础"部分所述事项外，我们确定下列事项是需要在审计报告中沟通的关键审计事项。

[按照《中国注册会计师审计准则第 1504 号——在审计报告中沟通关键审计事项》的规定描述每一关键审计事项。]

（四）管理层和治理层对财务报表的责任

[按照《中国注册会计师审计准则第 1501 号——对财务报表形成审计意见和出具审计报告》的规定报告，参见参考格式 9-4。]

（五）注册会计师对财务报表审计的责任

[按照《中国注册会计师审计准则第 1501 号——对财务报表形成审计意见和出具审计报告》的规定报告，参见参考格式 9-4。]

二、按照相关法律、法规的要求报告的事项

[按照《中国注册会计师审计准则第 1501 号——对财务报表形成审计意见和出具审计报告》的规定报告，参见参考格式 9-1。]

××会计师事务所	中国注册会计师：×××
（盖章）	（签名并盖章）
	中国注册会计师：×××
	（签名并盖章）
中国××市	二〇二一年×月×日

（二）发表否定意见

在获取充分、适当的审计证据后，如果认为错报单独或汇总起来对财务报表的影响重大且具有广泛性，注册会计师应当发表否定意见。

当出具否定意见的审计报告时，注册会计师应当根据适用的财务报表编制基础在审计意见段中说明：注册会计师认为，由于"形成否定意见的基础"部分所述事项的重要性，财务报表没有在所有重大方面按照适用的财务报表编制基础编制，未能实现公允反映。

> **行家提示**：只有当注册会计师认为财务报表存在的重大错报会误导财务报表使用者，以至于财务报表的编制不符合适用的会计准则和相关会计制度的规定，未能从整体上公允反映被审计单位的财务状况、经营成果和现金流量时，其才出具否定意见的审计报告。

否定意见的审计报告的格式如参考格式9-6所示。

参考格式9-6　否定意见的审计报告

审 计 报 告

ABC股份有限公司全体股东：

一、对财务报表出具的审计报告

（一）否定意见

我们审计了ABC股份有限公司（以下简称"ABC公司"）的财务报表，包括2020年12月31日的资产负债表，2020年度的利润表、现金流量表、股东权益变动表及相关财务报表附注。

我们认为，由于"形成否定意见的基础"部分所述事项的重要性，ABC公司财务报表没有按照《企业会计准则》和××会计制度的规定编制，未能在所有重大方面公允反映ABC公司2020年12月31日的财务状况及2020年度的经营成果和现金流量。

（二）形成否定意见的基础

如财务报表附注×所述，ABC公司的长期股权投资未按《企业会计准则》的规定采用权益法核算。如果按权益法核算，ABC公司的长期投资账面价值将减少×万元，净利润将减少×万元，从而导致ABC公司由盈利×万元变为亏损×万元。

我们按照《中国注册会计师审计准则》的规定执行了审计工作。审计报告的"注册会计师对财务报表审计的责任"部分进一步阐述了我们在这些准则下的责任。按照中国注册会计师职业道德守则，我们独立于ABC公司，并履行了职业道德方面的其他责任。我们相信，我们获取的审计证据是充分、适当的，为发表否定意见提供了基础。

（三）关键审计事项

关键审计事项是我们根据职业判断，认为对本期财务报表审计最为重要的事项。这些事项是在对财务报表整体进行审计并形成意见的背景下进行处理的，我们不对这些事项提供单独的意见。除"形成否定意见的基础"部分所述事项外，我们确定下列事项是需要在审计报告中沟通的关键审计事项。

[按照《中国注册会计师审计准则第1504号——在审计报告中沟通关键审计事项》的规定描述每一关键审计事项。]

（四）管理层和治理层对财务报表的责任

[按照《中国注册会计师审计准则第1501号——对财务报表形成审计意见和出具审计报告》的规定报告，参见参考格式9-4。]

（五）注册会计师对财务报表审计的责任

[按照《中国注册会计师审计准则第1501号——对财务报表形成审计意见和出具审计报告》的规定报告，参见参考格式9-4。]

二、按照相关法律、法规的要求报告的事项

[按照《中国注册会计师审计准则第1501号——对财务报表形成审计意见和出具审计报告》的规定报告，参见参考格式9-4。]

××会计师事务所	中国注册会计师：×××
（盖章）	（签名并盖章）
	中国注册会计师：×××
	（签名并盖章）
中国××市	二〇二一年×月×日

（三）发表无法表示意见

如果无法获取充分、适当的审计证据以作为形成审计意见的基础，且认为未发现的错报（如存在）对财务报表可能产生的影响重大且具有广泛性，以至于无法对财务报表发表审计意见，则注册会计师应当发表无法表示意见。

当出具无法表示意见的审计报告时，注册会计师责任段的表述会有所不同，并且审计意见段中不能写"我们认为"，而是要在其中说明：由于"形成无法表示意见的基础"部分所述事项的重要性，注册会计师无法获取充分、适当的审计证据以为发表审计意见提供基础，因此注册会计师不对这些财务报表发表审计意见。

> **行家提示：**
> （1）只有当审计范围受到限制可能产生的影响非常重大和广泛，不能获取充分、适当的审计证据，以至于无法确认财务报表的合法性和公允性时，注册会计师才应当出具无法表示意见的审计报告。
> （2）无法表示意见不同于否定意见，无法表示意见通常仅仅适用于注册会计师不能获取充分、适当的审计证据的情况。如果要发表否定意见，就必须获取充分、适当的审计证据。
> （3）无法表示意见和否定意见都只有在非常严重的情形下才能发表。

无法表示意见的审计报告的格式如参考格式9-7所示。

参考格式9-7　无法表示意见的审计报告

审　计　报　告

ABC股份有限公司全体股东：

一、对财务报表出具的审计报告

（一）无法表示意见

我们接受委托，审计后附的ABC股份有限公司（以下简称"ABC公司"）的财务报表，包括2020年12月31日的资产负债表，2020年度的利润表、现金流量表和股东权益变动表及相关财务报表附注。

我们不对后附的ABC公司财务报表发表审计意见。由于"形成无法表示意见的基础"部分所述事项的重要性，我们无法获取充分、适当的审计证据以为发表审计意见提供基础。

（二）形成无法表示意见的基础

我们于2021年1月接受ABC公司的审计委托，因而未能对ABC公司2020年初金额为×元的存货和年末金额为×元的存货实施监盘程序。此外，我们也无法实施替代审计程序获取充分、适当的审计证据。并且，ABC公司于2020年9月采用新的应收账款电算化系统，由于存在系统缺陷导致应收账款出现大量错误。截至报告日，管理层仍在纠正系统缺陷并更正错误，我们也无法实施替代审计程序，以对截至2020年12月31日的应收账款总额×元获取充分、适当的审计证据。因此，我们无法确定是否有必要对存货、应收账款及财务报表其他项目做出调整，也无法确定应调整的金额。

（三）管理层和治理层对财务报表的责任

[按照《中国注册会计师审计准则第1501号——对财务报表形成审计意见和出具审计报告》的规定报告，参见参考格式9-4。]

（四）注册会计师对财务报表审计的责任

我们的责任是按照《中国注册会计师审计准则》的规定，对ABC公司的财务报表执行审计工作，以出具审计报告。但由于"形成无法表示意见的基础"部分所述的事项，我们无法获取充分、适当的审计证据以为发表审计意见提供基础。

按照中国注册会计师职业道德守则，我们独立于ABC公司，并履行了职业道德方面的其他责任。

二、按照相关法律、法规的要求报告的事项

[按照《中国注册会计师审计准则第 1501 号——对财务报表形成审计意见和出具审计报告》的规定报告，参见参考格式 9-4。]

××会计师事务所　　　　　　　　　　　　　　　　　　　　　　中国注册会计师：×××

（盖章）　　　　　　　　　　　　　　　　　　　　　　　　　　　　（签名并盖章）

　　　　　　　　　　　　　　　　　　　　　　　　　　　　　　　中国注册会计师：×××

　　　　　　　　　　　　　　　　　　　　　　　　　　　　　　　　（签名并盖章）

中国××市　　　　　　　　　　　　　　　　　　　　　　　　　　二〇二一年×月×日

【例题 2·多选题】注册会计师王凯在对 K 公司 2020 年度财务报表出具审计报告时，在注册会计师的责任段与意见段之间增加了对某个重要事项的说明，一般来说该审计报告的意见类型可能是（　　　）。

A．否定意见　　　　　　　　　　　B．无法表示意见
C．保留意见　　　　　　　　　　　D．带强调事项段的无保留意见

正确答案：AC

答案解析：无法表示意见的审计报告没有注册会计师的责任段；无保留意见的审计报告没有说明段。

任务三　在审计报告中增加强调事项段和其他事项段

一、强调事项段

（一）强调事项段的含义

审计报告的强调事项段是指审计报告中含有的一个段落，该段落提及已在财务报表中恰当列报或披露的事项，根据注册会计师的职业判断，该事项对财务报表使用者理解财务报表至关重要。

9-3 强调事项段

（二）增加强调事项段的情形

某些审计准则对特定情况下在审计报告中增加强调事项段提出了具体要求，这些情形如下。

（1）法律、法规规定的财务报表编制基础不可接受，但其是由法律、法规做出的规定。

（2）提醒财务报表使用者注意财务报表按照特殊目的编制基础编制。

（3）注册会计师在审计报告日后知悉了某些事实（即期后事项）并且出具了新的审计报告或者修改了审计报告。

除上述审计准则要求增加强调事项段的情形外，注册会计师可能认为需要加强调事项段的情形举例如下。

（1）异常诉讼或监管行动的未来结果存在不确定性。

（2）提前应用（在允许的情况下）对财务报表有广泛影响的新会计准则。

（3）存在已经或持续对被审计单位财务状况产生重大影响的特大灾难。

（三）在审计报告中增加强调事项段时注册会计师采取的措施

如果在审计报告中增加强调事项段，注册会计师应当采取下列措施。

（1）将强调事项段作为单独的一部分置于审计报告之中，并使用包含"强调事项"这一术语的适当标题。

（2）明确提及被强调事项及相关披露的位置，以便能够在财务报表中找到对该事项的详细描述；强调事项段应当仅提及已在财务报表中列报或披露的信息。

（3）指出审计意见没有因该强调事项而改变。

> **行家提示**：注册会计师应当在无保留意见或保留意见审计报告的意见段之后增加强调事项段。由于增加强调事项段是为了提醒财务报表使用者关注某些事项，并不影响注册会计师的审计意见，为了使财务报表使用者明确这一点，注册会计师应当在强调事项段中指明，该段内容仅用于提醒财务报表使用者关注某些事项，并不影响已发表的审计意见。

【例题3·单选题】 下列情形中，注册会计师应在审计报告中增加强调事项段的是（　　）。

A. 被审计单位存在重大的未决诉讼，已在财务报表中做出了正确的会计处理和恰当的披露

B. 被审计单位针对存在的重大或有负债，拒绝在财务报表中做出恰当披露

C. 审计期间取得的100万元营业收入在审计报告日前被退回，被审计单位已按照相关会计准则调整了财务报表，并进行了恰当披露

D. 审计报告日前，被审计单位存放辅料的一间小型仓库失火，将会带来一定损失，但不会对持续经营构成影响，同时已在财务报表附注中进行了披露

正确答案：A

答案解析：选项B应发表保留或否定意见；选项C、D应发表无保留意见。

带强调事项段的保留意见的审计报告的格式如参考格式9-8所示。

参考格式9-8　带强调事项段的保留意见的审计报告

审 计 报 告

ABC股份有限公司全体股东：

一、对财务报表出具的审计报告

（一）保留意见

我们审计了ABC股份有限公司（以下简称"ABC公司"）的财务报表，包括2020年12月31日的资产负债表，2020年度的利润表、现金流量表、股东权益变动表及相关财务报表附注。

我们认为，除"形成保留意见的基础"部分所述事项产生的影响外，后附的财务报表在所有重大方面均按照《企业会计准则》的规定编制，公允反映了ABC公司2020年12月31日的财务状况及2020年度的经营成果和现金流量。

（二）形成保留意见的基础

ABC公司2020年12月31日的资产负债表中列示的以公允价值计量且其变动计入当期损益的金融资产为×元，管理层对这些金融资产未按照公允价值进行后续计量，而是按照其历史成本进行计量，这不符合《企业会计准则》的规定。如果按照公允价值进行后续计量，ABC公司2020年度利润表中公允价值变动损益将减少×元，2020年12月31日的资产负债表中以公允价值计量且其变动计入当期损益的金融资产将减少×元。相应地，所得税、净利润和股东权益将分别减少×元、×元和×元。

我们按照《中国注册会计师审计准则》的规定执行了审计工作。审计报告的"注册会计师对财务报表审计的责任"部分

进一步阐述了我们在这些准则下的责任。按照中国注册会计师职业道德守则,我们独立于ABC公司,并履行了职业道德方面的其他责任。我们相信,我们获取的审计证据是充分、适当的,为发表保留意见提供了基础。

（三）强调事项——火灾的影响

我们提醒财务报表使用者关注,财务报表附注×描述了火灾对ABC公司的生产设备造成的影响,本段内容不影响已发表的审计意见。

（四）管理层和治理层对财务报表的责任

[按照《中国注册会计师审计准则第1501号——对财务报表形成审计意见和出具审计报告》的规定报告,参见参考格式9-4。]

（五）注册会计师对财务报表审计的责任

[按照《中国注册会计师审计准则第1501号——对财务报表形成审计意见和出具审计报告》的规定报告,参见参考格式9-4。]

二、按照相关法律、法规的要求报告的事项

[按照《中国注册会计师审计准则第1501号——对财务报表形成审计意见和出具审计报告》的规定报告,参见参考格式9-4。]

　　××会计师事务所　　　　　　　　　　　　　　　　中国注册会计师：×××
　　　　（盖章）　　　　　　　　　　　　　　　　　　　　（签名并盖章）
　　　　　　　　　　　　　　　　　　　　　　　　　　中国注册会计师：×××
　　　　　　　　　　　　　　　　　　　　　　　　　　　　（签名并盖章）

　　中国××市　　　　　　　　　　　　　　　　　　二〇二一年×月×日

二、其他事项段

（一）其他事项段的含义

其他事项段是指审计报告中含有的一个段落,该段落提及未在财务报表中列报的事项,根据注册会计师的职业判断,该事项与财务报表使用者理解审计工作、注册会计师的责任或审计报告相关。

（二）需要增加其他事项段的情形

1. 与财务报表使用者理解审计工作相关的情形

在极其特殊的情况下,即使管理层对审计范围施加限制导致注册会计师无法获取充分、适当的审计证据可能产生的影响具有广泛性,注册会计师也不能解除业务约定。

在这种情况下,注册会计师可能认为有必要在审计报告中增加其他事项段,解释为何不能解除业务约定。

2. 与财务报表使用者理解注册会计师的责任或审计报告相关的情形

法律、法规或得到广泛认可的惯例可能要求或允许注册会计师详细说明某些事项,以进一步解释注册会计师在财务报表审计中的责任或审计报告。在这种情况下,注册会计师可以使用一个或多个子标题来描述其他事项段的内容。

其他事项段不涉及以下情形。

（1）除根据审计准则的规定有责任对财务报表出具审计报告外,注册会计师还有其他报告责任。

（2）注册会计师可能被要求实施额外的规定程序并予以报告,或对特定事项发表意见。

3. 对两套以上财务报表出具审计报告的情形

如果注册会计师已确定两个财务报表编制基础在各自情形下是可接受的，可以在审计报告中增加其他事项段，说明该被审计单位根据另一个通用目的编制基础（如国际财务报告准则）编制了另一套财务报表及注册会计师对这些财务报表出具了审计报告。

4. 限制审计报告分发和使用的情形

为特定目的编制的财务报表可能按照通用目的的编制基础编制，因为财务报表预期使用者已确定这种通用目的的财务报表能够满足他们对财务信息的需求。

由于审计报告只提供给特定使用者，注册会计师可能认为在这种情况下需要增加其他事项段，说明审计报告只提供给特定的财务报表预期使用者，不应被分发给其他机构或人员或者被其他机构或人员使用。

需要注意的是，其他事项段的内容明确反映了未被要求在财务报表中列报或披露的其他事项。其他事项段不包括法律、法规或其他职业准则禁止注册会计师提供的信息。其他事项段也不包括要求管理层提供的信息。

如果拟在审计报告中增加强调事项段或其他事项段，注册会计师应当就该事项和拟使用的措辞与治理层进行沟通。

【例题4·多选题】下列各项错报中，通常对财务报表产生广泛影响的有（　　）。
A. 被审计单位没有披露关键管理人员的薪酬
B. 信息系统缺陷导致应收账款、存货等多个财务报表项目的错报
C. 被审计单位没有将年内收购的一家重要子公司纳入合并范围
D. 被审计单位没有按照成本与可变现净值孰低的原则对存货进行计量

正确答案：BC

答案解析：选项 A，主要影响的是关联方中特定事项的披露的完整性；选项 D，影响的是存货的计价与分摊的认定。选项 A 和 D 都不会对财务报表产生广泛影响。

【例题5·简答题】ABC 会计师事务所的注册会计师 A 负责审计多家上市公司 2020 年度财务报表，遇到下列与审计报告相关的事项。

（1）甲公司管理层在 2020 年度财务报表中确认和披露了年内收购乙公司的交易。注册会计师 A 将其作为审计中最为重要的事项与治理层进行了沟通，拟在审计报告的关键审计事项部分沟通该事项。同时，因该事项对财务报表使用者理解财务报表至关重要，注册会计师 A 拟在审计报告中增加强调事项段予以说明。

（2）因原董事长以公司名义违规对外提供多项担保，导致丙公司 2020 年被起诉多次，多个银行账户被冻结，业务停止，主要客户和员工流失。管理层在 2020 年度财务报表中确认了大额预计负债，并披露了持续经营存在的重大不确定性。注册会计师 A 认为存在多项对财务报表整体具有重要影响的重大不确定性事项，拟对丙公司财务报表发表无法表示意见。

（3）丁公司的某重要子公司因环保问题被监管部门调查并停业整顿。注册会计师 A 将该事项识别为关键审计事项。因丁公司管理层未在财务报表附注中披露该子公司停业整顿的具体原因，注册会计师 A 拟在审计报告的关键审计事项部分进行补充说明。

要求：针对上述第（1）项至第（3）项，逐项指出注册会计师 A 的做法是否恰当。如不恰当，简要说明理由。

答案解析：（1）不恰当。注册会计师已经在关键审计事项部分沟通该事项，不应增加强调

调事项段，该事项同时符合关键审计事项和强调事项的标准，应仅作为关键审计事项。

（2）恰当。

（3）不恰当。注册会计师不应在关键审计事项部分描述被审计单位的原始信息，关键审计事项不能替代管理层的披露，应要求管理层做出补充披露。

项目导入问题解答

所列审计报告中，存在下列不恰当之处。

（1）财务报表审计报告的标题为"审计报告"。

（2）收件人应为"恒润股份有限公司全体股东"。

（3）被审计的财务报表应为2020年12月31日的资产负债表和2020年度利润表、股东权益变动表和现金流量表以及务报表附注。

（4）在"审计意见"段中不应使用"我们确认"，而应使用专业术语"我们认为"，表明这里发表的是审计人员的一种意见或看法，并表示对审计报告承担责任，而不是绝对的保证或确认。同时不应使用"真实地表达"，而应使用"公允反映"。

（5）"形成审计意见的基础"段中的审计依据不对，"中国注册会计师独立审计准则"应该改为"中国注册会计师审计准则"。

（6）"形成审计意见的基础"段缺少了一段内容，在最后还应说明："我们相信，我们获取的审计证据是充分、适当的，为发表审计意见提供了基础"。

（7）会计师事务所应在审计报告上盖章，而且同时应有两位注册会计师签名并盖章，以便明确注册会计师的责任。

项目综合训练

一、单项选择题

1. 下列各项中，属于无法表示意见的审计报告中的表述的是（　　）。

A. 我们审计了后附的中大公司财务报表，包括2020年12月31日的资产负债表，2020年度的利润表、股东权益变动表和现金流量表及相关财务报表附注

B. 我们审计了后附的中大公司财务报表，包括2020年12月31日的资产负债表和合并的资产负债表、2020年度的利润及利润分配表和合并的利润及利润分配表、现金流量表和合并的现金流量表及财务报表附注和合并的财务报表附注

C. 我们的责任是在实施审计工作的基础上对财务报表发表审计意见，我们按照《中国注册会计师审计准则》的规定执行了审计工作

D. 我们接受委托，审计中大公司财务报表，包括2020年12月31日的资产负债表，2020年度的利润表、股东权益变动表和现金流量表及相关财务报表附注

2. 注册会计师在甲公司2020年度财务报表审计中发现的下列各项情形，将导致注册会计师对财务报表出具保留意见的审计报告的是（　　）。

A. 甲公司一项在建工程在2020年10月14日达到预定可使用状态后，未转入固定资产进行核算，同时也未计提折旧，该项错报单独或汇总起来对财务报表影响重大，但不具有广泛性

B. 注册会计师运用职业判断认为管理层在编制财务报表时运用的持续经营假设是不适当的，管理层在报表附注中对运用持续经营假设的不适当性做出了披露

C. 甲公司存货项目占资产总额的 60%，管理层阻止注册会计师实施存货监盘，且无其他适当的替代程序，未发现的错报对财务报表可能产生的影响重大且具有广泛性

D. 甲公司将 2020 年 5 月 10 日出售的一项无形资产所取得的收入 50 万计入了投资收益，该金额低于重要性水平

3. 下列关于审计报告的鉴证作用的说法中，错误的是（　　）。

A. 注册会计师签发的审计报告是其以独立的第三者身份发表意见的

B. 审计报告是对被审计单位财务报表的合法性、公允性发表意见

C. 政府有关部门了解、掌握企业的财务状况和经营成果的主要依据是会计师事务所提供的审计报告

D. 判断财务报表是否合法、公允的主要依据注册会计师的审计报告

4. 下列有关审计报告日的说法中，正确的是（　　）。

A. 注册会计师签署审计报告的日期应当晚于管理层签署已审计财务报表的日期

B. 书面声明的日期可以晚于审计报告日

C. 注册会计师签署审计报告的日期通常与管理层签署财务报表的日期为同一天

D. 审计报告日可以早于注册会计师获取充分、适当的审计证据，并在此基础上对财务报表形成审计意见的日期

5. 下列关于按照两个财务报表编制基础编制财务报表的说法中，不正确的是（　　）。

A. 在某些情况下，财务报表可能声明按照两个财务报表编制基础编制

B. 管理层可能由于被要求或自愿选择同时按照两个财务报表编制基础的规定编制财务报表

C. 只要管理层认为合适，声明财务报表按照两个财务报表编制基础编制就是恰当的

D. 在实务中，同时遵守两个财务报表编制基础的可能性很小

6. 下列情况中不属于审计范围受到限制的是（　　）。

A. 管理层阻止注册会计师实施存货监盘

B. 被审计单位的会计记录已被损坏

C. 注册会计师由于应收账款的函证时间过长，决定不进行函证

D. 注册会计师接受审计委托的时间安排，无法实施存货监盘

7. 下列关于否定意见和无保留意见的区别和联系的说法中，不正确的是（　　）。

A. 否定意见需要加"形成否定意见的基础"的段落

B. 审计意见段标题不同

C. 无保留意见中可以增加强调事项段

D. 均用"我们审计了"的措辞

8. 以下情形中，注册会计师将极有可能发表无法表示意见的是（　　）。

A. 被审计单位没有反映会计准则和相关会计制度所要求的补充信息

B. 重要信息披露不充分

C. 被审计单位施加的重大范围限制

D. 子公司的其他审计师发表了保留意见

9. 注册会计师以独立的第三者身份对财务报表的合法性、公允性发表意见，体现了审计报告的（　　）作用。

A. 鉴证　　　　　B. 保护　　　　　C. 证明　　　　　D. 审核

10. 如果未在财务报表中披露的某事项未被法律、法规禁止，也未被确定为将要在审计报告中沟通的关键审计事项，但根据职业判断认为与财务报表使用者理解审计工作相关，注册会计师的下列做法中恰当的是（　　）。

A. 在审计报告中增加强调事项段描述
B. 在审计报告中增加其他事项段描述
C. 在审计报告中的"形成审计意见的基础"段描述
D. 在审计报告中的"关键审计事项"段描述

二、多项选择题

1. 注册会计师执行财务报表审计遇到下列情形，其中可能在发表的审计报告中增加其他事项段的有（　　）。

A. 审计报告日后知悉某事实，且若在审计报告日知悉可能导致修改审计报告，管理层同意修改财务报表
B. 财务报表批准日后知悉某事实，且若在审计报告日知悉可能导致修改审计报告，管理层同意修改财务报表
C. 上期财务报表由前任注册会计师审计，注册会计师决定在审计报告中提及前任注册会计师
D. 被审计单位运用持续经营假设适合具体情况，但存在重大不确定性，财务报表已做出充分披露

2. 注册会计师在进行审计时遇到了以下情况，其中注册会计师不会增加强调事项段的有（　　）。

A. 在审计报告日后，注册会计师发现了新的错报，管理层对财务报表进行了修改
B. 被审计单位的持续经营能力存在不确定性，但是已进行了充分披露
C. 被审计单位的持续经营能力存在不确定性，并且拒绝进行披露
D. 被审计单位受到其他单位起诉，指控其侵犯专利权，要求其停止侵权行为并赔偿造成的损失，法院已经受理但尚未审理

3. 下列有关对财务报表形成审计意见和出具审计报告的相关规定中，表述正确的有（　　）。

A. 将审计意见作为审计报告的第一部分，任何审计意见类型均以"审计意见"作为标题
B. 在无保留意见审计报告中增加"形成审计意见的基础"部分
C. 在管理层对财务报表责任的表述中，强调管理层对持续经营责任［应当评估被审计单位的持续经营能力和运用持续经营假设是否适当，披露（如适用）与持续经营相关的事项，并描述在何种情况下运用持续经营假设是适当的］的描述
D. 在"形成审计意见的基础"部分声明注册会计师按照与审计相关的职业道德要求独立于被审计单位，并按照这些要求履行了职业道德方面的其他责任，声明中还应当指明发布相关职业道德要求的国家或地区

4. 下列情况中构成对审计范围的限制的情形有（　　）。

A. 管理层阻止注册会计师对特定账户余额实施函证，注册会计师利用替代程序获取了充分、适当的审计证据
B. 由于天气原因，注册会计师无法进行存货监盘，且监盘是存货审计的必要审计程序

C．注册会计师确定仅实施实质性程序是不充分的，但被审计单位的内部控制是无效的

D．注册会计师按照初始审计计划上的时间安排无法进行存货监盘

5．如果对财务报表发表非无保留意见，则注册会计师的下列做法中正确的有（　　）。

A．如果财务报表中存在与叙述性披露相关的重大错报，在"形成非无保留意见的基础"部分解释该错报

B．如果财务报表中存在与具体金额（包括定量披露）相关的重大错报，在"形成非无保留意见的基础"部分说明并量化该错报的财务影响

C．直接增加一个段落"形成保留\否定\无法表示意见的基础"，说明导致发表非无保留意见的事项

D．如果发表了否定意见或无法表示意见，就无须对注意到的、将导致发表非无保留意见的其他事项及其影响加以说明

6．对财务报表的影响具有广泛性的情形有（　　）。

A．错报汇总起来大于重要性水平

B．不限于对财务报表的特定要素、账户或项目产生影响

C．虽然仅对财务报表的特定要素、账户或项目产生影响，但这些要素、账户或项目是或可能是财务报表的主要组成部分

D．当与披露相关时，产生的影响对财务报表使用者理解财务报表至关重要

7．下列关于审计报告的说法中错误的有（　　）。

A．对于业务比较简单的被审计单位而言，注册会计师不执行审计工作也可以出具审计报告

B．注册会计师应当按照审计准则的规定执行审计工作

C．注册会计师应当以书面形式或电子形式出具审计报告

D．对于非无保留意见的审计报告，注册会计师可以不在审计报告上签名并盖章

8．下列情形中，属于可能需要在审计报告中增加强调事项段的有（　　）。

A．异常诉讼或监管行动的未来结果存在不确定性

B．在允许的情况下，提前应用对财务报表有广泛影响的新会计准则

C．与财务报表使用者理解审计工作相关的情形

D．对两套以上财务报表出具审计报告的情形

9．下列关于注册会计师签署审计报告的日期和管理层签署已审计财务报表的日期的说法中正确的有（　　）。

A．注册会计师签署审计报告的日期与管理层签署已审计财务报表的日期为同一天

B．注册会计师签署审计报告的日期可以晚于管理层签署已审计财务报表的日期

C．注册会计师签署审计报告的日期可以早于管理层签署已审计财务报表的日期

D．注册会计师签署审计报告的日期一定晚于管理层签署已审计财务报表的日期

10．非无保留意见审计报告包括（　　）。

A．否定意见的审计报告

B．带强调事项段的无保留意见审计报告

C．无法表示意见的审计报告

D．带强调事项段的保留意见审计报告

三、实训题

实训1：训练判断保留意见或否定意见、无法表示意见的审计报告

贝田会计师事务所的注册会计师林强负责审计多家上市公司2020年度财务报表，遇到下列与审计报告相关的事项。

（1）甲公司管理层为达到营业收入业绩指标，与关联公司互开销售发票，虚增收入和成本，金额重大，管理层拒绝接受审计调整建议，审计项目组认为该错报对利润无影响（这是条件），拟出具无保留意见的审计报告。

（2）乙公司按账龄分析法对某客户的大额应收账款计提了5%的坏账准备，2021年年初，该客户因经营不善、无力偿还到期债务而向法院申请破产，审计项目组认为该项应收账款的可回收性存在重大不确定性，拟在无保留意见的审计报告中增加强调事项段说明这一情况。

（3）2020年，因采用新发布的《企业会计准则》，丙公司将以前年度投资形成的部分长期股权投资改按公允价值计量，并确认了大额公允价值变动收益，未对比较数据进行追溯调整。

（4）丁公司管理层对固定资产实施减值测试，按照未来现金流量现值与固定资产账面净值的差额确认了重大减值损失，但无法提供相关信息以支持现金流量预测中假设的未来5年的营业收入，审计项目组也无法做出估计。

（5）注册会计师林强认为戊公司的商誉在年末存在重大减值，但管理层未计提减值准备。因缺少相关信息，注册会计师林强无法对减值金额做出估计，拟在审计报告的关键审计事项部分进行说明，提请财务报表使用者关注财务报表附注中与商誉相关的披露。

要求：分别考虑上述第（1）项至第（5）项，不考虑其他条件，判断审计报告类型是否恰当。如不恰当，简要说明理由，并指出应当出具何种类型的审计报告。

实训2：练习判断审计意见类型和撰写审计报告

参看《项目八 完成审计工作》实训二的题目资料。

要求：

1. 在资料一的基础上，如果考虑审计重要性水平，假定中大公司分别只存在资料二的5个事项中的1个事项，中大公司拒绝接受注册会计师李芳和赵勇针对第（1）项至第（4）项提出的审计处理建议（如果有），接受针对事项（5）提出的审计处理建议（如果有）。在不考虑其他条件的前提下，请指出注册会计师李芳和赵勇应当针对该5个独立存在的事项分别出具何种意见类型的审计报告。

2. 在资料一的基础上，如果考虑审计重要性水平，假定中大公司存在资料二中的事项（5），并且拒绝接受注册会计师李芳和赵勇对事项（5）提出的审计处理建议（如果有）。在不考虑其他条件的前提下，请指出注册会计师李芳和赵勇应当出具何种意见类型的审计报告，并请代为撰写审计报告。

模块五

企业内部控制审计

本模块包括：

■ 项目十 企业内部控制与内部控制审计

项目十

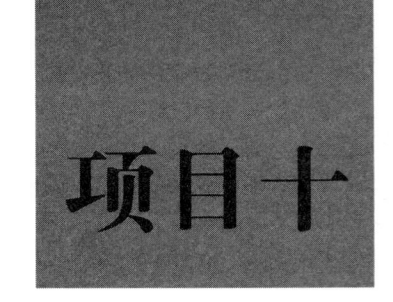

企业内部控制与内部控制审计

学习目标

知识目标

1. 掌握内部控制审计的范围和基准日。
2. 熟悉内部控制缺陷的分类。
3. 熟悉内部控制审计报告的内容。

技能目标

1. 能熟练运用所学知识综合应用内部控制并实施控制测试。
2. 能根据所学知识对企业内部控制缺陷进行评价。
3. 通过实施内部审计程序,判定内部控制审计报告意见类型并撰写内部控制审计报告。

项目导入

恒润股份有限公司产品销售以恒润公司仓库为交货地点。恒润公司目前主要采用手工会计系统。恒润公司部分内部控制情况如下。

(1)对需要购买的已经列入存货清单的材料由仓库负责填写请购单;对未列入存货清单的材料由相关需求部门填写请购单。每张请购单须由对该类采购支出预算负责的主管人员签字批准。

(2)采购部收到经批准的请购单后,由其职员 E 进行询价并确定供应商,再由其职员 F 负责编制和发出预先连续编号的订购单。订购单一式四联,经被授权的采购人员签字后,分别送交供应商、负责验收的部门、提交请购单的部门和负责采购业务结算的应付凭单部门。

(3)验收部门根据订购单上的要求对所采购的材料进行验收,完成验收后,将材料交由仓库人员存入库房,并编制预先连续编号的验收单交仓库人员签字确认。验收单一式三联,其中两联分送应付凭单部门和仓库，一联留存验收部门。

（4）应付凭单部门核对供应商发票、验收单和订购单，并编制预先连续编号的付款凭单。在付款凭单经被授权人员批准后，应付凭单部门将付款凭单连同供应商发票及时送交会计部门，并将未付款凭单副联保存在未付款凭单档案中。会计部门收到附有供应商发票的付款凭单后应及时编制有关的记账凭证，并登记原材料和应付账款账簿。

问题思考

1. 针对第（1）项至第（4）项，请评价恒润公司的内部控制是否存在缺陷，并简要说明理由。
2. 如果上述内部控制存在缺陷，请分别提出改进建议。

任务一　熟悉内部控制审计

一、内部控制审计的范围

（一）内部控制审计的概念

内部控制审计是指会计师事务所接受委托，对**特定基准日**内部控制设计与运行的有效性进行审计。

审计意见覆盖的范围：针对**财务报告内部控制**，注册会计师对其有效性发表审计意见；针对非财务报告内部控制，注册会计师针对内部控制审计过程中注意到的非财务报告内部控制的重大缺陷，在内部控制审计报告中增加"非财务报告内部控制重大缺陷描述段"予以披露。

（二）财务报告内部控制

1. 财务报告内部控制的概念

财务报告内部控制是指公司的董事会、监事会、经理层及全体员工实施的旨在合理保证财务报告及相关信息真实、完整而设计和运行的内部控制，以及用于保护资产安全的内部控制中与**财务报告可靠性目标相关**的控制。

2. 财务报告内部控制的内容

（1）企业层面的内部控制。

① 与控制环境相关的控制。

② 针对管理层和治理层凌驾于内部控制之上的风险而设计的内部控制。

③ 被审计单位的风险评估过程。

④ 对内部信息传递和期末财务报告流程的控制。

⑤ 对控制有效性的内部监督和内部控制。

⑥ 集中化的处理和控制、监控经营成果的控制，以及重大经营控制和风险管理实务的政策。

（2）业务流程、应用系统或交易层面的内部控制。

① 授权与审批。

② 信息技术应用控制。

③ 实物控制。

④ 复核和调节。

3．非财务报告内部控制

《企业内部控制应用指引第 8 号——资产管理》中的部分非财务报告内部控制。

企业应当根据各种存货的采购间隔期和当前库存，综合考虑企业生产经营计划、市场供求等因素，充分利用信息系统，合理确定存货采购日期和数量，确保存货处于最佳库存状态。

企业应当强化对生产线等关键设备运转的监控，严格操作流程，实行岗前培训和岗位许可制度，确保设备安全运转。

企业应当根据发展战略，充分利用国家有关自主创新政策，加大技改投入，不断促进固定资产升级，淘汰落后设备，切实做到保持本企业固定资产技术的先进性和企业发展的可持续性。

二、内部控制审计基准日

内部控制审计基准日是指注册会计师评价内部控制在某一时日是否有效所涉及的基准日，也是被审计单位评价基准日，即最近一个会计期间截止日。

10-1 前推测试

注册会计师对基准日内部控制的有效性发表意见，并不意味着注册会计师只测试基准日这一天的内部控制，而是需要考察足够长一段时间内的内部控制设计和运行的情况。单就内部控制审计而言，注册会计师应当获取内部控制在基准日之前足够长一段时间内有效运行的审计证据。在整合审计中，控制测试所涵盖的期间应当尽量与财务报表审计中拟信赖内部控制的期间保持一致。

【例题 1·多选题】下列有关财务报表审计与内部控制审计的共同点的说法中，正确的有（ ）。

A．两者识别的重要账户、列报及其相关认定相同

B．两者的审计报告意见类型相同

C．两者了解和测试内部控制设计和运行有效性的审计程序类型相同

D．两者测试内部控制运行有效性的范围相同

正确答案：AC

答案解析：选项 B 错误，企业内部控制审计意见类型包括无保留意见、否定意见和无法表示意见三种类型，没有保留意见；选项 D 错误，在财务报表审计中，如果注册会计师预期内部控制运行无效，则不进行控制测试，但在内部控制审计中，注册会计师应当针对所有重要账户和列报的每一项相关认定获取内部控制设计和运行有效性的审计证据。

任务二　内部控制缺陷评价

一、内部控制缺陷的分类

（一）按其本质划分

内部控制缺陷按其本质可分为**设计缺陷和运行缺陷**。

如果某项内部控制的设计、实施或运行不能及时防止或发现并纠正财务报表发生错报，则表明内部控制存在缺陷。

1. 设计缺陷

设计缺陷是指缺少为实现控制目标所必需的控制，或现有内部控制设计不适当、即使正常运行也难以实现预期的控制目标。

2. 运行缺陷

运行缺陷是指现存设计适当的内部控制没有按设计意图运行，或执行人员没有获得必要授权或缺乏胜任能力，无法有效地实施内部控制。

（二）按其严重程度划分

内部控制缺陷按其严重程度可分为**重大缺陷、重要缺陷和一般缺陷**。

1. 重大缺陷

重大缺陷是指内部控制中存在的、可能导致不能及时防止或发现并纠正财务报表发生**重大错报**的一项内部控制缺陷或多项内部控制缺陷的组合。

2. 重要缺陷

重要缺陷是指内部控制中存在的、其**严重程度不如重大缺陷**但足以引起负责监督被审计单位财务报告的人员（如审计委员会或类似机构）关注的一项内部控制缺陷或多项内部控制缺陷的组合。

3. 一般缺陷

一般缺陷是指内部控制中存在的、除重大缺陷和重要缺陷之外的控制缺陷。

二、评价内部控制缺陷的严重程度

在评价内部控制缺陷时，注册会计师应注意运用职业判断，进行定量分析和定性分析，同时应当把整个思维过程（尤其是涉及关键判断和得出结论的理由）记录和反映于审计工作底稿中。注册会计师应当评价其识别的各项内部控制缺陷的严重程度，以确定这些内部控制缺陷单独或组合起来是否构成内部控制的重大缺陷。

内部控制缺陷的严重程度取决于以下两点。

（1）内部控制不能防止或发现并纠正财务报表发生错报的可能性的大小。

（2）因一项或多项内部控制缺陷导致的潜在错报的金额大小。

内部控制缺陷的严重程度与错报是否发生无关，而取决于内部控制不能防止或发现并纠正财务报表发生错报的可能性的大小。

（一）评价发生错报的可能性的大小

在评价一项内部控制缺陷或多项内部控制缺陷的组合是否可能导致财务报表发生错报时，注册会计师应当考虑的风险因素如下。

（1）所涉及的账户、列报及其相关认定的性质。

（2）相关资产或负债易于发生损失或舞弊的可能性。

（3）确定相关金额时所需判断的主观程度、复杂程度和范围。
（4）该项内部控制与其他内部控制的相互作用或关系。
（5）内部控制缺陷之间的相互作用。
（6）内部控制缺陷在未来可能产生的影响。

（二）评价潜在错报的金额大小

在评价因一项或多项内部控制缺陷导致的潜在错报的金额大小时，注册会计师应当考虑的因素如下。

（1）受内部控制缺陷影响的财务报表金额或交易总额。
（2）在本期或预计的未来期间受内部控制缺陷影响的账户余额或各类交易涉及的交易量。通常，小金额错报比大金额错报发生的概率更高。

在确定一项内部控制缺陷或多项内部控制缺陷的组合是否构成重大缺陷时，注册会计师应当评价补偿性控制是否有足够的精确度以防止或发现并纠正可能发生的重大错报，具体步骤如图 10-1 所示。

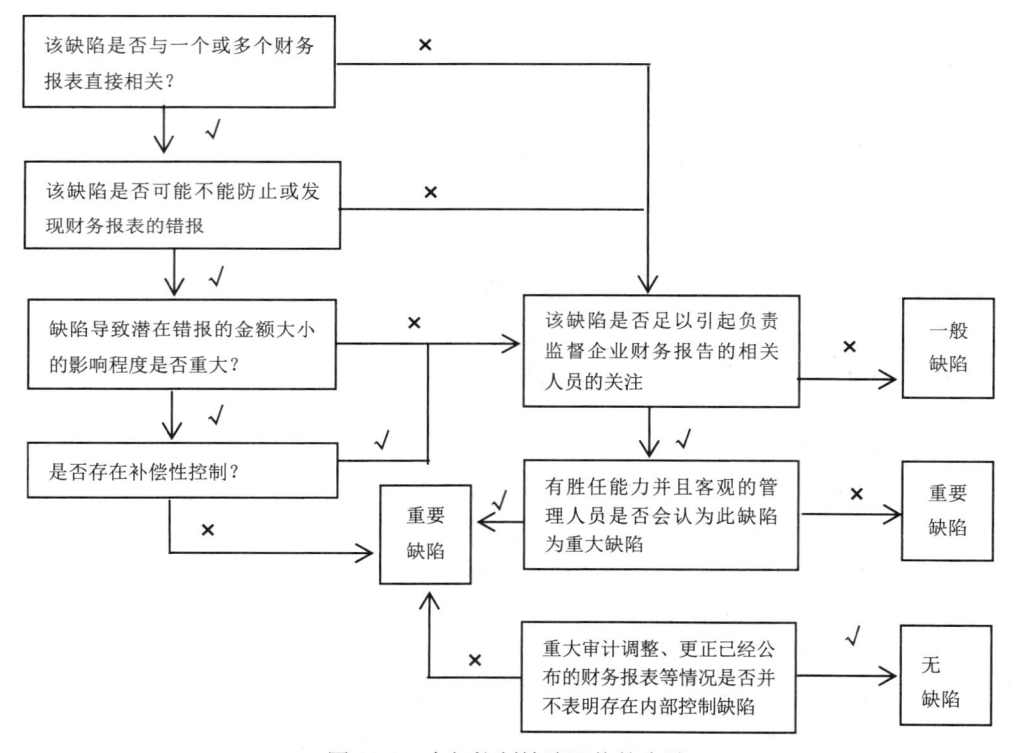

图 10-1　内部控制缺陷评价的步骤

【例题 2·内部控制缺陷评价】注册会计师 A 执行甲公司内部控制审计，财务报表整体重要性水平确定为 2000 万元，实际执行的重要性水平为 1000 万元。在对付款授权进行控制测试时，其中一项程序是检查付款发票是否有适当的审批且有相关的文件对其进行支持，这项控制程序与 1600 万元的发票交易相关，选择 25 笔付款交易并测试它们是否经过了适当的审批，理想状态下应没有异常。但测试结果表明有 1 笔付款（与维修维护相关）未经过授权。

（1）步骤一：发现的缺陷是否与一项或多项财务报表认定直接相关？

是，由于该缺陷涉及支出，直接影响财务报表认定。

（2）步骤二：该项缺陷是否可能不能防止或发现财务报表错报？

是，付款没有得到审批，有可能导致错报。

（3）步骤三：该项缺陷可能导致的财务报表潜在错报的金额是多少？

涉及支出问题的总金额是1600万元，大于1000万元的实际执行的重要性水平。

（4）步骤四：是否存在补偿性控制，并有效运行，足以防止或发现财务报表重大错报？

是，经了解和测试，维修与维护服务环节存在下列补偿性控制。

① 维修与维护服务环节的采购订单审批和付款发票审批流程中存在权限分离机制，因此采购订单审批和付款发票审批需要多人合作进行（已测试且该内部控制有效）。

② 对采购订单的审批与政策保持一致（已测试且该内部控制有效）。

③ 每月进行成本中心和盈亏状况审阅，即将实际开销与成本及上季度的数据进行对比。

④ 对于误差，差异容忍度为100万元，对于差异大于1000万元的情况会进行调查（已测试且内部控制有效）。

（5）步骤五：该缺陷的重要程度是否足以引起负责监督企业财务报告的相关人员的关注？

否，该缺陷为一般缺陷。

任务三　出具内部控制审计报告

一、形成审计意见

注册会计师应当对获取的审计证据进行评价，形成对内部控制有效性的意见。注册会计师应当评价从各种来源获取的审计证据，包括对内部控制的测试结果、财务报表审计中发现的错报及已识别的所有内部控制缺陷，形成对内部控制有效性的意见。在评价审计证据时，注册会计师应当查阅本年度涉及内部控制的内部审计报告或类似报告，并评价这些报告中指出的内部控制缺陷。只有在审计范围没有受到限制时，注册会计师才能对内部控制的有效性形成意见。如果审计范围受到限制，注册会计师需要解除业务约定或出具无法表示意见的内部控制审计报告。

注册会计师应当评价企业内部控制评价报告对相关法律、法规规定的要素列报是否完整和恰当。内部控制评价报告应包括以下内容。

（1）责任声明。

（2）财务报告内部控制评价的依据。

（3）重大缺陷。

（4）整改措施。

（5）自我评价结论。

（6）非财务报告内部控制的重大缺陷情况。

二、内部控制审计报告类型

注册会计师在完成内部控制审计工作后，应当出具内部控制审计报告。注册会计师需要在审计报告中清楚地表达对内部控制有效性的意见,并对出具的审计报告负责。在整合审计中,注册会计师在完成内部控制审计和财务报表审计后,应当分别对内部控制和财务报表出具审计报告,并签署相同的日期。图10-2列示了内部控制审计报告类型。

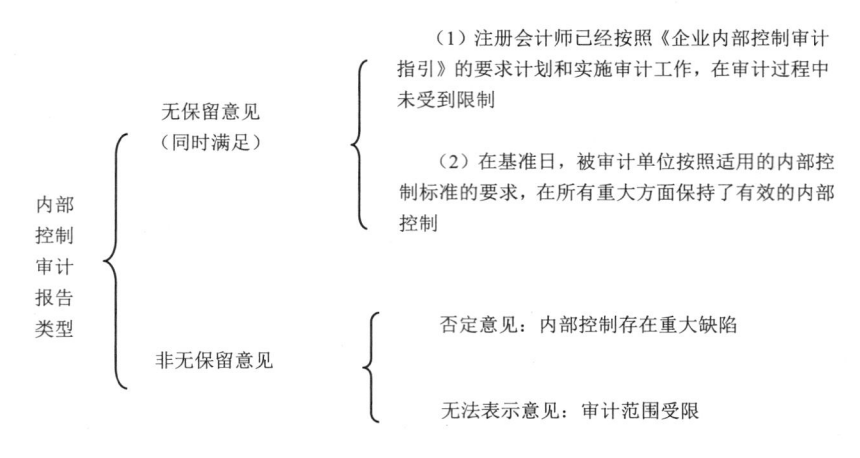

```
内部控制审计报告类型
├── 无保留意见(同时满足)
│   ├── (1)注册会计师已经按照《企业内部控制审计指引》的要求计划和实施审计工作,在审计过程中未受到限制
│   └── (2)在基准日,被审计单位按照适用的内部控制标准的要求,在所有重大方面保持了有效的内部控制
└── 非无保留意见
    ├── 否定意见:内部控制存在重大缺陷
    └── 无法表示意见:审计范围受限
```

图 10-2　内部控制审计报告类型

(一)无保留意见内部控制审计报告

1. 出具无保留意见内部控制审计报告的条件

如果符合下列所有条件,注册会计师应当对内部控制出具无保留意见内部控制审计报告。

(1)在基准日,被审计单位按照适用的内部控制标准的要求,在所有重大方面保持了有效的内部控制。

(2)注册会计师已经按照《企业内部控制审计指引》的要求计划和实施审计工作,在审计过程中未受到限制。

2. 内部控制审计报告的要素

(1)标题。内部控制审计报告的标题统一规范为"内部控制审计报告"。

(2)收件人。注册会计师按照业务约定书的要求致送内部控制审计报告的对象,一般是指审计业务的委托人。

(3)引言段。内部控制审计报告的引言段应说明企业的名称和内部控制已经过审计。

(4)企业对内部控制的责任段。企业对内部控制的责任段应说明,按照《企业内部控制基本规范》《企业内部控制应用指引》《企业内部控制评价指引》的规定,建立健全和有效实施内部控制,并评价其有效性是企业董事会的责任。

(5)注册会计师的责任段。注册会计师的责任段应说明,在实施审计工作的基础上,对财务报告内部控制的有效性发表审计意见,并对注意到的非财务报告内部控制的重大缺陷进行披露是注册会计师的责任。

(6)内部控制固有局限性的说明段。内部控制固有局限性的说明段应说明:内部控制具有固有局限性,存在不能防止和发现错报的可能性;此外,由于情况的变化可能导致内部控制变得不恰当,或对控制政策和程序遵循的程度降低,根据内部控制审计结果推测未来内部控制的有效性具有一定风险。

(7)财务报告内部控制审计意见段。财务报告内部控制审计意见段应说明企业是否按照

《企业内部控制基本规范》和相关规定在所有重大方面保持了有效的财务报告内部控制。

(8) 注册会计师的签名和盖章。

(9) 会计师事务所的名称、地址及盖章。

(10) 报告日期。审计报告日期不应早于注册会计师获取充分、适当的审计证据，并在此基础上对内部控制的有效性形成审计意见的日期。如果内部控制审计和财务报表审计整合进行，则注册会计师对内部控制审计报告和财务报表审计报告需要签署相同的日期。

无保留意见内部控制审计报告的格式如参考格式10-1所示。

参考格式10-1　无保留意见内部控制审计报告

内部控制审计报告

ABC股份有限公司全体股东：

按照《企业内部控制审计指引》及《中国注册会计师执业准则》的相关要求，我们审计了ABC股份有限公司（以下简称ABC公司）2020年12月31日的财务报告内部控制的有效性。

一、企业对内部控制的责任

按照《企业内部控制基本规范》《企业内部控制应用指引》《企业内部控制评价指引》的规定，建立健全和有效实施内部控制，并评价其有效性是ABC公司董事会的责任。

二、注册会计师的责任

我们的责任是在实施审计工作的基础上，对财务报告内部控制的有效性发表审计意见，并对注意到的非财务报告内部控制的重大缺陷进行披露。

三、内部控制的固有局限性

内部控制具有固有局限性，存在不能防止和发现错报的可能性。此外，由于情况的变化可能导致内部控制变得不恰当，或对控制政策和程序遵循的程度降低，根据内部控制审计结果推测未来内部控制的有效性具有一定风险。

四、财务报告内部控制审计意见

我们认为，ABC公司于2020年12月31日按照《企业内部控制基本规范》和相关规定在所有重大方面保持了有效的财务报告内部控制。

XYZ会计师事务所	中国注册会计师：×××（签名并盖章）
（盖章）	中国注册会计师：×××（签名并盖章）
中国××市	2021年3月15日

（二）否定意见内部控制审计报告

注册会计师认为财务报告内部控制存在一项或多项重大缺陷时，除非审计范围受到限制，否则应当对财务报告内部控制发表否定意见。

否定意见内部控制审计报告还应当包括下列内容。

(1) 重大缺陷的定义。

(2) 重大缺陷的性质及其对财务报告内部控制的影响程度。

内部控制存在重大缺陷（内部控制评价报告中是否包含了重大缺陷）的情况如图10-3所示。

如果拟对内部控制的有效性发表否定意见，在财务报表审计中，注册会计师需要实施实质性程序确定与该内部控制相关的账户是否存在重大错报。如果不存在重大错报，注册会计师可以对财务报表发表无保留意见。在这种情况下，注册会计师应当确定该意见对财务报表审计意见的影响，并在内部控制审计报告中予以说明。具体如图10-4所示。

```
                            否 ⟹   应当在内部控制审计报告中说明重大缺陷已
内部控制存                        经识别、但没有包含在企业内部控制评价报告中
在重大缺陷（内
部控制评价报告
中是否包含了重    是，但注册会计     应当在内部控制审计报告中说明这一结论，并
大缺陷）         师认为这些重大缺陷 ⟹ 公允表达有关重大缺陷的必要信息
                未在所有重大方面得   注册会计师还应当就这些情况以书面形式与
                到公允反映          治理层沟通
```

图 10-3　内部控制存在重大缺陷（内部控制评价报告中是否包含了重大缺陷）的情况

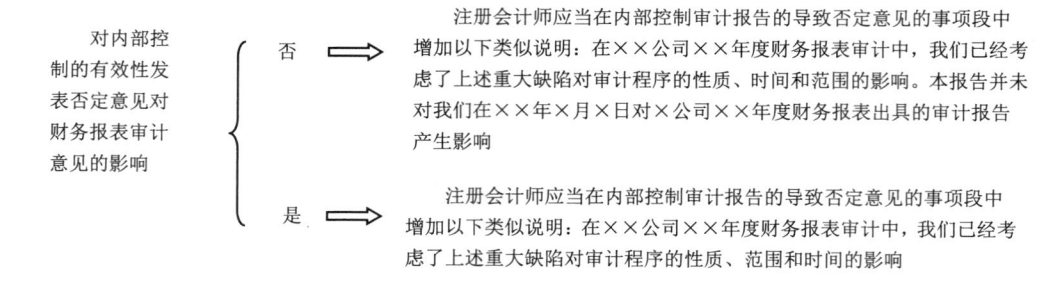

```
                            否 ⟹   注册会计师应当在内部控制审计报告的导致否定意见的事项段中
对内部控                          增加以下类似说明：在××公司××年度财务报表审计中，我们已经考
制的有效性发                       虑了上述重大缺陷对审计程序的性质、时间和范围的影响。本报告并未
表否定意见对                       对我们在××年×月×日对×公司××年度财务报表出具的审计报告
财务报表审计                       产生影响
意见的影响
                            是 ⟹   注册会计师应当在内部控制审计报告的导致否定意见的事项段中
                                  增加以下类似说明：在××公司××年度财务报表审计中，我们已经考
                                  虑了上述重大缺陷对审计程序的性质、范围和时间的影响
```

图 10-4　对内部控制的有效性发表否定意见对财务报表审计意见的影响

否定意见内部控制审计报告的格式如参考格式 10-2 所示。

参考格式 10-2　否定意见内部控制审计报告

内部控制审计报告

ABC 股份有限公司全体股东：

按照《企业内部控制审计指引》及《中国注册会计师执业准则》的相关要求，我们审计了 ABC 股份有限公司（以下简称 ABC 公司）2020 年 12 月 31 日的财务报告内部控制的有效性。

一、企业对内部控制的责任

按照《企业内部控制基本规范》《企业内部控制应用指引》《企业内部控制评价指引》的规定，建立健全和有效实施内部控制，并评价其有效性是 ABC 公司董事会的责任。

二、注册会计师的责任

我们的责任是在实施审计工作的基础上，对财务报告内部控制的有效性发表审计意见，并对注意到的非财务报告内部控制的重大缺陷进行披露。

三、内部控制的固有局限性

内部控制具有固有局限性，存在不能防止和发现错报的可能性。此外，由于情况的变化可能导致内部控制变得不恰当，或对控制政策和程序遵循的程度降低，根据内部控制审计结果推测未来内部控制的有效性具有一定风险。

四、导致否定意见的事项

重大缺陷是指内部控制中存在的、可能导致不能及时防止或发现并纠正财务报表发生重大错报的一项或多项内部控制缺陷的组合。ABC 公司财务报告内部控制存在如下重大缺陷。

ABC 公司主要从事工程业务，根据合同约定向供应商支付全部或部分款项，同时按照完工进度确认营业收入和营业成本，并根据合同约定向客户收款。ABC 公司在工程业务承接前，缺乏对重要客户信用资质及工程项目可行性的有效评价；在实际执行工程合同的过程中，缺乏证明合同内容履行的有效文件；缺失对工程施工进度的管控和对重大合同履行情况的监督，与之相关的财务报告内部控制运行失效，影响财务报表中与工程业务相关的营业收入、营业成本、应收应付及预付款项，以及财务报表其他项目的确认和计量。

有效的内部控制能够为财务报告及相关信息的真实、完整提供合理保证，而上述重大缺陷使 ABC 公司的内部控制失去这一功能。

五、财务报告内部控制审计意见

我们认为，由于存在上述重大缺陷及其对实现控制目标的影响，ABC 公司未能按照《企业内部控制基本规范》和相关规定在所有重大方面保持有效的财务报告内部控制。

XYZ 会计师事务所	中国注册会计师：×××（签名并盖章）
（盖章）	中国注册会计师：×××（签名并盖章）
中国××市	2021 年 3 月 15 日

（三）无法表示意见内部控制审计报告

审计范围受到限制（豁免除外）时的处理方式。

（1）解除业务约定或出具无法表示意见的内部控制审计报告，并以书面形式与董事会进行沟通。

（2）在内部控制审计报告中指明审计范围受到限制，无法对内部控制的有效性发表意见并单独说明原因。

（3）在已执行的有限程序中发现财务报告内部控制存在重大缺陷时，应当在内部控制审计报告中对重大缺陷做出详细说明。

无法表示意见内部控制审计报告的格式如参考格式 10-3 所示。

参考格式 10-3　无法表示意见内部控制审计报告

内部控制审计报告

ABC 股份有限公司全体股东：

我们接受委托，对 ABC 股份有限公司（以下简称 ABC 公司）2020 年 12 月 31 日的财务报告内部控制进行审计。

[删除注册会计师的责任段，"一、企业对内部控制的责任"和"二、内部控制的固有局限性"参见标准内部控制审计报告相关段落表述。]

三、导致无法表示意见的事项

[描述审计范围受到限制的具体情况。]

四、财务报告内部控制审计意见

由于审计范围受到上述限制，我们未能实施必要的审计程序以获取发表意见所需的充分、适当的审计证据，因此我们无法对 ABC 公司财务报告内部控制的有效性发表意见。

五、识别的财务报告内部控制重大缺陷

[如在审计范围受到限制前，执行有限程序未能识别出重大缺陷，则应删除本段]

重大缺陷是内部控制中存在的、可能导致不能及时防止或发现并纠正财务报表发生重大错报的一项或多项内部控制缺陷的组合。

尽管我们无法对 ABC 公司财务报告内部控制的有效性发表意见，但在我们实施有限程序的过程中，发现了以下重大缺陷：

[指出注册会计师已识别出的重大缺陷，并说明重大缺陷的性质及其对财务报告内部控制的影响程度。]

有效的内部控制能够为财务报告及相关信息的真实、完整提供合理保证，而上述重大缺陷使××公司的内部控制失去这一功能。

XYZ 会计师事务所	中国注册会计师：×××（签名并盖章）
（盖章）	中国注册会计师：×××（签名并盖章）
中国××市	2021 年 3 月 15 日

三、带有强调事项段的内部控制审计报告

注册会计师认为财务报告内部控制虽不存在重大缺陷,但仍有一项或者多项重大事项需要提请内部控制审计报告使用者注意的,应当在内部控制审计报告中增加强调事项段予以说明。注册会计师应当在强调事项段中指明,该段内容仅用于提醒内部控制审计报告使用者关注,并不影响对财务报告内部控制发表的审计意见。

增加强调事项段的情形。

(1)如果确定企业内部控制评价报告对要素的列报不完整或不恰当,注册会计师应当说明这一情况并解释得出该结论的理由。

(2)如果注册会计师知悉在基准日并不存在、但在期后发生的事项,且这类期后事项对内部控制有重大影响,注册会计师应当在内部控制审计报告中增加强调事项段,描述该事项及其影响,或提醒内部控制审计报告使用者关注企业内部控制评价报告中披露的该事项及其影响。

带有强调事项段的无保留意见内部控制审计报告的格式如参考格式10-4所示。

参考格式10-4 带有强调事项段的无保留意见内部控制审计报告

内部控制审计报告

ABC股份有限公司全体股东:

["一、企业对内部控制的责任"至"四、非财务报告内部控制的重大缺陷"参见标准内部控制审计报告相关段落表述。]

五、强调事项

我们提醒内部控制审计报告使用者关注,[描述强调事项的性质及其对内部控制的重大影响]。本段内容不影响已对财务报告内部控制发表的审计意见。

六、非财务报告内部控制重大缺陷

对于审计过程中注意到的非财务报告内部控制缺陷,如果发现某项或某些内部控制对企业发展战略、法规遵循、经营的效率效果等控制目标的实现有重大不利影响,确定该项非财务报告内部控制缺陷为重大缺陷的,注册会计师应当以书面形式与企业董事会和经理层沟通,提醒企业加以改进;同时在内部控制审计报告中增加非财务报告内部控制重大缺陷描述段,对重大缺陷的性质及其对实现相关控制目标的影响程度进行披露,提示内部控制审计报告使用者注意相关风险,但无须对其发表审计意见。

XYZ会计师事务所 　　　　　　　　　　　中国注册会计师:×××(签名并盖章)

　(盖章)　　　　　　　　　　　　　　　中国注册会计师:×××(签名并盖章)

中国××市　　　　　　　　　　　　　　　　　　　　　　　　2021年3月15日

项目导入问题解答

10-2 内部控制审计与财务报表审计的辨析

1. 第(1)项没有缺陷。理由:仓库负责对列入清单的材料填写请购单,没有列入存货清单的材料,则可以由其他部门根据需要填写请购单。但是,每张请购单要由对该类采购支出预算负责的主管人员签字批准。

第(2)项有缺陷:由采购部的职员E进行询价并确定供应商。理由:询价与确定供应商是不相容的岗位。

第（3）项没有缺陷。理由：验收单应当是一式多联，该单位根据实际情况制定三联是正确的。

第（4）项有缺陷：会计部门根据只附有供应商发票的付款凭单进行账务处理。理由：如果会计部门仅根据付款凭单和供应商发票记录存货和应付账款，而不同时核对验收单和订购单，会计部门将无法核查材料采购的真实性。从而可能记录错误的存货数量和金额。

2. 针对第（2）项，建议询价与确定供应商应该由不同岗位的人员来负责。

针对第（4）项，建议应付凭单部门应将经批准的付款凭单连同验收单、订购单和供应商发票送会计部门，会计部门应在核对收到的付款结算单及后附的验收单、订购单和供应商发票后记录存货和应付账款。

项目综合训练

一、单项选择题

1. 下列各项中，属于对内部控制进行监督的是（　　）。
   A. 授权与批准　　　　　　　　B. 业绩评价
   C. 职权与责任的分配　　　　　D. 内审部门定期评估内部控制的有效性

2. 下列关于内部控制缺陷的说法中，正确的是（　　）。
   A. 重要缺陷是内部控制中存在的、可能导致不能及时防止或发现并纠正财务报表发生重大错报的一项内部控制缺陷或多项内部控制缺陷的组合
   B. 重大缺陷是内部控制中存在的、其严重程度足以引起负责监督被审计单位财务报告的人员关注的一项内部控制缺陷或多项内部控制缺陷的组合
   C. 内部控制缺陷按其严重程度分为设计缺陷和运行缺陷
   D. 内部控制缺陷分为设计缺陷和运行缺陷

3. 关于企业内部控制审计，下列说法中不正确的是（　　）。
   A. 注册会计师应当采用自上而下的方法选择拟测试的内部控制
   B. 注册会计师没有必要测试与某项相关认定有关的所有内部控制，但有责任对单项内部控制的有效性发表意见
   C. 注册会计师应当获取内部控制在基准日之前足够长一段时间内有效运行的审计证据
   D. 只有在审计范围没有受到限制时，注册会计师才能对内部控制的有效性形成意见

4. 针对重大经营控制及风险管理实务的政策，下列有关说法中不正确的是（　　）。
   A. 针对重大经营控制及风险管理实务的政策属于企业层面的控制
   B. 注册会计师可以考虑在执行业务的后期对针对重大经营控制及风险管理实务的政策等企业层面的内部控制进行测试
   C. 在对内部控制进行审计时，注册会计师需要考虑企业是否建立了重大风险预警机制，明确界定哪些风险是重大风险，哪些事项一旦出现必须启动应急处理机制
   D. 保持良好的内部控制的企业通常针对重大经营控制及风险管理实务采用相应的内部控制政策

5. 在测试人工控制时，如果采用检查的方式，内部控制每天运行1次，则测试的最小样本规模区间为（　　）。
   A. 2～5　　　　B. 5～15　　　　C. 20～40　　　　D. 25～60

6. 下列关于企业内部控制审计的说法中，不正确的是（   ）。

A．注册会计师应当就审计过程中发现的重大缺陷和重要缺陷以书面形式与董事会和治理层沟通

B．如果认为内部控制存在一项或多项重大缺陷，则注册会计师应当对内部控制发表否定意见

C．如果拟对内部控制的有效性发表否定意见，则在财务报表审计中，注册会计师不应依赖存在重大缺陷的内部控制

D．如果拟对内部控制的有效性发表否定意见，则注册会计师应当确定该意见对财务报表审计意见的影响，并在内部控制审计报告的"导致否定意见的事项"段中进行说明

7. 在测试所选定内部控制的有效性时，注册会计师应当考虑与内部控制相关的风险，以下描述中错误的是（   ）。

A．与内部控制相关的风险越高，需要获取的审计证据就越多

B．与内部控制相关的风险包括一项内部控制可能无效的风险

C．审计证据的数量与内部控制相关的风险程度无关

D．内部控制的复杂程度也影响与该项内部控制相关的风险

8. 下列各项内部控制中，不属于针对管理层和治理层凌驾于内部控制之上的风险而设计的内部控制是（   ）。

A．针对重大的异常交易的控制

B．针对关联方交易的控制

C．与管理层的重大估计相关的控制

D．保护资产实物安全的控制

9. 有关了解企业经营活动和业务流程的下列说法中，不正确的是（   ）。

A．注册会计师可以通过检查被审计单位的手册和其他书面指引获得有关信息

B．通过向适当人员询问来了解企业经营活动和业务流程通常是比较有效的方法

C．很多重要交易的流程涉及被审计单位的多个部门，因此注册会计师需要考虑分别向不同部门的适当人员询问

D．向负责处理具体业务的人员进行询问通常更有效

10. 下列关于自动化控制的说法中，不正确的是（   ）。

A．信息系统或相关系统程序可能会对数据进行错误处理，也可能会去处理那些本身存在错误的数据

B．被审计单位采用信息系统处理业务，将意味着手工控制被完全取代

C．自动信息系统、数据库及操作系统的相关安全控制如果无效，会增加对数据信息非授权访问的风险

D．信息系统对内部控制的影响，取决于被审计单位对信息系统的依赖程度

二、多项选择题

1. 关于与内部控制相关的风险，下列说法中正确的有（   ）。

A．相关账户、列报及其认定的固有风险不会影响与某项内部控制相关的风险

B．与内部控制相关的风险越高，注册会计师需要获取的审计证据就越多

C．以前审计所执行的审计程序的性质、时间和范围影响与某项内部控制相关的风险

D．该项内部控制的性质及其执行频率影响与某项内部控制相关的风险

2. 在内部控制审计的下列事项中，注册会计师在了解业务流程前需要考虑的有（   ）。

A. 业务流程中的交易所影响的重要账户及其相关认定

B. 注册会计师已经识别的有关这些重要账户及其相关认定的经营风险和财务报表重大错报风险

C. 交易生成、记录、处理和报告的过程及相关的信息技术处理系统

D. 识别可能发生错报的环节

3. 注册会计师获取的有关内部控制运行有效性的审计证据包括（   ）。

A. 内部控制在所审计期间的相关时点是如何运行的

B. 内部控制的运行是否得到了治理层的监督

C. 内部控制是否得到一贯执行

D. 内部控制由谁或以何种方式执行

4. 下列关于企业内部控制审计的说法中，正确的有（   ）。

A. 内部控制审计是对财务报表涵盖期间的内部控制设计与运行的有效性进行审计

B. 审计范围严格限定在财务报告内部控制

C. 内部控制审计只需要注册会计师测试基准日这一天的内部控制

D. 注册会计师应当采用自上而下的方法选择拟测试的内部控制

5. 下列情形中，需要注册会计师在内部控制审计报告中添加强调事项段的有（   ）。

A. 法律、法规的相关豁免规定允许被审计单位不将某些实体纳入内部控制的评价范围，注册会计师也未将这些实体纳入内部控制审计的范围

B. 企业内部控制评价报告对要素的列报不完整或不恰当

C. 注册会计师可能知悉在基准日并不存在、但在期后发生的对内部控制有重大影响的事项

D. 由于审计范围受到限制，注册会计师无法对内部控制的有效性发表意见而出具了无法表示意见的内部控制审计报告

6. 下列各项中，属于注册会计师在计划内部控制审计工作时应当考虑的有（   ）。

A. 相关法律、法规和行业概况

B. 企业内部控制最近发生变化的程度

C. 与企业相关的风险

D. 可获取的、与内部控制有效性相关的证据的类型和范围

7. 关于内部控制审计的总体审计策略和具体审计计划，下列说法中正确的有（   ）。

A. 总体审计策略用以总结计划阶段的成果，确定审计的范围、时间和方向

B. 总体审计策略指导具体审计计划的制订

C. 具体审计计划比总体审计策略更加详细

D. 注册会计师应当在制定总体审计策略时确定了解和识别内部控制的审计程序的性质、时间和范围

8. 注册会计师在评价期末财务报告流程时，下列各项中应当考虑的有（   ）。

A. 调整分录及合并分录的类型

B. 管理层和治理层对期末财务报告流程进行监督的性质及范围

C. 期末财务报告流程中运用信息技术的程度

D. 管理层中参与期末财务报告流程的人员

9. 在整合审计中，注册会计师确定恰当的控制测试的时间需要考虑的有（　　）。
A．尽量在接近基准日实施测试
B．尽量在接近财务报表报出日实施测试
C．实施的测试需要涵盖足够长的期间
D．实施的测试需要尽量集中在基准日

10．下列关于内部控制审计报告的说法中，正确的有（　　）。
A．注册会计师在完成内部控制审计和财务报表审计后，应当分别对内部控制和财务报表出具审计报告，并签署相同的日期
B．如果认为内部控制存在一项或多项重大缺陷，则注册会计师应当对内部控制发表否定意见
C．只要认为审计范围受到限制将导致无法获取发表审计意见所需的充分、适当的审计证据，则注册会计师不必执行其他工作即可对内部控制出具否定意见的内部控制审计报告
D．如果对内部控制的有效性发表否定意见，注册会计师应当确定该意见对财务报表审计意见的影响，并在内部控制审计报告中予以说明

三、实训题

实训1：训练企业内部控制审计

贝田会计师事务所接受恒润公司委托为其进行整合审计。注册会计师确定的财务报表整体重要性水平为2000万元，实际执行的重要性水平为1000万元。项目组成员有如下观点。

（1）在执行内部控制审计时，对于内部控制中可能存在的重大缺陷，选择在期中测试内部控制，并增加相关内部控制的控制测试量。

（2）恒润公司财务人员每月与前25名主要客户对账，如有差异进行调查。项目组以与各主要客户的每次对账为抽样单元，采用非统计抽样测试该内部控制，确定内部控制运行频率是每月1次，最小样本规模区间是2~5次。

（3）项目组成员在对月度银行对账进行控制测试时，其中一项程序是检查公司每月是否针对其付款账户与银行进行对账。这项控制活动与6000万元现金收据及付款相关，项目组成员选择了两笔对账以确定是否每笔对账都已完成及是否对所有重大或异常事件进行了调查并及时解决，测试结果表明这两笔银行对账都没有完全完成，存在重大的未对账差异200万元，且差异存在已超过1年。经过与恒润公司治理层沟通，恒润公司在2020年12月31日前对该重大缺陷进行了整改，但尚未运行。项目组认为在基准日前已经整改，不再将其视为重大缺陷。

（4）审计项目组在实施审计工作的基础上对内部控制的有效性发表审计意见，并对建立健全和有效实施内部控制承担责任。

（5）注册会计师应当进行风险评估，并判断是否在内部控制审计工作中利用企业内部审计人员、内部控制评价人员和其他相关人员的工作及可利用程度，相应减少可能由注册会计师执行的工作。对相关人员工作的利用可以减轻注册会计师对审计意见的责任。

要求：请根据相关内部控制审计指引的规定，逐项指出第（1）项至第（5）项的观点是否恰当，如不恰当，请简要说明理由。

实训2：训练判断内部控制审计报告的意见类型

注册会计师张衡负责对康健公司2020年度财务报表及与财务报告相关的内部控制实施

整合审计。审计工作底稿中记录的部分情况摘录如下。

（1）康健公司对某项内部控制做出改变后，注册会计师张衡认为新的内部控制能够满足控制的相关目标，据此决定不再测试被取代的内部控制。

（2）在确定一项内部控制缺陷或多项内部控制缺陷的组合是否构成重大缺陷时，注册会计师张衡认为无须考虑补偿性控制的抵消效果。

（3）虽然审计范围受到限制，但通过已实施的有限审计程序足以确认康健公司财务报告内部控制存在多项重大缺陷，因此注册会计师张衡拟对财务报告内部控制发表否定意见。

（4）由于康健公司与关联方交易相关的内部控制存在重大缺陷，注册会计师张衡拟对康健公司2020年12月31日的财务报告内部控制发表否定意见。因康健公司管理层未在财务报表附注中披露该情况，注册会计师张衡拟在对财务报表出具的审计报告中增加强调事项段，提请财务报表使用者关注这一情况。

要求：针对上述情况第（1）项至第（4）项，分别指出注册会计师的做法是否恰当。如不恰当，简要说明理由。

参考文献

[1] 李彬．审计．北京：经济科学出版社，2019．

[2] 宋常．审计学．8版．北京：中国人民大学出版社，2019．

[3] 秦荣生，卢春泉．审计学．10版．北京：中国人民大学出版社，2019．

[4] 王生根．审计实务．3版．北京：高等教育出版社，2019．

[5] 曲明，傅胜．审计学．7版．大连：东北财经大学出版社，2019．

[6] 企业内部审计编审委员会．企业内部审计实务详解．北京：人民邮电出版社，2019．

[7] 中国注册会计师协会．审计．北京：中国财政经济出版社，2019．

[8] 中国注册会计师协会．审计．北京：中国财政经济出版社，2018．

[9] 中国注册会计师协会．审计．北京：中国财政经济出版社，2017．

[10] 中国注册会计师协会．企业内部控制审计工作底稿编制指南．北京：中国财政经济出版社，2011．

[11] 财政部会计资格评价中心．中级会计实务．北京：经济科学出版社，2020．

[12] 财政部会计资格评价中心．初级会计实务．北京：经济科学出版社，2020．